Entre muros

CLÍO
CRÓNICAS DE LA HISTORIA

ODILO ALONSO

Entre muros

18 años prisionero de Castro

EDAF

MADRID - MÉXICO - BUENOS AIRES - SAN JUAN - SANTIAGO - MIAMI
2011

© 2011. Odilo Alonso Fernández
© 2011. De esta edición Editorial EDAF, S. L.

© Diseño de la cubierta: Szipondesign (Julio Pérez)

EDAF, S. L. U
Jorge Juan, 68. 28009 Madrid
http://www.edaf.net
edaf@edaf.net

Ediciones-Distribuciones Antonio Fossati, S. A. de C. V.
Cerrada General Cándido Aguilar, 2; Col. San Andrés Atoto
Naucalpan Edo. de México
C. P. 53500 México D. F.
Tfno. sin coste: 01(800)5573733
edafmex@edaf.net

Edaf del Plata, S. A.
Chile, 2222
1227 Buenos Aires (Argentina)
edafdelplata@edaf.net

Edaf Antillas, Inc.
Av. J. T. Piñero, 1594 - Caparra Terrace (00921-1413)
San Juan, Puerto Rico
edafantillas@edaf.net

Edaf Antillas
247 S. E. First Street
Miami, FL 33131
edafantillas@edaf.net

Edaf Chile, S. A.
Coyancura, 2270, oficina 914. Providencia
Santiago, Chile
edafchile@edaf.net

Marzo de 2011

ISBN: 978-84-414-2671-9
Depósito legal: M. 12.302-2011

IMPRESO EN ESPAÑA - PRINTED IN SPAIN

GRÁFICAS COFAS. PRADO REGORDOÑO, MÓSTOLES (MADRID)

ÍNDICE

Nota de los editores

En el año 1998 Odilo Alonso publicó con el título de *Prisionero de Fidel Castro: historia de un español, que sufrió, durante 18 años, las cárceles de Cuba* el relato de sus terribles peripecias en las cárceles de la isla caribeña. El libro, por razones muy diversas, apenas estuvo al alcance del gran público. Hoy, treinta y tres años después de haber conseguido salir de aquel infierno, recuperado de las graves dolencias que contrajo en prisiones y cuando el régimen castrista se ve en las boqueadas finales del gran batracio, Odilo Alonso nos ha confiado de nuevo su historia.

El corazón del lector se encogerá ante las adversidades que vive *El Gallego* y se henchirá ante la firmeza de sus convicciones.

Registros depositados a nombre de Odilo Alonso Fernández
en la Biblioteca Nacional de España.

1   4/176671   1981
Acento [Texto impreso] : Odilo Alonso Fernández
Alonso Fernández, Odilo

#2   HA/66770   1981
La intensidad armoniza [Texto impreso]
Alonso Fernández, Odilo

#3   VC/13127/9   1979
Una isla en el mar negro [Texto impreso]
Alonso Fernández, Odilo

#4 10/64793   1998
Prisionero de Fidel Castro [Texto impreso] : historia de un español, que sufrió,
durante 18 años, las cárceles de Cuba
Alonso Fernández, Odilo

#5 HA/66771   1981
Reconciliación de los dioses [Texto impreso]
Alonso Fernández, Odilo

#6 7/113699   1980
El sueño de Lerd [Texto impreso]
Alonso Fernández, Odilo

PRÓLOGO

TIENES entre tus manos, lector amigo, un libro que quizá pueda parecer polémico. En él vas a descubrir relatos que, en muchas ocasiones, se parecen más a una novela que a lo que viven a diario esas gentes normales y corrientes con las que te identificas o te relacionas. Pero, cuanto contienen estas páginas, no es más que un relato verídico. Más verídico y tremendo —y perdona si mis palabras suenan a inmodestia— que lo que han narrado escritores famosos como Papillon, en libros de memorias que han dado la vuelta al mundo.

Por otra parte, la publicación de mi agitada autobiografía a lo mejor no es para alguien más que un producto nacido del odio acumulado por los años y una excusa para atacar, desde aquí, a personas o a sistemas políticos que intentaron destruirme.

Nada tan lejos de mi intención.

Este libro nace a causa de las cariñosas presiones de amigos que me han animado a poner en orden los numerosos apuntes que conservaba de mis variadas y amargas experiencias existenciales. Es un texto que no encierra odio ni rencor, pues mis principios me impiden albergar tales sentimientos. Dios y la Historia, la justicia divina y la de los hombres ya se encargarán en algún momento de juzgar a los personajes reales que aparecen en las páginas que siguen.

Tampoco pretendo suscitar tu admiración. Lo que sí me gustaría es que los hechos que vas a conocer no se repitieran jamás. Y que las diferencias religiosas, económicas, políticas o filosóficas no sean nunca una razón para imponer el dolor a nadie.

¿Llegará un día en que los hombres podamos entendemos y dejar de lado la fuerza, el encono, la cruel prerrogativa que algunos se arrogan de condenar —a quienes no piensan como ellos—, a la falta de libertad o a la muerte?

Ojalá ese día llegue. Será un día en que, por los horizontes del mundo, habrá aparecido la más hermosa de las esperanzas y la más luminosa de las primaveras...

CAPÍTULO I

UNA INFANCIA DIFÍCIL

Procedente de Cuba, un avión de línea regular me devolvía a España el 24 de diciembre de 1978. Aunque venía acompañado de nuestro embajador en La Habana, don Enrique Suárez de Puga, y un reportero de Televisión Española nos realizó una pequeña entrevista en Barajas, mi llegada pasó prácticamente desapercibida para la sociedad española.

¡Claro que, por aquellas fechas, mi país natal tenía muchos e importantísimos temas en los que ocuparse! Se acababa de aprobar en referéndum una nueva Constitución veinte días antes, se trataba de cerrar lo más rápida y serenamente posible el tránsito del régimen de Franco a una democracia, se miraba con preocupación los terrorismos de ETA y de la ultraderecha o se hacía frente a trancas y barrancas a una seria crisis económica.

No resultaba extraño, por lo tanto, que mi presencia en Madrid interesara casi en exclusiva a un grupo de familiares y amigos. Había luchado hasta el límite de mis fuerzas contra el comunismo en Cuba, pero yo no era más que un humilde gallego torturado, una persona anónima que, consecuente con sus ideas, acababa de padecer 18 años de horrible privación de libertad en las cárceles de Fidel Castro. Los médicos me daban un mes de vida, aproximadamente, y venía a morir entre los míos.

Me veía libre gracias a la intervención de diversas personalidades españolas, principalmente la del entonces presidente de Gobierno, don Adolfo Suárez; gracias a su ministro de Asuntos Exteriores, don Marcelino Oreja, y a diplomáticos de nuestra embajada en la capital de «la perla del Caribe».

En contra de lo que parecía un fin inevitable, Dios permitió que superara la situación de gravedad extrema en la que venía y, con su ayuda y con mi esfuerzo, llegué a recuperarme totalmente.

Las experiencias que dejaba atrás, sin embargo, fueron tan intensas, tan excepcionales, tan reveladoras de lo que han sido los regímenes comunistas en nuestro siglo xx, que me he sentido en la obligación de plasmar mi dramática experiencia vital en las páginas que siguen.

Refiriéndose a la niñez, Víctor Hugo escribió en cierta ocasión que «Dios pone siempre lo mejor al comienzo de la vida de los hombres». Algo similar afirmaba el escritor, político y pensador italiano Giuseppe Mazzini, al decir que «lo más puro que puede el hombre disfrutar es la alegría de ser niño en el seno de su propia familia...».

Pero mi existencia, que no ha sido nunca un camino de rosas, careció también del placer de una infancia feliz. Y, quizá por ello (contradiciendo lo que Mazzini y Víctor Hugo aseveraban), la dicha fue siempre para mí como ese arco iris que nunca se ve sobre la casa propia, sino sobre la casa ajena.

Cuando doy comienzo a este libro autobiográfico, temo que alguien pueda pensar que, parte de los hechos que aquí narraré, son demasiado crueles para ser verdad. Los años me han enseñado, sin embargo, que la realidad supera muchas veces lo novelesco. Ese ha sido mi caso, al menos. Y todo, absolutamente todo lo que en estas páginas se cuenta, es verídico, tuvo testigos y responde a la más escrupulosa exactitud de unos acontecimientos que, no por duros e increíbles, son menos ciertos.

El nombre de mi padre fue Arturo Alonso Rodríguez. Era hijo único y había nacido el 30 de junio de 1890 en Sanfiz, parroquia de Piñeiro, provincia de Orense. Mi madre se llamó Victorina Fernández López. Nació en el mismo lugar y vino al mundo el 20 de septiembre del año 1888.

Se casaron el 16 de septiembre de 1916 en Piñeiro, fecha en la que moría en Madrid don José de Echegaray, el primer premio Nobel de literatura español. Europa sufría la Primera Guerra Mundial y el tifus, el hambre, la tisis y el desabastecimiento eran azotes agazapados en cualquier rincón de nuestra patria.

Aun antes de tener familia, mis padres habían comprado una finca para arrancarle a la tierra el propio sustento. Como no tenían dinero suficiente para atender al pago, un pariente materno tuvo que hacer de fiador en lo que ellos no saldaran totalmente la deuda. Pero corrían años en los que el dinero se ganaba con mucha dificultad: España era un país duro, esquilmado por las guerras mantenidas en América y en Asia para tratar inútilmente de sostener los restos del antiguo imperio colonial. Y, como aquí no había donde trabajar con alguna rentabilidad, las gentes emigraban a América con la ilusión de hacer rápidamente fortuna. Mi padre fue uno de esos emigrantes y se marchó a Cuba.

Poco después nació mi primera hermana, Sofía, que vino al mundo el 31 de mayo de 1917. Con este nacimiento, mi madre sufrió un fuerte deterioro en su salud y su marido se vio obligado a regresar. Unos años después, el 5 de julio de 1922 exactamente, nacería mi hermano Óscar. Cuando nací yo, el 25 de abril de 1925, mi padre había retornado otra vez a la isla caribeña, por lo que no tuve oportunidad de conocerlo.

La vuelta paterna a tierras cubanas supuso un inmenso lastre para mi madre. Además de cargar conmigo en su vientre, se vio en la obligación de labrar la tierra para que sus dos hijos pequeños no pasaran necesidades extremas y, por si esto fuese poco, debió hacer frente a los réditos de la deuda contraída. A todo ello añadió pronto la tristeza de no recibir noticias del marido, que comenzó a espaciar cada vez más sus cartas hasta que su silencio se hizo total.

Como fiel esposa y gran mujer que era, sufrí en silencio su abandono al lado de unos hijos a los que nunca nos dejó de proteger ni de acariciar. Y la salud escasa con la que contaba empezó a resentirse muy seriamente. Comida por la tristeza, por los réditos y por el trabajo, supo que iba a morir. El lento discurrir de los meses no hizo sino ir mermando de forma paulatina sus fuerzas, unas fuerzas que, cuanto más le faltaban, más le llevarían a interrogarse con infinita angustia qué iba a ser de sus pequeños cuando ella falleciese.

El 22 de mayo de 1932, domingo, a las 11 de la mañana, su corazón cesó de latir. Tenía 43 años. Dejaba, completamente solos, a tres huérfanos de quince, nueve y siete años.

Y, tras su lenta agonía, comenzaba el desgarro y el sufrimiento de los tres jóvenes hermanos que ella tuvo que abandonar para siempre.

¿Quién se haría cargo de ellos? Joaquín, nuestro tío materno, se erigió en tutor. Pero su preocupación más inmediata fue sacarnos de casa, repartirnos por ahí, como el que reparte trastos viejos, y quedarse con lo que verdaderamente le interesaba, que no eran precisamente sus sobrinos, sino los bienes que mi madre había podido reunir a base de mil sudores y sacrificios.

Sofía, la hermana mayor, se fue a trabajar a Barcelona con quince años recién cumplidos. El viaje le costó unas cuantas monedas que nuestro tío fue incapaz de prestarle. Debió hacerlo Casilda, la esposa del fiador de nuestros padres cuando ellos compraron la tierra. Mi hermana le devolvió el dinero con el primer sueldo que ganó. Óscar quedó en manos de una familia ajena a nosotros. Solo a mí me llevó Joaquín a su casa. Pero ojalá no lo hubiese hecho, pues me maltrató desde el primer día y me aisló para que los vecinos no pudieran decirme nada del saqueo al que sometió sistemáticamente nuestra vivienda: se apoderó de inmediato de preciosos juegos de cama, confeccionados con el lino que mi madre plantó, elaboró y luego bordó. Nos quitó vajillas de loza, herramientas para labrar el campo y hasta un pequeño coche que teníamos porque nos lo había regalado una tía carnal que se hallaba también en Cuba. Nada dejó, pues todo le venía bien a su ancha conciencia y a su incontenible afán de rapiña.

Como pago de sus robos, lo único que me dio fueron palos y un alimento escaso. Durante varios años. Unos años que debieran haber sido los mejores de mi vida y que fueron, sin embargo, años de soledad, de abandono infinito y de lágrimas furtivas...

Tampoco su mujer ni sus hijos tenían unas entrañas mejores que él. Si comencé a ir al colegio de La Salle, fue por esa prima Casilda de la que he hablado. Ella lo arregló todo para que los frailes me admitiesen en su centro y ella se encargó de pagarme los libros que hubiese tenido que comprar quien se había hecho cargo de nuestras propiedades. Pero no le interesaba que yo llegase a aprender y que pudiera un día pedirle cuentas.

Aquel curso, 1934-1935, tuvo una gran importancia para mí. Además de poder formarme, pude también tomar la primera comunión. La hice en el iglesia de Puebla de Trives. Mi traje fue un suéter con franjas grises, un pantalón oscuro y zapatos usados. A tan entrañable

Junto al resto de los rapaces de su edad en la escuela. Son años convulsos en las familias y en la sociedad española.

ceremonia me tocó ir solo. Nadie me acompañó, nadie dispuso de tiempo para estar a mi lado en unos momentos tan bonitos para cualquier niño. De lo que sí se encargaron fue de, al regresar a casa, echarme la habitual regañina. Como cualquier muchacho de mi edad, necesitaba cariño y me daban desprecio y malos tratos...

Hasta que decidí no seguir aguantando aquella situación. Fue el 27 de noviembre de 1935. Cuando llegué del colegio me mandaron a trabajar. Y eso no me extrañó pues era algo que hacían todos los días. Lo que colmó mi infantil paciencia fue que, en vez de ir a rachar leña, como de ordinario, me enviasen a cavar un huerto de nuestra propiedad. Fue un detalle que me hizo comprender hasta qué punto abusaban de mí, me despreciaban y se burlaban de mi difunta madre, atropellando no solo sus bienes, sino a su propio hijo.

Esperé a que se hiciese de noche y me fui a dormir al hueco existente en un castaño, en que permanecí hasta el día uno de diciembre. Pensaba marchar a la feria de Puebla de Trives, pues a ella solían acudir unos parientes que teníamos en San Pedro, pueblecito perteneciente al ayuntamiento de Manzaneda. A ellos les pediría que me sacasen de aquel infierno y que me aceptaran en su casa.

Mi desaparición, lejos de llenarla de intranquilidad, hizo bramar de ira a la esposa de Joaquín. Desde el escondite que me había buscado, yo le oía decir que, cuando me encontrara, me daría una buena paliza. Los vecinos, mucho mejores que ella, le aconsejaban que no lo hiciese, puesto que era muy pequeño y me faltaba el amor de mi madre. Aquellas buenas gentes, temiendo que me pudiese ahogar en el río Cabalar, salieron a buscarme mientras mi tía política seguía con sus improperios y sus amenazas.

Tres días y tres noches permanecí en el hueco del árbol. Sin comer, sin beber y sin ropa con la que abrigarme de las heladas invernales.

El día uno de diciembre, por la mañana, una señora fue con su hijito pequeño a recoger repollos a un huerto próximo a mi refugio y, mientras ella cavaba, el niño se acercó hasta donde yo me encontraba, disfrutando de los primeros rayos del sol. Al darse cuenta de mi presencia, el chiquillo se asustó y se retiró corriendo unos metros. Quise seguirle y me fue imposible hacerlo, pues las piernas no me respondían. Intenté gatear y tampoco pude. Quise llamarle y noté que había perdido la voz. El frío se había apoderado de mí impidiéndome hablar y mover.

El crío se marchó, pero volvió al momento con su madre. Esta me cogió en sus brazos y me llevó a la casa más próxima. Era la de unos vecinos que me habían visto nacer.

La noticia de que había aparecido corrió pronto por el pueblo, en lo que me calentaban en aquella gran casona que tenía el suelo de la cocina de piedra y sobre el que hacían la lumbre. Los dueños, que no estaban de acuerdo con el comportamiento de mi tutor, me colmaron de atenciones y de afecto. Me frotaron el cuerpo con alcohol y me dieron sorbos de leche caliente para que entrara en calor y volviese a recuperar el movimiento de mis piernas. La casa se llenó de gente que hablaba y comentaba el hecho. Sobre el resto de las conversaciones, destacaban sin embargo las amenazas de mi tía política y de su hija, que me decían frases tales como «¿No te morirás de una vez?».

A las dos horas aproximadamente de disfrutar del calor de la fogata, comencé a mover las piernas. Un poco más tarde también recuperé la voz.

Ya no quise volver a la casa de mi tío Joaquín, decisión que a él y a su familia les alegró muchísimo. Marché a la feria de Puebla de Trives y me fui con los parientes de San Pedro. Con ellos estuve hasta la segunda quincena del mes de julio de 1936, días en los que los españoles se enzarzaron en una larga y feroz guerra civil. La buena Casilda, ante el cariz que tomaban los acontecimientos, me fue a buscar con la esposa de uno de sus sobrinos, que me llevó con él a San Lorenzo.

Pero tampoco quiso el destino que la nueva casa en la que iba a vivir fuese el dulce hogar que mis pocos años y mi orfandad hubiesen necesitado. La familia se componía de siete miembros: el matrimonio, tres hijos, una abuela y la madre de esta...

Él se llamaba José y era cantero. Se dedicaba al oficio y ganaba muy bien su vida. Pero poseía instintos de garduña y muy pocos escrúpulos. Abusaba sin piedad hasta de aquellos a los que consideraba sus amigos. Tal fue el caso de un compadre suyo que vivía en su mismo pueblo y que era muy rico. Este buen hombre solía confiarle las llaves de su bodega, de su almacén de madera y de su pajar. Todo ello lo tenía algo alejado de su domicilio habitual y, cuando el ricachón salía, el cantero aprovechaba para decirme: «Le he comprado tanto vino a don Jesús. Y tanto o cuanto heno para el ganado... Vete a buscar esa mercancía con el carro». Yo pensaba que me decía la verdad y me estuvo utilizando para sus latrocinios. A veces, hasta cuando era de noche y don Jesús recibía visitas, el cantero aprovechaba el saber que «su amigo» estaba entretenido para hacer de las suyas e irle a robar cuanto podía.

¡Qué años aquellos, Dios mío! España se había convertido en un enorme polvorín, en un sangriento campo de batalla en que los españoles se degollaban unos a otros y morían por cientos de miles. Y yo..., yo salía de un infierno y me metía en otro igual o peor.

José no se condolía de nadie, disfrutaba imponiendo su voluntad y tenía un egoísmo rayano en lo patológico. Nos mataba a todos de hambre (incluidos sus hijos y su mujer, que estaba siempre enferma y que, para comer lo que necesitaba, se tenía que esconder de él. Para el cantero, sin embargo, la comida nunca faltaba. La esposa y su madre, que eran dos personas excelentes, sufrían a aquel bárbaro en silencio y sin poder hacer ni decir nada que remediase su situación y la de todos nosotros.

A mí me hacía levantar de noche para labrar sus tierras y, cuando regresaba al amanecer, me obligaba a acompañarle y a subirle piedras a los andamios. Así me tuvo varios años. No solo en San Lorenzo, sino en otros pueblos de los alrededores. Me utilizaba de peón suyo como si, en lugar de ser un niño, fuese un hombre curtido. A veces, al rematar la tarea a nueve o diez kilómetros de distancia de donde vivíamos, me mandaba solo y solo me tocaba atravesar el río Navea o por campos solitarios y extensos bosques de robles en los que tenían su guarida los lobos. Pero el cantero nunca se preocupó de que pudiera encontrarme con unos animales tan feroces y que me devorasen, aunque conocía bien su existencia al haber tenido oportunidad de verlos allí cuando íbamos en invierno a esos bosques a cortar leña.

También a mí me tocó verlos cuando volvía de noche a casa... Y tenía miedo. Me asustaban hasta sus aullidos mientras regresaba a lomos de una vieja yegua renqueante a la que le faltaba un ojo.

¡Cuántos sustos y cuánta soledad, mientras él se quedaba durmiendo en cualquier parte! Al llegar junto a su esposa y junto a su familia, me desahogaba narrándoles las injusticias que aquel hombre cometía conmigo por ser un huérfano indefenso y sin el apoyo de nadie. Su mujer, que me mostró siempre un gran cariño, reconocía las graves faltas del marido y, cuando no la veía, escondía pan para dármelo por las mañanas, en el momento en que yo volvía a trabajar. Llegué a quererla casi como a una madre. También consideré a dos hijas que tenía, más o menos de mi edad, como a hermanas auténticas. El padre, por cierto, discriminaba ostensiblemente a la menor, a la que maltrataba igual que a mí o que a su mujer.

Y pasaban los meses. Y yo crecía. Y la dureza de mi vida estaba lejos de ser lo que, al principio de este capítulo, decían Víctor Hugo y Giuseppe Mazzini que son siempre las vidas de los niños.

La guerra civil española terminó, dejando un saldo de cerca de un millón de muertos por los pueblos y por los campos de nuestra patria. Tras el enfrentamiento fratricida, vino la penuria y el racionamiento. Se recrudeció el hambre. Faltaba lo más necesario y los hogares se iluminaban con carburo y candil.

El cantero seguía con sus egoísmos y con su mal carácter. Cuanto mayor se hacía, más le gustaban las farras, el alternar, el presumir al lado de los ricachones despreciando a las gentes de su clase que sufrían las tremendas privaciones del momento difícil por el que España atravesaba. A base de engaños y de adulaciones, llegó a relacio-

Actual casa consistorial de Puebla de Trives (A Pobra de Trives) que conserva los aires del siglo pasado.

narse con personas influyentes. Pero José era todo él apariencia y engaño: presumía de ser religioso y no creía en nada; presumía de ser pescador y se colgaba a la cintura lo que los demás pescaban; presumía ante sus amigos de cazar muchos conejos o perdices y tenía que comprar esas piezas a otros cazadores, cuando no podía atraparlas con redes o con hurón a la boca de sus madrigueras.

Buscaba la compañía de «los notables» de entonces en Puebla de Trives: don Agustín, el alcalde; don Santiago Paz, el almacenista; don Agenor Núñez, el químico, etc. Era malo, pero de tonto no tenía un pelo y a todos los utilizaba. De todos sacaba provecho, aunque fuese con arteras mañas.

De don Agustín, por ejemplo, que tenía la panadería más importante de Trives, obtenía las sacas de harina a doce duros y luego las vendía de contrabando a doscientos en San Lorenzo. ¡Ciento ochenta y ocho duros de ganancia en cada saca!

Aunque José prefería siempre la noche para sus trapicheos, pasaba a cualquier hora con sus mercancías de contrabando ante el cuartel de la Guardia Civil. O me mandaba a mí que lo hiciera. Me pagaba luego racionándome el pan o dándome pan hecho con harina de patatas, que era el que elaboraba para su casa. Se trataba de un pan que más parecía barro seco...

Para que no sospechasen de él ni de los chanchullos que se traía entre manos, invitaba al cabo y al sargento de la Guardia Civil o a la pareja de recorrido. Pero, amigos de verdad, no tenía más que su estómago y su interés.

La casa de la suegra, que era donde todos vivíamos, tenía un patio cubierto y espacio suficiente para ocultar el estraperlo al que dedicaba sus horas extras el cantero. Allí (junto a las cuadras de cerdos y de vacas, junto a la bodega del vino o al montón de leña), guardaba grandes cantidades de café, chocolate, cacao... Escondía también sacos de carretes de hilo para coser, paquetes de picadura de tabaco llamados de «cuarterón», bacalao, barras de jabón de lavar, hogazas de pan, piedras de mechero, etc. Parte de esta mercancía la ocultaba entre grandes montones de hojas de castaño y de roble, que utilizaba para cama de los ganados. Toda su mercancía, salvo las sacas de harina, venía de Portugal. Atravesando las montañas de Requijo de Queija, se la traían gentes dispuestas a todo, no solo a patear escabrosos y solitarios terrenos, sino a explotar las necesidades del pueblo español en aquellos años de dura posguerra. Los contrabandistas se aprovechaban de la falta de medios de las autoridades españolas para poder vigilarlos y de lo difícil que resultaba controlar los cientos de kilómetros de frontera...

José convirtió la vivienda en centro de recepción y de reparto de aquellas valiosas mercancías, en unos años en los que no había de nada por ninguna parte. Solo quienes tenían dinero podían acudir al mercado negro para abastecerse de cosas tan simples como azúcar, legumbres o jabón. Hasta ropa de mujer llegó a recibir. Y, luego, aquel material lo hacía seguir a personas que pasaban por estar libres de toda sospecha: don Agustín, don Ubaldino, don Aurelio, etc.

El cantero de San Lorenzo no solo se aprovechaba de mí, sino de quien caía en sus manos. Tal fue el caso de Camilo, hijo de don Lisardo de Grixoa. Lo conocí mucho antes de que terminara la guerra y enseguida supe su historia.

En aquellos años de exaltación ideológica, el muchacho había tenido unas palabras con el sacerdote de la parroquia y se atrevió a incitar a un grupo de jóvenes como él a que entorpecieran los actos religiosos. Este hecho bastó para que, en esos meses tan delicados y conflictivos, tuviera que ocultarse de las autoridades. Cuando la búsqueda no era muy intensa, se iba a dormir a su propia casa.

Pero, una de aquellas noches en las que se hallaba durmiendo en su domicilio, oyó llamar a la puerta. Él, que se hallaba siempre en estado de máxima alerta, se asomó por una ventana para averiguar quiénes eran los que allí estaban y escapar si se hacía preciso. ¡Demasiado tarde, sin embargo! La casa estaba rodeada y, ante la evidencia de que iban a efectuar un registro en ella, tuvo que internarse hasta el pajar y, desde él, a la cuadra del ganado. Observó que en el establo había varios animales echados y un caballo comiendo heno en el pesebre. A Camilo no le quedó otra alternativa que meterse en el pesebre y cubrirse con el heno. Cuando tras registrar la vivienda llegó la guardia civil hasta allí, todo estaba en calma menos el corazón del pobre muchacho, que latía alocadamente. En algunos momentos, hasta pensó que se le había olvidado el respirar. Por fortuna, al caballo no le molestó el intruso y siguió comiendo con absoluta placidez.

Aunque los guardias miraron por doquier, se les olvidó hacerlo... ¡en el paquete de heno que comía el caballo! Y Camilo pudo salvarse. Se arrepintió una y mil veces, sin embargo, de su enfrentamiento con el cura y, tras encomendar su suerte a Dios, llegó a ponerse al cuello una medalla.

Pasado el susto, se fue a Puebla de Trives, donde encontró a dos amigos que prometieron darle refugio de forma alternativa. Uno de ellos era José, el cantero de San Lorenzo, muy amigo también de don Lisardo, el padre de Camilo.

El chico estuvo primero en Pareisas. Cuando allá se cumplió el plazo convenido, llegó a la casa en la que yo vivía, donde dejó de llamarse Camilo para pasar a ser *El Rozador*. Esto lo hacían con el fin de que los hijos pequeños de José ignoraran su nombre y no pudieran descubrirlo ante los vecinos, algunos de los cuales le conocían.

A partir de su venida, las puertas de la casa permanecieron cerradas con llave las veinticuatro horas del día. Y pude conocerlo en profundidad, Era alto, rubio, de ojos azules. Tenía una fuerte constitución física y su trato resultaba sumamente exquisito. Cogimos amistad y parece que le inspiré confianza, pues me contó su rifirrafe con el sacerdote, la persecución a la que le sometían y su total arrepentimiento por aquella chiquillada que tantos disgustos le estaba acarreando.

El cantero, que sabía sacar provecho a cualquier situación, pronto nos buscó qué hacer a los dos: le rebajamos un metro el suelo de la bodega; setenta centímetros el de una cuadra y ochenta el de otra; le hicimos una cañería de piedra de veinte metros de longitud para el desagüe de la casa... ¡y todo sin costarle nada!

El Rozador y yo hablábamos con mucha frecuencia de nuestra situación: a él le perseguían las autoridades y a mí la mala suerte. Para vencer su soledad y para buscar el apoyo moral que necesitaba, Camilo recurría con frecuencia a la oración, que reconfortaba su espíritu. Un día me dijo:

—Eres un gigante, muchacho.

—No tengo edad para serlo—, repuse extrañado ante su afirmación.

—Por eso precisamente, porque no tienes edad, me pareces más grande todavía: José te maltrata, abusa de tu infancia de niño huérfano, te manda a cualquier hora del día o de la noche a lugares y a trabajos a los que no irían hombres hechos y derechos... Y nada te arredra. Nada te da miedo. Hay alguna fuerza misteriosa, Odilo, que te protege. Como a mí. Hasta hace bien poco tiempo, me sentía acobardado y temía ir a la guerra. Pero ahora quisiera marchar a ella y me sentiría feliz de poder defender en el frente a mi patria. Aunque me tocase morir.

De vez en cuando, *El Rozador* se asomaba a unos pequeños respiraderos de las cuadras oscuras en las que nos pasábamos trabajando la mayor parte del día. Y, mirando el minúsculo trozo de mundo exterior que desde ellos se divisaba, hablaba y hablaba. A veces, parecía que lo hacía conmigo y, en otras ocasiones, daba la impresión de estar hablando consigo mismo.

—Sí, soy culpable —decía—. Pero quiero que se me dé una oportunidad. Estoy arrepentido y prefiero morir en la guerra antes que, indefenso, hacerlo encerrado en este agujero.

Los vecinos empezaron pronto a sospechar. No era normal que las puertas de la casa del cantero estuviesen cerradas a todas horas. Y un día, mientras trabajábamos en la cuadra, alguien nos vio por

La gran casona de Puebla de Trives

uno de los ventanucos que daban a la huerta. Camilo se ocultó rápidamente.

—¿Se habrán dado cuenta de que soy yo? —me preguntó muy asustado.

—No es fácil —contesté intentando tranquilizarlo—. Se ve mejor de adentro hacia fuera que de afuera hacia dentro, por la poca claridad que hay en este lugar.

Por la noche, comunicamos al cantero lo ocurrido. José no dio importancia al hecho y, desde entonces, me percaté de que no le preocupaba demasiado el ocultar a Camilo. Debía sentirse respaldado por alguien.

Al día siguiente, sin embargo, llegó una pareja de la guardia civil hasta el pueblo. Se paró cinco minutos justo enfrente de una de las puertas de la gran casona y *El Rozador* se metió deprisa y corriendo en un hueco preparado ya de antemano entre la leña. Yo seguí trabajando, como si nada ocurriera. Y la guardia civil no tardó en llamar. Pensé que alguien habría dado un chivatazo y que registrarían la vivienda. Pero la llamada no respondía a ninguno de nuestros temores. Al oír los golpes del pico, llamaron simplemente para que algún vecino les firmara la hoja de servicio. ¡Qué descanso sentí cuando el guardia me dijo lo que deseaba! También Camilo, que estaba a escasos metros de donde nosotros conversábamos, respiró tranquilo.

Tras darme las gracias, los guardias civiles se retiraron. Yo cerré las puertas y esperé diez minutos para advertir a «El Rozador» de que permaneciera en su escondite. No salió de él antes de que yo fuese hasta las afueras del pueblo para cerciorarme de que la pareja se había alejado camino de su cuartel, que estaba a unos tres kilómetros de distancia.

Cuando regresé al patio y lo llamé, Camilo salió, me dio alborozado un abrazo y me dijo:

—Hermano, Dios me protege y tú me ayudas. No temo a nadie. No temo a ningún hombre, aunque sea de la autoridad y esté armado.

A los pocos días, se publicó un Decreto Ley por el que, todos los que se encontrasen prófugos de la justicia y, no teniendo delitos de sangre, estuviesen dispuestos a combatir en el frente defendiendo la bandera nacional, se podían presentar a las autoridades y se les respetaría la vida.

El cantero se lo comunicó a Camilo, que aceptó de inmediato aprovecharse de esa oportunidad. Pero desconfiaba también de que fuera una estratagema. Habló conmigo al respecto y, a pesar de mis escasos años, solicitó mi opinión:

—¿Tú qué harías en mi lugar, si te encontrases en la misma situación en la que yo me encuentro?

—De tener que morir, yo preferiría hacerlo ante las balas de un enemigo en el frente que por la delación de un enemigo en la retaguardia.

—Eres un niño y tienes frases de hombre, —me dijo—. Te haré caso y te recordaré siempre. ¡Me iré a la guerra!

Estábamos sentados en el fondo de la escalera del patio, por la que se subía a la casa. *El Rozador*, dándome un abrazo, se echó a llorar al mismo tiempo que exclamaba:

—Debo aprender a morir valientemente como un hombre, tras haber escuchado las sensatas palabras de un niño.

Y se presentó a las autoridades. No hubo ninguna represalia ni contra él ni contra José, su guardián, que no se hubiese arriesgado a dejarlo salir ante la inseguridad de que le pudiese ocurrir alguna cosa. Por todo ello, se confirmaban mis sospechas de que el cantero estaba protegido por alguien. ¿Tal vez por don Santiago Paz, jefe de Falange? ¿Quizá por el padre de este, que era el boticario, o por don Manuel, el alcalde, que trabajaba también en la farmacia y era conocido por *Píldoras*? ¿O se arriesgó a guardar al *Rozador* para tener en su poder a una persona que pudiese pagar las consecuencias del contrabando, si las autoridades descubrían sus trapicheos de estraperlista?

El caso fue que Camilo, dispuesto a morir en el frente si era necesario, pudo abandonar su encierro. Peleó en múltiples campos de batalla. Estuvo en las refriegas más peligrosas, pues los que hicieron la ley sabían muy bien que quienes se acogieran a ella iban a pagar muy cara su libertad. Y un día, sano y salvo, pudo volver a su casa cuando terminó la Guerra Civil y se incorporó a una vida normal hasta que, a los 65 años, un cáncer se lo llevó para siempre.

Era un gran hombre. Pertenecía a una buena familia, a la que conocí en parte y de la que guardo el más grato recuerdo. Espero que todos ellos me perdonen el haber hecho esta digresión y el haber utilizado su nombre, pero Camilo forma parte de una etapa importante de mi niñez. Por eso le traigo hasta las páginas de este libro.

José seguía siendo el mismo de siempre, como hemos dicho. Durante la guerra y después de ella. Si su comportamiento con la familia y con los que él consideraba amigos suyos era muy duro, ¿cómo iba a ser el que a mí me dispensara? Yo no existí nunca para sus sentimientos, sino para sus intereses y su egoísmo.

Levantó las paredes de la casa de don Agenor Núñez que, como hemos dicho, era químico e importante almacenista de vinos y de licores en Puebla de Trives. Basado en su amistad, este último le dejaba las llaves cuando salía de viaje a cualquier provincia española, mientras nosotros continuábamos trabajando en la obra. Y, durante el tiempo que él estaba fuera, teníamos acceso a todas las dependencias del almacén, en que había gran cantidad de mercancía.

Lo mismo que hizo con don Jesús, su compadre (a quien robó cuanto pudo), hizo también con don Agenor: la primera vez, el cantero aprovechó la ausencia del almacenista para llevarse un garrafón con veinte litros de vino a su casa. Luego fue cogiendo otros garrafones y acabó poseyéndolos de todas las marcas en su propia bodega. Y como robar de veinte en veinte litros le debió parecer poco, acabó robando de sesenta en sesenta. Realizaba sus fechorías con el carro que dedicaba al contrabando y se las apañaba para simular que transportaba aparejos o cosas semejantes. También solía mezclarme a mí en estos desaguisados, indicándome que el señor Núñez le pagaba parte del trabajo con vino y licores, y que así lo habían convenido al ajustar la obra.

Sus embustes no llegaron a convencerme nunca del todo, pues a mí me extrañaba que José tuviese que sacar siempre esas mercancías cuando no se hallaba allí don Agenor. Me indicaba, además, que metiese el garrafón dentro de un saco de esparto, para no llamar la atención. Si todo era tan legal, ¿qué importancia tenía que el garrafón se viese?

Por supuesto que no cobré ni un duro nunca de aquel hombre, que abusaba miserablemente de mí y me trataba como a un esclavo. Se había puesto de acuerdo con mi tío y tutor y, entre ellos, se repartían el salario que debía recibir cuando durante el día iba a realizar trabajos en el campo por cuenta ajena. Lo que trabajaba de noche, sembrando o labrándole las tierras, sacando estiércol de sus cuadras o ejecutando otras múltiples faenas..., todo eso era un beneficio añadido para él.

Otra característica del cantero era su fanfarronería. Le encantaba aparentar una riqueza mayor que la que tenía. Hacía ostentación de esos vinos y licores que robaba (o de otros productos de fácil adquisición), regalándoselos a quienes deseaba que le considerasen una persona opulenta. Aunque luego no tuviese un real para pagar los trabajos de Camilo, el escapado, o los míos. A ninguno de los dos nos llegó a pagar nunca ni un céntimo.

Era una persona muy inestable emocionalmente. Todos temían sus locos ataques de ira. Trataba tan mal y con tanto despotismo a su esposa, a su suegra y a la madre de esta, que a veces tenían que salir corriendo de casa para huir de sus golpes. En una ocasión, arrojó un vaso de latón grueso a la madre de su mujer y le partió una ceja. Me pareció tan injusta su actitud, que tuve el arrojo de interponerme entre ellos y de manifestarle que, si volvía a pegarle, se las tendría que ver conmigo. Yo no era más que un muchacho y José me daba mil vueltas en fortaleza física, pero me sentía mucho más fuerte que él por dos razones: porque lo odiaba y porque me sacaba de quicio verle abusar de ellas y de mí. No me importaba, además, el enfrentarme al cantero ni que me echara de su casa, pues ya me hubiese buscado otra en la que me tratasen mejor. Pero, lo de echarme de allí, ni a él ni a mi tutor les convenía y nunca corrí el riesgo de que me ocurriese algo semejante.

Yo seguía creciendo. Aunque duros, los meses y los años iban pasando. Con la práctica, aprendí mil tareas y oficios, entre ellos el de cantero. Y José, mientras estuve en su casa, tuvo dos hijos más. Todos juntos nos fuimos criando y fuimos saliendo adelante como pudimos, sufriendo atropellos, discriminaciones y abusos incontables... Atravesando años de humildes ropas y gruesos sabañones en las manos, de hambre en el estómago, de trabajo intenso y negra soledad. La guerra me rompió la comunicación epistolar con los pocos familiares que se acordaban de mí y hubo días, meses y años en los que me sentí desprotegido y abandonado de todos. ¡Qué cruel es, Dios mío, qué cruel es, sí, la soledad de un niño, de un joven condenado a no tener ni caricias ni ilusiones!

Ahora, con la perspectiva y la serenidad que da la experiencia de la vida, recuerdo sin rencor aquel periodo y aquellas gentes, muchas de ellas desaparecidas para siempre. Otras son mayores, como yo. Pienso que mi experiencia dolorosa tendría algún sentido si pudiese servir de ejemplo a más de un padre para que nunca cayese en la tentación de abandonar a sus hijos. Ojalá que mi sufrimiento inocente y mis inocentes lágrimas de niño huérfano sirvieran para reblandecer algún duro corazón: el corazón de quienes no dudan en dirigir su ambición y sus atropellos hacia cualquier dirección y hacia cualquier lugar, aunque ese lugar y esa dirección sean algo tan sagrado como la infancia.

Tras la muerte de nuestra madre, a mi hermano también le tocó dar diversos tumbos de casa en casa. Pero acabó teniendo más suerte que yo. La última familia con la que estuvo le permitió atender nuestra propiedad para que, cuando terminase la minoría de los tres hermanos, pudiéramos volver al domicilio familiar y encontrar en él un lugar donde refugiarnos. Pero lo halló todo vacío. El tutor había prácticamente saqueado la vivienda y los sembrados.

Para que no supiéramos lo que allí dejamos al salir, había quemado el inventario de bienes que hicieron Casilda y su marido.

Fue abandonando todos los pedazos de tierra, particularmente las viñas. Y a Óscar y a mí nos costaría después muchísimo el ponerlas de nuevo a producir. Tampoco recibimos un solo céntimo por los pedazos de tierra que él sembraba. Hasta intentó vender alguna finca.

Si no llevó a efecto sus propósitos fue por las dificultades que le pusieron en el Registro de la Propiedad.

Parte de la deuda que habían contraído mis padres, tuvo que satisfacerla con su sueldo mi hermano que, en el año 1944, marchó a realizar su servicio militar, hecho que prolongaría mi estancia en casa de José.

Ese año, por cierto, hacia el mes de agosto quisimos vender la cosecha de vino que, tras gran esfuerzo por recuperar las viñas, habíamos obtenido a lo largo del año 1943. Pero se opuso nuestro tutor. Yo fui a ver a don Agenor y este nos ofreció un precio irrisorio. Como estaba ya próxima la cosecha del año en curso, no me quedó otro remedio que aceptar lo que él quisiera darnos, aunque su oferta no cubriese ni los gastos, ya que, o se lo vendíamos a él, o habría que ir convirtiendo en aguardiente aquel vino. Pero el tutor, que seguía oponiéndose, se las apañó para dificultarnos la operación. Y parte de la cosecha del año 43 se perdió. La otra parte se la llevó José... La verdad era que nuestro tutor y el cantero se entendían a la perfección.

Por lo que a mí respecta, estaba deseando ocupar cuanto antes nuestra casa, pero sabía que, tan pronto como se licenciara mi hermano del servicio militar, tendría que incorporarme yo a filas, por lo que la vivienda volvería a quedar vacía. Reprimí, por lo tanto, mis ansias de libertad y opté por seguir esperando. Óscar enfermó en el cuartel. Le encontraron una lesión pulmonar y pasó varios meses en cama. Tras los correspondientes reconocimientos médicos, optaron por licenciarlo. Fueron sin duda las gestiones que hicieron tres buenos amigos de Puebla de Trives (Ubaldo, su esposa y el yerno de ambos), las que agilizaron el que mi hermano pudiese reintegrarse al pueblo. Ellos eran los administradores de la casa grande y contaban con excelentes amistades a las que no dudaron en acudir para ayudarnos. Igual que narramos los malos tratos de los que fuimos objeto, quede aquí mi sincero reconocimiento por el apoyo inestimable que esa familia nos prestó en unos momentos tan delicados.

Mi hermano siguió bajo tratamiento médico bastante tiempo. En lo que él se curaba poco a poco, yo debía incorporarme a filas, pero la dependencia que Óscar tenía de mí, me libró de hacer el servicio militar. Estaba bajo mi amparo y las autoridades correspondientes me dispensaron de ir al cuartel.

En el año 1947 (un año antes de regresar a casa), tuve que pagar muchos jornales para poner nuestras tierras en condiciones de producir. Varios obreros nos ayudaron a recuperarlas, principalmente las viñas, a las que quitamos yerbas y suplantamos las cepas que se habían secado, etc. Teníamos todo aquello completamente perdido, gracias a la desidia de nuestro tío y tutor.

Y en 1948, dieciséis años después de haberla tenido que abandonar, nos cupo la suerte a los dos hermanos de vernos al fin en nuestra querida y vieja casa, en la casa en la que pasamos nuestra más tierna infancia y en la que habíamos disfrutado del cálido regazo materno. ¡Qué alegría vernos allí y poder llevar una existencia libre de explotaciones y de duras tutelas! Estaba saqueada, vacía, llena de sombríos y duros recuerdos por la muerte prematura en ella de nuestra joven madre. Pero era el domicilio familiar... Para que el gozo hubiese sido completo, hubiéramos tenido que encontrar a nuestra hermana, de la que nada sabíamos desde hacía muchísimo tiempo.

A partir de esa fecha, comencé a dedicarme al oficio de cantero. Realizaba trabajos por mi cuenta y por cuenta ajena, de acuerdo con las preferencias del cliente. Y llegaron a ser tantos los encargos que recibía, que tuve que asociarme con otros tres jóvenes del lugar que se dedicaban a la misma actividad, para poder atender a todos quienes solicitaban nuestros servicios. Juntos ya, nos quedamos con varias obras en nuestro ayuntamiento y en ayuntamientos próximos.

Y así íbamos viviendo... Mi hermano, por desgracia, no terminaba de ponerse bien y él se dedicaba a la casa, a la que yo aportaba todo lo que ganaba trabajando en mi oficio de cantero.

El año 1949 nos trajo una gran alegría: tuvimos noticias de Sofía, nuestra hermana, de la que nada habíamos vuelto a saber desde julio de 1936, mes en que comenzó la Guerra Civil en España. Ella nos había escrito desde Barcelona varias veces, pero las comunicaciones en aquellos tiempos difíciles eran un desastre y sus cartas no nos habían llegado nunca. Ignorábamos si vivía o si estaba muerta.

Y fue la casualidad la que hizo que pudiésemos volver a ponernos en contacto. Sofía se encontraba una mañana comprando en un mercado de la ciudad condal y se encontró en él a una joven con la que comenzó a hablar. Se llamaba Lucita. No se conocían entre sí pero, al hilo de su conversación, descubrieron que habían nacido en la misma parroquia. Sofía, alborozada por el descubrimiento, le dijo que tenía en Sanfiz a dos hermanos, pero que hacía más de una docena de años que no sabía nada de ellos. Y pidió a Lucita que, cuando escribiera a sus padres, les preguntase por nosotros.

Lucita escribió a su familia y, un día, su padre se acercó a casa para contar a mi hermano lo ocurrido en el mercado barcelonés. Nos dio las señas de Sofía y nos faltó tiempo para enviarle una carta interesándonos por ella e invitándola a reunirse con nosotros en la casa familiar que habíamos arreglado un poco. A vuelta de correo nos mandó fotografías suyas, de su marido y de sus dos hijos, una niña y un niño de dos y cuatro años respectivamente.

¡Qué alegría tan inmensa supuso todo aquello! Fue como recuperar una parte importante de la propia existencia. Nuestra hermana se había casado con un catalán excelente, al que los bombardeos de la guerra habían destrozado una dulcería y dos edificios que tenía su familia en Barcelona. Pero, por fortuna, habían podido rehacer su vida y se dedicaban a la confección de abrigos y de prendas de piel fina. Vivían muy bien, por lo que les resultó fácil, en el verano de aquel año 1949, venir a Sanfiz a estar un mes con nosotros.

En el año 1951, fue mi hermano el que se casó y marchó con su joven esposa a disfrutar su luna de miel en Barcelona. Allí permanecieron varias semanas, rodeados del afecto de Sofía, de sus hijos y de su marido.

En marzo de 1952, me reclamaron a mí para que celebráramos juntos la festividad de San José en la ciudad condal. Accediendo a su amable insistencia, decidí acompañarles el día del santo de mi cuñado y de mi sobrino, que se llaman José.

Y lo que en un principio iba a ser un viaje de, a lo sumo, un par de semanas, se convirtió en una estancia bastante prolongada, una estancia que abría de par en par las puertas a otra nueva época de mi vida.

CAPÍTULO II

LA ANTESALA DE UN SUEÑO

Barcelona me deslumbró. Era la primera gran ciudad que visitaba y me pareció fantástica. Me asombraron sus calles, sus plazas, sus avenidas, sus monumentos... Pero si hubo algo por lo que me gustó particularmente, fue porque, desde allí, me sería más fácil realizar una ilusión que venía acariciando desde hacía tiempo. Una ilusión que no había revelado a nadie y que se había apoderado de mi mente como una auténtica obsesión: ¡quería conocer a mi padre!

Su ausencia me desasosegaba y me impedía vivir con el equilibrio que les es dado disfrutar a los que saben de su familia y de sus raíces. Deseaba tener delante de mí a aquel hombre que me había dado la existencia y que marchó a Cuba antes de que yo naciera. Necesitaba hablar con él, saber de sus sentimientos y de sus razones, de su vida de cada día, de sus olvidos o de sus añoranzas. Y, mientras no lograra todo esto, tenía muy claro que me iba a ser imposible encontrar la paz, la estabilidad emocional y el sosiego conmigo mismo.

Barcelona lo tenía todo para ser la antesala de ese sueño: ofrecía posibilidades para ganar dinero y realizar un viaje tan costoso; contaba con representaciones diplomáticas acreditadas en la ciudad para preparar mejor una aventura tan arriesgada entonces; disfrutaba de un puerto fantástico, plagado de buques, y de un moderno aeropuerto en que cada día entraban y salían multitud de aviones. A uno y otro me acercaba algunas veces para dar rienda suelta a mi fantasía y para imaginarme cruzando los cielos o atravesando los mares en busca de aquel hombre, en busca de mi padre...

Para quedarme en la ciudad condal, no necesité que me animasen mucho. Mi cuñado y mi hermana me reiteraron una y mil veces que allí podría tener un gran porvenir trabajando con ellos en la confección de prendas de piel. Ellos ignoraban mi proyecto secreto y lo que me ofrecían para toda una vida no me interesaba lo más mínimo. Pero me quedé. Me quedé, no porque me importasen ni la piel ni la confección, sino porque Barcelona era el trampolín ideal para saltar un día hasta Hispanoamérica.

Al mes y medio de mi llegada, aproximadamente, ya estaba trabajando en la empresa TOGASA, en la sección que se ocupaba de la recaudación industrial, de los gastos e ingresos y del control de caja. Se hallaba ubicada en la calle Mariano Cubí. Además de tener un excelente taller mecánico —en el Garaje Imperial— allí se vendían coches de cualquier marca europea, tanto nuevos como de segunda mano. Se vendían motos y vehículos de algunas marcas americanas. Se expendían neumáticos, gasolina, aceite..., se lavaban automóviles, se cargaban baterías, se alquilaban plazas de aparcamiento por una noche, por un mes o indefinidamente. En una palabra, se hacía un poco de todo lo que estuviera relacionado con el sector del automóvil.

TOGASA fue un lugar fantástico en que me fue dado conocer gente y relacionarme con hombres de negocios españoles y de allende nuestras fronteras. Traté a diplomáticos extranjeros afincados en España y a diplomáticos españoles, ya jubilados, que habían sido embajadores o cónsules en lejanos y variados países. Traté también a futbolistas famosos, a célebres ciclistas y a personalidades que descollaban en múltiples actividades.

Todas estas relaciones me permitían ir ampliando a diario el círculo de personas con las que, más o menos íntimamente, fui entablando una cierta amistad. Y comencé a buscar entre ellos un segundo empleo, pues deseaba trabajar dos turnos seguidos para ganar dinero cuanto antes y marchar a Cuba. También empecé a estudiar por la tarde en una academia privada y necesitaba pagarme las clases, los libros, etc. Con un solo sueldo, apenas si me llegaba para vestir y hacer frente a los mínimos gastos particulares. Es verdad que la vivienda me salía gratis, en casa de mis hermanos, y la manutención me resultaba muy económica, pero el adelantar en mi formación (que tan descuidada había tenido hasta entonces), y el poder afrontar un día mis proyectos me exigían dedicarme febrilmente al trabajo y al estudio.

No tardó en salirme el pluriempleo que andaba buscando. Tras prestar mis servicios en el garaje Imperial durante ocho horas, me iba otras ocho al garaje Madrazo. Y tuve que traspasar mis clases de por las tardes al horario nocturno, pues el día no me daba más de sí. Casi no tenía tiempo ni para comer, ni para dormir, ni para divertirme un poco, ni para visitar a mis novias... Con una de ellas llegué a oficializar mis relaciones y mi hermana estaba empeñada en que la desposara cuanto antes. Era cubana, por cierto, y una excelente persona. Pero a mí, aquello de casarme, siempre me pareció que era un tema muy serio que podía esperar un día más... y otro más... y otro...

Lo que me seguía atosigando era la idea de buscar a mi padre. Cada día más. Necesitaba encontrarle vivo o muerto. Pero la entrada en Cuba no era nada fácil y, para acceder a ese país, me informaron que necesitaba alguien que viviese en la isla y que me reclamase. Al tener la suerte de estar en relaciones con una novia cubana, le propuse a esta que se fuese a la tierra de la que era oriunda (cosa que, para ella, no ofrecía ningún problema. Una vez allí, podía solicitar mi presencia en su patria.

No sé si me faltaron dotes de convicción o que, eso de los casorios conmigo, mi novia no lo tuvo nunca claro, el caso es que rechazó mi plan.

Y, a medida que fue pasando el tiempo, no tuve otro remedio que sincerarme con mi cuñado y con mi hermana para hacerles partícipes de mis proyectos. Mi hermana se opuso. Frontalmente. Me dijo y me repitió en todos los tonos y con toda clase de argumentos, que el hombre que nos dejó no merecía que diéramos un solo paso hacia él, cuando durante tantos años él mismo no había querido dar ni un solo paso para acercarse a nosotros, a nuestra soledad, a nuestras necesidades y a nuestro abandono.

—Reconozco lo mismo que tú—, le dije a Sofía—, el error que cometió. Sé que se olvidó de sus hijos y se olvidó de su mujer, sin importarle para nada los sufrimientos y la muerte de nuestra madre. Tienes, sí, razón que te sobra para oponerte a que vaya a verlo. Y tu opinión para mí no es una opinión cualquiera. De algún modo (y desde que has aparecido en nuestra vida), considero que en parte has reemplazado para mí a esa madre que perdimos. Yo también he sufrido su ausencia. Yo también sé que él ha sido el culpable de que no hayamos tenido niñez, de que nos hayan robado la infancia personas extrañas y de que abusara de nosotros un tutorzuelo sin alma. Todo esto, lo comprendo, es más que suficiente para rechazarlo. Pero, por mucho que hiciera, si vive, continúa siendo nuestro padre. Y yo lo necesito. Te parecerá extraño o inaceptable quizá lo que te digo, pero lo necesito como un pájaro necesita sus alas, como una estatua necesita un pedestal en que apoyarse, como un árbol tiene necesidad de sus raíces para seguir viviendo.

Eran discusiones en las que, a veces, terminábamos en fraternos enfados y, en otras ocasiones, en fraternas y comunes lágrimas. Pero yo seguía en mi postura y ella en la suya. También mi novia le daba la razón a Sofía y estaba completamente de su lado.

Comencé a padecer del estómago. Esto, además de ser un trastorno para mi salud, alteraba también mi equilibrio y me producía irritabilidad. Estaba nervioso, no dormía, no descansaba... Y mi buena hermana, como solución para todos mis males, no hacía más que repetirme a todas horas que abandonase aquella idea. Lo hacía con la mejor voluntad, estoy seguro, y su postura obedecía más al deseo de no perderme que al odio que pudiese sentir hacia nuestro progenitor.

Mi decisión, sin embargo, era tan firme que estaba dispuesto no solo a dejar a mi novia (si esta seguía en sus trece de solidarizarse con mi hermana), sino a cambiar también de domicilio. Y no porque, entre José, Sofía y yo, se diese ningún tipo de problema familiar, sino para evitar futuros disgustos y frustraciones, el día de mi marcha a Cuba, que yo veía como ineludible.

Y la suerte se fue aliando poco a poco conmigo. Por aquel entonces, el destino quiso que entrara en el garaje Madrazo el cónsul general de Guatemala en España, don Augusto Anquise. Además de conocerlo a él, pude conocer igualmente a su señora y a sus dos hijas, Magaly y María Eugenia, de 16 y 17 años. Era una excelente familia, que acababa de llegar a nuestro país.

Les pregunté si no tenían para mí una plaza vacante en su consulado y don Augusto me informó muy amablemente que el Ministerio de Relaciones Exteriores de su país le prohibía tener empleados que no fuesen guatemaltecos. A él sí que le hubiese gustado, pero le resultaba imposible transgredir las disposiciones que le marcaban.

—No se preocupe, señor cónsul —le respondí—. Siempre he sentido curiosidad por conocer cómo se desenvuelven los asuntos diplomáticos. Si en algún momento esas leyes cambian y le es posible contratar a alguien de aquí, acuérdese de mí.

Sentí no encontrar el camino expedito en esa puerta que me hubiese permitido acceder al mundo de las legaciones extranjeras y de las embajadas, un mundo a través del cual, pensaba yo, me sería fácil despejar los horizontes que mi hermana y mi novia se empeñaban en dejarme cerrados.

Y seguí con mi trabajo en los garajes Imperial y Madrazo. Seguí con mis estudios y con mis normales ocupaciones. Una mañana de primavera, sin embargo, don Augusto Anquise volvió a presentarse de nuevo. Me llamó y, en tono muy confidencial, me dijo:

—Ya sabe que no llevo demasiado tiempo en Barcelona. Vengo a buscarlo para proponerle algo que espero le pueda seguir interesando. He arreglado las dificultades que me ponían en Guatemala y estoy buscando una persona que conozca esta ciudad y que me ayude a atender la oficina, a recibir las visitas, a ir a los bancos, etc. Me he acordado de usted, pues su trato y su cordialidad me han llamado la atención. ¿Quiere trabajar conmigo en el consulado de Guatemala?

—¡Claro que sí! —contesté entusiasmado.

—Sus ocupaciones serán solo por la mañana, menos los sábados, que no se abre. Tampoco trabajamos los días de fiesta nacional de mi país ni los festivos de España. Su sueldo será de 60 quetzales al mes.

El quetzal estaba a la par del dólar americano, lo que representaba entonces (en los años 1955 y 1956) unas 3 900 pesetas al mes.

Decidí dejar ese mismo día mi trabajo de por las mañanas en el garaje Imperial y hablé con el dueño. Le expliqué que iba a comenzar a trabajar en el Consulado de Guatemala y no me puso ninguna pega.

—Te deseo todo tipo de éxitos—, me dijo—. Eres un joven despierto y decidido. ¡Adelante, muchacho! Mereces triunfar...

Y comencé el que iba a ser en adelante mi quehacer diario, al lado de don Augusto. No me fue difícil habituarme a mis nuevas tareas, que acabaron resultándome muy entretenidas y agradables.

Habían acabado enfriándose del todo las relaciones con mi novia, la cubanita, a la que sustituyó en mi corazón una chica malagueña. Era muy alegre y divertida, como casi todas las andaluzas. Tenía gracia y salero a raudales. Y gancho. Y una habilidad especial para conquistar a quien ella se propusiera.

No tardó en plantearme el tema de la boda, algo que a mí me seguía pareciendo una cosa lejanísima. Lo que me atraía era continuar entablando nuevas amistades. Me encantaba tratar y conocer lo más posible a representantes de empresas de exportación e importación, a viajantes de comercio, a transportistas, a personas con las que hablaba de lejanos países y de mi interés por conocer Hispanoamérica. De estas conversaciones, como enseguida explicaré, un día habría de surgir la solución que yo andaba buscando.

Mi hermana y mi cuñado seguían cerrados en su postura y continuaban desaconsejándome aquella aventura sin ningún sentido para ellos. Pero, si José y Sofía estaban firmes en sus convicciones, yo lo estaba aún más y de nada servían sus argumentos ni sus permanentes invitaciones a que me quedase en España para siempre.

Don Augusto era un gran padre, un buen esposo y una excelente persona. Como diplomático, disfrutaba de la más absoluta confianza del gobierno de su nación. Y le gustaba aprender cosas como si de un joven estudiante se tratase; iba hasta su casa un profesor particular de inglés, pues su deseo más íntimo consistía en trasladarse a vivir a los Estados Unidos de América, que era, con España, la nación que tanto a él como a su esposa e hijas más les gustaba como lugar de residencia.

A mí me trataba con infinito cariño. Me hacía asistir hasta a las recepciones de más alto copete que daba en su condición de cónsul. Recuerdo una, por ejemplo, que dio en la quinta particular de un colega suyo, en el barrio de Tres Torres. Mandó imprimir unas preciosas tarjetas de invitación, con borde dorado, en las que aparecían el nombre de don Augusto y señora y el de cada invitado. Allí estaba mi nombre, y me hizo una ilusión grandísima verme como uno más entre tan distinguidos caballeros y tan elegantes damas... Había personalidades de todas partes del mundo, personalidades entre las que, en ese acto y en otros similares que luego siguieron, aprendía a desenvolverme cada día mejor superando dentro de mí, paulatinamente, al huérfano tímido e inculto de mi infancia, al cantero y labrador que nunca había salido de la parroquia de Piñeiro...

En otra ocasión, a lo que me invitó el señor cónsul fue a un maravilloso viaje en su compañía, en la de su señora y en la de sus dos hijas. Pero aquella vez, la suerte volvió a darme la espalda, como ahora contaré, y me quedé sin realizar esa gira fantástica a la que se me invitaba. Aunque, por otro lado y por lo que se verá a continuación, no llegué a saber nunca si fue una desgracia o una suerte el no poder acompañarles.

Deseaban conocer el monasterio de Nuestra Señora de Lourdes, París, Lyon y querían visitar Alemania. El señor Anquise me propuso que yo les acompañara. De este modo, le ayudaría a conducir y le relevaría al volante de su Volkswagen, en que iríamos ellos cuatro y yo. Preparamos concienzudamente el itinerario la víspera. Y acordamos citarnos en el garaje Madrazo, donde guardaba el coche. Convinimos también salir muy pronto, para que nos diese tiempo a ir a desayunar al mismo Lourdes...

Pero aquella noche me dio una fiebre altísima y no me pude dormir hasta bien entrada la madrugada. Cuando me desperté, eran más de las ocho de la mañana. Salté de la cama. Me aseé rápidamente y, en un santiamén, fui al consulado. Le pregunté a la sirvienta si hacía mucho tiempo que habían salido. Esta, al verme allí, se asustó, pues ya nos hacía a todos a varios cientos de kilómetros de Barcelona.

Esperé a que llegase la secretaria y otro joven que también trabajaba en la legación consular. Los dos eran guatemaltecos y unas bellísimas personas. La secretaria, una señorita de más de cuarenta años, a pesar de las buenas cualidades humanas con las que contaba, tenía algo agrio el carácter, quizá debido a su involuntaria soltería. El otro se llamaba Enrique Willy y yo le veía como la personificación de la jovialidad. Al llegar y verme en el consulado, exclamó:

—¿Qué sucedió? ¿Se quedó dormido? Vamos a llamar urgentemente al monasterio. Quizá los encontremos todavía desayunando.

Llamó a Lourdes, primera escala del itinerario, pero la familia Anquise había pasado ya. Desde allí, visitaron diversos lugares de Francia. Cuando llegaron a París, llamaron a la legación diplomática. Le explicamos a don Augusto lo ocurrido y él lo lamentó mucho, no solo por mi afección febril, sino por la paliza de volante que se estaba dando al no contar con nadie que lo relevara. Pero era un hombre de una comprensión extraordinaria y aceptó perfectamente lo acaecido.

Siguieron su viaje hasta Alemania. En este país, sin embargo, les esperaba un gran susto: volcaron en una curva y, aunque el accidente pudo revestir una importancia mucho mayor, no se mató ninguno de los cuatro ocupantes. Quedaron levemente heridos. El señor cónsul recibió el impacto en la cabeza y su señora e hijas tenían rasguños y magulladuras por diversas partes del cuerpo, con golpes en costillas, caderas y piernas principalmente. No hubo fracturas y fue el coche el que peor malparado salió.

Las autoridades germanas atendieron y hospitalizaron con rapidez a los cuatro guatemaltecos. Estas autoridades fueron las que llamaron al consulado para informarnos del accidente y las que nos tranquilizaron diciéndonos que los médicos, tras practicarles diversos exámenes, no habían encontrado lesiones graves en ninguno de los cuatro. Nos indicaron también que la familia, al hallarse mareada, no podía verse al teléfono y que guardaban su documentación y la del vehículo. Prometieron seguirnos informando, mientras los convalecientes no estuviesen en condiciones de poder hacerlo personalmente.

En el consulado nos quedamos todos muy preocupados. Aunque, cuando preguntamos a nuestros informantes si consideraban conveniente que nos desplazáramos a Alemania, nos dijeron que no era necesario.

Al día siguiente recibimos un cable del señor cónsul y, en días sucesivos, llegó a comunicar también telefónicamente con Willy. Le informó de que, tanto el matrimonio como sus hijas, se hallaban en vías de franca recuperación. Y, el buen hombre, mostró su satisfacción por el hecho de que yo me hubiese quedado dormido.

—Sería terrible —le comentó a Willy—, que a nosotros no nos hubiese pasado nada grave y que él hubiera podido morir en este estúpido percance.

Y daba gracias a Dios por el hecho de que, la mañana de su partida, yo me hubiese quedado dormido.

Cuando pudo comunicarnos que, en breves días, estaría de nuevo con nosotros en Barcelona, sentimos una enorme satisfacción. Su convalecencia pasó pronto y se mostraba muy agradecido con las autoridades y con el pueblo alemán, pues les prestaron una eficaz asistencia en todos los aspectos.

Una semana después de que nos informase de que ya estaban bien y que vendrían de inmediato, teníamos a don Augusto en su despacho de la calle Muntaner, cerca de la clínica Barraquer. El personal del consulado lo apreciaba profundamente y su vuelta nos sirvió de gran alegría a todos.

Desde esta representación diplomática, numerosas firmas españolas se interesaban por importar o exportar productos con Guatemala. También eran abundantes las firmas guatemaltecas que aquí colocaban sus mercancías o que aquí compraban las nuestras. Aquel país centroamericano prestó una atención muy particular a la tecnología de nuestra patria y esto abría las puertas a la emigración cualificada. Lo de menos era la especialidad. Comenzó a darse un intercambio de ventas y de visitas, de productos y de gentes, entre Guatemala y España, que hasta entonces no se había dado nunca.

De las muchas personas que pasaron por el consulado, conocí un día a un matrimonio que acabaría intimando con don Augusto y con su señora, y que tendría una importancia decisiva para que se me abriesen en breve las puertas de América. Tenían una hija, llamada Raquelita, que también se hizo amiga de las hijas del señor cónsul. El nombre de aquel caballero guatemalteco era Carlos Ardebol. No recuerdo cómo se llamaba su esposa.

Pues bien, lo que en un principio iba a ser unos meses de turismo por España para aquellos millonarios hispanoamericanos, dedicados al negocio del café, acabó convirtiéndose en una larga estancia. Alternaban los recorridos por varias provincias y lugares históricos de nuestro país con temporadas de descanso en Barcelona, donde Raquelita se dedicó a estudiar... y a enamorarse perdidamente de un catalán que correspondió enseguida a los amores de la joven. ¿A quién no le gusta castrar una buena colmena?

Raquelita, que además de enamorarse de su novio se enamoró también de España y de la vida que aquí hacen sus gentes, les dijo a sus padres que no deseaba volver a vivir a Guatemala. Y estos tuvieron que cambiar de planes, fijando su residencia en Barcelona y trasladando a nuestro país parte de sus negocios.

Don Carlos Ardebol comenzó a visitar cada vez con más frecuencia el consulado. Los dos matrimonios pasaban largas horas juntos y Raquelita se veía a todas horas con Magaly y María Eugenia, las hijas del señor Anquise. Las tres eran sumamente educadas y corteses con todos. Y unos y otros comenzaron a hacer proyectos para el futuro. Las tres chicas, por ejemplo, decidieron cursar juntas sus estudios en la universidad de Barcelona. Pero las cosas iban a complicársele al diplomático...

Un buen día, entre la correspondencia que llegaba del Ministerio de Relaciones Exteriores de Guatemala, le llegó un oficio en que se le pedía que fuese a abrir el nuevo consulado que su país pensaba establecer en la ciudad inglesa de Liverpool. Su gobierno reconocía la gran capacidad organizativa de don Augusto, la eficaz labor que había llevado a cabo en España y le felicitaban no solo por lo que había hecho, sino porque sabían que tenían en él a un excelente funcionario dispuesto a servir a su patria en cualquier lugar que se le asignara. El ministro le decía que, una vez abierto el nuevo consulado en Liverpool y cuando este se hallara en orden y en marcha, le daría a escoger el destino que prefiriese para permanecer en él indefinidamente.

Ya hemos dicho que a don Augusto le gustaban España y Estados Unidos. Como aquí llevaba ya una temporada, comenzó a hacerse a la idea de establecerse en Nueva York, para que allí se formasen Magaly y María Eugenia.

La noticia de su próxima marcha a Inglaterra convulsionó a cuantos componíamos aquella pequeña comunidad de funcionarios y de empleados. Y todos tuvimos que hacer también nuestros propios proyectos. Como en Liverpool la vida y los alquileres eran muy caros y los inviernos resultaban muy duros, cada uno de nosotros fue tomando las determinaciones que creyó más oportunas: la secretaria cuarentona, por ejemplo, optó por volverse a Guatemala. El cónsul habló también con Willy y conmigo. Pero ambos decidimos esperar acontecimientos antes de tomar una postura definitiva.

El señor Anquise, al ver el entusiasmo con el que yo miraba a Hispanoamérica y al comprobar lo que me interesaban las costumbres de aquellos países, me animaba a que me fuese a trabajar a Guatemala. Me proporcionaba periódicos de allí, que yo leía con avidez. Y, al enterarse de que sentía curiosidad por el q'eqchi', su idioma indígena, me entregó, antes de marcharse, libros para que pudiera estudiarlo.

También con el millonario don Carlos Ardebol echaba yo largas parrafadas sobre Latinoamérica, sobre su economía y el reparto de la riqueza en aquellos países. Él me confesaba que, teniendo en cuenta los recursos que poseían, el nivel de vida y los sueldos debían ser mucho más altos.

—¿Y cuál es la causa de que eso no sea así? —le pregunté interesado.

—No hay una sola causa, sino muchas. Una parte importante de culpa la tienen, por supuesto, los políticos, que no son capaces de organizar y poner en pie a ese puñado de naciones que configuran Latinoamérica. Son países que parecen condenados irremediablemente al desorden, a los golpes de estado y a la corrupción de los gobernantes de turno. Pero otro porcentaje muy importante de culpa habría que atribuirlo también al factor humano con el que allí contamos.

—¿Qué entiende usted por factor humano y qué quiere decir con eso?

—Para nuestra desgracia, los nativos de toda la América hispana no hacen lo que ustedes son capaces de hacer aquí. No trabajan lo mismo. Sobre todo los indios. Usted es un buen ejemplo de lo que digo: antes trabajaba por la mañana y por la tarde en una casa de compraventa de automóviles. Por la noche tenía tiempo todavía para asistir a clase y formarse. Ahora, desde que está con don Augusto, trabaja usted por la mañana en el consulado, por la tarde estudia y, por la noche, encuentra unas horas para seguir aún haciendo cosas. ¿Qué guatemalteco sería capaz de imitarle?

—¿Entonces, no existen allí deseos de superación?

—Pocos. A los europeos o a los norteamericanos les encantan las buenas ropas, los buenos coches, el progreso y el confort... Miran al futuro, mientras que nosotros nos conformamos, en muchos casos, con la proximidad de la selva y el regusto del pasado. Así no se va a ninguna parte y, por ello, los norteamericanos y los europeos que se instalan en nuestras naciones acaban haciendo capital, mientras que los nativos no lo hacen.

—Lo que usted me dice me da ánimos para marchar a vivir a una de esas naciones.

—Hágalo. Con la disposición con la que usted acepta el trabajo, si estuviera en América, pronto conseguiría un cierto bienestar. ¿Por qué no se va a Guatemala?

—Hace tiempo que deseo ir a Cuba —le repuse.

—¿A Cuba? ¿Y por qué no a mi país?

—Iría si pudiera montar en él un negocio concreto, pero no a la aventura.

—Yo tengo allí un negocio para usted. Cuando usted quiera, hablamos detenidamente de ello y podemos llegar a un acuerdo.

—Si es un buen negocio, seguro que me interesa y que llegaremos a entendernos.

Todos se ponían de acuerdo y todos coincidían en alentar mis ilusiones de atravesar el Atlántico. Todos menos mi cuñado y mi hermana, naturalmente, que mantenían su postura de siempre. La última recomendación que me hizo don Augusto Anquise, antes de marchar a Liverpool, es que me fuese a Guatemala y llevase hasta allí a mi novia. El dejaba todavía en Barcelona un par de semanas a su señora y a sus hijas, en lo que preparaba la vivienda y el local en que se ubicaría el nuevo consulado.

Mientras tanto, había llegado el sustituto para hacerse cargo de la legación de Barcelona. Era un coronel del ejército guatemalteco y hombre de negocios. Poseía también gasolineras en Venezuela. Al no tener hijos, su señora y él vinieron acompañados de Rosana, una sobrinita a la que idolatraban y en la que el matrimonio encontraba la paz y las ilusiones que a otras parejas les da la propia descendencia.

Los que permanecimos trabajando en el consulado, continuamos desempeñando los mismos puestos, salvo Willy, que pasó a ocuparse de la secretaría. El coronel resultó ser una excelente persona, pero tenía más casta de militar que de diplomático. Hablaba poco y, cuando lo hacía, ocultaba sus dientes. Le gustaba viajar. Aunque solo eran tres personas las que componían el núcleo familiar, trajo un coche (un Mercedes 220), mucho más grande y lujoso que el de don Augusto.

Mis dolencias de estómago iban en aumento. Tuve una hemorragia interna durante cuatro meses y no me quedó otro remedio que operarme. Lo hizo el doctor Magriñán en la clínica Nuestra Señora de Lourdes, de Barcelona, que me encontró una úlcera de duodeno.

Y, una vez superada satisfactoriamente esta delicada crisis de salud, volví a mi trabajo... ¡y a mis proyectos! Como cada día veía más próximo el día en que se pudieran cumplir esas ilusiones que tan fuertemente habían arraigado en mi mente, opté por dejar el domicilio de mis hermanos. Sabía que, con esta decisión, iba a incomodar un poco a Sofía y a José, pero me pareció oportuno hacerlo por varias razones: en primer lugar, por ellos, para que no viesen con tristeza mis idas y venidas a la hora de preparar el viaje; en segundo lugar, para tener yo mismo más libertad de movimiento a la hora de afrontar los trámites necesarios que, de inmediato, comencé a solucionar.

Eché de menos a mi familia, pero su ausencia hizo que debiera acostumbrarme otra vez a la soledad, a esa soledad que, durante tantos años, había sido mi única compañera y a una soledad que, en el futuro, me esperaba sin duda.

Visité al cónsul de Cuba en su despacho, sito en el Paseo de Gracia. Llevaba toda la documentación en orden para solicitar un visado de tránsito para aquel país, en que pensaba permanecer algunos días, y continuaría después viaje a Guatemala.

Me sorprendió diciéndome que estaban suspendidos los visados para entrar en territorio cubano. Yo le expliqué que no sería ninguna carga pública. Tenía mis ahorritos en el Banco de Vizcaya, al que le indiqué que podía llamar para que atestiguaran que era cierto lo que le decía. Y, si deseaba más información sobre mi persona, podía también solicitar informes a los lugares en los que estaba trabajando.

Pero el problema no consistía en que fuese o no una carga para Cuba, sino en que sus autoridades, por los serios problemas políticos, sociales y militares que la isla atravesaba desde hacía tiempo, habían suspendido las garantías constitucionales. En el consulado cubano en España tenían órdenes del Ministerio de Estado de no dar más visados. A no ser, aclaró, que en Cuba tuviera yo familiares o personas que respondieran por mí. Y, disculpándose por no poder atenderme, se despidió cortésmente y tuve que marcharme.

Estuve a punto de confesarle cuál era el interés que me guiaba a la hora de querer entrar en La Habana, pero pensé que, señalándome demasiado, me haría más sospechoso. Y, aunque disconforme, decidí callar y retirarme. Además, ¿hubiera cambiado su negativa el hecho de que le indicara que deseaba saber si mi padre y mis tíos seguían allí? Probablemente, no.

Pensé que, cuando más fácil me parecía ese viaje con el que tanto había soñado, más se me empezaban a complicar las cosas.

Era ya de noche y decidí no asistir a clase. Me encerré en mi habitación y comencé a buscar posibles soluciones en mi cabeza al problema que se me planteaba. Me acosté y, en el silencio de la noche, mientras descansaba físicamente, ¡vi al fin un camino que me permitiría sortear los obstáculos que se me planteaban para realizar mis proyectos!

Me levanté temprano. A la hora acostumbrada me fui al consulado y, durante mi habitual salida al banco, aproveché para visitar la oficina central de la compañía norteamericana «Pan American Air Ways». Era una empresa a la que le dábamos muchos pasajes de gentes que iban o venían de Guatemala. Cuando visábamos pasaportes, solíamos recomendar esa empresa por su gran seguridad y por los excelentes profesionales con los que contaba. Uno de sus viajantes nos visitaba regularmente, buscando pasajes para sus aviones.

Tuve la suerte de que este viajante llegó en lo que yo explicaba al representante de la Pan American World Airwaysen Barcelona mi necesidad de viajar a Cuba, pero que no tenía allí a nadie que me avalara. Desde La Habana, le dije, pensaba ir por vía aérea hasta la capital de Guatemala y estaba dispuesto a hacerlo en la Pan Am.

—¡Qué extraño verle por aquí! —me comentó el representante al entrar.

—En efecto. Pero hoy soy yo el que necesito de ustedes.

—¿En qué podemos atenderle?

Volví a explicarles a los dos lo que ya había explicado al gerente y este me indicó que la compañía no se dedicaba a solucionar ese tipo de problemas, pero que, tratándose de alguien que les ayudaba tanto, harían todo lo posible por atenderme.

—Escriba un cable —me indicó—, y haga constar en él su deseo de visitar la isla de Cuba. Señale las razones que le parezca y no olvide el nombre de nuestro representante, que responderá por usted en ese país. Cuando tenga redactado el telegrama, me lo trae para que yo lo firme.

Hice todo tal como me indicó. Llevé el cable y lo encontró de su conformidad. Luego estampó en él su firma y le dio curso.

A las 72 horas ya teníamos respuesta, con las autorizaciones necesarias para efectuar aquel viaje. Llevé la respuesta recibida al consulado cubano. Se la presenté al cónsul, que leyó la notificación que desde Cuba habían hecho llegar a la Pan Americana y, tras su lectura, me dio la mano diciéndome:

—Mañana, si lo desea, ya puede venir a buscar el visado.

Con la certeza de que no tendría en adelante ningún problema para viajar, volví a la Pan American y, tras agradecerles efusivamente lo que habían hecho por mí, solicité un pasaje aéreo que me llevaría desde Cuba a Guatemala. Desde España a Cuba, pensaba ir en barco.

Y, hecho esto, no me quedaba ya más que ver cuanto antes a don Carlos Ardebol para cerrar definitivamente el negocio que me había propuesto. No pude verlo hasta el día siguiente. Cuando nos encontramos, sin embargo, mostró desde el primer momento

El joven Odilo cuando ya puede preocuparse por su aspecto y atuendo.

grandes deseos de que llegásemos a entendernos. Y nos entendimos.

Lo que me propuso no era nada fácil. Habría que trabajar duro a lo largo de varios años, pero esto no me preocupaba. Me ofrecía llevar a cabo una gran plantación de café. Pasados los cuatro o cinco primeros años, los cafetos no necesitarían más que un normal mantenimiento y yo podría empezar a gozar de un cierto descanso. Las plantas las pondría él y me daba a elegir entre hacer la plantación por mi cuenta o por la suya. En el primer caso, a mí me sería dado el hacer y deshacer con la cosecha lo que me diese la gana. De escoger la segunda opción, se me haría un descuento anual hasta amortizar gastos y no ganaría ningún sueldo. El contrato se podría ampliar siempre que ambas partes estuviésemos de acuerdo.

Disfrutaría de una casa en la misma hacienda, en Tucurú de Alta Verapaz. También tendría un vehículo para desplazarme a la ciudad.

Ya solo me faltaba elegir la compañía marítima con la que hacer la travesía. Primero visité una empresa francesa. Después me informé en la empresa Aznar. Por último en la Transatlántica Española, en la que saqué el pasaje correspondiente.

Volví al consulado y, al entregar mi pasaporte, me indicaron que el visado que me concedían solo tendría validez para 29 días a partir de mi llegada a Cuba. La fecha de esta llegada la ignoraba, pues no sabía el tiempo que el buque iba a detenerse en los puertos que comprendía el itinerario.

A medida que se aproximaba la fecha de la partida, me embargaba una gran preocupación. Por un lado, me daba pena partir sin despedirme de mi hermana, de su esposo y de sus hijos, a los que tanto quería y a los que tanto he querido siempre. Despidiéndome de ellos, sabía que el disgusto de todos iba a ser enorme, aunque a la que más podría afectar, lógicamente, sería a Sofía. Hasta llegué a temer que un trance así pudiese agravar las dolencias de corazón que padecía, pues era una persona que sufría las cosas con gran intensidad.

Y, si no me despedía de nadie, ¿qué podía ocurrir? ¿Cuál de las dos opciones sería la mejor?

Puesto que el viaje iba a realizarlo en contra de su voluntad, decidí despedirme por carta y no personalmente. Tampoco acepté que me acompañase ningún otro amigo al barco. Admitiendo a otra persona junto a mí ese día, me parecía cometer un desprecio para con mi familia.

Y el 13 de septiembre del año 1956, a las dos de la tarde aproximadamente, cogí un taxi en la plaza Bonanova. Mis únicos acompañantes fueron la máquina fotográfica y las dos maletas en las que metí mi ropa y algunas cosas que llevaba para doña Emelyn de Echévez, escritora y madre de don Enrique Willy, secretario del consulado de Guatemala. Me las había dado para entregárselas allí a su mamá.

Una emoción indescriptible me embargó el alma cuando, por fin, pude ordenar al taxista:

—Por favor, lléveme al puerto.

Embarqué en el vapor Satrústegui, propiedad, como he dicho, de la compañía Transatlántica Española. Hacía el mismo trayecto que el Virginia de Churruca, su barco gemelo. Ambos partían de Génova, venían a Barcelona y tocaban Valencia, Alicante, Cádiz y Santa Cruz de Tenerife, último puerto español que abordaban. Desde aquí salían rumbo a Puerto Rico, su primer lugar de atraque en las Antillas Mayores.

Dejamos tierra insular canaria el día 17 y, a las pocas horas, comenzó a anochecer. La temperatura era excelente y la luna iluminaba con generosidad las aguas tranquilas por las que surcábamos. Después de cenar, salimos a cubierta un buen número de pasajeros. Varios oficiales (viejos lobos de mar todos ellos y curtidos por mil travesías en lejanos mares), nos explicaban a los allí congregados el comportamiento del océano. Habían surcado incontables veces el Atlántico camino de La Habana o de otras ciudades o países americanos como Argentina, Chile, Perú, Uruguay, Méjico... Conocían alejadas naciones: Filipinas, Japón... Nos hablaban de recónditos lugares de África y Oriente Medio. Sus oyentes les prestábamos el máximo interés a las amenas anécdotas que nos narraban y las horas transcurrían sin darnos cuenta.

De repente, uno de los oficiales que nos hablaba del distinto comportamiento de los mares, según los caprichos de la meteorología, se apoyó sobre el gran bote salvavidas que tenía a su lado. Luego trató de sentarse sobre él y, para ello, apoyó sus manos en la lona que lo cubría. Pero notó que algo se movía bajo esa lona.

—Señores, ¡un polizonte! —exclamó.

El oficial se puso rápidamente en pie sobre cubierta y de cara al bote sobre el que había hecho intención de sentarse. Sus palabras y su actitud levantaron una gran expectación en todos los que le escuchábamos y en el resto del pasaje que, pronto, movido por la curiosidad, comenzó a arremolinarse.

Varios oficiales, con gran serenidad, soltaron los ganchos que sujetaban la lona, quedando al descubierto el interior de la pequeña nave y, dentro de ella, un joven harapiento, con cara de susto, que nos miraba a todos mientras seguía echado a lo largo de la embarcación.

Le ordenaron que se levantara y le garantizaron que sería respetado. Cuando el muchacho se incorporó y estuvo junto a nosotros, pudimos observarlo con más detenimiento. El pobre infeliz calzaba algo que hacía mucho tiempo había dejado ya de ser calzado. Vestía un andrajoso pantalón y una camisa que solo cubría parte de su pecho y de su espalda. Carecía de documentación y dijo ser cubano y tener 22 años de edad. Era alto, delgado, tenía los cabellos castaños y un poco ondulados. Aunque barbilampiño, la poca barba que lucía sobre su cara la llevaba muy descuidada y sin arreglar.

Los oficiales le rogaron que les acompañase para presentarle al capitán. El polizonte obedeció y, abriéndose paso entre el abigarrado grupo que allí se había arremolinado, polizonte y oficiales desaparecieron de cubierta camino del camarote en que le iban a interrogar.

En un instante, el joven se convirtió en el personaje más popular del barco. Mientras hablábamos de él, haciendo pequeños corrillos, se oyó por el altavoz del buque una voz que reclamaba a don Enrique Bonet, el único español residente en Cuba que nos acompañaba en la travesía. Se le pedía que se presentara en el puente de mando. Luego supimos que era para que presenciase el interrogatorio al que sometieron al joven andrajoso que había irrumpido de repente en la vida, en las conversaciones y en la curiosidad de los pasajeros.

Resultó ser de La Habana. Había entrado en España por el puerto de Vigo. Estuvo en Madrid varios meses. Luego en Sevilla y en Barcelona, donde le metieron una semana en la cárcel del castillo de Montjuich por sospechoso. Mintió a las autoridades diciendo que era andaluz y lo soltaron. Desde Barcelona, se fue también como polizón a Cádiz. Y, desde Cádiz, había llegado en un barco francés a Santa Cruz de Tenerife, donde entró en el Satrústegui con otros dos compinches, pero a estos los habían descubierto los guardias al hacer la inspección habitual, antes de que el barco zarpara.

Las aventuras que contó al capitán, tuvo luego oportunidad de narrárnoslas a nosotros de manera pormenorizada, a lo largo de los muchos días de navegación que aún nos esperaban. Aunque no podía entrar en el bar, se le permitía andar por cubierta y los pasajeros le llevaban sidra y otras bebidas.

Como medida de prudencia, al llegar a la bahía de Puerto Rico y en lo que repostaba el barco, lo confiaron a las autoridades de ese país para que no se escapara. Lo retuvieron los días que duró la escala del Satrústegui. Antes de partir, se lo volvieron a entregar al capitán. Esta misma operación se repitió en los demás puertos que tocamos antes de llegar a La Habana, donde le estaba esperando su padre. El capitán intercedió para que las autoridades cubanas le dejasen en libertad.

Yo tuve oportunidad de encontrarme en tierra, algunas fechas después, a aquel pobre muchacho que, durante cierto tiempo, fue el protagonista principal de nuestra travesía del Atlántico.

Entramos en la capital de Cuba hacia las ocho de la noche, el día 24 de octubre de 1956, cuarenta y un días después de haber salido de Barcelona.

No conocía a nadie en la ciudad. Ni siquiera a mi padre, si es que continuaba vivo y habitaba en esa población. Antes de bajar, uno de los tripulantes del buque me pidió el favor de que me hiciese cargo de sus dos maletas, pues a ellos no les estaba permitido ni por su capitán ni por la propia compañía naviera para la que trabajaban, el sacar ningún tipo de equipaje. Con esta medida trataban de evitar negocios ilícitos. Accedí a hacerle el favor que me solicitaba y le pedí a uno de los maleteros que habían subido a cubierta que bajase mis dos maletas y las dos que me acababan de confiar.

Al marino que me las entregó, le había preguntado con anterioridad cuánto habría que pagar de impuestos aduaneros por sus dos equipajes, (uno de ellos muy grande y pesado, por cierto.

—Nada —me respondió el tripulante.

—¿Nada? No sabía que este puerto fuese zona franca.

—No, no es zona franca. Pero esto es diferente a todo. ¡Estamos en Cuba, amigo!

CAPÍTULO: III

EN BUSCA DE UN PADRE

ME dirigí a la aduana. Cuando los guardias empezaron la inspección, sentí un cierto temor. Sabía que no había ninguna razón para preocuparme por mis dos maletas, pero las otras... Especialmente esa tan grande y tan pesada que me había dado mi compatriota marinero, ¿no me acarrearía algún problema? Desde luego, pensándolo bien, no parecía el bulto más apropiado para un viajero que, dentro de pocas semanas, debía continuar viaje en avión a otro país. Comencé a arrepentirme de aquel encargo, pero ya no había remedio.

Al llegar a su altura, uno de los guardias se fijó en el enorme maletón y, sin ningún preámbulo, me soltó:

—Esa maleta no es suya.

—¿Quién le ha dicho a usted que estas maletas no son mías?

La abrieron y, cuando vi la calidad y la cantidad de cosas que contenía, me asusté aún más de lo que estaba.

—Tendrá que pagar 80 dólares o decomisamos la mercancía.

—¡Ochenta dólares! —repuse—. ¿No es mucho?

—Sea mucho o poco, tendrá que pagarlos. Lo marca la ley y la ley no se puede saltar a la torera.

—Está bien. Les pagaré ese importe, pero denme un recibo de pago.

El guardia no repuso nada. Me cobró y se limitó a decir:

—Coja sus bultos. Ya puede usted marcharse

—¿Y el recibo?

—¿Recibos? ¿Qué recibo? Esta aduana no expende recibos a nadie. ¡Váyase!

—Yo soy alguien y no me iré sin un justificante de la cantidad que les acabo de entregar.

Discutimos. Me puse terco. Amenacé con denunciarles y, aunque los guardias insistieron en permanecer en su postura, acabaron devolviéndome el dinero y quedándose con la maleta.

Empezaban mis incidentes en Cuba, incidentes que no deseaba tener, pues prefería no llamar la atención ante las investigaciones que debía realizar pronto para buscar a mi padre, unas investigaciones que deseaba pasasen lo más desapercibidas posible. Además, estaba en un mundo extraño y probablemente tendría que defenderme de las personas y de las circunstancias más insospechadas.

La maleta del tripulante fue rescatada al día siguiente por la mañana. Sin pagar ni un solo peso. Desde el primer momento me fue fácil comprender el significado de las palabras de su dueño:

—Esto es diferente a todo. ¡Estamos en Cuba, amigo!

Al salir de la aduana, cogí un taxi indicando al chófer que me condujese a un hotel de confianza. Me llevó al Plaza, situado en La Habana Vieja, en un lugar muy céntrico.

Además de los diversos encargos que para entregar a su madre me había confiado Enrique Willy, llevaba una pulsera de oro macizo. Esta me la dio un caballero, del que ahora hablaré (domiciliado en Santo Domingo), para hacérsela llegar a un hijo que tenía exiliado en la capital de Cuba. El muchacho se había casado el año anterior y los suegros se la regalaban a la nuera que, hacía ocho días, les acababa de dar el primer nieto.

El caballero del que hablo, aunque de nacionalidad dominicana, había nacido en España. En la provincia de Zamora exactamente. Era uno de esos innumerables «indianos» que un día atravesaron el Atlántico para, con un poco de suerte, hacer fortuna. Y a él la suerte le sonrió. Ganó mucho dinero y pudo dar carrera a sus cuatro hijos. Uno era médico; otro, abogado; el exiliado en Cuba había hecho los estudios de procurador; y, la única hija que tenía, se había graduado como doctora en medicina.

Yo conocí a este señor en el viaje que acababa de realizar, pues él venía de España, de ver su tierra y de recorrer diversas provincias españolas. En el trayecto entre Barcelona y Santo Domingo tuvimos oportunidad de hablar en el barco y de hacernos amigos. A su vuelta, la doctora le esperaba para venirse ella a España y pasar también en nuestro país seis meses, como su padre acababa de hacer. Pero el retraso de la nave en la que nosotros íbamos le había hecho adelantar el viaje, tal como se lo notificaba en un cable que el «indiano» recibió entre Canarias y Puerto Rico. En el telegrama, su hija decía que le esperaba precisamente en Puerto Rico, para despedirse de él. Y allí la encontramos. Era una hermosa joven, rubia y esbelta. Me la presentó su padre y fuimos al puerto a despedirla, pues salió antes ella camino de España que nosotros camino de Santo Domingo.

En su tierra de adopción, aguardaban al zamorano la esposa, los dos hijos que allí tenía y la suegra. Disponían de dos coches (un auténtico lujo entonces), y vivían en una gran mansión, a la que me invitaron. En su casa fue donde me dieron, antes de salir para La Guaira, la pulsera de oro macizo que deseaban hacer llegar a la joven, nuera que aún no conocían.

Pero no era la entrega de esa joya lo que más me preocupaba. ¡Estaba en La Habana! Disponía de un tiempo justo para encontrar a mi progenitor, pues el visado de mi pasaporte indicaba que debía marcharme de allí cuando pasaran los 29 días de estancia que se me habían otorgado. Y no podía perder ni un solo minuto si quería llevar a feliz término la búsqueda que me proponía realizar, esa búsqueda en la que llevaba pensando prácticamente toda mi vida.

Yo contaba entonces con 31 años. Y algo más de ese periodo llevaba él en Cuba, pues abandonó la familia cuando mi madre estaba embarazada de mí.

¿Cómo se encontraría? ¿Viviría aún o, después de tantas ilusiones y un tan largo viaje, lo único que me quedaría por hacer sería llevarle un ramo de flores a su sepultura?

No, no quise ponerme en lo peor y pensé cómo podría llegar hasta él. ¿Mediante un anuncio en la prensa o en la radio? Desconocía absolutamente todo sobre su paradero y sobre las circunstancias que, de estar vivo, rodearían su existencia. ¿Se haría pasar por soltero? ¿Se habría casado y estaría olvidado de todo lo que fue su vida en España? ¿A qué actividad laboral se dedicaría? Si le reclamaba públicamente, a través de las emisoras o de los periódicos, podría hacerle daño y hacer daño a su nueva familia, si se había vuelto a casar. Mi investigación, por lo tanto, debía ser mucho más laboriosa y discreta.

Y a las doce de la noche del mismo día de mi llegada, el 24 de octubre de 1956, empecé la búsqueda.

Desde el hotel Plaza, sito entre las calles Neptuno, Monserrate y Zuleta, cogí un taxi y pedí que me llevaran a algún bar donde fueran los fanáticos del boxeo. Así lo hizo el taxista. Pensaba entablar conversación con la clientela que allí encontrara y, cuando me preguntasen por mi acento y por mi nacionalidad, les diría que era español. Yo les preguntaría si la persona por la que me interesaba era seguidora de este deporte, que en Cuba resultaba tan popular. Quizá alguno de esos aficionados le conociese...

Hotel Plaza de La Habana.

Entré en el bar, permanecí entre sus clientes un buen rato, pero no saqué nada en limpio. Cerraron el local a la una y media.

Cogí otro taxi y pregunté al chófer si sabía de algún club gallístico al que pudiésemos ir a esas horas. Le comenté que yo era muy amante de los gallos (por supuesto que no le expliqué si los gallos me gustaban peleando... o asados y en pepitoria. El taxista no tardó en transportarme a un local plagado de fanáticos de esas aves. Charlé con ellos. Quisieron saber mi lugar de origen. Les dije que era de Lugo, pero intenté ser discreto y no dar demasiadas pistas mías. Tampoco ellos me dieron la pista que andaba buscando.

A las dos y media cerraban ese lugar y, por segunda vez, salía de un bar sin haber avanzado nada en absoluto en lo que me proponía encontrar. No estaba seguro de haber escogido el mejor camino para llegar hasta mi padre. Pero ese era un modo, como otro cualquiera, de empezar. A través de aficiones o deportes, ¡quién sabe!, podría quizá conocer el tema por el que él se sintiese atraído y, tal vez y con un poco de suerte, alguien podría darme alguna información valiosa sobre su paradero.

Al salir del club gallístico, cogí un taxi para volver al hotel. En el trayecto, el taxista me indicó:

—Esta calle que vamos a coger es la calle Infanta...

—Posiblemente la hayan nombrado en honor de alguna infanta española —precisé yo.

—Sí, es posible, porque la que viene a continuación es la avenida de Carlos III. Es muy corta. Está muy bien iluminada y es muy bonita.

Cuando entramos en ella, me pareció, en efecto, una calle preciosa. Y le pedí al taxista que me dejara allí.

—¿Sabrá usted regresar solo al hotel?

—Creo que sí. Me parece recordar que está más abajo, a nuestra izquierda.

—En efecto. Veo que está perfectamente orientado.

Y allí, en la avenida Carlos III, me dejó. Serían las tres menos cuarto de la mañana cuando comencé a bajar la calle. Hacia la mitad de la misma, vi un letrero luminoso que anunciaba: Bar Manolitos.

No me lo pensé dos veces y entré. Había siete personas de las que tres eran empleados. Al verme llegar; se quedaron mirándome con extrañeza, por aparecer a esas horas. Yo me dirigí a un camarero que estaba solo y le pedí una sidra.

—Estás acabado de pescar—, me dijo mientras me la servía—. ¿Cuándo llegaste?

—Hoy mismo.

Se fueron acercando los otros y me dieron la mano. Todos eran bastante jóvenes. Uno de ellos se me presentó como pelotari que jugaba en el «Habana Madrid-Jai Alai».

—Quedémonos con este español que acaba de llegar para hablar de la madre patria... —dijo otro.

Aunque parecían buenas personas, me asustó la idea de que quisieran robarme el dinero fresco que, según ellos mismos sospecharían, llevaba de España. Y me dispuse a salir, pero me cerraron el paso diciéndome:

—Hazte la idea de que estás en tu casa.

—Si no tienes dinero, —añadió el pelotari—, yo puedo dejártelo. Gano de 25 000 a 30 000 pesos cada temporada. Así que, si lo necesitas, cuenta con él.

—Muchas gracias, musité, dudando cada vez más de las intenciones de aquella gente.

Pero no dije nada más. Sospechaba que lo que querían saber es si contaba con dinero suficiente. Y, como buen gallego, me las apañé para soslayar su pregunta y para que quedasen sin saber lo que querían. Dándoles las gracias les indiqué que no tenía apuro alguno porque contaba con familiares en Santiago de Cuba...

Siempre con recelo, acepté una invitación que me hicieron. Mientras tomaba otra sidra, le pregunté al pelotari si había muchos aficionados españoles al frontón en Cuba. Me dijo que sí, que bastantes. Sobre todo en La Habana.

—Te invito mañana. Juego yo. ¿No te gustaría asistir a mi partido? Allí conocerás a numerosos compatriotas de todas las edades.

Era una invitación que me convenía aceptar, pues el lugar aquel quizá fuese bueno para entrar en contacto con gentes de la colonia española. De unas a otras, podrían hacerme llegar hasta la persona que deseaba encontrar sin dar demasiadas explicaciones a nadie.

Y, al día siguiente, me fui al lugar que el pelotari me indicó. Estaba abarrotado, efectivamente, por un sinfín de compatriotas. A algunos de ellos les pregunté por un español que había vivido en Luyano, hacía 30 años, y que entonces se dedicaba al transporte. No tardé en encontrar a alguien que me aseguró:

—Sí, yo conocí a uno que se fue hace bastante tiempo a la provincia de Oriente, pero no sé su nombre.

—Pero ese que tú dices —afirmaba otro—, murió hace varios años.

Todo eran contradicciones y falsas pistas. No, aquella madeja no iba a ser fácil de desenredar, pues para alcanzar mi propósito no disponía más que de una dirección que databa de hacía treinta años. Y, un periodo así, borra pistas y hace desfallecer cualquier memoria. Lo positivo de mis primeras gestiones era solo que iba dejando sembradas ciertas preguntas a gentes aficionadas al boxeo, a la lidia de gallos, a la pelota vasca... Mientras esas preguntas hacían su camino por un lado, yo indagaría por otro. Por el sector de los transportes, por ejemplo.

Visité la dirección del barrio de Luyanó. Pero en ese lugar vivía una familia desde hacía diez años. Me confirmaron que allí, en efecto, había vivido hacía mucho un español que se dedicaba al transporte y a comprar madera. Según lo que ellos decían saber, sin embargo, aquel español se marchó a Santiago de Cuba y luego había muerto. Nadie sabía su nombre con exactitud o nadie quería decírmela

¿Santiago de Cuba? Hasta allí me fui el tercer día de mi estancia en la isla. Hice cientos de kilómetros y pregunté a varios transportistas y compradores de madera de esa ciudad, pero me indicaron que, desde allí, se había ido a Pinar del Río. Cuando volví a La Habana se había consumido ya mi cuarto día de estancia autorizada.

El quinto, salí hacia Pinar del Río. Y seguí buscándolo entre quienes pertenecían a ese gremio de la madera y el transporte. Pasé dos días más en dicha provincia y, al fin, localicé a un individuo... que nada tenía que ver con mi padre. ¡Mis esfuerzos de cinco días se venían al suelo! La persona que encontré era hijo de un español. Le hice ver que estaba en esa provincia de paso y que me agradaba encontrarme, tan lejos de España, con paisanos y coterráneos. Le hablé de unos familiares que tenían en Cuba a un pariente y que se interesaban por él.

—Sé que se apellida Ildefonso, o Alonso, o algo así... Se dedicaba al transporte hace 30 años. Más tarde compró madera. También preparaba fincas y luego las vendía.

Lo último lo agregué yo, al buen tuntún. Pero a mi interlocutor eso le hizo recordar a alguien.

—Sí, conocí a un español que creo que se apellidaba como usted dice y que se dedicaba a preparar fincas en la provincia de Camagüey y en Manzanillo, en Oriente. No conozco más de él ni sé la dirección.

Debía regresar 600 kilómetros para llegar al primer lugar que me indicaba y otros 250 para alcanzar Manzanillo.

Y hacia Oriente me fui otra vez. Pasé por Camagüey, aprovechando mi estancia en la ciudad para buscar a mi padre por allí. Me dieron indicios, pero la persona por la que yo preguntaba se había ido a vivir a Guantánamo hacía 15 años.

Fui a Guantánamo. En esa localidad había vivido algún tiempo, pero, 10 años atrás, se trasladó a La Habana. Según mis informadores, antes de marchar lo vendió todo y se dedicaba a almacenista de ultramarinos.

Mapa de Cuba con sus provincias y capitales.

Llevaba 10 días y seguía sin encontrarlo. Mi búsqueda era lo más parecido a una carrera de obstáculos, pero estaba dispuesto a utilizar la paciencia que fuese necesaria. No en balde aquel era el sueño de toda una vida.

Salí de nuevo hacia La Habana. Visité varios almacenes, algunos de ellos pertenecientes a españoles. Alguien me dijo que tuvo un local y lo vendió luego para abrir otra tienda de ultramarinos en Bayano. Visité el local que supuestamente había vendido y resultó que ni siquiera lo había llegado a comprar. Pero sí era cierto, sin embargo, que se había interesado por él y que luego, al no llegar a un acuerdo en esa operación, se había ido a Holguín. Ahora, por lo que me dijeron, se dedicaba a comprar fríjoles, y maíz.

Sin desanimarme un ápice, enfilé el camino de Holguín, a 700 kilómetros de La Habana. Era el día decimosegundo de mi estancia y, en Holguín, me aseveraron que en este municipio había residido durante dos años y después se marchó a la provincia de Las Villas, a abrir una tienda de alimentación.

Trece días. Todo me indicaba que ya estaba pisándole los talones a ese hombre que, desde mi niñez, tanto había deseado encontrar. Cada vez me daban datos más próximos, fiables y de fechas más recientes. En Las Villas residió un año y se fue a Matanzas.

En Matanzas lo busqué por la localidad y hasta por los arrabales. Visité tiendas y más tiendas. Mi investigación, sin embargo, pareció estancarse a lo largo del día decimocuarto.

El decimoquinto día me levanté muy temprano. Volví a preguntar innumerables veces por «el español del comercio de ultramarinos», pero no encontré a quien lo conociera.

Quizá me estaba haciendo notar demasiado y lo que ocurría es que nadie quería darme razón de su paradero. He pensado siempre que, ante los fracasos, no hay nada mejor que la constancia y, con una constancia llena de tozudez, volví a la carga.

Gracias a mi persistencia, el éxito estaba a punto de sonreírme.

Eran las primeras horas de la mañana del día 8 de noviembre de 1956 en aquella bonita ciudad, escondida entre las montañas que la rodean. Su vida giraba en torno a la plaza de Armas, en la que están los principales edificios de la población. Un cielo limpio y una temperatura agradable permitía a las amas de casa salir a realizar sus compras. Los varones, sin demasiada prisa, iban a sus trabajos o tomaban una copa en la calle.

Yo caminaba despacio también, pero es porque me sentía cansado. Necesitaba reposo y no dejaba de caminar de acá para allá... Me habían operado del estómago hacía solo siete meses y mis fuerzas físicas eran las justas. No podía comer más que alimentos ligeros y debía tomar líquidos a lo largo del día con bastante frecuencia, puesto que la capacidad de mi estómago había quedado reducida a una cuarta parte en la operación quirúrgica.

Pero nada de esto contaba. Solo contaba el tiempo que no dejaba de pasar velozmente y yo tenía entablada una búsqueda contrarreloj en la que debía alcanzar mi objetivo antes de que llegara el día 29 de mi estancia en Cuba.

Ya solo me quedaban 14 jornadas. El misterio que rodeaba a mi padre me asustaba y me animaba a la vez. Entré en un bar a beber alguna cosa.

—Por favor, póngame un vaso de leche fría con azúcar—, le dije al camarero.

Este, al notar mi acento, me preguntó:

—¿Es usted español?

—Sí, efectivamente. ¿Hay muchos españoles por aquí?

—Bastantes.

—¿Y a qué se dedican?

—Unos, al comercio; otros tienen fincas...

Quizá alguno de ellos, pensé, podía ser la persona a la que yo buscaba. Salí de allí. Eran las 10 de la mañana y no quise perder ni un minuto más. Comencé a caminar de nuevo.

El hombre por el que yo estaba dando tantos pasos ¿habría llegado a imaginar alguna vez que, tan lejos, iba a encontrarse con un familiar tan allegado como era su propio hijo? Aquel hijo suyo que no había nacido siquiera cuando él lo abandonó, se interesaba por conocerlo. ¡No lo podría creer!

En Matanzas me encontré con mucha gente, gente agradable en la mayoría de los casos y entre la que abundaban los individuos de color negro. Se dirigían hacia un lugar que, de cara al exterior, no exhibía ningún tipo de mercancía. Picado por la curiosidad, entré y vi una trastienda muy bien surtida de todo. Mientras los dependientes despachaban, salí y anoté en un papel una dirección imaginaria con un nombre de varón: Julio Ildefonso. Redacté la nota de forma bastante ilegible y, acercándome al mostrador, abordé a una de las personas que despachaban:

—¿Podría decirme si conoce esta dirección? Yo no la entiendo y, el que me la dio, me dijo que era muy cerca de aquí.

Entre los clientes, como en todas partes, había curiosos que enseguida quisieron saber por quién preguntaba. La persona a la que yo me dirigí no podía descifrar los garabatos que yo mismo había hecho. Dijo que le parecía leer algo así como Alonso, Ildefonso o Alfonso... No estaba muy seguro.

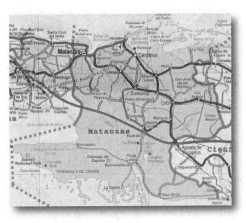

Matanzas.

Entonces, un niño de unos 10 años que acompañaba a su madre, se anticipó a todos diciendo:

—¿Alonso? Es aquella casa que tiene un farol de cobre en la esquina.

No había terminado de decir la última palabra y la madre le dio un sonoro bofetón.

—Señora—, le dije saliendo en defensa del pequeño—, ¿pega usted a su hijo por ser educado y atento?

—No. Lo hago por hablar lo que no debe. ¿Qué sabe ni nadie quién es usted?

Di las gracias a los que allí estaban y un peso al pequeño que me había indicado la vivienda a la que debía dirigirme. Y a ella, a la casa del farol de cobre me dirigí. Allí, en aquella casa y frente a mí, vivía el hombre que llevaba buscando toda mi vida.

Llamé a la puerta. Salió una joven mujer que llevaba un niño recién nacido en los brazos.

—Por favor—, pregunté—, ¿vive aquí el señor Ildefonso?

—No, aquí vive el señor Arturo Alonso. Espere un momento.

Se fue hacia el interior y, al instante, vino a mi encuentro un hombre. Eran exactamente las 11 de la mañana del día 8 de noviembre de 1956. El más pequeño de los tres hijos que un día dejó abandonados su padre hacía 31 años, en una aldea de Orense, se encontraba frente a frente con él.

Me temblaban las piernas y el alma, pero le alargué la mano sin darme a conocer.

—Soy de Lugo —le dije mintiendo, para no darle pistas sobre mi verdadera personalidad—. Me llamo Alfonso Marcos. Estoy de paso en Cuba, donde acabo de llegar, y me han dicho que usted es también gallego. Solo quería saludarlo.

Tras responder a mi saludo, me invitó a pasar. Acepté encantado y me hizo entrar a un pequeño salón. Llamó a su esposa y a sus tres hijos para presentármelos. ¡Qué lejos estaba de imaginar que los hijos que presentaba se los presentaba... a su propio hijo! ¡Qué lejos estaba aquella mujer de intuir que yo era su hijastro y qué ajenos se encontraban aquellos muchachos de saber que éramos hijos del mismo padre!

Por ironías del destino, había vuelto a tener una hembra y dos varones, como en España. Y, como en España, la mayor era la chica, que fue la que primero salió con su niñito en brazos. Faltaba solo el yerno, que se encontraba trabajando fuera.

A pesar de la importancia que para mí tenían aquellos momentos, vi que estaba relativamente sereno. Llevaba preparándome para ese día desde hacía muchos años y no me fue difícil hacerme pasar por el compatriota que se siente feliz de encontrar, a muchos miles de kilómetros de su tierra, a alguien que es de un lugar próximo al que él nació.

Mis planes, sin embargo, iban mucho más allá de ese primer encuentro. Deseaba saber qué instintos tenía aquel hombre que era nada menos que mi progenitor, qué valores guardaba dentro de su ser, qué amor o qué olvido sentía hacia su difunta y legítima esposa, qué representaban para él aquellos hijos que abandonó... Deseaba conocerlo a fondo para juzgarlo. Viera lo que viese en él, sabía que nunca podría absolverle del todo por el daño que nos había causado y que causó a una mujer a la que tocó trabajar, sufrir, darnos cariño y darnos alimento, sacarnos adelante y morir mientras él andaba con esta otra en Cuba.

Mil y mil pensamientos se agolpaban en mi mente al estar sentado por primera vez ante el autor de mis días, ante mi madrastra y ante mis hermanastros, en lo que fingía una personalidad que no era la mía.

Nuestra conversación discurría serena y fluida. Al hacerse las 12 del mediodía, me invitaron a comer. Yo no acepté en un principio, pero tampoco me opuse demasiado a su oferta, pues deseaba aprovechar al máximo la oportunidad de hablar, de saber cosas de ellos, de profundizar en sus sentimientos... Y, al tenerlos tan cerca, de quien me sentía verdaderamente próximo era de Sofía y de Óscar, de esos dos entrañables hermanos que dejé en España y que habían tenido que pasar por lo mismo que yo pasé. Y nunca, como en aquel pequeño salón de la cubana ciudad de Matanzas, tuve tan pegado a mí el recuerdo dulce y maravilloso de mi madre.

Hablamos de todo un poco: de temas sociales y políticos, de asuntos relacionados con España y con Cuba. Yo aparentaba sentirme feliz.

De repente, Arturo me dijo:

—Ven, Marcos, quiero enseñarte las casas. Esta en la que nos encontramos y otra más que estamos haciendo.

La vivienda era preciosa. Su fachada principal daba a una bonita y concurrida calle, que favorecía su utilización como comercio. La que se hallaba en construcción colindaba con la primera. Las dividía un patio central y las dos remataban, al fondo, con una amplia huerta llena de árboles frutales y de variados cultivos.

Pero, pasado un tiempo prudencial, di por concluida la visita alegando que debía dedicarme a otras actividades culturales y turísticas. Al despedirme, invité a Arturo a tomar una copa en algún bar próximo para seguir charlando un rato más, pues era a él a quien me interesaba aislar.

Aceptó mi invitación y, haciendo lo contrario de lo que le había dicho, traté de llevarle a un bar lo más alejado posible de su casa, donde me hice el remolón y donde permanecí toda la tarde a su lado. Saqué con habilidad la conversación de su primer matrimonio, de aquellos tres primeros hijos que había tenido en España... Me hablaba de lo que yo quería, sin darse cuenta de que era yo mismo el que tiraba de los hilos de nuestra conversación y el que lo conducía al terreno que más me interesaba.

Se mostró muy pesaroso de su conducta y se autoinculpó de lo que mis hermanos y yo le llevábamos culpando toda nuestra vida. Lamentó la muerte de su esposa, muerte de la que, como es natural, no le fue difícil enterarse. Y se condolió con la soledad de aquellos pequeños a los que abandonó quedándose en Cuba para siempre.

—¿Para siempre, Arturo? —le pregunté—. Quizá algún día vuelvas y puedas verlos.

—No, no debo regresar porque no supe ser su padre y me odiarán. Ellos ya son mayores, habrán rehecho su vida y se sentirían molestos con mi presencia. ¡Les hice tanto daño...!

Oyéndole decir todo aquello, sin saber por qué, me entró como una cierta serenidad, como un equilibrio interior y una paz que necesitaba encontrar desde siempre. Y no me importó haber tenido que esperar 31 años para que aquella escena tuviera lugar. Se hacía de noche y decidí acompañarlo hasta cerca de su casa. Nos despedimos. Él, dispuesto a atenderme los días que estuviese en Cuba, me dijo:

—Marcos, mientras estés aquí, puedo enseñarte la isla. Te serviré de guía, si tú quieres.

—Hombre, temo abusar de tu generosidad—, respondí—, pero para mí sería un placer. Y puedo asegurarte que has tenido una excelente idea, pues me has caído muy bien y me encantaría seguir hablando contigo.

Me quedé a dormir en aquel lugar, haciéndole creer que me volvía a La Habana.

Habíamos acordado vernos al día siguiente, a las 10 de la mañana, en el parque de la ciudad de Matanzas. Y fue puntual. Convinimos en seguir tuteándonos, como compatriotas que éramos y como amigos que habíamos empezado a ser.

Le invité a desayunar. Me contestó que ya había tomado café antes de salir de casa, pues esta era una costumbre cubana a la que nos acostumbrábamos pronto los españoles.

—Sí —le repuse yo—, pero primero tendré que cubanizarme para poder entrar por esas costumbres. No soy, por otro lado, muy amigo del café. Prefiero desayunar a base de cuchillo y tenedor.

Al oír esto, me sugirió él mismo un bar que gozaba de gran fama por sus tortillas de chorizo y de jamón español. Fuimos a este establecimiento y, mientras dábamos cuenta de lo que pedimos, nos entretuvimos hablando de política. También me interesaba conocer lo que pensaba en este aspecto y qué ideas sociales o filosóficas eran las suyas. Oyéndole hablar, noté que me resultaba apasionante descubrir en él, a marchas forzadas, lo que otros hijos descubren en sus padres a lo largo de años y años de convivencia. Y, como si un telón se corriera ante mí de repente, fui conociendo matices de su personalidad, filias y fobias, apasionamientos y pesadumbres... Fue una charla maravillosa en la que, de algún modo, se compensaban años de espera y de búsqueda. Sin embargo, como también él quería conocer cosas sobre mí, me inventé una falsa historia para despistarle aún más sobre mi verdadera identidad.

—Arturo, quiero revelarte un secreto —le dije—. Tú me has dicho que no puedes volver a España por asuntos familiares. Pues bien, yo estoy en Cuba por asuntos políticos. Tuve que salir huyendo de las autoridades españolas. No comparto las ideas del actual gobierno y hace tiempo que los franquistas me persiguen. Mi talante es de tendencia izquierdista y me preocupa mucho el futuro de España con el general Franco en el poder. Soy huérfano porque gentes de la Falange mataron a mis padres. Y quiero venganza. Desde el entusiasmo y la juventud que aún cuento, pienso combatir como sea al dictador que hoy nos gobierna y a la camarilla de secuaces que le da su apoyo.

—¿Cómo piensas hacerlo?

—Uniendo mis fuerzas a los exiliados que aquí, en América, trabajan para derrocar al Caudillo. También tú podías hacer lo mismo. Volviendo como triunfador a España, quizá te fuese más fácil reunirte un día con los hijos que allí dejaste. ¿No conoces la dirección en Cuba de alguno de estos exiliados?

—No. Siempre fui y soy apolítico. Me he dedicado únicamente a trabajar. En un principio, para enviar a mi esposa e hijos el importe de una deuda que, luego, nunca les ayudé a pagar. Casándome aquí de nuevo, las cosas se me complicaron pronto y mis planes iniciales se trastocaron...

—No te preocupes. Aquella trampa ya estará amortizada hace mucho tiempo. Además, si vuelves a España del lado de los que echemos a Franco, nadie te va a pedir que la pagues. Interésate más por los asuntos políticos de tu nación y, cuando triunfemos, vete a tu tierra. Si quieres, te das a conocer a tus muchachos y, si esto no te interesa, te cambias de nombre, los ves... ¡y en paz! En el caso improbable de que te reconocieran, ¿qué podría pasar, que te cerraran las puertas de su casa? Podríamos darles un buen escarmiento, si se portaran así contigo.

—¿Bromeas? Peor me comporté yo con ellos. Volviéndoles a hacer daño, cometería un doble e imperdonable delito. Por otro lado, ya son hombres... No puedo meterme en sus vidas.

—De todos modos, pienso que nadie mejor que personas como ellos, para ser allí nuestros aliados y ayudarnos a construir en nuestro país la sociedad progresista con la que soñamos. Se criaron sin el amparo de su padre, viendo cómo los hijos de los ricos tenían de todo mientras ellos carecían de lo más necesario. Esa desigualdad suya no ha concluido todavía seguramente, cuando se comparen con los que nacieron en la cuna de algún millonario. Y tenemos que acabar con tanta injusticia. El capital debe estar en manos de los pobres, que tienen tanto derecho como los ricos a ir a las universidades, a disfrutar de viviendas dignas y de los coches que los poderosos tienen y disfrutan. En la sociedad capitalista, unos pocos viven a costa del sudor de la mayoría.

—Pero...

—Pero, ¿qué? ¿No te gustaría que tus hijos viviesen bien?

—Por supuesto. ¿A qué padre no le gustaría? A mí tampoco me gustaron nunca las dictaduras. Estuve contra el general Gerardo Machado y Morales, el dictador que gobernaba esta isla cuando yo llegué, y ahora estoy contra Fulgencio Batista. Incluso me hallo sin trabajo. Y ¿sabes por qué? Porque no simpatizo con el gobierno cubano actual. En esa animadversión hacia los tiranos coincidimos...

—Pues, si coincidimos, decídete a trabajar con nosotros y a cambiar la sociedad.

—¡Cambiar la sociedad! Mira, somos amigos y no quisiera que nuestra amistad se rompiera. Sé, como tú, que el mundo en que vivimos tiene injusticias; sé que hay un puñado de ricos y demasiados

General Fulgencio Batista.

pobres; sé que hay pocos gobiernos que merezcan ese nombre, pues todos ofrecen mucho y dan muy poco, cobrando lo que dan al ciento por ciento. Pero... no puedo estar de acuerdo con tu programa. Creo en la propiedad privada y considero que, el que arriesga su dinero, su esfuerzo y su tiempo, debe rentabilizarlos. La verdadera libertad consiste también en que gane más el que más expone y el que más se sacrifica, dentro de un marco jurídico que vele por los más débiles y oprimidos. Mientras los hombres sean desiguales a la hora de trabajar y comportarse, la desigualdad debe seguir existiendo.

Hacía tiempo que nos habíamos levantado y, mientras intercambiábamos impresiones, visitamos diversos lugares de interés. De la política, pasamos a conversar de otros temas. Luego, de otros... A los dos se nos fueron volando las ocho horas que permanecimos juntos. Tan a gusto nos encontrábamos que no tuvimos inconveniente en quedar para vernos a la jornada siguiente.

Y nos citamos en el mismo lugar para, por tercer día consecutivo, continuar nuestro diálogo y profundizar en nuestra amistad de «compatriotas».

Iniciamos nuestro nuevo encuentro con el interés de conocernos un poco más. El era cortés en su trato y se comportaba admirablemente conmigo. Rebosaba generosidad y siempre estaba dispuesto a pagar lo que consumíamos, cosa que yo no aceptaba.

—Más que de izquierdas, Marcos, me pareces un auténtico millonario —me dijo.

—No, no lo soy—, respondí—. Pero el hombre que trabaja tiene derecho a disfrutar de su dinero, ¿no? Además, tengo amigos que me ayudan.

—¿Amigos políticos?

—En efecto.

—Pues te felicito. Por lo que hablas, das la impresión de pertenecer a una familia acomodada y muy bien relacionada políticamente. ¿Tus padres formaban parte de la alta sociedad española?

—¿Por qué dices eso? —pregunté extrañado.

—Tú eres muy joven para haber escalado los niveles en los que pareces desenvolverte.

—No, Arturo, has interpretado mal mis palabras. Ya te he dicho que tuve que salir huyendo de España por mis ideas, por estas ideas por las que muchos quedaron allí trabajando. De ésos, y no de familia alguna, es de los que yo te hablo. Como buenos compañeros de luchas y de ideales, nos ayudamos.

—Yo llevo 31 años en Cuba, Marcos, como ya te he dicho. He sido obrero. Trabajé mucho... Más tarde, llegué a ser patrono y a establecerme por mi cuenta. Compraba tierras que nadie quería, plantaba árboles en ellas, las arreglaba un poco y luego las vendía. Esto resultó ser un gran negocio, ¿sabes? También me dediqué al transporte. Y he ganado dinero, el dinero que vine soñando ganar para enviárselo a mis hijos... ¿Por qué se complicó todo? ¿Por qué acabé siendo el mal padre que nunca quise ser? No, de mi actitud no debo culpar a la suerte, que me ha sonreído, sino a mí mismo, que no hice nada para no ser un juguete en manos del destino... ¿Y tú insinúas que, si yo volviese a España y me encontrase con su desprecio, debía castigarlos? Prefiero morir mil veces. No volveré nunca porque no supe ser su padre. Ni supe tampoco ser esposo.

Vi que estaba tan apesadumbrado que, para que se animara, le di una palmadita en el hombro diciéndole:

—No te preocupes. Quizá tengas la oportunidad de verlos un día y tu encuentro con ellos sea agradable.

Pero Arturo se sentía indispuesto. No era ya un niño y me preocupaba su salud, por lo que, tras preguntarle si necesitaba ir al médico y tras responderme que no era preciso, dejé que volviese pronto a casa. También a mí me convenía descansar. Llevaba 17 días de continua tensión, de constante actividad mental... Y necesitaba dormir.

En cuanto a él, me daba perfecta cuenta de que no era un insensato ni un inconsciente y que le afectaba mucho el revivir su profunda tragedia personal. Recordando tiempos pasados, había ocasiones en las que le entraba un doloroso complejo de culpa. Otras veces, sus recuerdos le volvían huraño. Era evidente que sufría, que precisaba apoyo y, en la medida de lo posible, yo intentaba dárselo.

Pero no siempre me resultaba fácil, si me acordaba de que su comportamiento contribuyó, de forma directa o indirecta, a la muerte de mi madre. Como un péndulo, mi ánimo iba del lado del odio y del resentimiento al lado de la comprensión y del perdón. ¿No resultaba hasta cierto punto comprensible que, un hombre que se casó joven y que se había ausentado durante varios años de su esposa, se enamorara de nuevo y se dejara caer en brazos de otras mujeres que, en Cuba, estaban ellas también prestas a abrazarlo? Sin justificar lo injustificable, notaba que su sangre era sangre de mi sangre. Y, con él, me sentía presto al perdón, a la generosidad y al olvido. En el momento de despedirme, le dije:

—Arturo, mañana debes descansar. Ya nos veremos más adelante.

—No, no..., —repuso— esto no es nada y se me pasará pronto. Espérame mañana en el mismo lugar en que nos hemos visto hoy.

El día 11 de noviembre cambiamos de ambiente. Fuimos a ver el castillo de San Severino, construido por los españoles en los tiempos de la colonia. Su recia y pétrea presencia nos evocaba a los dos el recuerdo de España. Esa circunstancia me favorecía a mí y me daba lugar a hablar del pasado. A mi padre, sin embargo, el recuerdo de la patria le dañaba moralmente. No pude evitar el comentarle:

—¡Qué rica es nuestra historia y qué grande fue lo que hicieron aquellos antepasados nuestros que aquí trajeron su idioma, sus castillos, sus universidades o sus catedrales!

—Sí, es cierto. Les fue a ellos mucho más fácil el realizar, hace cuatrocientos años, esos portentos, que a mí lograr algo tan sencillo como volver a mi casa. El camino que a esos hombres les trajo hasta aquí para derramar a manos llenas cultura, leyes y evangelización, yo no supe reanudarlo para llevar un poco de pan a mis pequeños.

—¿Otra vez con ese tema? ¡Olvídalo, hombre!

Y, para que se distrajera, cogimos un taxi y recorrimos la ciudad. Yo mismo le señalaba las bellezas que encontrábamos para que no volviese a caer en sus pensamientos taciturnos. No pasó mucho tiempo sin que me aconsejara.

—Si estás casado, no te dejes seducir por la picardía de las mujeres mulatas. Y, si estás soltero, ten cuidado con el picante que en Cuba tienen las mujeres blancas.

—¿Por qué me das este consejo, Arturo?

—Para que no me imites. Para que mi ejemplo te diga lo que no tienes que hacer.

—No sé si de tus palabras se desprende una cierta decepción por tu segundo matrimonio. ¿No te salió como tú querías o tus hijos de aquí no han respondido a lo que tú esperabas de ellos?

—Sí, en uno y otro caso he tenido suerte. Pero mi suerte de Cuba no ha impedido que mi vida haya quedado rota y traumatizada para siempre.

—¡Vamos, piensa de una vez en otra cosa! Según dices tú mismo, eso ya no tiene remedio. ¿Qué te parece si mañana visitamos la provincia de Las Villas y su capital, Santa Clara? Creo que esa zona debe ser como el corazón de la isla y quisiera conocerla.

—Cuando hayas visto del todo y conozcas bien la provincia de Matanzas. Mañana iremos al valle del río Yumurí y a otros lugares muy interesantes. Ya verás qué plantaciones de caña de azúcar y de maíz encontramos. Conocerás los numerosos y magníficos ingenios que aquí existen, que son los mejores de Cuba. Te mostraré minas de cobre, hulla, sal gema y chapapote...

—Tú eres el guía. ¡Tú mandas, Arturo!

Mi intención era sacarlo de allí, llevarle a otras provincias, alejarlo lo más posible de su ambiente habitual. El final del programa que yo tenía reservado para él no iba a resultarle fácil de asumir. Mi plan preestablecido y mi revelación última de que yo era su hijo debían cumplirse. Y creía conveniente decírselo en un lugar apartado de su casa y de los suyos. La Habana me parecía el sitio más idóneo.

Por eso me hubiera gustado sacarlo de su provincia y llevarlo a Santa Clara, para que se acostumbrara a salir conmigo.

Debía seguir ganándome su confianza y su simpatía. Primero, le llevaría a Las Villas. Luego, a la capital de la isla. En esa gran ciudad, en La Habana, no faltarían buenos médicos que pudiesen atenderlo si sus nervios o su corazón se alteraban cuando supiese mi verdadera identidad. Tampoco faltarían hospitales en los que ingresarlo si su situación lo requería y sin que su familia se enterase de nada. Tanto su mujer como sus hijos estarían tranquilos pensando que estaba pasando unos días conmigo.

Por mi parte, estaba seguro de mí y de mis nervios de acero, aunque también esperaba que la revelación me produjese una cierta reacción.

El día siguiente, 12 de noviembre, era el cuarto día que yo pasaba con mi padre sin que este sospechase siquiera que yo era su hijo. En nuestro primer encuentro matinal de cada jornada, nos estrechábamos la mano. Él seguía eligiendo los lugares del desayuno, de los almuerzos y de nuestras posteriores visitas. Después de tantos años en Cuba, me confesó que le encantaba comer productos españoles, pues eran de mucha mejor calidad que los cubanos. Con los ojos llenos de lágrimas, me confesó que solo había caído en el error de desdeñar una cosa española para elegir otra cubana: la mujer, la propia esposa con la que vivir...

Tuve que volver a animarle una vez más y nos fuimos al valle de Yumurí, uno de los principales centros turísticos de aquellos contornos. Era precioso. Lo atravesaba un río que llevaba su mismo nombre. Me lo enseñó con un cierto orgullo y le agradó el comprobar que me gustaba. Se hallaba muy bien comunicado con la capital por una pista estupenda, llamada Vía Blanca y cuyo trazado iba paralelo a la costa. No faltaban plantaciones de yute ni alguna industria que transformaba esta planta tiliácea en material textil para hacer sacos.

Allí pasamos unas horas espléndidas del agradable otoño cubano, disfrutando de un clima fantástico. Hacia las cuatro de la tarde, volvimos en un taxi hasta Matanzas. Tomamos un aperitivo y, antes de despedirnos, me invitó a cenar en su casa. Me disculpé, sin embargo, diciéndole que deseaba ir al cine esa noche. Pero le agradecí su ofrecimiento, comentando que aún me quedaban varios días y, en otra ocasión, iría con él y con su familia a celebrar todos juntos la satisfacción de habernos conocido y de haber hecho amistad.

Era evidente que necesitaba que le protegieran del fantasma de sus malos recuerdos y agradecía mi apoyo de fingido compatriota a quien él explicaba todos los mínimos detalles y los pormenores de su vida. ¡Qué lejos seguía de sospechar que había elegido por confidente nada menos que a su hijo pequeño!

Yo, además de tener otras satisfacciones más íntimas, disfrutaba también con aquella situación complicada y excepcional.

El día 13, después de haber desayunado, salimos a dar un corto paseo. Me enseñó la maravillosa bahía de Matanzas, de dos millas de anchura, casi circunvalada por una carretera en excelente estado. Es una bahía de poco calado y carecía de buenos muelles, pero le da un sello señorial a la ciudad. Por la tarde, nos fuimos a conocer algunos de los alrededores. Cerca de allí, cuando el «boom» del turismo internacional comenzara, se haría famosa la playa de Varadero, situada entre la bahía de Cárdenas y el Atlántico. Es un lugar paradisiaco, en la península de Hicacos, con aguas transparentes y bellísimas. Gracias a los arrecifes coralinos, el mar da la impresión a veces de ser. un inmenso lago azul.

Visitamos clubes campestres típicamente cubanos. Y charlamos, charlamos de todo y a todas horas. Ante las personas con las que se encontraba y que él conocía, me presentaba como a un gran amigo suyo. Cuando entrábamos en locales en los que se hallaban solo los camareros y nos entreteníamos hablando con ellos, a mí me asaltaba la sensación de estar perdiendo el tiempo, pues era con él y únicamente con él con quien yo deseaba dialogar. Gracias a ese permanente contacto con mi padre, me estaba liberando de un trauma que llevaba padeciendo desde mi infancia. Y necesitaba erradicarlo plenamente. Necesitaba que ese trauma saliera del todo y para siempre de los entresijos de mi alma.

Aunque seguían, por supuesto, mis alternancias anímicas de comprensión y de rencor hacia ese hombre. ¿No había sido él quien nos había robado a mí y a mis hermanos la felicidad de los años más dulces y las más dulces ilusiones de la infancia? ¿No había sido él quien

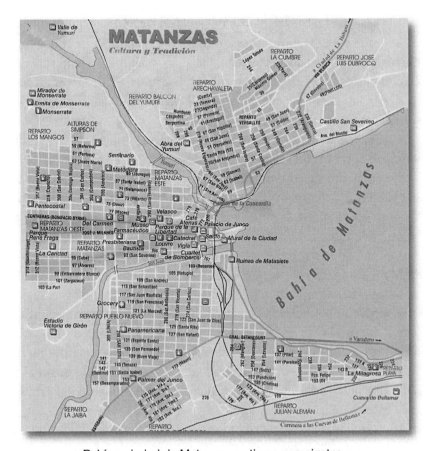

Bahía y ciudad de Matanzas en tiempos recientes.

nos había robado a nuestra madre ayudándola a morir antes de tiempo, víctima del trabajo, de la tristeza, de la amargura y la desesperanza?

Por otra parte, no tenía mucho tiempo que perder. Los días iban pasando velozmente y yo debía marcharme de Cuba hacia Guatemala, donde pensaba reiniciar un nuevo periodo de mi vida.

En un momento determinado, Arturo dudó de mis intenciones de irme. Y es que pasó a nuestro lado una trigueña preciosa que me hizo volver mis ojos con admiración hacia ella y exclamar:

—¡Qué mulata!

Él sonrió. Movió la cabeza de un lado para otro, y me dijo:

—¿Qué te pasa, Marcos? Yo creo que tú no sales de Cuba. Te va a pasar lo mismo que me pasó a mí.

—¿Y qué es lo que te pasó a ti ?

—Que vine a pagar un préstamo, pero, casándome de nuevo, me enredé aquí con una hipoteca mayor. ¿No te ocurrirá a ti lo mismo? ¿No terminarás preso de los encantos de esta isla y de sus mujeres?

—No, no creo que me quede aquí preso de nada —le contesté sonriendo yo también.

—¡Quién sabe! —concluyó él—. Si no tienes compromiso alguno, tampoco sería un mal sitio para quedarse, ¿sabes?

Ni mi padre ni yo conocíamos hasta qué punto eran proféticas sus palabras: acabaría quedándome en Cuba, como él me anunciaba. Y me quedaría preso... no de los encantos de sus mujeres ni de las bellezas de la isla, sino preso por un dictador que, por los mismos días en los que yo me encontraba en Matanzas, acababa de comprar en Méjico a un sueco el yate Granma, por 12.000 dólares. Con esa embarcación, y en compañía de su hermano Raúl, del Che Guevara y de ochenta revolucionarios más, se disponía a levantarse en armas para derribar el régimen de Fulgencio Batista. Su insurrección inicial sería un fracaso, pero Fidel acabaría haciéndose fuerte en la Sierra Maestra, provincia de Oriente, desde donde no dejaría de hostigar al gobierno hasta apoderarse de la isla a primeros de 1959. Pero, de todo esto, hablaremos más adelante

Yo estaba bien ajeno a las andanzas del futuro dictador cubano y de sus amigos. Me interesaba solo sacar a mi padre de la ciudad en la que residía y convencerlo para que se dispusiera a salir conmigo fuera de Matanzas. Sería la única manera de poderle llevar un día a La Habana y revelarle allí mi secreto.

Cuando me dijo que se ofrecía a acompañarme (durante el tiempo que yo quisiera), a la ciudad de Santa Clara y a la provincia de Las Villas, respiré tranquilo, pues temí que su mujer no le llegara a permitir nunca el apartarse de allí. El plan meticuloso que me había trazado desde que establecí contacto con él, daba un nuevo paso hacia adelante.

Y el día 14 nos fuimos a Cárdenas. Visitamos la localidad y su gran puerto, uno de los principales embarcaderos de azúcar de la isla. Sus habitantes disfrutaban de un cierto nivel de vida. Transitamos por las calles de aquella población, algo menor que Matanzas, y nuestras conversaciones seguían siendo lo mismo de fluidas que en jornadas anteriores. Me interesaba sonsacarle algo sobre dos tías y un tío materno que tampoco conocía. Como él, emigraron a Cuba hacía muchos años y, desde el estallido de la Guerra Civil española, se perdió toda correspondencia entre ellos y nosotros.

Antes de comer, entramos en un bar a tomar un aperitivo. En lo que nos servía una joven y guapa camarera, le pregunté si tenía algún otro familiar en la isla. Guardó silencio en un principio. Luego, tras apurar su vaso de sidra, me confesó que tenía allí dos cuñadas y un cuñado. Si no me había hablado de ellos, era porque no le gustaba recordar ciertas cosas... Llevaba sin verlos cerca de veinte años.

Esas «ciertas cosas» a las que se refería fueron las fuertes tensiones que, como es de suponer, siguieron a su decisión de casarse de nuevo. A mis tíos les molestó muchísimo que Arturo, olvidando a su hermana, se hubiera vuelto a unir a otra mujer. Y se disgustaron con él, pero el tiempo fue mitigando enconos y haciendo que se alejaran los unos de los otros. Me dio algunos datos, sin embargo, de mis tíos, de las bodas que habían hecho, de los hijos que habían tenido, de cómo les fue económicamente, de las últimas señas que conocía suyas...

Presté una gran atención a su relato, pues me parecía lógico extender a aquellas gentes la búsqueda familiar que me había conducido a la isla caribeña. Aunque el principal motivo de mi viaje fuera mi padre, había allí otras personas que también llevaban mi sangre, y me apetecía conocerlas. Necesitaba unos días y, sobre todo, una disculpa para alejarme de «mi amigo Arturo» e ir a ver a esos tíos y primos carnales.

Cuando íbamos a empezar a comer, fingí sentirme indispuesto. Él, de la manera más solícita, me recomendó que fuese al médico tras el almuerzo. Pero, con el fin de dar más verosimilitud a mi indisposición, le dije que se me había cortado el apetito y que no deseaba almorzar. Accedí a tomar alguna cosa, de todos modos, porque vi que, si no lo hacía, él no comería tampoco. Y volví a fingir un gran esfuerzo a la hora de dar cuenta de los alimentos que me sirvieron. Al despedirme, le comenté:

—Espero que mañana podamos visitar Santa Clara. Si el médico me recomendara hacer uno o dos días de reposo, te advertiría por teléfono.

Lo del descanso fue una previsión que se me ocurrió también para disponer del tiempo que precisaba, si quería encontrar a los tres hermanos de mi madre.

No perdí ni un minuto siquiera. El taxi que me alejaba de Arturo me llevó a una de las direcciones de las que él había hablado, y que yo escuché aparentando que eran unas señas que para mí carecían de importancia. Pero en el lugar que me indicó, no encontré ya a nadie de mi familia. Los que allí habitaban me informaron de que se habían ido hacía quince años. Me hablaron, eso sí, del lugar en que probablemente pudiera encontrarlos. Y fui hasta la nueva dirección. También de aquí se habían ido. Al parecer, vivían por Arroyo Apolo.

La noche se echó encima y no quise, a esas horas, seguir haciendo indagaciones que iban a levantar más de una desconfianza.

Dejé para el día siguiente el continuar la búsqueda y me fui a descansar.

A primeras horas de la mañana, estaba en las señas que me había dado. Y, en efecto, encontré a una de mis tías. En la familia se la conocía por el sobrenombre cariñoso de tía *Pimpa*. Cuando salió a abrirme la puerta, le pregunté si tenía algún pariente en España.

—Sí, allí tengo un hermano y cuatro sobrinos. ¿Por qué me hace esa pregunta? ¿Es usted español?

—Soy español y sobrino suyo. Victorina, su hermana, era mi madre. Me llamo Odilo y soy el más pequeño de sus sobrinos.

En lo que hablábamos, había salido también su esposo. Ambos me miraban atónitos, llenos de sorpresa y de estupefacción. Les mostré el pasaporte, mi carné de identidad... y una fotografía de mi difunta madre que llevaba en la cartera. Al ver aquello, la pobre tía *Pimpa*, vencida por la emoción, se desplomó sin conocimiento musitando:

—¡Es mi hermana, mi hermana...!

Tuvieron que reanimarla. Yo poco pude hacer porque aquel encuentro me dejó también sin habla. Intenté recuperar rápidamente el control de mis nervios y mi tía, de forma paulatina, recuperó su lucidez. ¡Qué grande y qué pequeño resultaba el mundo! ¡Qué muralla tan infranqueable y tan de papel puede ser la muralla de la distancia y de los años! Les pregunté por su hijo y supe que estaba casado. Les había dado ya dos nietos y trabajaba como camarógrafo de C. M. Q. Televisión. Por lo que me dijeron, ganaba muy bien su vida.

Charlamos largo rato. Me trataron con infinito cariño y, si hubo algo que no les permitió disfrutar del todo de mi presencia, fue el enorme choque emocional que sufrieron. Al día siguiente, y al otro, y al otro... rumiarían sin duda con más serenidad y placer nuestro encuentro.

Pregunté a mi tía si vivían aún la hermana y el hermano que fueron con ella a Cuba. Me dijo que sí y me dio sus señas. Me informó de que su hermana, tras enviudar, no había vuelto a casarse y vivía sola, pues su única hija había muerto también. El otro tío estaba casado con una colombiana y habitaba cerca del aeropuerto de Rancho Boyeros.

Fui hasta donde vivía la hermana de la tía *Pimpa*. Esta, en lo que yo llegaba, no pudo contenerse y la llamó por teléfono, advirtiéndole con emoción de la visita que iba a recibir de un momento a otro. Al ser avisada, me esperó a la puerta de su casa.

El encuentro, cariñoso también, fue menos aparatoso que el anterior. La pobre había sufrido mucho, había perdido a su marido y a su hija y estaba preparada para todo. Hacía frente a la soledad como podía y la vida la había vacunado contra cualquier sorpresa. Me recibió con los brazos abiertos y se interesó por mí y por mis hermanos. Súmamente halagada por el hecho de que hubiese ido a verla, me comentó:

—Si tu padre supiera que estás aquí, no encontraría lugar en que esconderse.

—¿Vive? —pregunté como si no supiera nada de él.

—Sí.

—Pues mi intención es buscarle...

—¡No debes hacerlo! Él no supo ser padre ni esposo.

—Pero yo soy su hijo y siento la necesidad de conocerlo.

—¡Yo no quiero ni verlo! ¡Tus tíos tampoco desean tener ninguna noticia de él! Fue el culpable de la muerte de nuestra hermana y de que vosotros hayáis crecido abandonados como perritos... ¿No es eso suficiente para que le olvides para siempre? Quien no dio un paso hacia vosotros ni por vosotros supo sufrir, no merece que sufráis por él ni que lo busquéis.

—Comprendo perfectamente sus sentimientos, tía. Y aunque no pretendo justificar errores ni abandonos de hogar, me agradaría saberme poseedor del grado de humanidad que mi madre tuvo. Quizá la mejor manera que tenga de hacerle justicia a ella es ser bueno con quien no supo ser bueno con ella.

—Eres un hombre. Tú sabes ya lo que haces, hijo. Sí, déjame que te llame así. Eres hijo de mi hermana e hijo mío te considero. ¿Sabes que tu tío Víctor vive en Wajay?

—Me lo dijo tía *Pimpa*. También quiero verlo. Me ilusiona conocer a toda la familia. Viajé a Cuba con la intención de encontrarlos a cada uno de ustedes. El destino ha sido benévolo conmigo y ha permitido que los vea vivos a todos.

Desde allí cogí un taxi y me fui al reparto [barrio] Fontanar, en Wajay, para buscar a Víctor. Preguntando a guajiros (campesinos) y obreros, lo encontré al fin en la Parcelación Zayas, de la que era encargado, en la hacienda Las Arecas.

Cuando lo tuve delante de mí, vi que se parecía muchísimo a mi madre y al tío que había dejado en España. Le estreché la mano, preguntándole:

—¿Es usted Víctor, el español?

—Para servirle.

—Sé que no me conoce y le ruego que no se sorprenda. Soy Odilo, el hijo menor de su hermana Victorina, que murió en España hace veinticuatro años. He aquí mi documentación.

Quiso llorar y no pudo. Se abrazó a mí. Me apretaba con gran fuerza, sin encontrar el momento de soltarme. Tuve que animarle a que se calmara y, cuando lo hizo, me invitó a que conociese a su «vieja» (como él llamaba familiarmente a la mujer. Acepté su invitación, indicándole que no podía quedarme mucho tiempo, ya que estaba de paso en Cuba, camino de Guatemala, y deseaba conocer la isla antes de marchar definitivamente.

—¡No pienses en irte! Quienes fundamos esta compañía, necesitamos hombres jóvenes y de confianza como tú. Si te quedas, tendrás aquí un gran porvenir.

Al llegar a su casa, vi a una mujer mestiza. ¿Sería la señora? No me atreví a preguntárselo, pero él me sacó pronto de dudas diciendo:

—Vieja, este es mi sobrino. Un español, hijo de mi difunta hermana.

—Bueno, pues ahora es nuestro hijo —repuso ella.

No tenían familia y se deshicieron conmigo. Me obligaron a comer allí. Cuando supieron que me alojaba en el hotel Plaza, de La Habana, me pidieron que llevase a su casa las maletas para quedarme en ella definitivamente. Pero yo prefería seguir en el hotel los días que me restaban de permanecer en Cuba.

—Mañana te esperamos. No dejes de venir. Te presentaremos a Carmita, la esposa de Francisco Cajigas, el presidente de la compañía. Tienen un hijo de tu edad, Ricardo. Tenían también otro, pero se les mató en accidente de coche en Isla de Pinos.

Me fui a dormir al hotel. Tal como ellos me rogaron, sin embargo, volví a Wajay al día siguiente. Y, en un taxi, fuimos a la vivienda de Francisco Cajigas y de Carmita. Habitaban en uno de los mejores repartos de la capital. Aún recuerdo sus señas: Miramar, 3.ª avenida, n.º 2006-Marianao. Me presentaron a Carmita como un sobrino que acababa de llegar de España y le hablaron de mis deseos de marchar hacia Guatemala.

—No, usted no puede marcharse y dejar a sus tíos, que no tienen hijos. Además, aquí hay trabajo.

—Sí, pero traigo firmado el contrato de un negocio de café y debo cumplirlo.

—Bueno—, dijo ella—, eso ya lo arreglaremos. Esté seguro de que no vamos a dejarlo marchar.

Y, levantándose, me besó cariñosamente. Luego, sentándose de nuevo, añadió:

—Panchito, mi esposo, se encuentra en Estados Unidos solucionando algunos asuntos. Debe esperarlo, pues él deseará conocerlo. Junto con su tío, es el fundador de la empresa y no va a permitir que usted se vaya.

—¿Cuándo cree usted que regresará?

—Dentro de diez o doce días.

—¡Pero si a mí solo me quedan ocho en el visado de mi pasaporte!

—También eso lo arreglaremos, no se preocupe, para que pueda quedarse definitivamente.

No había manera de deshacerse del cerco afectuoso al que tanto la señora Cajigas como mis tíos me sometían. Acompañé a estos a su casa y les expliqué que, al día siguiente, deseaba conocer Santiago de Cuba, por lo que no podría verles en los días siguientes.

Lo que deseaba era seguir con mi «amigo y compatriota Arturo», principal razón de mi estancia en la isla. Y tuve que seguir mintiendo a mi tío Víctor y a su mujer, indicándoles que pensaba salir muy temprano en uno de los ómnibus que unen la capital con aquella ciudad oriental. Como la distancia resultaba larga y Santiago era un lugar que tenía muchas cosas que ver, permanecería en ella de tres a cinco jornadas como mínimo.

Quedaron convencidos de mis explicaciones. ¡Si hubieran sabido que estaría en Matanzas! Tampoco sospechó nada mi padre del «reposo absoluto» en que me había tenido el médico los días precedentes y en los que no pude estar con él. Le llamé de vez en cuando por teléfono, para darle noticias de mi fiebre y de mi encierro absoluto en el hotel... Y cuando le anuncié que el galeno me daba el alta, se puso tan contento, pidiéndome que fuera a reunirme con él al día siguiente.

Así lo hice el 17 de noviembre por la mañana. Nos encontramos en el lugar habitual y me saludó diciéndome:

—Hoy podemos visitar Tope de Collantes, ¿pero quieres que mañana vayamos a la ciudad de Santa Clara?

Disimulando con dificultad mi satisfacción, le respondí:

—Arturo, me parece muy bien la propuesta y ya sabes que yo siempre apruebo tus decisiones.

Pero lo que me proponía era muy importante para mis planes, pues sería la primera vez que íbamos a salir a cien kilómetros del lugar donde vivía. Eso aseguraba prácticamente la visita final con la que yo soñaba: la visita de La Habana.

En Tope de Collantes vimos un gran sanatorio dedicado al cuidado de personas con afecciones pulmonares. El edificio acababa de ser construido por el gobierno de Batista y en él estaría yo preso, años más tarde, por combatir al marxismo. La localidad se halla en un bonito paraje montañoso que a mi padre le recordaba su tierra. Sobre todo las carreteras, tortuosas y bordeadas de precipicios, le hacían rememorar las carreteras gallegas.

En nuestras charlas, Arturo volvía siempre inconscientemente sobre los temas que le obsesionaban: el abandono de su hogar, sus hijos, su mujer muerta... Era un hombre traumatizado e incapaz de habituarse a los duros hechos que él mismo convirtió en realidad más de treinta años atrás.

Yo seguía animándole como buenamente podía cuando, al atardecer, me sorprendió hablando de mi hermana Sofía.

—Es la mayor de los tres—, me explicaba—. Se casó en Barcelona con un catalán y tiene dos pequeños. La primera una niña y el segundo un varón.

—Arturo —le dije—, yo creo que me engañas. ¿Cómo es posible que, desde el día 8 de este mes que nos llevamos tratando, siempre me hayas dicho que no sabías nada de los hijos que dejaste en España y, ahora, resulta que conoces el lugar en que se casó tu hija mayor, con quien lo hizo y con cuántos niños cuenta?

—Se ha hecho tarde, Marcos. Mañana, tan pronto como vuelvas, te explicaré cómo y cuándo lo supe.

Aunque sentía curiosidad por conocer sus fuentes de información, mostré indiferencia. Hasta me permití llegar, el día 18, con un cierto retraso a la cita. Sabía que me esperaba temprano para ir a Santa Clara.

—Parece que hoy se te han pegado las sábanas —me dijo al saludarme.

—Sí, un poco.

—Yo, en cambio, he dormido mal y, al levantarme, no me encontraba muy bien, por lo que he traído unas píldoras que hace tiempo me recetó el médico.

Estábamos a cien metros de distancia del lugar en que íbamos a coger el coche que nos llevaría a Santa Clara. Mientras recorríamos esa distancia, fue él quien abordó el tema:

—¿Recuerdas lo que te dejé ayer pendiente de explicar y que prometí contarte hoy?

—No. ¿A qué te refieres?

—Al cómo y a través de quién me enteré de que mi hija se había casado y tenía dos niños.

—Ah, sí... Pero, si lo prefieres, hablamos de otra cosa...

—Quiero contártelo. Hace unos años, tuve, la suerte de encontrarme con un español cuya familia vivía a dos kilómetros del lugar donde residían también mis dos hijos varones. Una hermana de este compatriota visitó Cuba y le informó de un gran número de detalles de estos dos hijos míos y de mi hija, Sofía. Esos detalles fue él quien luego me los trasladó. Por él supe, por ejemplo, que los dos varones continuaban solteros.

—¿Y te comentó si habían saldado ya la deuda esa de la que tanto me hablas?

—Tuvieron un tutor horrible. En vez de ayudarles en sus pagos, lo que hizo fue empeñar más a los pobres muchachos. Les quitó parte del capital y se lucró con nuestros bienes durante un buen número de años. Mientras sus hijos estudiaban, los míos no podían ir a la escuela y tuvieron que guarecerse en casas ajenas. ¡Es tremendo lo que he hecho, Marcos! ¡Tremendo! Nunca podré regresar junto a ellos, pues no tendría vergüenza si lo intentara. Los dejé cuando más me necesitaban y, ahora que han rehecho su vida, ¿con qué ánimo, di, con qué ánimo puedo yo acercarme llamando a su puerta?

Sus obsesiones eran como el refrán de una canción, como un *ritornello* que se repite una y mil veces.

—El del medio, parece que se iba a casar pronto. Del otro, del pequeño, solo sé que se encuentra bien. Perdona que te abrume con todas estas cosas que a ti ni te van ni te vienen. Pero me das confianza y, el hablar contigo, me permite desahogarme, aliviar esta tensión que me tiraniza y oprime. Aunque no sea más que por higiene mental y por no volverme loco, necesito sacar fuera de vez en cuando estos recuerdos.

Visitamos Santa Clara, la capital de la provincia de Las Villas. Se encuentra en el centro de Cuba. Es una bonita y gran ciudad, de clima siempre benigno. Está rodeada de minas de plombagina, oro y cobre. Tiene importantes industrias tabacaleras y se la conoce también por el nombre de Villa Clara.

Como seguía en pie mi forzada entrevista con don Francisco Cajigas, tal como me lo había rogado mi tío Víctor, opté por quedarme solo dos días en la capital de Las Villas, en lugar de los tres que tenía pensado en un principio. Este hecho me obligaba a adelantar mi visita con él a La Habana. Le comenté el cambio a «mi compatriota Arturo», que se limitó a preguntarme:

—¿Cuándo piensas marcharte?

—Ya pronto, pero no he decidido la fecha exacta todavía. ¿Por qué me lo preguntas?

—Porque me gustaría irte a despedir al aeropuerto.

—Podemos irnos juntos desde aquí a La Habana.

—No. Prefiero pasar por casa y comentar con mi mujer y mis hijos que te acompaño. Sé dónde está el hotel Plaza y me uniré allí a ti. Te llamaré por la noche para decirte a qué hora salgo de Matanzas.

—Perfecto. ¿Dónde quieres que vaya a esperarte?

—Iré en el ómnibus.

—Pues te veré en la terminal

Y nos despedimos hasta el día siguiente.

Por la noche me llamó, confirmándome su visita. Yo le pedí que informase a su mujer de que permanecería en La Habana al menos dos días. Caso de que su estancia se prolongara algo más, ya la avisaríamos.

Lo esperé a la hora señalada y el ómnibus apareció puntual. Había llegado el día de la gran revelación.

Fuimos a desayunar. Él me indicó que deseaba visitar a unos amigos que allí tenía, pero yo le rogué que lo dejara para el día siguiente, pues debíamos aprovechar el tiempo para recorrer distintos lugares de la ciudad. No insistió y pasamos por infinidad de tesoros arquitectónicos, como La Habana Vieja, que con el correr de los años la UNESCO declararía patrimonio de la humanidad. Recorrimos sus adoquinadas calles con casas en cuyos balcones lucen bonitas rejas. Admiramos antiguos palacios coloniales, iglesias, museos, conventos y fortalezas como la de los Tres Reyes del Morro, con su faro de entrada a la bahía. Anduvimos por La Habana moderna, por el malecón... Envueltos por todas partes en el ambiente único y acogedor de esa ciudad caribeña.

Después de muchos años de pensar en la escena que íbamos a vivir, estaba solo a unas horas de darme a conocer a mi padre. Y, para ello, quería tenerle alejado de familia y de amistades. Fue un día lleno de tensión y de angustia. También evité pasar por los bares, por los restaurantes y por los sitios en los que yo había estado ya... No quería que nadie me descubriese.

Me dijo, en un momento determinado, que su mujer no había puesto ningún obstáculo a que permaneciera dos días conmigo, pero que esa noche iría á dormir a casa. Supe, por lo tanto (y lo supe con alivio), que podía disponer de una jornada más para esperar a revelarle mi gran secreto. ¿O más valía hacerlo de inmediato?

Decidí aguardar al día siguiente y, al acostarme, no pude conciliar el sueño. La jornada que me esperaba, definitivamente, sería una jornada alegre y triste a la vez. Tenía que elegir el lugar, las palabras que le diría; tenía que pensar en sus reacciones posibles.

Opté por llevarle a un sitio poco concurrido: la playa de Guanabo, por ejemplo. Y, al amanecer del día 21, todo estaba listo en mi mente.

Arturo llegó hacia las nueve de la mañana. Vino directamente hasta el hotel y desayunamos. Tras el desayuno, fui poco a poco preparándolo, mimándolo... Hice recuento de los días que acababa de pasar a su lado y le dije que me honraba mucho el haberlo conocido. Estaba muy satisfecho de haber comprobado su gran humanidad, a pesar de sus graves errores del pasado. Pero le había visto compungido por ellos, destrozado por sus propias debilidades. Y ese arrepentimiento sincero le redimía en parte sus yerros y culpas. ¿Qué hombre, por otro lado, no cae en deslices ni en equivocaciones? Me ponía en su lugar y comprendía lo difícil que debió ser el verse casado dos veces y el aceptar que tenía hijos con dos mujeres diferentes.

Después de desayunar, salimos hacia Guanabo, un lugar ideal, solitario y bellísimo, una playa de arena coralina y que cuenta con aguas transparentes y hermosas como solo el mar Caribe tiene.

Me paré de repente y exclamé:

—¡Qué bonita y que triste es Cuba al mismo tiempo!

—¿Por qué suspiras y por qué dices eso, Marcos?

—Porque tengo cosas importantes que revelarte, Arturo. Porque no te he dicho la verdad. Porque he sido un niño sin infancia y tuve que equilibrar mis ideas y mis sentimientos hasta encontrar la paz conmigo mismo. Porque mientras tú te refugiabas, durante treinta y dos años, en la distancia y en el olvido hacia tu mujer y tus hijos, yo no he podido, a lo largo del mismo tiempo, refugiar en nada ni en nadie mis ansias de contar con un padre. Porque hemos estado compartiendo amigablemente estos trece días y he debido hacerme pasar por quien no soy. Porque has tardado mucho en conocerme y ahora me vas a conocer de verdad...

Hice una brevísima pausa y, mirándole a los ojos, añadí en tono solemne:

—¡Soy su hijo y no su amigo!

Mientras decía mis últimas palabras, saqué de la cartera mi documentación y se la enseñé. En ella pudo leer: Odilo Alonso Fernández, hijo de Arturo y de Victorina, nacido en Sanfiz, provincia de Orense.

Mi padre se desplomó. Aquella revelación debió causarle el efecto de un auténtico mazazo y tuve que agacharme en la arena para reanimarlo. Había previsto esta contingencia, sin embargo, y tenía cerca un coche de alquiler sin chofer que yo mismo conducía. Se repuso un poco y le metí en el vehículo. Cuando lo llevaba hacia la consulta de un médico, se reanimó del todo y me dijo:

Playa de Guanabo, lugar del reconocimiento de padre e hijo.

—Lo que tengo es para ti, Odilo.

—No. Tranquilícese. No he venido a Cuba para heredar su capital. Por fortuna, ya no preciso nada y nada me debe. Lo único que necesitaba era conocerlo a usted, saber quién era mi padre, saber si estaba vivo o si había muerto. Quizá yo sí que le deba a usted los gastos de estos días en los que, acompañándome, ha ido de acá para allá enseñándome Cuba.

—Pero no lo hice por dinero, hijo. Lo hice solo por atender a un compatriota. Y estoy muy contento de que ese compatriota hayas sido tú, hijo mío.

Siguió porfiando en lo de la herencia y en que deseaba dejarme todo lo que tenía. Pero yo seguí insistiendo en que nada quería.

No necesitamos ir a la consulta del doctor. Le confesé que había conocido a mis tíos y que iba a quedarme en casa de su cuñado Víctor para entrevistarme con el dueño de la hacienda en la que este último era el administrador. Tuvo la valentía de acompañarme hasta donde vivía Víctor, aun a sabiendas de que su presencia en aquella casa iba a ser mal vista.

Tan pronto como llegamos, debí intervenir para que se le recibiera con el mismo respeto que merecía mi padre de mí que, a fin de cuentas, era el agraviado, y yo le perdonaba sus antiguos errores.

Antes de despedirnos, me dijo:

—Odilo, has sabido mis ideas haciéndote pasar por un exiliado político. Me hiciste ver que eras de Lugo y me trataste como un paisano para acabar identificándote como mi hijo. Escuchaste mis confidencias, mis remordimientos y amarguras... ¿Qué les dirás de mí a tus hermanos? Por favor, transmíteles mi pesar por el horrendo comportamiento que he tenido con vosotros y del que me siento plenamente culpable.

—Yo lo perdono. Pero recuerde que mis hermanos también tienen derecho a juzgarlo. Ellos son mayores y lo harán como, en conciencia, lo crean oportuno.

—Lo entiendo, hijo. Aunque los tres me absolvierais, créeme que viviré condenado el resto de mis días. Es uno mismo el que, con sus hechos, puede considerarse condenado o absuelto.

Me pidió que volviera por su casa. No le dije ni que sí ni que no. Pero nos abrazamos y, antes de despedirnos, le deseé mucha felicidad al lado de los suyos. Tras haberle tratado y conocido, sin embargo, dudo que haya podido ser dichoso. Llevaba su pasado demasiado clavado en la carne y en el alma...

CAPÍTULO IV

UNA PAZ QUE SE ROMPE

EL encuentro con mi padre me inundó de sosiego, un sosiego que había estado buscando toda la vida. Algo muy dentro de mí, desequilibrado hasta entonces, se equilibró y se ordenó en mi espíritu para siempre. Bendije mil veces la hora en la que, contra la opinión de mis seres más queridos, me decidí a realizar aquel viaje. Había sido un viaje provechoso, un viaje que no solo me hizo hallar a mi progenitor, sino que, de alguna manera, me hizo hallarme también a mí mismo...

No tuve, sin embargo, demasiado tiempo para recrearme en el éxito que me habían deparado mi esfuerzo y mi constancia. A los tres días de la transcendental entrevista en la playa de Guanabo, regresó de los Estados Unidos el multimillonario Cajigas. Informado por su esposa y por mi tío de mi presencia en la isla, me mandó a buscar. Y ante él me presenté. Quien me acompañó a su casa fue mi propio tío Víctor.

La acogida de aquel señor no pudo ser más cordial ni más amistosa. Al verme entrar, me abrazó y me animó también a permanecer en Cuba.

—Tu tío y yo —me dijo—, llevamos juntos 32 años. Aquí hay un campo inmenso para hombres de confianza. Quienes deseen ampliar sus horizontes, tienen en esta isla el mundo entero en sus manos. Y esto que te digo a ti es lo que le manifiesto a mi propio hijo, a Ricardo, que es joven como tú... Quiero que te quedes entre nosotros y que no pienses más en el negocio que venías decidido a montar en Guatemala. Allí tienes todo por hacer y aquí te ofrecemos todo ya hecho.

Decidí quedarme. ¿Quién hubiera podido rechazar tanta y tan afable insistencia? En el consulado de Guatemala expliqué lo sucedido e hice las gestiones necesarias para enviar a doña Emelyn de Echévez, a través del mismo consulado, el encargo que su hijo me diera en Barcelona para ella. Y, tan pronto cerré esos compromisos que llevaba desde España, mi permanencia en tierras cubanas se hizo definitiva.

Antes de empezar a trabajar, sin embargo, me tomé unos días para poner en orden mis ideas. El tío Víctor, mientras tanto, me presionó cariñosamente para que me fuese a vivir a su casa. Y no paró hasta convencerme. Acabé haciéndole caso porque, al no tener hijos, conocía su necesidad de compañía. Por otro lado, el trabajo que yo iba a realizar me lo fijaron muy cerca de su domicilio.

Un nuevo periodo de mi existencia comenzaba, un periodo feliz en que la vida parecía sonreírme: tenía salud, trabajo, casa... y estaba rodeado de afecto. ¿Qué más podía esperar de la diosa fortuna? Pero ese equilibrio conmigo mismo y ese sosiego que respiraba dentro de mí y a mi alrededor iban a resultar de corta duración. La paz en Cuba, como pronto veremos, era un bien inestable.

A primeros de diciembre de 1956 me hice cargo de los quehaceres que se me confiaban. Mi labor consistía en ayudar a mi tío Víctor en todo lo relacionado con la gestión de una hacienda de la que él era administrador. Pertenecía, naturalmente, a la compañía de don Francisco Cajigas. La finca, en realidad, la utilizaba este como lugar de recreo. Allí tenía todas las frutas que uno pueda imaginar en un país semitropical. Estaba cercada con un muro de piedra por sus lados noroeste, sur y oeste. Por el este lo estaba con una cerca de acerode más de dos metros de altura. Tenía pozo y un depósito con 56 000 litros de agua elevado a unos diez metros del suelo.

La propiedad era una verdadera joya. Solo el palacete le había costado un millón de dólares, a los que tuvo que añadir otras «menudencias» como los 106.000 dólares que le supuso la planta de aire acondicionado y su instalación. Los goznes y cerraduras de todas las puertas eran de oro y la finca contaba con caprichos de ensueño, como la fuente luminosa que uno se encontraba frente al comedor de la mansión. En el centro de la misma fuente, un pingüino de bronce permanecía de pie sobre una base del mismo metal. Sus plumas estaban huecas, eran do-

Playa de Miramar en Marianao (Tarjeta postal de la década de 1950).

radas y sobresalían del cuerpo. Por ellas emergía el agua a presión, formando millares de chorros iluminados por luces de los más variados colores... Sí, todo era allí fantasmagórico y de ensueño.

El bosque-jardín contaba con varias hectáreas y rodeaba la lujosa residencia, a la que ocultaban un ejército de surtidores que tenían por misión regar el césped y los árboles, plantas y flores que abundaban en aquel vergel paradisiaco. La propulsión del agua llegaba a alcanzar hasta ocho y diez metros de altura.

Además de la casa de los dueños, había una cómoda y moderna vivienda para el mayordomo, su esposa y sobrina, los tres de nacionalidad española.

A la gran mansión principal no le faltaba nunca movimiento, pues en ella trabajaban camareros, cocineros y demás personal doméstico. Allí permanecían también los chóferes largas horas los días en los que los dueños no tenían que realizar ningún viaje. A estos, además del sueldo, el millonario Cajigas les pagaba el alquiler de las magníficas casas en las que residían y sus hijos iban con los hijos del propietario en el mismo coche y al mismo colegio.

Con la vivienda del mayordomo se comunicaban los garajes. En ellos había un Chrysler Imperial, color negro, comprado ese mismo

Fuente monumental de Miramar (Tarjeta postal de la década de 1950).

año de 1956 para uso del señor Cajigas. Había también un impecable y gran Cadillac familiar, que se cambiaba todos los años y que se utilizaba especialmente para transportar a la señora. Se contaba igualmente con un Buick para el mayordomo, con un Chevrolet Beliart para llevar a los niños a clase y para otros servicios, con un Hilma para que aprendiesen a conducir las hijas del propietario y con un

Chrisler Imperial, 1956.

Paya de Miramar (Tarjeta postal de la década de 1950).

triciclo con cabina de avión para que el más pequeño practicara dentro de la finca. También se disfrutaba de la hípica con una estupenda cuadra de caballos de la que disponía la finca.

Junto a la mansión, había otras dependencias estudiadas con todo lujo de detalles, dotadas con los últimos adelantos técnicos y con una moderna maquinaria que proporcionaba vapor de agua, aire acondicionado, etc.

Tras llevar dos meses en la Inmobiliaria Cajigas, como ayudante del encargado de esta finca maravillosa, me nombraron supervisor de equipos automáticos de las secciones número 1 y número 2. La primera servía a la casa principal y se hallaba en esas dependencias cercanas a la vivienda, de las que acabo de hablar. La segunda estaba dedicada al bombeo de agua del Reparto Residencial Parcelación Zayas y de otro reparto de la misma empresa. Esta sección, perfectamente cercada y construida en una parcela de 20 000 metros cuadrados, a base de cemento y bloques, guardaba en su interior turbinas eléctricas tanto horizontales como verticales. Estaba dotada de estupendos equipos que permitían, entre otras cosas, regular mediante coordenadas el promedio del agua que se consumía de la famosa Cuenca Azul.

Todo allí era de cine y, a tan sofisticados medios técnicos, solo accedíamos dos personas: el ingeniero que había montado los equipos y yo.

El cargo, por lo tanto, era bueno y de mucha confianza. No había que realizar en él esfuerzo físico alguno. Sin embargo, me exigía una gran responsabilidad y, a veces, hasta cierto peligro, pues para controlar y reparar ciertos aparatos, había que subir de vez en cuando a alturas que llegaban a los ocho metros. Al hallarse cerca el aeropuerto, la zona estaba declarada como zona de riesgo, y había que mantener una luz roja intermitente sobre los gigantescos depósitos de 620 000 litros. A su altura, que era la mayor del reparto, pasaban los aviones cuando iban a aterrizar y no era raro que la luz dejase de parpadear por efecto de las descargas eléctricas que con frecuencia producían los rayos en las tormentas.

Y, como el trabajo no era agobiante, me permitía disponer de tiempo libre que aprovechaba para desplazarme por la urbanización y mirar por los bienes y por los empleados de la misma. Esto me facilitaba también el relacionarme con hombres de negocios, con proveedores, administradores de aduana, representantes de firmas de automóviles, etc.

Así pasé los primeros cuatro meses. El día 2 de marzo de 1957, me desplacé hasta La Habana en ómnibus. Era la primera vez que volvía a la capital tras comenzar a trabajar en la empresa. Cogí el coche en la misma terminal de la Lisa, en Marianao. De allí partían las rutas 21 y 22. La casualidad hizo que yo fuera el único pasajero que comenzó el trayecto. En la primera parada, sin embargo, subieron doce personas. El cobrador se levantó para cobrarnos a los trece los ocho centavos que costaba la tarifa urbana. Cada vez que extendía un billete y recibía el importe de cada pasajero, debía manipular el mando de una varilla que iba a lo largo del techo del ómnibus y que estaba conectada con un pequeño aparato registrador. Al cobrador le abonamos el trayecto las trece personas que habíamos subido a bordo y solo accionó ocho veces aquel artilugio, por lo que, en escasos minutos, se embolsó casi el cincuenta por ciento de la recaudación. ¿Cuántos pesos quedarían a su favor a lo largo de las ocho horas de trabajo que realizaba diariamente? De este hecho me surgió la idea de inventar un aparato que controlase al mismo tiempo lo recaudado y el número de pasajeros, sin que el cobrador pudiese manipular ni una cosa ni otra.

Pronto empecé a trabajar en el asunto y, dar con la fórmula que creí adecuada, me llevó dos meses. Pero fue una actividad apasionante, tan apasionante que me aficioné a desarrollar la inventiva y, tras hallar una fórmula que remediara esa situación que la casualidad me hizo plantearme, yo mismo ideaba otras situaciones o problemas en los que luego me centraba para solucionarlos.

Cuando tuve totalmente a punto ese invento que controlaría la recaudación exacta de los autobuses, me dediqué a buscar una casa de confianza que se dedicara al registro de la propiedad industrial y, si era posible, a su comercialización. Gracias a diversos amigos y técnicos de la Inmobiliaria Cajigas, S. A, conocí al arquitecto Romañach, que trabajaba para el contratista Manolo Menéndez, encargado de construir las carreteras y el acueducto del reparto Parcelación Zayas. Romañach, a su vez, me presentó al delineante Hugo Díaz, empleado de la casa Gutiérrez Alea, una empresa registradora de marcas, patentes e invenciones sita en la manzana de Gómez.

Allí, el dueño y otros ingenieros me mostraron los dos mil documentos que estaban tramitando. Me explicaron mis derechos y las obligaciones de la casa, indicándome cómo solía procederse. Los dueños de cada patente facultaban a la empresa para buscar la fórmula de comercializar el invento y Gutiérrez Alea corría con los trámites.

Convinimos el presupuesto del registro y acepté sus propuestas, confiado en la seriedad de una sociedad conocida no solo en Cuba, sino internacionalmente.

El haberme podido iniciar por este camino excitó mi imaginación de tal manera que comenzaron a afluirme múltiples ideas. Se me fue el sueño y, tanto de día como de noche, no pensaba más que en explorar ese mundo interior mío, dormido en parte hasta entonces, y que me llevaba a la creatividad, a la búsqueda de soluciones técnicas para pequeñas o grandes cuestiones. Como tenía un trabajo que me permitía dedicar muchas horas a pensar, me aislé de mi entorno para meterme dentro de mí mismo y aguzar al máximo mis capacidades innovadoras. Cada solución que encontraba a un problema, representaba para mí un verdadero placer.

Los meses que restaban de 1957 y los primeros del año 1958 los pasé prácticamente encerrado en la segunda sección del reparto residencial, donde podía seguir supervisando los equipos automáticos, como era mi obligación, y donde me era fácil volcarme de lleno en esa afición tan singular que de repente me había entrado. Hasta llevé a la sección una pequeña cama en la que, al medio día, descansaba durante un cuarto de hora para compensar mis insomnios. La tensión mental llegó a quitarme no solo el sueño, sino el apetito, lo que hizo que me agotara bastante físicamente.

Aunque procuraba no exhibir ni hablar de mis inventos, estos comenzaron a interesar a los que me trataban más directamente. Tal era el caso del ingeniero contratista de la residencia. Aunque ya había entregado la obra (por lo que no tenía que volver por allí), se pasaba con frecuencia para estar al tanto de mis descubrimientos.

¡Claro que, a veces, las visitas que recibía nada tenían que ver con mis particulares aficiones! Tal fue el caso de la que tuve que atender el día 10 de junio de 1957. En esa fecha, quien se presentó en el lugar fue un señor muy bien trajeado que iba a bordo de un Cadillac negro. Me preguntó si conocía dónde se hallaba un tal Joba, otro de los ingenieros del reparto. Por lo que me manifestó el señor del Cadillac, él mismo era cliente de la empresa y sería pronto vecino nuestro, pues se interesaba por los planos de una parcela próxima que había comprado para construirse en ella un chalé. Yo no lo conocía de nada.

Me pidió que le acompañara al lugar en que pensé que podíamos encontrar al ingeniero Joba. Pero este no estaba allí. Fui a preguntarle a mi tío sobre su paradero y tampoco supo decirme dónde estaba. Entonces el caballero del Cadillac negro me volvió a llevar al lugar de mi trabajo. Y se identificó:

—Pepe San Martín. Muchas gracias por su amabilidad y quedo a su disposición para lo que usted guste.

¡Pepe San Martín! Aquel nombre me sorprendió. Se trataba de un familiar del varias veces presidente de la República cubana, don Ramón Grau San Martín. Arquitecto de profesión, había sido ministro de Obras Públicas. Posteriormente, tuve la oportunidad de estar en la vivienda que se construyó.

Mi afición por los inventos se la ocultaba también a mi tío, pues no quería que él supiese que me pasaba muchas horas sin dormir. Cada vez faltaba más tiempo de su casa y mi tío Víctor comenzaba a preocuparse, pues la situación política del país no podía ser más delicada y resultaba a veces muy peligroso el andar por la calle.

Cuba vivía momentos de suma tensión: en noviembre se habían efectuado elecciones parciales para la renovación de la mitad de la Cámara de Representantes. El día 30 de ese mismo mes, estalló una rebelión en varios puntos de la isla, sobre todo en Santiago, donde bandas de civiles que improvisaron uniformes de color verde oliva,

Noticias confusas sobre el desembarco de Castro.

y que portaban brazaletes con la inscripción «26 de Julio», atacaron centros gubernamentales. Esos asaltos fueron rechazados y, los portadores de la inscripción alusiva a la fecha del ataque de Fidel Castro al cuartel de Moncada, fueron vencidos. Pero Fidel acababa de volver a la carga, el día 2 de diciembre de 1956 exactamente, desembarcando con el yate Granma en la costa sur de la provincia de Oriente, en el surgidero de Turquino. Localizados él y sus correligionarios, habían sido atacados por la aviación del gobierno de Fulgencio Batista, que redujo el número de los 82 invasores a solo 20 supervivientes. Este número disminuiría aún más, pasando a ser un puñado los miembros del comando que lograron sobrevivir y que se refugiaron en los recovecos de la Sierra Maestra, donde se habían hecho fuertes y proseguían su insurrección captando nuevos adeptos, dedicados a actos de sabotaje y lanzando frecuentes acometidas contra los puestos militares.

La revolución, acaudillada por Castro bajo el nombre de «Movimiento 26 de Julio», dividía a los cubanos y sembraba el odio y la inquietud en todo el país. No era de extrañar que mi tío Víctor se preocupase por mí y temiera que me secuestrasen o que me ocurriera algo malo. Por la noche, yo iba a estudiar inglés al reparto Río Verde, donde pagaba a un profesor particular que, además de dedicarse a enseñar la lengua de Shakespeare, era al mismo tiempo jefe de las oficinas del Expreso Aéreo del aeropuerto de Rancho Boyeros. Me tocaba caminar un kilómetro y la policía ya me había advertido un par de veces que mis desplazamientos nocturnos resultaban muy peligrosos. Me recomendaron que dejase los estudios. Además, según ellos, los estudiantes eran los más revoltosos en aquella situación. Y así ocurría, en efecto. El 13 de marzo de 1957 fue un grupo de jóvenes universitarios el que atacó el palacio presidencial de La Habana para apoderarse de Batista, intento que también fue rechazado y en que murió el presidente de la Federación de Estudiantes de la Universidad, José Antonio Echevarría.

A pesar de tanto tumulto y de las advertencias policiales, a mí me parecía que nada tenía que temer. Yo no podía considerarme un alumno como la mayoría, sino un alumno algo especial, pues no asistía a centro alguno y mi profesor era particular. Y tanto mi nacionalidad española como mi embajada en Cuba, pensaba yo, me mantendrían a salvo siempre que no me metiese en política. Y disfrutaba de la protección del presidente de la compañía y de su cuñado, Héctor de Lara, el hombre de confianza de Cajigas. Los dos tenían poder y amplias relaciones en todas la esferas. Con todas esas circunstancias que me eran favorables, nunca llegué a albergar ningún temor.

Este Héctor de Lara era todo un personaje. Se había graduado en la Facultad de Ciencias Comerciales de la Universidad de La Habana y, entre los cargos o actividades de su amplio currículum, figuraban los de contador público, exprofesor de la Universidad de Oriente, en Santiago de Cuba, asesor técnico de economía industrial, consejero de economía nacional, presidente de la Compañía Federal de Seguros, etc. Estaba casado con la única hermana de Francisco Cajigas, que tenía en él a su asesor e intérprete (pues hablaba maravillosamente bien el inglés. Hasta era su fotógrafo y el que se encargaba de sacar las tomas aéreas que se hacían en la compañía: las del ganado, las de la arrocera, las de las edificaciones de los repartos y las de las minas. Y es que la fotogarfía resultaba el único medio idóneo para poder contar, aunque fuese de un modo aproximado, los millares y millares de reses de razas cebú y Santa Gertrudis [de gran rendimiento de carne y leche] que había en las haciendas. El engorde se llevaba a efecto en San Juan y en Santa Isabel. Luego se embarcaba al ganado para terminar el ciclo de ceba en la finca La Coronela, en la provincia de Pinar del Río. De allí salían los animales hacia el matadero.

Pues bien, yo tenía fe ciega en la protección de los dos cuñados, igual que ellos confiaban plenamente en mí. Cuando ambos tenían que desplazarse a los Estados Unidos o a otros países extranjeros, a causa de sus negocios, siempre me pedían que me quedara en su casa. Incluso cuando iban solo a pasar el fin de semana a Isla de Pinos, donde marchaban con frecuencia a trabajar con sus libros de cuentas. Confiaban en el personal doméstico que tenían y que llevaba mucho tiempo con ellos, pero les encantaba contar también conmigo. Dejaban en mis manos las joyas y el inmenso valor que atesoraban en su residencia. Hasta los lujosos automóviles que guardaban en el garaje se quedaban allí con las llaves en el contacto. Pero lo que más rico me hacía era mi honestidad y el aprecio que mis jefes me daban.

Cajigas y Lara se complementaban a la perfección. El primero estaba finamente dotado para los negocios y disponía de un buen olfato, de valentía y decisión a la hora de poner en marcha nuevas empresas. El segundo era un reposado y experto asesor en economía industrial. Juntos acometían sin vacilar grandes inversiones, sin importar cuál fuese exactamente el ramo de la actividad en la que hubiese que invertir.

Francisco Cajigas había heredado parte de la hacienda de sus padres. Fueron cinco hermanos, cuatro varones y una mujer. Al ser el más decidido de todos ellos, compró las participaciones de los demás y se hizo contratista de obras en 1932, cuando se construyó la carretera central de la isla. En esta gran obra se conocieron mi tío, que también era contratista, y él. Llegaron a hacerse grandes amigos. Antes de que se conocieran, Cajigas había ido a la quiebra en varios negocios, lo que corrobora su amor por el riesgo y su decisión ante la adversidad. De su valía acabaría dando fe el hecho de que logró convertirse en uno de los mayores empresarios cubanos, un empresario reconocido incluso en países extranjeros como Estados Unidos, Venezuela, Brasil, etc., en los que gozaba de gran prestigio.

Mi tío me hablaba frecuentemente de él. Cuando se terminaron las obras de la carretera central, ambos marcharon a la provincia de Oriente y allí montaron un aserradero. Se dedicaron a comprar madera y, posteriormente, a la explotación de minas en varias provincias. La mayor de las que explotaban era de manganeso y se hallaba ubicada en Charco Redondo. Fue la que más contribuyó a que Cajigas se hiciera millonario. El manganeso es un mineral solicitadísimo en las guerras, ya que se utiliza para la fabricación de armas, a las que da la robustez y consistencia que estas necesitan. Por ello, al estallar la Segunda Guerra Mundial, subió tanto el precio de ese mineral. Cuando Francisco Cajigas se enteró por la radio del inicio de las hostilidades e intuyó que aquella guerra no iba a ser como las otras, sino de una importancia mucho mayor, se tiró de la cama, fue a casa de mi tío, que estaba durmiendo, y le dijo:

—Gallego, levántate y ponte el sueldo que te dé la gana. Ayer nos acostamos pobres y hoy nos hemos levantado millonarios.

Hablaba así porque Víctor tenía también un pozo de su propiedad en la mina.

Siempre he considerado que las naciones necesitan hombres como Cajigas, hombres que, como él, no se cansen de crear fuentes de riqueza y puestos de trabajo. Me entristeció después ver cómo habría algunos desaprensivos (incapaces de hacer nunca nada de provecho), que, tras la revolución de dos grandes malversadores como resultaron ser Fidel y Raúl Castro, se permitieron erigirse en jueces suyos y lo juzgaron mezquinamente. ¿En nombre de qué o de quién? ¿En nombre de los obreros? ¿En nombre de aquellos a quienes él dio la oportunidad de ganarse honradamente la vida y que, cuando él desapareció, se quedaron sin trabajo y sin pan?

¿Cómo puede alguien pensar que los enemigos de los trabajadores son los que crean capital y riqueza? ¿No lo son mucho más aquellos que todo lo intervienen, que todo lo roban y todo lo paralizan? Lo malo de ciertos errores es que la gente se da cuenta de ellos cuando todo está perdido, cuando es tarde y resulta ya imposible el recomponer lo que ciertos desalmados desmontaron de la noche a la mañana.

Un ejemplo de estos arrepentimientos tardíos lo vi en un veterinario de la provincia de Oriente. La confesión de su error me la hizo en el año 1964, cuando también él cayó preso. Se llamaba Joaquín Almendral, aunque era más conocido por el sobrenombre de *Cuqui*. En el momento en que se sinceraba conmigo, había sido ya capitán rebelde en el ejército de Fidel Castro, gozando de la confianza de este, que le nombró jefe de la zona H-S, en Isla de Pinos. Cuando la revolución castrista triunfó, él, su esposa y su hija estuvieron viviendo en el gran chalé de la hacienda San Juan. Lo nombraron jefe de la Compañía Eléctrica Nueva Era, S. A., después de que Cajigas se hubiera tenido que exiliar en Estados Unidos. Tras diversas desavenencias con sus correligionarios, Joaquín Almendral, alias *Cuqui*, cayó preso y acabaría confesándome en la cárcel en la que yo entonces me encontraba:

—Sin Cajigas, fuimos incapaces de hacer funcionar sus negocios. Cuanto con él marchaba a la perfección, con nosotros, con los castristas, no había forma de que marchara... Y me fui a buscarlo a Estados Unidos. Le pedí, en nombre de la revolución, que volviese, pues no dábamos más que pérdidas: se nos moría el ganado, las minas tuvimos que cerrarlas, se vinieron abajo los negocios de construcción, etc. Pero no quiso regresar.

Estas son palabras textuales de un Almendral que con tanto fervor había combatido antes contra el millonario. Necesitó poco tiempo para que darse cuenta, como profesional que era y como cubano, del fracaso de su gobierno, un gobierno nacido para destruir y no para construir. Reconocería tarde que aquel hombre daba más provecho a la nación, trabajando, que todos los barbudos revolucionarios dinamitando y lanzando hueras y estériles soflamas. ¡Qué incautos fueron y qué daño han hecho a la sociedad los que prestaron atención a las falacias comunistas!

Un día me llamaron de la casa de marcas y patentes en la que yo había ido registrando mis inventos. En ella encontré a dos personas que me esperaban para entregarme los planos (con las piezas numeradas y descritas una por una), de los dos primeros equipos que había patentado: el controlador de recaudación y de pasaje, que servía lo mismo para autobuses que para cines o campos de deporte; podía funcionar mediante un sistema neumático, eléctrico o mecánico. El otro invento era un equipo para medir el tiempo que los coches de alquiler circulaban con pasajeros en su interior, excluyendo la intervención del conductor. Estaba pensado para que sus propietarios pudiesen ejercer un mayor control sobre la recaudación, ya que solo podía ser manipulado por el dueño del vehículo. Favorecía también a los empleados honestos, ya que podrían pedir aumentos de sueldo a unos patronos que estaban seguros de no ser robados y que necesitaban de la diligencia de sus conductores para gozar del mayor número de clientes posible en sus coches.

En el año 1957 registraría dos inventos más: una válvula-manómetro para medir constantemente la presión de los neumáticos, evitando con ella la periódica y necesaria comprobación en los servicentros y garajes. La válvula indicaba claramente la necesidad de aire. Bastaba una simple mirada, a varios metros de distancia, para saber si había que inflar o no las ruedas.

La otra invención consistía en un gato desplazable (eléctrico, hidráulico o neumático), que podía ser accionado desde el interior del coche a través de un mando que le hacía desplazarse de adelante hacia atrás y viceversa. El desplazamiento lo efectuaba a través del chasis y, tan pronto como entraba en servicio, adoptaba la posición vertical, volviendo a su habitual posición horizontal cuando dejaba de usarse, mediante el uso del mismo mando interior. Permitía efectuar el cambio de cualquiera de las cuatro ruedas, levantando el coche del lado que lo requiriese la avería. Incluso podía levantar al vehículo entero, sin que ninguna de sus ruedas tocara el suelo. La ingeniosa solución era aplicable a todos los equipos rodantes, incluidos vagones de tren.

En los últimos meses del año 57 y primeros del 58, registré una sembradora de legumbres de diferentes tamaños y de distancias convencionales. Tenía un sistema de enganche automático y más rápido que el habitual.

Todas estas invenciones mías fueron publicadas en el Boletín Oficial de ocho países que tenían firmados con Cuba convenios para respetar entre ellos el registro de marcas y patentes de la propiedad industrial. La casa Gutiérrez Alea me tenía al tanto de todo y, al comprobar que en las naciones firmantes del convenio, nadie había presentado antes otros equipos semejantes a los míos, me felicitaron, pues esto suponía el ingreso oficial en el Ministerio de Comercio e Industria y el posterior y definitivo registro legal de las marcas.

Superado este requisito preliminar, me recomendaron que me pusiese en contacto con las fábricas de Estados Unidos, preferentemente con los gigantes de la automoción y con Alichamer, que fabricaba maquinaria agrícola. Mi amigo Hugo Díaz, que trabajaba en Gutiérrez Alea como delineante, me rogó que me acordase de él si firmaba algún contrato con cualquiera de las casas a las que escribiera, pues Hugo tenía interés en diseñar las piezas de repuesto.

Y, efectivamente, hubo empresas americanas que me contestaron con prontitud pidiéndome detalles de mis inventos.

Mi actividad, hasta entonces secreta para la mayoría, salió a la luz y me ayudó a ampliar las relaciones con las que contaba. No tardaron en interesarse por mis actividades hasta los diplomáticos españoles en Cuba. Recuerdo, sobre todo, al señor Capdevila y Vergara. La prensa se puso en contacto conmigo y me pidieron entrevistas que yo rechacé, pues no veía la necesidad de andar saliendo en los periódicos. Me gané también una beca para estudiar inglés en la academia Habana Business o en los Estados Unidos.

El profesor Héctor de Lara, que era una de las pocas personas con las que yo no tenía secretos y a la que le hablaba de mis investigaciones, encontró un modo curioso de homenajearme:

—A partir de ahora —me dijo—, te llamaré Héctor Odilo.

—No, por favor, no me llame así que acabaré quedándome con ese nombre —contesté yo.

Mi buen amigo no tuvo hijos en su segundo matrimonio, por lo que le hubiese hecho una gran ilusión que yo llevase su nombre, anteponiéndolo al mío.

Continuaba la situación explosiva del país. El 5 de septiembre de 1957, la aviación gubernamental aplastó contundentemente la rebelión protagonizada por marinos y civiles en la base naval de Cienfuegos. Fidel Castro, desde su refugio en la Sierra Maestra, dirigía todos los alborotos y levantamientos que se daban en Cuba. A mediados de marzo de 1958, lanzó un manifiesto en que señalaba el día 1 de abril de ese año como comienzo de la «guerra sin tregua» contra el régimen de Batista. En sus declaraciones prevenía contra cualquier gobierno que se constituyera a partir de esa fecha y consideraba como criminales de guerra a todos los reclutas que pasaran a engrosar las filas del ejército gubernamental. Incitaba igualmente a los cubanos a no pagar impuestos.

Fulgencio Batista, para contrarrestar la huelga general que los rebeldes preparaban, impuso una vez más el estado de sitio y la suspensión de las garantías constitucionales durante varios meses. La víspera del 1 de abril, declaró el estado de emergencia nacional y la huelga revolucionaria establecida por los castristas para el día 9 de abril fue un fracaso, ya que no dio lugar más que a violencias muy localizadas en La Habana y Santiago de Cuba. Pero la guerra no tardaría en extenderse a toda la provincia de Oriente, a la de Camagüey y a la de Las Villas.

Tantos y tan graves sobresaltos no dejaba de afectar a la compañía en la que yo trabajaba y a la pequeña parcela laboral de la que yo me ocupaba.

A primeros del año 1958, varios malhechores aprovecharon la ausencia del matrimonio De Lara y la oscuridad de la noche, para introducirse en su domicilio particular por una ventana que violentaron. El policía encargado de la vigilancia del reparto no se enteró de nada, pero Héctor y su señora volvieron antes de lo que sus visitantes suponían y se encontraron dentro a estos. Los asaltantes, conociendo tal vez la corpulencia del propietario y temiendo que pudiera venir con otras personas, salieron de estampida al oírle llegar. No pasaría mucho tiempo sin que se repitiese el intento de los malhechores que, esta vez, fueron descubiertos por la policía, intercambiando con ellos algunos disparos.

En parte debido a la tensa situación y, en parte también, a causa del afecto que me profesaban, el profesor Héctor de Lara y su señora me propusieron que me fuese a dormir a su casa. Se lo comenté a una muchacha con la que había empezado a salir y a noviear y me dijo que no lo hiciese. Tampoco su madre era partidaria de que durmiese en casa de mis amigos. Me extrañó mucho esta postura y me dispuse a conocer las razones de tan insólito comportamiento.

Mi novia era estudiante e hija única. Sus padres tenían en propiedad una colonia y una vaquería. Aparentaban simpatizar con Batista, pero yo no les manifesté nunca simpatías por una causa ni por otra. En mi condición de extranjero, había querido permanecer al margen hasta entonces de los asuntos políticos de Cuba.

La chica, cierto día, me sorprendió con una advertencia que me pareció igual de peregrina que su oposición a que me fuese a dormir a la casa del profesor De Lara.

—Cuídate—, me dijo—, pues te van a volar a ti y a la sección completa en la que trabajas.

No hice demasiado caso y continué con mi vida habitual, aunque, a veces, me iba a dormir a casa de Héctor y de su señora. Pero, poco a poco, me fui dando cuenta de que convenía ir tomando algunas precauciones.

El 5 de mayo de 1958, encontré un anónimo debajo de la única puerta que daba entrada a la parcela de la sección. Su texto repetía la amenaza y me comunicaba que, en breve, iba a volar por los aires junto a todos los equipos que allí se contenían.

Traté de descifrar quién era su autor a través de los rasgos caligráficos. Y pregunté al policía de turno si había visto a alguien por allí la noche anterior.

—No, a nadie, ¿por qué?

—Porque debe vigilar y no dormirse. Si no me hace caso, cualquier día acabarán dejándole a usted sin trabajo.

El policía se inquietó y me pidió que le precisara la razón de esa advertencia mía.

Tres días más tarde, otro compañero suyo tuvo que dar el alto a un sujeto que cruzaba el reparto. Pero el individuo, que estaba bastante lejos, no obedeció la orden y se dio a la fuga.

El día 14 del mismo mes de mayo, salí a examinar las parcelas que tenían riego automático. Me encontré con el cabo de guardia y me entretuve unos momentos con él, hablando de la agitada situación que se vivía en Cuba. Al volver a la sección segunda, descubrí cuatro cartuchos de dinamita metidos en un tubo galvanizado. Este, a su vez, estaba dentro de un tubo de desagüe, debajo de la acera.

Un doble hilo negro, amarrado a la puerta, sujetaba la punta de la mecha a unos fulminantes conectados a la batería que habían ocultado entre la hierba. De no haberlos visto, la detonación hubiese tenido lugar al intentar entrar en la sección. Para distraer mi atención, habían puesto a escasos centímetros de la puerta un trapo rojo con dos montoncitos de centavos, muy bien colocados unos sobre otros. Había también un coco de agua y un «piró».

Llamé al cabo con el que había estado hablando y le mostré todo lo que había hallado, indicándole que ahí estaba la explicación de mi advertencia a su compañero unos días antes. Era un hombre obsesionado por la brujería y me pidió que no tocase nada, que aquello era un «despojo» y que alguien pretendía hacerme daño. Me preguntó si tenía novia y si era mulata. Preferí negárselo, pero él insistió en que una mujer deseaba fastidiarme porque yo no le hacía caso.

—¡Cuídese! —me dijo, mucho más asustado que yo y como si el atentado se hubiera dirigido contra él y no contra mí.

Para demostrarle que no había nada que temer de las brujerías, tuve que ser yo el que desactivase los hilos antes de abrir la puerta, evitando así que explosionaran los cartuchos y que me tocara «volar por los aires», como decía la que se hacía pasar por mi novia, cuyos móviles y cuyas intenciones empecé a tener cada vez más claros.

El cabo, que seguía aterrorizado, me rogó que no dijese nada ni a mi tío ni a Cajigas, pues él me prometía que no iba a volver a ocurrir nada semejante. Intensificarían el recorrido, hablaría con los otros dos policías para redoblar la vigilancia por la noche y pondrían el mayor interés en su cometido. Yo acepté el silencio a cambio de que redoblaran el esfuerzo.

Héctor quiso que, durante algún tiempo, trabajase en la Compañía Federal de Seguros. En esta empresa se llevaba la contabilidad de las plantas eléctricas. El profesor De Lara, en tanto que contador oficial, supervisaba los libros de este importante apartado de los negocios de su cuñado y deseaba que yo practicara un poco en temas que desconocía y que él sabía que me habrían de ser útiles pronto, pues pensaban trasladarme provisionalmente a Isla de Pinos. Iría destinado allí como jefe de transporte, pero tendría que ocuparme también del control del almacén, por lo que resultaba imprescindible que conociese el nuevo sistema de organización aplicado a la empresa y que me familiarizase con el clasificador de cuentas.

Coincidiendo con mi llegada a la isla, se pensaba levantar una planta de lavado para vehículos, se cercarían varias hectáreas de tierra, se haría un laboratorio para inspección, reparación, ajuste y comprobación de relojes. Y, en un local que se prepararía a tal efecto, comenzaría a funcionar una escuela para linieros, operadores de plantas, radio, etc. Sería una escuela abierta también a todos los jóvenes pineros que deseasen aprovecharse de ella y que desearan estudiar, ganando 2,50 dólares diarios más ropa, calzado y todo tipo de material de estudio. Además de las clases teóricas y prácticas, se les pasarían películas sobre producción de energía, reparación de transformadores y equipos, sobre conexiones «delta» y «estrella», transformación de corriente, motores diésel, etc.

Aunque mi estancia sería solo de seis meses, se me proporcionaría casa y oficina. Pasado ese medio año, pensaba desplazarme a Estados Unidos aprovechando la beca que se me había concedido para estudiar inglés. Allí deseaba también tratar las propuestas de negociación que había recibido por mis diferentes inventos.

Ante tal cúmulo de importantes acontecimientos que se aproximaban en mi vida laboral, acepté la propuesta de Héctor de Lara y, para prepararme lo mejor posible, empecé a trabajar a ratos con él.

Una mañana, el 17 de agosto de 1958 exactamente, me llamó por teléfono el jefe de prensa del señor cónsul de España en Cuba, don Jaime Capdevila, invitándome de parte de este a que visitara la embajada. El diplomático había mostrado un gran interés en hablar conmigo en relación con las cinco marcas registradas a mi nombre. Me satisfizo mucho su invitación y decidí llevarle los planos de los equipos.

Cuando llegué a su despacho, me mostró varios boletines y periódicos en los que se hablaba de mí y de mis invenciones. Le llenaba de orgullo que fuese español y me preguntó si no deseaba patentarlas en otros países. Le dije que sí y me felicitó, expresándome su deseo de que me desplazara con las cinco patentes a la exposición de Bruselas, donde mis equipos pasarían a engrosar el contenido del pabellón de España. El viaje me permitiría relacionarme allí con otros compatriotas y extranjeros que tenían las mismas inquietudes que yo y que, en la capital belga, exhibían sus respectivos inventos. El conocer la creatividad y la originalidad de otros me vendría bien.

—Ya lo creo que sí, señor cónsul —contesté—. Créame que le agradezco su petición y que me honraría mucho exponer mis inventos bajo pabellón español. Pero no puedo. En el vuelo de las cuatro de la tarde de mañana, salgo para Isla de Pinos, donde me envía mi empresa y donde ya he aceptado un nuevo trabajo.

—¡Qué lástima! —me repuso—. Ya que eso no es posible, ¿me permite que hoy mismo intente presentarle al sobrino de don Juan de la Cierva, nuestro ilustre inventor del autogiro? Además de español, es ingeniero y jefe de la Escuela Electromecánica de Belén, en Marianao. En ella se están montando plantas de ensamblaje de helicópteros.

Acepté, por supuesto, y el cónsul no perdió tiempo. Llamó desde su despacho al ingeniero, que se mostró muy complacido con nuestra visita.

Nos desplazamos hasta el lugar. El señor De la Cierva se hallaba realizando, con dos americanos, unas películas del edificio y de las distintas salas o naves de montaje. En una de ellas se encontraba el fuselaje del primer helicóptero. Tan pronto como se fueron los americanos, el ingeniero nos atendió muy amablemente. Su secretaria, además de española, era cuñada suya.

Le presenté los planos de mis marcas registradas y los examinó un rato con atención. Me propuso lo que ya me había propuesto el propio cónsul, que asistiera a la exposición de Bruselas. Y tuve que responderle lo que le había respondido al señor Capdevila.

Estuvimos hablando después sobre el rotor y el fuselaje de los helicópteros. Se extrañó y admiró de que el tema me fuera familiar. Con total confianza, nos explicó los proyectos que tenían para la planta en la que trabajaba. Nos habló del precio de los helicópteros, dependiendo de su modelo y tamaño. Disertó amena y amistosamente sobre las ventajas que ofrecían estas máquinas en los países selváticos de América, donde, a causa de la falta de vías de comunicación por tierra, son utilísimos los aparatos de aterrizaje y despegue vertical. Y se mostró muy optimista acerca del futuro de la planta de ensamblaje, pues contaban ya con numerosos pedidos antes de que empezara el trabajo en serie.

Antes de despedirnos, y en lo que nos enseñaba un plano de la terminal de helicópteros que estaba en construcción en la Habana Vieja, me dijo:

—Si usted quiere trabajar aquí, puede hacerlo en el momento en que lo desee.

—Muchas gracias —contesté—, pero tal como le he informado antes, mañana a estas horas debo estar a más de ciento cincuenta kilómetros de aquí.

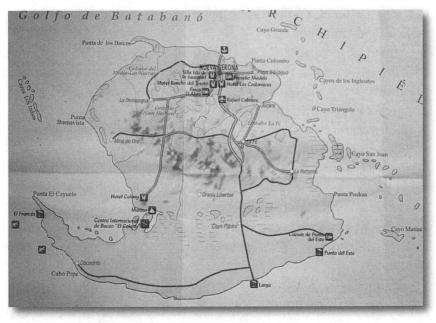

La Isla de Pinos, hoy «rebautizada» como Isla de la Juventud.

En el aeropuerto de Gerona, en Isla de Pinos, me estaban esperando aquel 18 de septiembre de 1958 el señor Warenton, administrador de la compañía, y otros ejecutivos de la misma. En lo que me preparaban la vivienda y la oficina, me habían reservado habitación en el hotel Isla de Pinos. Y hasta allí me trasladaron. Cuando me quedé solo, confieso que no pude reprimir una cierta satisfacción: mi empresa confiaba en mí y, al encomendarme nuevas funciones, habían elevado mi categoría laboral. Siempre es placentero que lo tomen a uno en consideración y lo valoren.

Al día siguiente, fue el mismo señor Warenton quien me condujo a las oficinas de la compañía en la isla y quien me presentó al jefe de las mismas y al resto del personal que en ellas trabajaba. Allí me encontré a Emilio Menéndez, un comunista acérrimo que era jefe y técnico de las plantas. Este me invitó a visitar algunas de las dependencias que de él dependían y acepté.

Fuimos a una planta que quedaba a casi cuarenta kilómetros. Se había hecho de noche y, por el camino, Menéndez me habló muy mal de todos sus compañeros. Todos eran horribles. Hasta el propio administrador. Todos eran unos incumplidores, menos él que era no solo bueno sino perfecto.

Me limité a escucharlo. Tuvo la osadía de recomendarme que no hablara con ninguno de quienes trabajaban para la compañía en Isla de Pinos, pues no harían más que causarme trastornos y no tardarían en pedirme aumento de sueldo, cosa que nadie de entre aquellos hombres merecía.

Estuvimos una hora aproximadamente en la planta. En ella conocí a dos operadores y a un engrasador. De los tres me llevé una gratísima impresión. Al regresar, Menéndez me preguntó:

—¿Qué le han parecido los muchachos?

—No he hecho más que fijarme en lo bien que tiene usted ordenado el trabajo y en lo estupendamente que funcionan los equipos mecánicos.

—Mi esfuerzo me cuesta. Para que las cosas funcionen, me toca estar a todas horas empujando a ese hato de haraganes que en lo único que piensan es en cobrar la quincena trabajando lo menos posible.

Uno o dos días después, llegó un barco cargado de transformadores, cables y otros materiales para la Compañía. Parte de esta mercancía venía de la empresa Alichamer, de EE UU, y el resto de la casa Skilton, de La Habana. Se empleó al personal de líneas y a los mecánicos en la carga y descarga de todos estos equipos tanto en el muelle como, posteriormente, cuando hubo que trasladarlos al almacén. Allí debían descargar de nuevo las cajas y contenedores y, para esta faena, se utilizaron grúas. Me pasé prácticamente todo el día observando al personal. Por el muelle anduvo también el señor Menéndez, a quien procuré no perder de vista. Hacía calor, pero me encantó contemplar cómo trabajaban aquellos jóvenes y cómo ejecutaban con las grúas los ejercicios más complicados. Tenían disposición, habilidad y eran realmente incansables.

Comencé a sospechar pronto que los antecedentes en los que me había puesto Emilio Menéndez, más que razonables y objetivos, estaban motivados por la envidia y, probablemente, por un cierto sentido de culpabilidad.

Le pedí al administrador que enviase a uno de aquellos jóvenes a comprar unas cervezas para todos y, junto con ellos, las tomamos en agradable camaradería. Les felicité por lo bien que se desenvolvían y por lo expertos que eran en su trabajo. Se sonrieron complacidos y agradecieron mis palabras.

Por la noche, noté que me querían decir algo, pero que recelaban de hacerlo delante del administrador, puesto que era el primer día que me trataban. En un descuido del señor Warenton, uno de ellos se acercó a mí y me dijo:

—Quisiéramos hablar con usted mañana.

Me parecía ya evidente que algo no funcionaba bien. Y me dispuse a escucharlos. Era la mejor manera de llegar al fondo de la realidad.

Esperé a tener una oportunidad en la que no me acompañase el administrador. Tan pronto como pude y me vi solo, me acerqué a un grupo de trabajadores que estaban haciendo una línea. Lo primero que me contaron fue que Menéndez, poco antes de llegar yo a la isla, reunió a todos los empleados de la empresa y les dijo:

—Señores, la compañía va a mandar a un hombre y ya he averiguado quién es. Tiene fama de ser antiobrero, así que yo les pido que no hablen con él. Déjenmelo a mí que ya le explicaré yo las necesidades que todos tenemos. Si ustedes lo ignoran, se interesará más por nosotros.

¡Estos eran los consejos que les había dado tan hipócrita personaje, para luego decirme a mí que aquella gente era un hato de vagos y de maleantes! Creyó que me engañaba y, desde la primera noche que hablamos, me pareció que el ladrón, el antiobrero y el soplón era él.

Los días, las semanas y los meses fueron dándome la razón. Por otro lado, a medida que los empleados fueron comprobando que mi comportamiento para con ellos resultó muy distinto a lo que ese señor les había advertido, se fueron abriendo cada vez más y me fueron explicando nuevos pormenores de la actuación del jefe de plantas.

Yo les animé siempre a que reclamasen lo que fuese justo. Si lo que pedían estaba dentro del marco de mis atribuciones, se lo resolvería favorablemente y de inmediato. Lo que yo no pudiese, lo solicitaría a la dirección general de la empresa, de la que formaba parte el profesor De Lara. La primera reclamación que me hicieron fue que deseaban cobrar las horas extras que les debía la compañía. Me sorprendió muchísimo el oír eso, pues las horas extras se enviaban, junto con la nómina, cada quince días.

—Un empleado de la Compañía Federal —les dije— lleva todas las quincenas al aeropuerto de Columbia el importe de sus horas extras para que luego se las paguen a ustedes aquí.

—Pues a nosotros no se nos ha pagado nada últimamente,—repusieron.

—Cuando se las han pagado, ¿quién era el encargado de hacerlo?

—Unas veces, Gregorio, el jefe de la oficina. Otras, Emilio Menéndez. Y, otras, Arturo Warenton, el administrador.

—Yo me ocupo del tema y pediré explicaciones a Arturo, estén tranquilos.

Hablé con él, en efecto. Le pregunté en qué se había invertido el dinero de esas pagas extras y por qué no se las habían pagado al personal que las había trabajado. Me respondió que Emilio se había responsabilizado de abonárselas a los operadores y a los linieros.

Me faltó tiempo para llamar a Menéndez. Cuando conoció el tema por el que me interesaba, tuvo el cinismo de contestar:

—Ya le dije el primer día que no hiciera caso a ninguno de estos.

—¿Es que usted cree que esos hombres reclaman lo que no es suyo?

—¡Claro que lo creo! Como usted es nuevo aquí, son capaces de querer cobrar dos veces.

—¿Quién es el encargado de pagarles?

—¡Cualquiera!

Llamé a los afectados y les dije lo que me habían transmitido Emilio y Arturo, aunque les prometí que el tema acabaría arreglándose a su favor. Cuando los empleados escucharon que esos dos señores estaban dispuestos a hacer ver a la compañía que ellos ya habían cobrado sus horas extras, prometieron ahorcarlos. Y me volvieron a jurar que el comportamiento del uno y del otro ocultaba un montón de chanchullos que algún día acabarían descubriéndose.

Para zanjar la cuestión, hablé con el capataz de las líneas de transmisión y le pedí una relación del personal afectado y del número y lugar de las horas trabajadas. Mandé la lista a La Habana para que remitiesen el dinero y se les pagó. Aunque fue una solución que iba en contra de la compañía, no hubo más remedio que resolver el problema así.

A partir de entonces, nombramos jefes de departamentos con unas funciones muy precisas. Se delimitaron claramente las competencias del resto de jefes y a Emilio Menéndez se le asignaron exclusivamente las responsabilidades de ser jefe de plantas.

El nuevo organigrama empezó funcionando bien. Pero no tardaron en aparecer nuevos problemas en la sección de Menéndez. Yo no hacía más que preguntarme quién era y qué quería aquel individuo con el que, para mi desgracia, siempre acababa encontrándome. Tuve que llamarle varias veces y reconvenirle, cosa que le desagradaba, aunque delante de mí nunca manifestó ninguna displicencia.

¡Menos mal que tenía otras personas y otros temas (mucho más agradables que Menéndez) en los que pensar y de los que ocuparme! Quiero hablar brevemente de una de estas personas, la que sería mi última novia en libertad.

La vi por primera vez diez meses antes de mi traslado a Isla de Pinos. Me fijé en ella en la escalinata de la Universidad de La Habana. Era una chica muy elegante y me llamó poderosamente la atención.

Pasaron dos meses sin que volviéramos a coincidir y, en un espléndido día del otoño cubano, se repitió la casualidad. Nos cruzamos en la calle Zanja. Ella iba acompañada de un chico joven, más o menos de su edad. Al encontrarnos de frente nos miramos y... algo me indicó que los dos nos habíamos gustado mutuamente. Pero preferí pensar que seguía siendo un fruto vedado para mí. Y continué viéndome con la hija del colono, la que se oponía a que me fuese a quedar algunas noches con el matrimonio De Lara, al tiempo que me advertía, enigmáticamente, que tuviese cuidado, pues podían volarme dentro de mi propia sección de trabajo.

Pero, aunque no me faltaran ocupaciones y problemas en los que pensar, no dejé de acordarme con alguna frecuencia de aquella misteriosa y elegante chica que ya me había deslumbrado en dos ocasiones.

El día 5 de marzo de 1958, estábamos un amigo y yo poniendo gasolina en un servicentro al automóvil cuando, de nuevo, volví a tenerla ante mis ojos. ¿Sería que la casualidad jugaba con nosotros o esos encuentros eran producto del destino que, de algún modo, quería acercarnos el uno al otro?

Le pedí a mi amigo que diésemos rápidamente la vuelta para cruzarnos frente a frente con ella, Lo hicimos pero, antes de llegar a su altura, la muchacha se metió en una quinta de la que anoté el número. Y, sirviéndome de la misma estratagema que cuando buscaba a mi padre, apunté su dirección en un papel de forma bastante ilegible. Con esas señas en mi mano, me dirigí al comerciante de ultramarinos más próximo.

—Perdone —le dije—, pero estoy buscando una camisería. Tengo que recoger un paquete y no logro encontrarla. Me han puesto aquí la dirección y no sé si es que no la entiendo o que los datos que me han dado no son correctos.

—El número y la calle están bien —afirmó el comerciante—. Lo que no coincide es lo que le dijeron de la camisería. En ese lugar no hay comercio ni taller ninguno, pues es una casa en la que viven dos hermanos. Son muy buenos clientes míos, por cierto él trabaja como viajante y ella es maestra.

No fue demasiado lo que pude averiguar de esa mujer, pero fue lo suficiente para que siguiese pensando en ella.

Volvió a pasar mucho tiempo y, como he dicho, el 18 de agosto me trasladaron a Isla de Pinos. Un mes más tarde, el 18 de septiembre, estaba desayunando en la casa de huéspedes en la que yo comía cuando vi que aquella esbelta y llamativa joven se dirigía al mostrador. Nos miramos una vez más y, una vez más también, logró deslumbrarme.

¡Era la cuarta vez que nos veíamos! Ahora, nuestro encuentro ya no tenía lugar en La Habana, ¡sino en Isla de Pinos! ¿Cabía pensar que fuese pinera y estuviese estudiando en la capital, o podía ser de La Habana y tenía familia en Isla de Pinos? ¿Estaba de huésped allí o, simplemente, conocía a los dueños de la casa?

No volvimos a coincidir a las horas de las comidas hasta el día 23 del mismo mes. La vi sola, comiendo en una mesa, y me dirigí a ella. Le pedí permiso para acompañarla. Bromeamos un poco. Charlamos amigablemente y me explicó que, aunque era de la capital, estaba ejerciendo en Isla de Pinos su carrera. Daba clases de matemáticas en la Escuela Superior. Ya se había enterado de que yo era español y trabajaba en la Compañía Eléctrica Nueva Era, S. A. La conversación, en la que no faltó algún que otro galanteo por mi parte (que a ella le encantó), resultó muy agradable. Y nos hicimos buenos amigos. Acabó explicándome que tanto sus padres como sus hermanos se dedicaban a la docencia. Ella pensaba casarse pronto y tenía ya buena parte del ajuar comprado. Hasta me habló de su novio, que había sido locutor y ahora estaba terminando la carrera de arquitectura.

Coincidimos más veces en la casa de huéspedes. Ella marchaba todos los viernes a La Habana y regresaba los lunes. En nuestras conversaciones, vi que la chica se interesaba por mí y, además de mi trabajo, que ya conocía, le hablé de mis estudios por correspondencia en el Instituto Aircraft, de Los Angeles, en Estados Unidos. Me gustaba la ingeniería eléctrica y me resultaban muy interesantes las materias en las que me había matriculado, pues me aportaban conocimientos teóricos y prácticos muy útiles para mi quehacer laboral.

La muchacha también quiso conocer mis ideas. Vi que le agradaba que la acompañase y acabó haciéndome confidencias de personas de mi entorno a las que ella conocía bien. Me confesó que Emilio Menéndez y su cuñado Luis, el maestro, pertenecían al partido comunista (el primero desde 1932), y que se dedicaban a hacer campaña entre los jóvenes para captarlos a sus ideales. Me sugirió que tuviese mucho cuidado con ellos. Me rogó, igualmente que usase con suma discreción las informaciones que acababa de darme.

Cuando dejé el hotel y me fui a ocupar la vivienda que me habían hecho, notifiqué el cambio a mi amiga. La Nuez Morada, a un kilómetro del centro de la villa de Gerona, estaba más lejos de donde ella vivía, pero era un lugar discreto, separado del exterior por una cerca construida para evitar la entrada de personas ajenas a la empresa. Y, en adelante, seguimos viéndonos varias veces al día.

Mi refugio particular me sirvió también para revisar los archivos, hacer discretamente, y sin que nadie lo supiera, un inventario del almacén, inspeccionar mejor las cuentas y los temas que se me habían confiado.

Tratando de no perjudicar a nadie, me sentí en la obligación de ordenar el desbarajuste que me encontré, tanto en el terreno contable como en la administración de los bienes o del personal de la empresa. Y revisé archivos, órdenes de compra, pedidos, existencias... No coincidía casi nada y faltaba mucha mercancía. No hacía falta ser un lince para advertir enseguida que, gran parte del material que la empresa compraba allí, iba a parar a manos de otros. Era una sangría de dinero que había que detener.

Investigué quiénes se responsabilizaban del almacén, qué personas tenían poder para disponer de los *stocks* y dónde se empleaba lo que se sacaba. Revisé talonarios con la firma de los que hacían los pedidos, con el tipo de material que se sacaba, con los números de las matrículas de los vehículos utilizados, con las plantas o secciones donde se habían usado las mercancías, etcétera. Hablé de forma reservada con linieros, operadores y mecánicos. Comprobé qué talleres particulares, pertenecientes a empleados de la empresa, vendían y facturaban parte del material que la Compañía Eléctrica Nueva Era había adquirido para uso propio. Visité marmoleras, seguí la pista a motores, a rollos de alambre, latas de óxido.

Y, tras arduas y minuciosas investigaciones, llegué a la conclusión de que los protagonistas de la corrupción interna, en este asunto, coincidían o estaban muy próximos a los que habían protagonizado también las irregularidades de las horas extraordinarias: Arturo, el administrador, y Emilio Menéndez, el jefe de plantas. El inventario arrojaba un descuadre de más de 22.000 pesos.

Llamé al administrador y le puse al corriente de mis observaciones. Le hice saber que, hacia el mes de diciembre, se iba a realizar una auditoría en la empresa y que vendrían Héctor Lara y una comisión de expertos contables. Todo lo que faltaba debía ser repuesto para entonces y, a partir de esa fecha, se iban a acabar los chanchullos, las tarjetas de pedido enmendadas o falsificadas, etc. Por otra parte, era absolutamente imprescindible que el material apareciese y las existencias del almacén debían cuadrar con las entradas y con las salidas que se habían registrado en el mismo.

Mi advertencia iba muy en serio y noté que, a medida que se iba acercando Nochebuena, Arturo y Emilio, que debían responder de cuanto había desaparecido bajo su responsabilidad, se mostraban más huraños y nerviosos.

Pero no acababan ahí mis tareas. Debía ocuparme de las obras que se me habían encargado y a las que pronto dimos fin: poco a poco fueron realizándose la oficina-vivienda, el laboratorio, la instalación de aire acondicionado, el amueblamiento de las dependencias... Y, sobre todo, la escuela. Antes de que comenzara a impartirse en ella el primer curso, estaba completamente terminada.

Se hizo una campaña de radio invitando a todos los jóvenes pineros a participar en las clases. Los que desearan ampliar sus conocimientos, podían acudir a las aulas, por la mañana o por la tarde, en el nuevo local de la Compañía Eléctrica Nueva Era, S. A. En las cuñas radiofónicas se informaba de que la escuela se encontraba en la carretera de Santa Bárbara. Se decía también que a los estudiantes se les proporcionarían zapatos, ropa, material de estudio y 2,50 dólares diarios. En el primer curso que se impartió, se dio preferencia a las especialidades de radio, operadores de plantas, cuadros de mandos y linieros, motores diésel, enrollado y reparación de transformadores, etc. Una vez obtenidos los conocimientos que se impartían, los alumnos podían quedarse a trabajar en la misma empresa o irse donde ellos quisieran. El segundo curso se daría en La Habana y abarcaría conocimientos superiores.

Todo funcionó estupendamente. El único que continuaba con su labor de zapa fue, ¿cómo no?, el enigmático y corrupto Menéndez. Optó por una política antipatronal y disfrutaba confundiendo a los jóvenes que la Compañía Eléctrica Nueva Era, S. A. orientaba y formaba.

Una semana antes de terminar el curso, aparecieron por mi oficina don Francisco Cajigas, el americano Mr. Davy, conocido por el sobrenombre de «El rey del aluminio» y un pariente del primero. Cajigas me felicitó por lo rápidamente que se habían hecho los trabajos y por el buen funcionamiento de la compañía en Isla de Pinos. Se excusó por no poder asistir a la ya próxima graduación de los alumnos, pues debía viajar una vez más a Estados Unidos para atender sus negocios. Me dijo que le representaría su cuñado y, antes de salir, me echó un cheque firmado en blanco sobre la mesa para que yo lo rellenase con la cantidad que creyera oportuno poner.

Me negué en redondo. Le manifesté que ya me sentía suficientemente pagado sabiendo que podía contribuir al progreso de la compañía.

—Si ella progresa —le dije—, también yo acabaré progresando.

No repuso nada. Recogió el talón y se fue. A las pocas horas, me llamó desde el hotel Santa Fe mi amigo Héctor de Lara. Me felicitaba por lo contento que estaba su cuñado y por la óptima impresión que este se había llevado de Isla de Pinos, al comprobar personalmente el gran trabajo que se había hecho en muy poco tiempo. Y me dijo que le había entregado un cheque para mí de 5 000 dólares.

Como el profesor Lara había sido el autor de mi traslado y de mi ascenso, le complacía de un modo muy especial que su cuñado aplaudiera mi esfuerzo y mi conducta. Yo también me sentía sumamente satisfecho. Me agradaba el haber podido demostrar mi capacidad organizativa y mi lealtad a la empresa sin, por ello, dejar de tratar a todos mis subordinados con respeto y justicia. Tampoco fue ese un tema que me resultase particularmente difícil y creo que logré evitar conflictos entre la compañía y los empleados.

En el mes de noviembre finalizó el primer curso de cuantos pensaban impartirse en la escuela. Ya en los últimos días de octubre ordené a los carpinteros que preparasen un palco y una plataforma para la entrega de diplomas. El acto se aprovecharía también para que los alumnos pudiesen demostrar ante sus familiares e invitados los conocimientos que habían adquirido.

Cuando llegó el día señalado para la fiesta de clausura de las clases, los ingenieros e instructores fueron los encargados de ir dando los títulos a sus alumnos. Asistieron numerosas autoridades pineras: el jefe de la Marina, el alcalde, etc. Contamos también con la asistencia de médicos del Hospital, profesionales diversos y comerciantes. Hasta hubo varios locutores de la emisora local, amén de familiares y amigos de los estudiantes.

Fue un acontecimiento sencillo, pero bonito, en que tomaron la palabra representantes de los instructores y de las autoridades. Unos y otros alabaron la política social de la empresa, su afán de culturizar a la juventud pinera y el progreso que esta actitud traería pronto para la Isla de Pinos. Cerró el acto el profesor Lara, que fue muy aplaudido por todos.

Los rebeldes de Sierra Maestra.

Desgraciadamente, mientras nosotros vivíamos unas horas tan felices, Cuba estaba pasando por momentos de suma angustia. Se acababan de celebrar unas elecciones muy tensas en las que salió elegido presidente de la República, sobre los tres candidatos opositores, el doctor Andrés Rivero Agüero. El 11 de noviembre de 1958, los rebeldes de Sierra Maestra sitiaron la ciudad de Santiago, se adueñaron del camino a Manzanillo y de varios puertos azucareros, imponiendo contribuciones especiales. Llevaron su lucha al centro de la isla y se hicieron fuertes en la Sierra del Escambray. En diciembre, los revolucionarios castristas lanzaron una fuerte ofensiva y se adueñaron de la ciudad de Sancti Spíritus el día 26, por lo que Cuba quedó dividida en dos. Pocos días después, Fidel anunció la constitución de un gobierno provisional bajo la presidencia del doctor Manuel Urrutia Lleó.

Tras el combate más sangriento de la guerra civil, la caída de Santa Clara, a no demasiados kilómetros de la capital, obligó a Fulgencio Batista a preparar su salida del país. Y en efecto, en la recepción que había convocado con motivo del final de año, renunció a su cargo y le sustituyó de inmediato una Junta presidida por el general Eulogio Cantillo, jefe del Ejército.

Batista, rodeado de su familia y de varios cientos de sus adictos, se vio obligado a escapar a la República Dominicana. Allí se encontraba también, desde hacía algunos años, Juan Domingo Perón, expresidente de Argentina, y allí llegaría más tarde el de Venezuela, Marcos Pérez Jiménez. La salida de Batista fue alrededor de las dos de la madrugada, en un avión cargado de objetos personales.

Tras su marcha y en cuestión de horas, La Habana se convirtió en un escenario dantesco de atropellos, robos y saqueos. Por esos mismos días capituló Santiago y Fidel Castro, dueño ya de toda la isla, no quiso reconocer la autoridad de Cantillo, a quien sustituyó Carlos Piedra. La reacción castrista fue convocar una huelga general y proclamar en Santiago de Cuba presidente del país a Manuel Urrutia.

La primera medida de este sería nombrar a Castro comandante en jefe de las Fuerzas Armadas, un comandante en jefe que, ante la inminente y definitiva victoria, se dedicó a pronunciar plúmbeos discursos por Radio Rebelde o a lo largo del lento trayecto que le llevaría desde el sureste al noroeste del país.

La toma de La Habana, tras una marcha triunfal para los rebeldes, se hizo efectiva el 6 de enero de 1959. Camilo Cienfuegos, que asumiría el mando del campamento militar de Columbia, y Ernesto Che Guevara, que ocupó la fortaleza de La Cabaña, serían los primeros en llegar a la capital y asumir el mando revolucionario. Ellos se encargarían también de tomar las primeras medidas para la recepción de su líder, que tuvo lugar el día 8 del mismo mes.

Un largo y sangriento periodo comenzaba para Cuba. Ni yo, que acabaría pagando con muchos años de mi libertad ese cambio político, ni el propio país en general, que viviría en lo sucesivo largas décadas de opresión, de miedo, de carencias y de hambre, podíamos imaginar el hecho transcendental que suponía la llegada al poder de Fidel Castro y de sus barbudos seguidores. Nadie estaba muy seguro todavía de qué ideología era la del nuevo hombre fuerte, un cubano

Entrada de los castristas en la Habana el 8 de enero de 1959.

de ascendencia española, educado con los jesuitas y doctorado en leyes. Y todos permanecíamos a la expectativa de ver por dónde se decantaban ideológicamente los recién llegados al poder.

Pero, aunque me fuese imposible percibirlo entonces, la verdad era que la paz se había quebrado para muchos. Trágica y dolorosamente. Aquello, más que ser el final de una guerra, era el comienzo de inmensos sacrificios y de inmenso dolor.

No, la llegada del castrismo a La Habana no cerraba un periodo de violencias, sino que abría un nuevo capítulo de la historia en que, al pueblo cubano y a muchos que con él nos solidarizamos, nos faltaba por recorrer un largo vía crucis de abusos brutales y de brutal opresión, un dolorosísimo vía crucis de sangre y privación de libertad.

CAPÍTULO V

«UN SUDARIO DE CUBANAS LÁGRIMAS»

«¡Un sudario de cubanas lágrimas!» Eso era lo que Ernesto Che Guevara, amigo de la literatura y lector incansable de Lorca, Machado, Miguel Hernández o Neruda, pedía en el fragmento final de su *Canto a Fidel*. Lo pedía para que cubriese los huesos de aquellos guerrilleros que encontraran la muerte («el hierro», decía él metafóricamente), en su «tránsito a la historia americana...».

El sudario de lágrimas llegaría. Pero no para los rebeldes, que cambiaron pronto sus harapos por los uniformes flamantes y sus incomodidades de la sierra por los coches americanos, por los despachos oficiales, por las villas lujosas y por las residencias privadas que se apresuraron a confiscar a través de un organismo que crearon y al que dieron un chusco nombre: Ministerio de Recuperación de Bienes Malversados. El sudario de lágrimas llegaría, sí. Pero no fue para ellos, sino para sus víctimas, para las víctimas de las delaciones, de los fusilamientos sumarios; para los que sufrieron inhumana y larga prisión; para los que se vieron robados, en un instante, de cuanto habían ganado trabajando duramente y a lo largo de una vida entera. No fue para los castristas el sudario de lágrimas que pedía el Che, sino para el pueblo al que dijeron que venían a redimir, un pueblo al que sojuzgaron con la más feroz y larguísima de las dictaduras.

No adelantemos acontecimientos, sin embargo. Contemos en este capítulo y en capítulos siguientes la historia paso a paso. Tal como fue.

A mí, el final del año 1958 y los inicios de 1959, con los cambios históricos que se estaban dando en Cuba, me cogieron, como he dicho, en Isla de Pinos. Haciendo escuelas, dando cursos a jóvenes trabajadores, organizando una empresa en la que ganaban el sustento de cada día infinidad de asalariados. Me cogió mirando por los hombres que tenía a mis órdenes sin tener, sin embargo, que traicionar a la compañía que me empleaba.

Pocos días antes de Navidad de aquel 1958, llegó a su residencia pinera la familia Cajigas. Tenían por costumbre pasar allí las fiestas navideñas y el fin de año. Como siempre, llegaron con gobernantas, cocineros, camareros y con uno de sus chóferes.

Arturo Warenton y Emilio Menéndez, por esas fechas y ante la inminencia del cumplimiento del plazo que yo les había dado para que repusieran los bienes desaparecidos del almacén, estaban intranquilos en extremo. Sabían que había llegado también Héctor de Lara y que este había hablado varias veces conmigo. Sabían que el día 1 de enero estaba muy próximo y que tendrían que indemnizar lo que faltara sin justificar en el almacén.

Pero los acontecimientos políticos de los que he hablado y la situación traumática en la que se vio envuelta Cuba les favoreció. Aprovechando aquella situación de absoluto desbordamiento y de anárquico descontrol social, se lanzaron a la calle. Querían vengarse. Sobre todo Emilio, aunque Arturo tampoco se quedaba atrás en sus ansias de desquite. El propio sentido de culpabilidad les daba alas, como suele ocurrir siempre a quienes no tienen la conciencia tranquila y, «en el río revuelto», como dice el refrán español, buscaron su cobarde «ganancia de pescadores». Si habían robado y conspirado hasta entonces contra su propia empresa, a partir de esos momentos se convirtieron en furibundos delatores y soplones.

A medida que pasaban las jornadas, aparecían más y más brazaletes y banderas castristas por doquier. Se oían vivas al 26 de Julio (la fecha emblemática de Fidel), y mueras al 10 de marzo, (día en que el general Fulgencio Batista, en 1952, se presentó al frente de un reducido grupo de oficiales del Ejército y de la Policía en el campamento de Columbia, obtuvo la adhesión a su causa de las Fuerzas Armadas, derribó al presidente Prío Socarrás y destituyó a todo el generalato cubano.

Los aparatos de radio funcionaban a todas horas y por todas partes, aportando noticias de los últimos acontecimientos. Las masas, incontenibles, inundaban las calles. Se veían coches volcados por aquí o por allá y no faltaban enfrentamientos. Era difícil hasta desplazarse para ir a comer.

Yo solía almorzar en un restaurante denominado La Favorita. Su dueño era también español. Uno de aquellos días locos me dijo:

—Compatriota, las cosas están muy revueltas. Mi hijo Pancho ayer era cantinero y hoy es teniente de carpeta.

Me atreví a aconsejarle que no se metiera en nada. Abundaban, en efecto, los que se ponían ellos mismos los grados o los cargos, alegando ser revolucionarios. Pero no eran más que aprovechados que, en cualquier momento, corrían el peligro de que alguien les propinase una fuerte patada en el trasero. Y le añadí al dueño de La Favorita.

—Mira, no me gusta nada ese movimiento del 26 de Julio. Me parece una ideología hecha para engañar a bobos. ¿Se puede ser tan incapaz, tan ambicioso y tan tonto como para llegar a pensar que alguien vaya a repartirles lo de los otros? No se dan cuenta de que, en esta lucha de poderes que se dan en las altas esferas, el que viene puede ser mucho peor que el que echan. Los barbudos ya han empezado a ofrecer para tener a las turbas contentas. Veremos lo que dan. Veremos también como muchos de los que hoy les aplauden se opondrán mañana a su gobierno y serán sus más furibundos enemigos.

Cuando la situación se hizo insostenible, volví a mi sección, cerré todas las dependencias, metí los vehículos en una nave y les cambié las baterías nuevas por viejas. Lo hice con todos salvo con dos. Y lo hice porque había comprobado que estaban requisando coches y sospeché que no tardarían en venir a buscar los de la compañía, que eran excelentes y se hallaban bien equipados. Con las baterías viejas, si lograban arrancarlos, no podrían llegar muy lejos.

Emilio fue el primero que advirtió a sus simpatizantes políticos que podían echar mano de los coches de su empresa, la Compañía Eléctrica Nueva Era, S. A. A los que dejé con la batería en buen estado, les adapté un ingenioso artilugio a base de planchas de cinc, en forma de canal, que me permitiría cambiar desde dentro la matrícula, en caso de necesidad. Viendo cómo se precipitaban los acontecimientos, el original sistema lo llevaba preparando desde hacía algunos días y, con un mando, podía poner la matricula que más me conviniera. No tardaría en tener que hacer uso de mi secreta estratagema.

A primeros de enero estaba yo en mi oficina, escribiéndole una carta a la joven profesora de matemáticas, cuando vi aparecer por detrás de los cristales de la puerta a tres individuos, completamente desconocidos para mí. Serían las seis de la tarde aproximadamente. El gran pastor alemán que tenía conmigo, al notar la presencia de gente extraña, se levantó y quiso abalanzarse sobre ellos. Lo sujeté por el collar, pero uno de esos hombres sacó su pistola para disparar sobre el animal. Contuve como me fue posible a aquel energúmeno, que a

Odilo, dispuesto a tomar responsabilidades empresariales y a consolidar un futuro que se ofrece halagüeño.

punto estuvo de matarme al bonito y noble perro. Descortésmente, y sin más preámbulos, me abordaron:

—Venimos a hacerte una pregunta.

—Si yo la puedo contestar... ¿De qué se trata?

—¿Dónde están Cajigas y su familia?

—En Estados Unidos.

—¿Cómo en Estados Unidos? Ayer por la tarde, su cuñado Héctor de Lara y tú os entrevistasteis y anduvisteis en un Opel. Estuvisteis tomando café en el bar Nora, él compró tabacos (cigarros puros) y fuisteis por la calle Bruno Hernández hasta La Favorita. Al salir de ese lugar, doblasteis a la derecha y seguisteis por la carretera de Santa Fe.

—Sí, es cierto. Pero ayer por la noche se fueron para Estados Unidos.

—Ten cuidado con lo que dices. Si no nos cuentas la verdad y están aquí, reza para que no los encontremos, pues tu mentira te va a costar la vida.

—Por mucho que rece —terció otro de aquellos hombres—, si están en la isla daremos con ellos. Y entonces tu existencia tendrá el mismo valor que una de mis balas. Yo mismo me encargaré de ajustar cuentas contigo, para que veas cómo tratamos a los que traicionan la revolución.

—Les he dicho la verdad. Si ustedes no quieren creerme, ¿qué voy a hacer?

—Allá tú con tus verdades o tus mentiras. Pero recuerda muy bien lo que significa para ti el que Cajigas y los suyos aparezcan.

Abandonaron la oficina y salí tras esos hombres hasta la puerta. Frente a la casa habían aparcado un automóvil Ford, modelo 56 color celeste. El coche portaba una bandera del movimiento 26 de Julio en el techo y otra en el maletero. Algo más lejos, en la carretera, un segundo coche de la misma marca, modelo 57 y de un color muy parecido, esperaba con seis individuos dentro. Todos aquellos hombres eran de raza blanca.

Los que aguardaban preguntaron a los que salían:

—¿Qué? ¿Están ahí?

Respondió el que más me había amenazado:

—Dice este que salieron hacia los Estados Unidos...

Dejé que iniciasen la marcha. Sin esperar un solo minuto, saqué del garaje uno de los coches con matrícula escamoteable y tomé la dirección de Gerona. No me importaba que me estuviesen observando, pues haría todo lo posible por desorientarlos. Además, quizá mi marcha les sirviese para darles a entender que estaba convencido de lo que les había dicho.

Pero la verdad era que, salvo Cajigas y su familia más directa, el resto de las personas que ellos buscaban estaban en Santa Fe, a 18 kilómetros escasos. El millonario, esposa, hijos, nietos y servidumbre se hallaban en el chalé de la hacienda San Juan, a 27 kilómetros de Gerona. Atravesé esta ciudad conduciendo con la mayor tranquilidad aparente. Me pasé de una calle a otra y, a través de los mandos que había preparado, cambié varias veces de matrícula.

Observé, sin embargo, que un Ford me seguía. Mi reacción fue pararme y ponerme a observar un transformador. Cuando pasaron, fui yo quien los seguí sin inmutarme. Volvieron a ponerse en posición de vigilarme y me volví a parar para observar los pararrayos de cristal de una línea... La situación no podía ser más amenazante y había que conjurarla a toda prisa, aunque prisa era lo único que no podía aparentar. Ellos me adelantaron de nuevo y yo cambié una vez más de matrícula, tan pronto como vi el rumbo que tomaron. Los despisté como pude y retorné al almacén. Allí dejé ese coche que había sacado y cogí el otro que tenía preparado. Con la aguja del cuentakilómetros a tope, enfilé la carretera de Siguanea rumbo a la planta de la mina. La carretera tenía tramos angostos y tortuosos, pero hasta las curvas eran rectas para mí. No me quedaba otro remedio que avisar a aquella gente. Para que ellos se salvaran... y para poder salvarme yo. Si los encontraban, estaba seguro de que los bestias que me habían visitado volverían para fusilarme.

Llegué a los cuatro caminos de la Melvis sin novedad. Allí empezaba un terraplén difícil, en que se unían las carreteras de Siguanea y Santa Fe. La zona no podía ser más peligrosa, pero no cabía perder ni un solo segundo. Y, al entrar en una curva muy cerrada, me topé con un poste de más de tres metros de alto metido en un hueco hecho por el agua. No podía desviarme ni a un lado ni a otro del poste y, en una centésima de segundo, opté por tirarme de frente a un desnivel de metro y medio de alto. Noté como el coche volaba en el vacío y, al caer al suelo, percibí como mi cuerpo rebotaba y mi cabeza se golpeaba contra el techo del vehículo. Fui a parar contra una cerca de alambre. Por fortuna, el tremendo impacto no impidió que el motor siguiera funcionando y aceleré para romper la cerca. Oía golpes por todas partes: por debajo, por la zona frontal y por los costados. Eran golpes de los arbustos que dañaban la carrocería, de las piedras en el piso del pobre auto, de la alambrada que chillaba al arañar los laterales... Como pude, volví a salir al terraplén y me vi otra vez en la carretera de asfalto, junto al cementerio de Santa Fe.

Me faltaban unos dos kilómetros para llegar a mi destino. Tenía que pasar aún delante del cuartel y pensaba que alguien podría detenerme allí, pero había empezado a hacerse de noche y la oscuridad me salvó, pudiendo entrar sin novedad en la finca del hotel Santa Fe, propiedad de la empresa. Pasé frente a ese lugar, en que se hospedaban Héctor y Magda. Dejé el coche algo lejos, para no levantar sospechas, y volví luego por la zona trasera.

Entré. A quien primero vi fue a una de las jóvenes empleadas. Nos conocíamos a la perfección y pregunté:

—¿Dónde está el profesor De Lara?

—En casa de su cuñado Julio.

—Voy en su búsqueda. Si no nos encontráramos en el camino, dígale que necesitamos vernos con toda urgencia. Adviértale, sin embargo, de que no haga uso del teléfono y que vuelva a casa de Julio. ¿De acuerdo?

Salí a pie. De esta forma no llamaría tanto la atención como yendo en el automóvil de la empresa.

Encontré a Julio, a Héctor y a su hermano César con las señoras y los hijos respectivos. Héctor y Magda, al verme, se alegraron, pero debieron darse cuenta pronto de que llevaba el rostro desencajado y pálido.

—Algo ocurre —dijo Magda—. Odilo viene sofocado.

—Ocurre, señores, que los están buscando. No sé para qué será, pero me lo imagino. Tengo la impresión de que desean detener a algunos de ustedes y, a otros, me temo que lo que quieren es eliminarlos.

—Pero... ¿qué ha pasado?

—A las seis han llegado a mi oficina nueve sujetos en dos coches, preguntando por Cajigas y por todos ustedes. Les dije que ayer por la noche la familia al completo se había marchado a los Estados Unidos. Me amenazaron de muerte si no les decía la verdad. Y juraron que se pondrían en su búsqueda hasta que los encontrasen. Por más que me ratifiqué en mis palabras y por más que les confirmé su salida, no quedaron muy convencidos e insistieron en la amenaza de que yo podría ser aquí uno de los primeros a los que pasasen por las armas, si no ayudaba a su revolución.

Las mujeres, sobre todo, se alarmaron muchísimo. Alguna comenzó a llorar. Éramos conscientes de que la muerte nos rondaba y de que podíamos tener las horas contadas.

En ese mismo instante, llegó un coche frente a la entrada de la finca. Se paró. Proyectó la luz de sus faros sobre la casa y, así, sin moverse, permaneció un rato. Cundió el pánico más total y nos pusimos a pensar en las armas que teníamos con nosotros. Si entraban, podríamos intentar ocultarnos entre las toronjas y los frondosos pomelos de la finca. La luz seguía allí. Quieta. De repente, los faros se apagaron y, aunque nuestros ojos trataban de escrutar y perforar las sombras de la noche, nada veíamos. El camino parecía seguir en calma y el coche permanecía inmóvil, en silencio... ¿Habrían rodeado la vivienda?

¡Qué momentos de tensión! De improviso, las luces volvieron a encenderse, como queriendo sorprendernos. Preparé mi revólver del calibre 45 mientras preguntaba a la persona que tenía a mi lado:

—¿Dónde está Panchito?

—Está en San Juan, con su familia.

—Pues hay que avisarle rápidamente. Tampoco él tiene ni un solo minuto que perder.

Respiramos al fin con un cierto alivio cuando aquel automóvil fantasma puso su motor en marcha y se fue. Nos pareció mentira verlo desaparecer.

—Yo vuelvo a Gerona —comenté. El hecho de que me vean por allí evitará que algún soplón se pregunte dónde y con quién puedo estar. El que ha suministrado datos a los nueve individuos que me han visitado estará preguntándose a estas horas dónde se hallará el gallego. Tratará de buscarme y no podemos darle la baza de que nos encuentre aquí a todos juntos. Aunque ustedes deseen esperar a ver qué decide hacer el señor Cajigas, a mí me parece que no debo aguardar más. ¡Mucha suerte!

Salí hacia Gerona por el mismo terraplén por el que había llegado. No me pareció oportuno regresar por la carretera de Santa Fe, pues corría el peligro de encontrarme con alguien que me conociera.

A las doce y media de la noche entraba en la calle principal de la ciudad. Las turbas seguían allí en estado de suma excitación y temí que me agrediesen. El hecho de que reconocieran el *picop* [furgoneta] de la compañía podía hacer que algún excéntrico peligroso extremara su histerismo. Pero también era bueno que me dejase ver para que no intensificaran la búsqueda de los Cajigas.

Multitud de gente empezó pronto a cerrarme el paso. Eran cientos de personas armadas con escopetas de caza del calibre 22, con rifles, revólveres y pistolas de todos los modelos y tamaños. Se fueron acercando cada vez más y rodearon el coche, bloqueándome la marcha e impidiéndome seguir adelante.

Un borracho, junto a la ventanilla derecha, aprovechó al verme parado para pedirme que le abriese la puerta y le llevase al ayuntamiento. Al momento, otros dos jóvenes me exigieron que les llevase a Santa Fe. ¿No serían de los que buscaban a Cajigas y familia? Les dije que sí, que lo haría, pero que iba primero a conducir al borracho al lugar que pedía y vendría después a por ellos. Aceptaron a regañadientes.

Llevé al beodo y no regresé, por supuesto. Seguí camino del almacén. Allí cambié el vehículo, que tenía lleno de arañazos y abolladuras por el golpe del terraplén, y continué hasta la planta de la mina. Me tenía más cuenta mantener el servicio eléctrico que andar haciendo de taxista de gente fanatizada y desconocida.

Pocas horas después, a las cuatro y media de la madrugada, salía Cajigas con su señora e hijos, con las gobernantas, camareros, etc., en el avión que había venido a buscarlos desde Estados Unidos. Se quedaron en Isla de Pinos Héctor y Magda, pues el avión no daba ya más de sí y llevaba sobrecarga de peso. La clave de la llamada para hacer venir al aparato fue: «Venid lo más pronto posible que el pescado pica».

Una hora después de que despegase, las turbas rodearon el chalé de Cajigas gritando:

—¡Aquí están! ¡Los tenemos atrapados! ¡Ya los cogimos!

Quienes se encontraban dentro eran Luis y su señora, los cocineros que atendían a la familia de Cajigas cuando esta visitaba la isla. No solían acompañarle nunca los que tenía en la finca Las Arecas, en Guajay, provincia de La Habana. Pues bien, al oír la algarabía, tuvieron el tiempo justo de salir y de salvarse con sus dos hijas pequeñas. La chusma entró rompiendo cristales y muebles. Al verse frustrados en su intento, optaron por vengarse a su manera, destruyendo cuanto encontraron a su paso. El propio Luis sería quien me informase más tarde de la actuación de las masas.

Héctor y Magda, por su parte, tuvieron que ocultarse durante nueve días en la habitación número 14 del hotel de Santa Fe. Mientras tanto, su secretario y yo, ayudados por amigos de confianza, buscamos un medio de transporte en que pudieran salir de allí. Les visité con frecuencia en aquel reducido encierro, hasta que logramos que pudieran abandonar la isla.

Los días que el matrimonio permaneció oculto en el hotel y cuando ya Cajigas había marchado con su familia a Estados Unidos, Emilio Menéndez, intentando sonsacarme, me afirmaba:

—Cajigas está en Cuba. No ha podido salir.

Otras veces me decía:

—Sé que Cajigas y Héctor están pescando. Me ha llegado una información muy confidencial.

El marcado interés que mostraba por saber su paradero, me reafirmaba de forma fehaciente en el deseo que aquel traidor tenía de cogerlos. Habían empezado pronto los juicios sumarísimos contra los partidarios de Batista o contra los que, sin serlo, ellos creían que lo eran. Algunos de estos juicios fueron tan espectaculares como el del mayor Jesús Sosa Blanco, que fue juzgado en La Habana ante millares de personas, en el gran estadio deportivo. Fue condenado a muerte. Como lo fueron millares de patriotas y buenos cubanos.

Fidel nombró pronto primer ministro a José Miró Cardona, anunciando que, por un periodo al menos de año y medio, se gobernaría mediante decretos. Y el 2 de febrero comenzaron en Oriente su denominada «reforma agraria». El dictador dio a conocer en sus discursos que, antes de 4 o 5 años, no pensaba convocar elecciones en Cuba y que, por lo tanto, no habría gobierno constitucional. El 8 de febrero hizo aprobar una Ley Fundamental que sustituyera a la suspendida Constitución de 1940 y, el día 16 del mismo mes, al renunciar a su cargo el doctor Miró Cardona, él asumió personalmente las funciones de primer ministro. Su hermano Raúl se haría cargo de la jefatura de las fuerzas armadas.

Y, con la consolidación del régimen, empezó el arribismo. A la revolución de los barbudos siguió la revolución de los chaqueteros y de los enanos. Por doquier se veían hombres que, hasta hacía escasos días o semanas, habían simpatizado con Batista y que se cambiaban de bando sin ningún pudor. Recuerdo, por ejemplo, a un tal Albertico, un «trepa» que, cuando el líder del movimiento 10 de marzo iba a la isla, hacía lo posible y lo imposible por salir fotografiado con él. Recuerdo sus empellones y codazos para acercarse a Fulgencio cuándo este fue a inaugurar el edificio de la Sociedad Pinera. No paró hasta que no se puso a su lado. Pero, en un santiamén, tanto él como su hijo se cambiaron la casaca pasando de batistianos acérrimos a empedernidos fidelistas.

Albertico, en los primeros días del mes de enero de 1959, cuando los castristas pusieron a Carlos Llorca como fiscalizador de la empresa, hizo causa común con el veterinario y con otros similares a ellos y se dedicaron con denuedo a congelar las cuentas bancarias de la compañía. Su excesivo servilismo al gobierno recién instalado le llevó a detalles tan ridículos como levantar otro acta del material que Nueva Era, S. A. ya había comprado cuando Fidel llegó al poder. Tal fue el caso de un generador de 1 500 hp, marca General Motors, con una capacidad de 800 kw., que venía embarcado en una motonave hacia Isla de Pinos mientras se daban los acontecimientos que propiciaron el cambio de poder en La Habana. El acta legal de compra de ese generador, que iba a ser instalado en la planta sita en el Valle del Indio, la había hecho y firmado el profesor Lara. Albertico tuvo la desfachatez de rehacer la compra de ese aparato y de sus respectivos cuadros de mandos y pizarras de control, mientras todos ellos se encontraban aún en alta mar. Lo hacía para que figurara que había sido adquirido por el gobierno revolucionario. Ignoro si su mentecatez superaba a su capacidad de adular o si esta era solo una forma de ocultar su gran miedo.

No le faltaron simpatizantes y otros cobardes en los que apoyarse. Entre ellos, por supuesto, estaban los dos ladronzuelos miserables a los que antes he aludido: Arturo y Emilio. Empleados de rango inferior, sin embargo, tuvieron el coraje de oponerse a esa farsa que ellos aceptaron sin rechistar.

Pero los arribistas, los cobardes y los enanos jamás han sido capaces de hacer otra cosa que no sean el ridículo o la pantomima. Solo eso. Y, con la marcha de Cajigas y la llegada de gentes sin ideas, se paralizó lo que hasta entonces se estaba haciendo y se desmoronaron un montón de fantásticos proyectos que Nueva Era, S. A. tenía ya en marcha: se acabó el seguir preparando técnicos pineros para ampliar la compañía. Esto equivalía a dejar de crear puestos de trabajo. Y se acabó el llevar la corriente a la costa sur. Y el hacer un malecón bordeando las aguas desde la costa más meridional hasta Punta del Este. Y el abrir la cadena de hoteles, moteles, bares, restaurantes y fondas que estaban pendientes solo de la compra de terrenos. Y el abrir Playa Larga, un precioso lugar plagado de cocoteros. Y el levantar clubes de pesca y náuticos en Santa Isabel... Se acabaron el empuje y la creatividad.

Se estaban construyendo varios repartos y había otros más en perspectiva. Estaban a punto de iniciarse las obras de una ambiciosa terminal aérea, situada entre Jiltop y Nueva Gerona, que se hacía con el propósito de establecer una línea regular entre Isla de Pinos y Miami. Su puesta en funcionamiento sería de una enorme importancia, pues en el aeropuerto harían escala varias compañías que volaban entre Estados Unidos y América Central o América del Sur.

Tan ambiciosos planes requerían la instalación de otras unidades, por lo que la compañía había incluido en su inmediato plan de inversiones la puesta en funcionamiento de una segunda unidad. Esta sería de vapor y supondría un primer paso de Nueva Era, S. A. para atender la demanda de electricidad que, en los tres o cuatro años siguientes, se preveía. Por ello, las líneas de alta tensión pasarían de 13 000 a 33 000 voltios. Y, además de cambiar por máquinas de vapor las que hasta entonces eran diésel, la tarea más importante en curso consistía en la preparación de nuevo personal mediante cursos de capacitación térmica.

Pero todo, absolutamente todo se vino abajo con la marcha obligada de Cajigas. ¡Y menos mal que, saliendo de Cuba, él logró que algunos a los que daba el pan no le cortaran la cabeza!

A los pocos días de la salida de Isla de Pinos del profesor Lara y de su esposa Magda, recibí un telegrama suyo agradeciéndome la ayuda que les presté en momentos tan difíciles. Me conmovió el reconocimiento que hacían de mi lealtad y su afirmación de que, solo en circunstancias extremas como aquéllas, se sabe si un hombre es honesto o ambicioso y si un amigo lo es de verdad o de pacotilla.

Entre la confusión y el desorden llegaron a La Habana. Desde allí parecía más fácil escapar del país, pero también eran más los que, desde la capital, buscaban las vías del éxodo. La ley del «sálvese quien pueda» se puso de moda y, hasta que Cuba no cerró sus fronteras, fueron muchísimos cientos de miles los cubanos que debieron emigrar para huir de aquel infierno en que habían convertido al, hasta entonces, bonito paraíso caribeño. Con la salida de Isla de Pinos tanto de Cajigas como de Héctor, terminaba para mí el peligro de que me fusilaran de inmediato si los encontraban. Pero empezaban otras dificultades iguales o mayores.

Isla de Pinos era conocida por dos motivos: Primero, por la propaganda nacional e internacional que suponía para ella contar allí con el importante asentamiento de Nueva Era, S. A. Y segundo, por otra parte, por el hecho de ser zona franca, algo que favorecía mucho a todos los pineros. Y los pineros lo sabían. Desde 1950 a 1956, Isla de Pinos había cambiado una enormidad. Se trataba de un hecho indiscutible conocido también por Albertico y su camarilla. Y, sin embargo, pusieron cuanto estuvo de su mano para entregar su patria chica al fidelismo. Les importó más Fidel que su municipio o que su tierra. ¿Qué clase de hijos eran aquellos? ¿Qué patriotismo era el suyo?, me preguntaba yo sin llegar a encontrar ninguna respuesta válida. ¿Dónde tenían su sentimiento cubano esos señores?

Mientras ellos aplaudían las imposiciones de un gobierno salido de la sangre y de la guerra, yo visitaba al comisionado que nos habían impuesto desde La Habana. Le expliqué la tontera del acta e intenté hacerle comprender la necesidad que todos teníamos de que intercediera por nuestra empresa. Si todavía era posible, había que luchar para que no se nacionalizase, para que un grupo de tontos no violase el derecho de patrimonio que sus legítimos dueños tenían sobre ella. Y sus dueños, a mi entender, serían los únicos que, si les dejaban, pelearían para que aquello no fuese un castillo de naipes que se desmoronase en cuatro días. El comisionado tuvo el atrevimiento de decir lo que pensaba. Y sus palabras, que le honran, las recuerdo como si me las acabase de pronunciar hace tan solo unos minutos:

—Alonso, esto es una vergüenza. Usted sabe, como yo, que Fidel ha llegado ilegalmente al poder. Su dictadura hará que, en el quehacer del día a día, la ilegalidad se proyecte también en el comportamiento de muchos ciudadanos. Él mismo los incita al robo y al pillaje. En un discurso reciente acaba de afirmar: «Todos los que hayan capitalizado irregularmente o hayan estafado, tendrán que responder con su capital y, en el caso de no disponer de bienes, serán condenados a prisión». Bajo su apariencia razonable, cuánta demagogia esconden esas palabras en el contexto actual en que vivimos. Se prestan a todos los extremismos. Y a que los mediocres se aprovechen de la situación. Algunos de estos los conoce usted muy bien...

—¿A quién se refiere?

—A Arturo y Emilio, por ejemplo. Le acusan a usted. Imagino que lo sabe. Y le acusan de cosas absurdas porque le temen. Porque nunca supieron ser unos buenos y honestos profesionales. Porque, ahora, les estorba su presencia acusatoria... Creo que descubrió usted, entre otras irregularidades, el hecho de que les faltaban 22 500 pesos en el almacén.

—Así es.

—Pues por eso le odian y le temen. Porque usted los conoce tal cual son. Porque podría acusarlos...

El famoso «Ministerio de Recuperación de Bienes Malversados» mandó pronto un interventor. Se apellidaba Alonso, como yo, y era un castrista incondicional. No pasaron muchos días sin que me visitara para decirme que la empresa era ya del gobierno y no de explotadores como antes. Me advirtió que anduviese muy derecho, pues él sabía que yo había sido un hombre de confianza de Cajigas y del profesor Lara. Me recomendó que no mantuviese contacto con ellos y que, si lo hacía, tendría que atenerme a las consecuencias, pues la revolución iba a ser implacable con quienes intentasen prolongar vínculos con gentes del viejo régimen.

—Se equivoca —le dije—. Ni Cajigas ni Héctor son del régimen pasado, como usted afirma. Se limitan a ser hombres de negocios y no políticos. Además, ¿cómo un gobierno puede hablar de libertad cuando él mismo le quita los derechos a sus ciudadanos?

—¡Ándese con cuidado! —bramó mientras se marchaba.

Tres días más tarde viajé a La Habana. Me dediqué a visitar diversos lugares, entre ellos la compañía de seguros en la que había trabajado con Héctor y en la que aún permanecía su secretario. Hablé con él y me puso al tanto de cómo le iba al profesor en Miami. También visité la casa del contador Martorell, que trabajaba en la compañía. Estuve en las oficinas de Gutiérrez Alea, de registro de marcas y patentes. Y fui a ver a mi admirada profesora de matemáticas. Durante mi permanencia en la capital, me quedé en el hotel Plaza, que fue el primer hospedaje que busqué cuando llegué de España y en que, desde entonces, gozaba de confianza y simpatías.

Cuando regresé a Isla de Pinos, al interventor le faltó tiempo para ir a mi oficina a preguntarme qué asuntos me habían llevado a La Habana. Le respondí que no tenía que dar a nadie explicaciones de mi vida y él me volvió a amenazar enumerándome, uno por uno, los lugares en los que había estado. Y es que, desde la llegada misma de Castro al poder, se abatió sobre el país el más férreo control policial. Era imposible dar un paso sin tener al lado la sombra de un esbirro de Fidel. La fiscalización de la gente se hizo atosigante e insoportable.

Como si quisiera atemperar mi tibieza hacia el traidor de la revolución cubana, el interventor añadió:

—Sabrás que estamos formando un ejército popular y que cada trabajador debe ser un soldado. Por orden del gobierno, se van a militarizar las empresas, donde esperamos que todos los empleados estén dispuestos a encuadrarse en la nueva milicia. Espero verte incorporado a ese ejército.

Y, en efecto, poco después fueron tomando el nombre y los datos a todos. Pero yo no acepté alegando que era extranjero y que, por lo tanto, no debía pertenecer a milicia alguna. Insistieron una y otra vez, aunque rechacé siempre su propuesta.

A medida que pasaban los días, las cosas se iban complicando más y más. No tardaron en avisarme de que no podía seguir disfrutando de la vivienda que me había construido la Compañía. Seguí en ella, sin embargo, con todas mis pertenencias. Detrás de todos los incordios que se me presentaban, no era difícil adivinar la inspiración de esos dos nefastos personajes, Emilio y Arturo, a los que, tiempos atrás tuve que llamar la atención por sus irregularidades y que ahora me devolvían su mezquina venganza.

En cuanto al interventor, como no tenía ni idea de electricidad ni era ese un tema que le gustara, se dedicaba a otros asuntos más placenteros para él: sacar dinero de donde pudiese, vivir a lo grande en una preciosa casa recién inaugurada y pasearse en un llamativo coche Buick confiscado a un opositor al «democratísimo» gobierno que acabábamos de estrenar.

La empresa empezó a perder dinero y a no cubrir ni siquiera gastos. Llegó un momento en que, los finales de mes, no se podían pagar las nóminas. Los beneficios de lo poco que se producía hubo que entregarlos al gobierno para armas. Y, cuando se les tocó el bolsillo a algunas personas, empezó el descontento. Muchos fidelistas empezaron a renegar de Fidel e incontables revolucionarios se cansaron de la revolución. Las averías se sucedían en las plantas, en las líneas y en los vehículos. No había piezas de repuesto en los almacenes y el caos se hizo prácticamente total, un caos atemperado mínimamente, con habilidosas adaptaciones de emergencia, por nuestros expertos mecánicos y por nuestros soldadores.

Se sucedían también los apagones. La culpa de todo, curiosamente, empezamos a tenerla dos personas, que éramos a quienes se hacía responsable de aquel estado calamitoso de cosas. En vez de atacar su desorganización y la estéril y comunistoide filosofía laboral que implantaron, y que hacía que nadie produjese, en vez de atajar eso, todo se volvían amenazas y coacciones contra mí y otro compañero mío del que luego hablaré.

Yo, por mi parte, me hacía el sordo. Sabía de qué y de quién se trataba. Sabía quién estaba detrás de todo aquello, y me ceñía a cumplir con mi trabajo y a pasar olímpicamente de soplones y gentes de mente enfermiza y vengativa.

El jefe de las milicias de la empresa volvió a insistirme en algo para lo que ya me había presionado anteriormente el interventor.

—Alonso, tienes que meterte a miliciano.

—Jamás. Prefiero morir antes que apoyar vuestro gobierno. Prefiero que, antes que por imbécil, me toméis por masoquista. ¿O no sería una solemne imbecilidad apoyar al ladrón que te ha quitado todo para que te siga robando?

—No seas tozudo y piénsatelo detenidamente.

—Lo tengo ya pensado: ¡no y mil veces no; no me da la gana; no entraré a formar parte de vuestro ejército!

Unos días antes del 1 de Mayo, insistieron para que desfilase con ellos en la gran parada militar que se preparaba. Mi respuesta fue echar mano a una escopeta semiautomática, del calibre 12, y meter en ella siete cartuchos. A los que fueron a presionarme les hice saber que, al que pasara de la puerta, lo achicharraba.

Quería que tuviesen las ideas claras conmigo y que supieran a qué atenerse. Por otro lado, deseaba ser consecuente con mis principios y no unirme a las bajezas de los que se dejaban amedrentar, ni caer en el lacayo comportamiento de los ingenuos, de los que se creían cuanto se les decía en discursos y en mítines.

El gobierno hacía cuanto estaba en su mano para sacar en los periódicos a todas horas manifestaciones gráficas y escritas de adhesiones inquebrantables, de desfiles, de concentraciones multitudinarias... En muchos casos, tales adhesiones, desfiles y concentraciones no eran sino producto del miedo y de la imposición. Tras la pantalla de la aceptación, ¡cuántas conspiraciones no se daban bajo cuerda! Algunas de estas conspiraciones no iban más allá del desahogo confidencial o de la charla entre amigos en una tertulia de café. Otras, sin embargo, empezaron a tomar cuerpo valientemente. Y, de la inoperancia personal, se pasó al entendimiento, a la unión de los más esforzados y decididos, a la ilusión de poder un día acabar con aquel caos que, como un infausto chaparrón, se nos había venido encima a todos.

El día 20 de mayo se inauguraba la playa de Bibijagua. Me fueron a buscar varios amigos en su convertible. Eran buena gente y empleados de la empresa que deseaban que les acompañase para asistir a la fiesta que, con tal motivo, se había organizado.

Preferí, empero, no asistir. Quería entrevistarme con Everardo Campos, un gran patriota y un gran defensor de Cuba. Tenía una estupenda ferretería en la que era posible comprar lo mismo el clavo más pequeño que el más sofisticado motor. Como la mayor parte de los soplones y chivatos se habían ido a la playa de Bibijagua, aproveché para reunirme con él e ir preparando conjuntamente algo que no nos hiciera sentirnos impotentes ante tanto atropello y tanto desmán. Para nuestra miniconjura contábamos con el capitán Padilla, jefe del presidio, y que, ese día, no asistió a la entrevista entre Campos y yo.

A los tres nos unía una idea común: derribar el régimen de Castro. A mí, de todos modos, me parecía que Padilla era, de los tres, el más tibio. Aparentaba estar de acuerdo con nosotros, pero su personalidad variable nadaba en la confusión y, mientras no se sintiera plenamente implicado, daba la impresión de que no se podría confiar en él.

Campos me tranquilizaba. Me aseguraba que a Padilla había que considerarlo tan anticastrista como nosotros. Y como el capitán jefe de presidio había muchos militares, pero desconfiaban hasta de su sombra. Gran número de ellos eran analfabetos y su ambición de ascender solo se vería cumplida plegándose ciegamente al gobierno. A los nuevos dirigentes, por otro lado, este tipo de militares le resultaba muy conveniente, pues no le creaban problemas y le servían para controlar a los mandos, que tenían una formación mayor y un mejor nivel intelectual.

—Padilla se fue ayer a La Habana —me confió Everardo—. Ya veremos qué noticias nos trae.

—¿No recuerda usted que, hace ya tiempo, le dije que esto me olía al más puro comunismo y usted me dijo que no estaba tan convencido de que Fidel se echara en manos de Rusia?

—Sí, recuerdo perfectamente nuestra conversación.

—Pues hoy voy a decirle algo más. Por si alguna duda tuviera usted al respecto, puedo manifestarle que tengo pruebas fehacientes del compromiso comunista del régimen.

—¿Qué pruebas son esas?

—Permítame que, por ahora, no se las revele.

La información a la que aludía me había llegado a través de la profesora de matemáticas, que estaba muy bien relacionada. A Campos le planteé, de todos modos, un proyecto en que podríamos actuar de inmediato y que me preocupaba: la necesidad de proteger económicamente a los familiares de los pineros que fuesen cayendo presos de la conspiración que empezábamos a preparar. Le pareció una idea estupenda. Y empezamos a trabajar en ella ayudados por otros comerciantes afines a nuestras ideas y dispuestos a contribuir en el proyecto.

Nos daba ánimos, en nuestras incipientes tramas y maquinaciones, ver a las avionetas de los exiliados sobrevolando la isla. Para más burla, había veces que sobrevolaban hasta el mismo presidio. Aquellos cubanos decididos, y que habían tenido que huir a los Estados Unidos, arriesgaban sus vidas yendo hasta Cuba, enfrentándose a la aviación del gobierno y distribuyendo propaganda desde los aparatos que tripulaban. A veces se decía que eran desertores del propio Fidel, como Pedro Luis Díaz Lan, que había sido su primer jefe de la fuerza aérea y que se expatrió el 30 de junio de 1959 a los Estados Unidos, donde denunció ante el Congreso de ese país la infiltración comunista en el ejército cubano.

El caso es que aquellos pequeños aeroplanos nos ponían en ebullición la esperanza, la imaginación... y los bulos. Aguardábamos a que, de un momento a otro, apareciese un fuerte contingente de exiliados por el mar. Soñábamos con ver llegar cualquier día o cualquier noche, a las playas de la isla, un ejército al que unirnos para derrocar el castrismo.

Lo que ocurría sobre el cielo de Isla de Pinos, ocurría también en otros lugares de Cuba. El 13 de agosto de 1959, por ejemplo, un

grupo de exiliados proce-
dentes de la República
Dominicana llegaron con
un avión repleto de armas
al aeropuerto de Trinidad,
en la provincia de Las
Villa y cayeron en una
trampa que se les había
tendido. Los traicionados
decían que el responsable
de esa emboscada no era
otro que Eloy Gutiérrez
Menoyo. El caso fue que
el primer contingente de
los que llegaban fueron

Eloy Gutiérrez Menoyo (a la derecha) con Che Guevara en los primeros tiermpos de la revolución.

hechos prisioneros. El segundo avión que les seguía, viendo que algo
raro ocurría en el aeropuerto, ya no aterrizó.

Entre el personal que venía en el primer vuelo dispuesto a formar
un gobierno provisional en Las Villas, había historiadores, abogados,
economistas, hombres de ciencia... Allí estaban, entre otros, el hijo
de Luis del Pozo, alcalde de La Habana con Batista; el hijo del coronel
Martín Pérez; el capitán Blanco Navarro y Alfredo Mariblán, un español enrolado bajo pabellón extranjero. Todos estos hombres, que
sumaban más de cien, fueron a parar a cárceles en las que, años más
tarde, les tocaría convivir con la persona a quienes ellos atribuían la
traición de la que habían sido objeto.

Ahora, cuando escribo estas líneas, Menoyo se ha erigido en paladín del diálogo con el dictador cubano. «El que no habla con Castro es porque no quiere», suele decir. Y quienes influyeron generosamente para sacarlo de las cárceles de Fidel, hoy sienten vergüenza
ajena viendo cómo busca lavar la cara de su antiguo carcelero con
diálogos imposibles. «¡Qué pena, Menoyo!», titulaba una de sus
habituales crónicas en el diario *ABC* el escritor Federico Jiménez
Losantos. ¡Qué pena, sí, que ciertos magos de la confusión tengan
la habilidad momentánea de engañar! El tiempo, sin embargo,
acaba juzgando a todo el mundo y dando a cada cual el lugar que
merece.

Artículo de Jiménez Losantos sobre Eloy Gutiérrez Menoyo al que hace referencia Odilo Alonso.

Comentarios liberales

QUÉ PENA, MENOYO

HACIA tiempo que no sentía tanta pena como en la noche del jueves pasado, viendo a Eloy Gutiérrez Menoyo convertido en instrumento, no quisiera decir marioneta, del castrismo y del felipismo, de sus carceleros o cómplices durante veintidós años. Menoyo —a quien aprecio de veras— hacía el mismo discurso que Robaina o que cualquier tipo de izquierdas que intenta justificar de alguna forma la 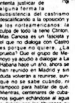 subsistencia del castrismo descalificando a la oposición y a los norteamericanos: la culpa de todo la tiene Clinton. Mas Canosa es un fascista y el que no dialoga con Castro es porque no quiere. ¿La prueba? Que el grupo de Menoyo ya acudió a dialogar a La Habana hace un año, ahora se han reunido en Madrid y sin duda volverán a reunirse, aunque no se sabe cuándo, ni tampoco para hablar de qué. Mientras, centenares de cubanos siguen echándose al agua a debatir con los tiburones su futuro de náufragos.

Cuando Menoyo estaba en la cárcel escribí varias veces pidiendo su libertad y atacando al Gobierno socialista que se negaba a hacer esa gestión. En mi libro «Contra el felipismo» recojo un artículo breve donde puede leerse: «Desde la entrada de Tejero en las Cortes no había vivido el Parlamento español una tarde más tristemente individable que la del miércoles, cuando los diputados del PSOE se negaron a pedir la libertad de Eloy Gutiérrez Menoyo, el español que lleva más de veinte años preso en las mazmorras de Castro» «Que no vengan ahora algunos papagayos del cambio diciendo que los de Alianza Popular intentan aprovechar políticamente la liberación de este socialista hijo y hermano de personas que dieron su vida por la libertad bajo las banderas del PSOE. Aprovechar la libertad de un preso puede ser oportunismo, pero contribuir a una prisión injusta por cálculos politiqueros es de auténticos miserables.» «Contaba también allí cómo una ventena de diputados socialistas habían desobedecido la orden de Guerra de votar con Carrillo a favor de Castro (sólo uno de cada diez, ojo) y terminaba –Felipe González puede estar orgulloso de su actuación personal y de partido. Castro se ha reído de él, se ha burlado de los españoles y encima ha conseguido que un Parlamento democrático, el nuestro, refrende su aplicación como verdugo y carcelero. No podía llegar a más un dictador y a menos una democracia.» Esto es del 11 de mayo del 85, en «Diario 16». Ese mismo año, en «Cambio 16», le dedique mi página en Navidad, recordando su cautiverio. La técnica era la de siempre. Desde 1976, era yo un chaval, cuando unos cuantos –Montaner, Dragó, Armas Marcelo, Felix Grande y pocos más– pedíamos la liberación de Padilla en Las Palmas, entre el abucheo de los escritores de izquierda española e hispanoamericana, mayoritariamente castristas, siempre he visto lo mismo: unos cuantos, muy pocos, «gusanos», «fascistas», «agentes de la CIA», denunciábamos en los medios que podíamos la situación de un preso: hasta que algún preboste de izquierda –García Márquez, González, Mitterrand–, tras una juerga en La Habana, lo rescataba por favor personal del dictador. Así conseguimos sacar a Padilla, Valladares, Jorge Valls, Menoyo, Arenas... A Patricia, la hija de Menoyo, la conocí antes que él mismo en casa de Montaner, cuando la campaña para liberar a su padre iba alcanzando eco y se veía venir la liberación. Oigo ahora a Menoyo decir que el que no dialoga con Castro es porque no quiere. No es verdad. El propio Montaner, que preside la «Plataforma Democrática», sí quiere dialogar, pero el matón Robaina no ha querido reunirse con él, ni con Canosa ni con nadie realmente representativo de la oposición. Castro y González con estas falsas conversaciones, sólo buscan lavarse la cara, el uno continuar y el otro disimular su complicidad de tantos años. Las juergas en Tropicana, los abrazos y palmoteos nortes, declaraciones como las del 85, cuando él aún inquilino moncloíta llamaba a Castro «luchador por la libertad». Qué pena me ha dado, Eloy, ver que sigues preso.

Federico JIMÉNEZ LOSANTOS

Del pobre Eloy Gutiérrez Menoyo (por quien siento más lástima que otra cosa), nunca olvidaré una conversación que mantuvo con el sargento Cervantes, miembro del temible G-2, y que escuchamos mi compañero Avelito y yo. Era el 17 de marzo de 1977 y estábamos junto a las rejas de la celda 1411, en el cuarto piso del edificio número 1, en el Combinado del Este. Eloy pedía al militar que transmitiese a Fidel su adhesión a la revolución y al propio líder. Contra lo que él estaba, según sus palabras de ese día, era contra el franquismo y contra Pinochet... Sí, qué pena, Menoyo.

A favor de un cambio de gobierno y de la instalación en Cuba de un sistema democrático yo ofrecí, en primer lugar, una lancha y dos embarcaciones menores que tenía. Lo mismo hice con un pequeño yate que compré al presidente del Banco de Fomento. Se lo adquirí con la condición de que, si me lo intervenían por mi desacuerdo con el gobierno castrista, dijese que el yate era suyo. Y es que todo lo requisaban y robaban. La lancha quise ponerla a nombre de mi hermano, pero al no residir este en Cuba, no me lo autorizaron. Tuve que acabar inscribiéndola a nombre de un cubano de confianza.

Nuestras idas y venidas, nuestras reuniones, nuestros proyectos, etc., teníamos que llevarlos a cabo con el mayor sigilo. Nos sentíamos constantemente vigilados. Alguna vez llegó a decirme el capitán Quindelán:

—Sabemos que os estáis preparando para destruir la revolución. Os conocemos a todos.

Y era posible que nos conocieran. Pero intentábamos no darles pruebas de nuestras actividades. Por otra parte, al no militar en ningún movimiento político y al no contar con estructura organizativa alguna, nos resultaba más sencillo burlar los afanes inquisitoriales de los chivatos y de la policía.

Poco a poco, fuimos dando pasos importantes en nuestros proyectos. Hubo un momento en que consideramos oportuno pasar a la acción, realizar sabotajes. Sería una forma de desestabilizar el régimen y quebrantarlo económicamente. Yo tenía no solo amigos pineros metidos en la lucha contra Castro y sus secuaces, sino amigos en La Habana que conspiraban al lado de militares de alta graduación y que el gobierno consideraba como afectos a su ideología.

Isla de Pinos era un lugar muy idóneo para crear el clima de oposición que el país necesitaba. Y, pronto, el gobierno se dio cuenta de ello, por lo que empezó a mandar allí milicianos fuertemente armados. Puso vigilantes en el río y los metió hasta en los barcos de pesca. Porque los barcos eran un sitio discreto y excelente para conspirar. Principalmente los boniteros, que trabajaban para la fábrica Comodoro. En ellos introdujimos armas y recogíamos hombres en el golfo de México y en otros lugares muy determinados, hombres que luego se unirían a nosotros. Les resultaba más fácil esto que, siendo exiliados, venir de incógnito en barcos de transporte desde los países en los que residían.

Cuando el desembarco generalizado tuviese lugar, contábamos con poder abrir la cárcel para liberar a los presos, que también formarían parte de nuestra causa junto con la guarnición militar, en la que teníamos valiosos contactos.

Pero desde La Habana decidieron crear para presidio el cuerpo de la P. N. R., un cuerpo que les fue mucho menos fiel de lo que el Ministerio del Interior creyó. Algunos de sus componentes visitaban mi oficina y me manifestaron su deseo de unirse a la lucha contra el gobierno. Everardo Campos y yo tratamos con gran parte de ellos y estudiamos una política de acercamiento a todo ese colectivo, para invitar hábilmente a sus componentes a participar en nuestro complot. Hubo excelentes oportunidades de conseguirlo, pero, por falta de decisión, esas oportunidades se perdieron.

En Isla de Pinos se fueron sucediendo los jefes territoriales. Casi todos con la graduación de capitán: Viera, Calafell (a este último, hubo quien se metió en su domicilio, estando él dentro, y le robó las armas que tenía), Willian Gálvez, René Rodríguez (comandante), Regino Machado y Joaquín Almendral.

La persecución contra los oponentes al régimen fue aumentando. Paulatinamente, los milicianos empezaron a realizar guardias por las calles y en los centros de trabajo.

Una noche, al venir de la planta de la mina, me di una vuelta por Gerona. Al regresar a mi domicilio se había hecho tarde y una miliciana me paró cerca del puente. Solo quería fuego para encender un cigarro. Yo la conocía antes de que triunfara la revolución, aunque no la había tratado hasta entonces. Le pregunté qué defendía y por qué se había metido miliciana perteneciendo a una buena familia... Charlamos. Me entretuve un rato con ella y nos hicimos amigos, quedando en vernos otro día. Su amistad me resultaba muy interesante, pues me permitía conocer todo de esas fuerzas a las que pertenecía: lo que sabían, la instrucción que les daban, por dónde se desplazaban, etc. Tanto ella como yo poníamos sumo cuidado en que no nos viesen juntos. Si nos encontrábamos de repente en cualquier calle, no nos hablábamos. Me dejaba notas escritas en lugares convenidos de antemano y la recogía de noche los días que libraba. Para estos mensajes confidenciales elegíamos siempre zonas de alumbrado público, pues yo me encargaba antes de romper las bombillas y, así, nos podíamos camuflar en la oscuridad.

Ella siguió informándome durante mucho tiempo de sus movimientos y de las orientaciones que les daban, de las tácticas que tenían que seguir, etc. Alguna vez, hasta llegó a mostrarme el local donde recibían las charlas. Me explicaba en dónde y a qué hora se podían echar tachuelas, que ella misma me proporcionaba, contra los coches oficiales. Y nos entregaba la propaganda contra el gobierno que requisaban y que nosotros volvíamos a utilizar, desmoralizando a los dirigentes isleños, que no sospecharon nunca la fuente de información de la que disponíamos.

En uno de nuestros encuentros, la joven me dio la mala noticia de que, a la semana siguiente, la mandaban con un grupo de milicianos a las minas del frío, en la Sierra Maestra. Tres días antes de que se marchara, hablamos un largo rato. Le prometí no utilizar nunca su nombre hasta que Cuba no fuese libre.

—A las milicianas y milicianos que nos pillen colaborando con vosotros, nos fusilarán sin compasión ninguna, por lo que confío en tu palabra.

—No te preocupes —la tranquilicé—. Y, si cae el gobierno de Fidel, yo respondo por ti. Con tus informaciones has contribuido más a nuestra causa que muchos que solo hablan y nunca hacen nada práctico ni de provecho.

No la pude ver más. Con su marcha se nos cerró un suministro valiosísimo de información. El material subversivo se podía crear o encontrar, pero los múltiples detalles que ella nos proporcionaba no volvimos a tenerlos.

En nuestra lucha diaria, pasábamos por momentos buenos y malos. Quizá lo peor era cuando veíamos caer a alguien de los nuestros en manos de los castristas. Tal fue el caso del capitán Blanco Navarro y del teniente Regueira. En la primavera de 1960, prepararon su fuga un grupo de civiles y algún que otro militar. Cuando el capitán y el teniente lograron evadirse de la circular [presidio con esta forma] y llegar frente a Gerona, les estaban esperando dos hombres de confianza en la orilla izquierda del río. Tenían preparada una lancha para trasladarlos al otro lado sin que tuviesen que hacerlo nadando. Allí les habíamos preparado también un coche y dos individuos que les condujesen al almacén de un restaurante, donde se cambiarían de ropa, se disfrazarían con bigote postizo, peluca, gafas, etc. Después les llevaríamos a la Siguanea para que cogieran el barco pesquero que les pondría en Florida.

Pero les descubrieron unos comunes antes de cruzar el río Las Casas. Pudieron capturarlos debido a algún chivatazo y los encerraron en un calabozo. Los tuvieron encerrados un montón de meses, interrogándolos a diario para que «cantaran» quiénes les habían facilitado ayuda y qué planes tenían en caso de haberse podido marchar. A pesar de las torturas, mantuvieron un silencio absoluto y el más digno de los comportamientos ante el enemigo. Por su profesión militar, conocían las argucias y artimañas de sus interrogadores y supieron estar a la altura de lo que, en cualquier circunstancia, deben ser unos hombres de honor.

El coordinador de las fugas que se realizaban desde Isla de Pinos viajaba con mucha frecuencia a La Habana, cosa que atraía la atención de las autoridades. También había sido militar y estaba muy preparado para el trabajo que realizaba. Para evitar sospechas, se puso de acuerdo con médicos amigos suyos que certificaran que sus desplazamientos a la capital obedecían al tratamiento sanitario que allí estaba recibiendo.

El grupo al que yo pertenecía, sin embargo, tuvo que paralizar sus actividades conspiratorias durante algunos días, pues notamos que éramos el blanco constante de la vigilancia policial. Pero todos los asuntos que teníamos entre manos se los trasladamos a un grupo de amigos que no sufrían la misma presión ni eran objeto de la misma atención que nosotros. Y nos sustituyeron a la perfección, permitiéndonos hacer ver a las autoridades que nosotros éramos poco menos que ángeles inofensivos.

De todos modos, aunque no tenían pruebas, la evidencia de nuestra militancia debía ser grande para los policías gubernamentales, que estaban deseosos de acabar con «la gusanera», como nos llamaban despectivamente.

Cogieron a uno del grupo y le incomunicaron durante una semana. Fui a ver a su padre para pedirle que protestara por la detención de su hijo, al que no habían podido acusar de nada concreto. Nosotros no podíamos hacerlo para que no descubrieran quiénes éramos sus amigos. Lo que sí hicimos, para ayudarle, fue aumentar nuestras acciones. De esta manera, las autoridades pensarían que no habían detenido al verdadero autor de los hechos anteriores. Y, una noche, mientras le retenían en el vivaque, salimos tres personas a volar los puentes de Gerona, Santa Fe y el que llamaban de la compañía alemana. Pero no pudimos hacerlo porque encontramos guardias en los tres. Optamos por tirar cadenas a las líneas eléctricas en diferentes lugares, dejando sin luz a grandes sectores de la isla.

Gracias a nuestra juventud y al convencimiento de los ideales que defendíamos, nos movíamos con agilidad, ilusión y alegría. Aunque éramos conscientes del peligro que nos tocaba correr. Nadie ignoraba el trato que recibían de los tribunales militares los que podían ser acusados de actividades contrarrevolucionarias: se les condenaba a muerte de inmediato. Y los condenaba un gobierno que había llegado al poder de la misma forma que nosotros pretendíamos echarle de él, un gobierno que exportaba su ideología a otros países caribeños.

El fracaso de la invasión de Panamá, realizada por entonces, demostró, a pesar de que Fidel negara oficialmente que hubiera prestado su ayuda, que la mayoría de los que participaron en esa invasión eran cubanos.

A los ocho días de caer preso, soltaron a nuestro amigo pinero. Cuando me fue posible verlo, me dijo que logró resistir los interrogatorios y que las preguntas de sus captores se centraban en saber con quiénes conspiraba, qué contactos tenía en La Habana y de dónde procedía el material subversivo y armamentístico de la contrarrevolución. Prometían soltarlo inmediatamente si «cantaba». Pero él prefirió negarlo todo y dijo no saber ni siquiera por qué le habían detenido. Les juró y perjuró que ya se convencerían de que no sabía nada en absoluto. Como no tenían pruebas fehacientes, sino tan solo sospechas, acabaron poniéndolo en libertad.

Pero el DIER (un eficaz cuerpo secreto de policía), frecuentaba clubes, fondas, bares y hoteles en busca de conspiradores, de explosivos y de propaganda. En un lugar tan reducido como Isla de Pinos, acabábamos conociendo a sus miembros y sus métodos de actuación. Aunque, para despistarnos, cambiaban con frecuencia de táctica y traían gentes de otras provincias que ponían a trabajar en obras públicas, en el INRA, en telégrafos, correos, etc. Lo de menos es que estos policías trabajaran o no en tales empresas, pues lo único que se pedía de ellos es que aportaran la mayor información posible a las autoridades gubernativas. También ocurrió que llegamos a captar para nuestra causa a alguno de los componentes del DIER, que nos decían con qué chivatos contaban y quiénes eran, de entre los que militaban en sus filas, los más fanáticos e intransigentes.

Las relaciones de Castro con los Estados Unidos se hicieron muy tirantes, lo que acrecentaba nuestra ilusión de poder contar un día con el importante patrocinio americano. El decreto de reforma agraria, promulgado ya el 4 de junio de 1959, afectó a empresas estadounidenses y la enemistad entre un gobierno y otro se agravaba día a día con la incursión sobre Cuba de los aviones que despegaban de territorio yanqui. Un hito más de esas desavenencias fue la aprobación de la ley de Hidrocarburos y la creación del Instituto Cubano de Petróleos, que resultó un serio revés para los intereses USA en la isla caribeña.

Y no faltarían nuevas e inmediatas provocaciones de Fidel: del 18 al 23 de noviembre de 1959, se celebró en La Habana el Décimo Congreso del Trabajo Nacional. En ese congreso, la Confederación de Trabajadores Cubanos se separó de la Organización Interamericana del Trabajo (O. R. I. T), claramente opuesta al comunismo y que los castristas tildaron de «agencia del imperialismo estadounidense». Tras su decisión, se empeñaron nada menos que en crear una Confederación de Trabajadores Revolucionarios de Latinoamérica, cosa que en Washington cayó como un auténtico golpe bajo.

Según iban pasando los meses, se intensificaban aún más los vuelos de los exiliados sobre Isla de Pinos. Lanzaban propaganda a montones incluso sobre el propio presidio. Esos vuelos hacían vacilar en su fe revolucionaria a los más convencidos castristas, mientras que a nosotros nos daban alas. Nos enterábamos de su desmoralización por quienes, de entre sus compañeros, eran más afines a nosotros.

En esa época, el gobierno no contaba con artillería en nuestra pequeña isla. Solo disponía de un tanque muy viejo con ruedas de goma que, al disparar, hacía tanto ruido que impresionaba incluso a los hombres más duchos de la milicia. Cuando las avionetas llegaban y sobrevolaban sobre nosotros, sacaban aquel impresionante y antiquísimo trasto, recorriendo con él las calles de Gerona.

A lo largo de 1959 y de 1960, los presos esperaban ser liberados de un momento a otro. Sabían que éramos muchos los civiles y aun los militares que trabajábamos para sacarlos un día de su encierro. En el caso de que se produjera el desembarco con el que tanto soñábamos todos, teníamos pensado entregarles armas, que la mayor parte de ellos sabían usar, y el tanque ruidoso, que hacía más estrépito que daño, pues lo manipulaban gentes que nos obedecían a nosotros en lugar de a Fidel. Mientras el tanque estuviese en poder del gobierno, le quitarían la aguja y otros mecanismos, convirtiéndolo en un trasto inútil cuando llegara la hora del zafarrancho. Los mandos militares, que ignorarían lo que pudiese ocurrirle al tanque, se desesperarían ante su total inoperancia.

En lo que llegaba el gran día y para ganarnos adeptos entre la guarnición, filtramos la noticia de que se les garantizaba la vida a los militares que no ofreciesen resistencia. Y nadie, ningún guardián sería detenido si renunciaba a la lucha y se decidía a entregar las armas a los presos y a los civiles comprometidos con la contrarrevolución.

Padilla entraba en las circulares ocupadas por adictos a la causa trujillista para hablar con los internos confinados en ellas , ponerlos al día de los últimos acontecimientos y mantener vivas sus esperanzas. Uno de esos presos era el médico Alpiza. Pertenecía a una comisión que habíamos instituido para agilizar y coordinar los acontecimientos que cada vez preveíamos más cercanos. Pero no había forma de meterlo de lleno en nuestro movimiento. Era de los vacilantes. Cuando, al fin, parecía que iba a comprometerse, siempre salía por los cerros de Ubeda diciendo:

—Mañana hablaremos...

El comportamiento de Padilla con la comisión resultaba idéntico al que mantenía con Campos o conmigo cuando acudíamos a hablar con él. En realidad, daba también la impresión de tener bastante miedo.

En cierta ocasión en la que nos vimos, le comenté en la ferretería de Campos:

—Capitán, tengo una propuesta que considero interesante. Como usted sabe, el número de presos ha aumentado muchísimo y ya no solo hay encerrada gente partidaria de Batista. Empiezan a llegar a la cárcel personas afines a Fidel. Aunque todos son cubanos, difieren mucho en sus ideas políticas. ¿No sería más prudente una evacuación total y por mar a los Estados Unidos, antes que entregarles armas indiscriminadamente en la isla? Para ir en una dirección convergente, lo más práctico es no contar con dos grupos que deseen tirar en sentidos opuestos. Y aunque, por despecho a Fidel Castro, se uniesen a nosotros sus partidarios, esos partidarios que, por unas razones o por otras, él ha encarcelado, pienso que no podemos tener a gentes así a nuestro lado. Hay que expurgar a los fidelistas y a los batistianos para luego unirlos contra el primero, pues Fulgencio ya no existe. Tenemos camiones suficientes para llevar a este personal a los barcos y contamos con barcos más que de sobra para hacer transportarlos a Estados Unidos. Una vez allí, podremos hacer ya la selección.

Vi que el capitán me escuchaba con atención, pero sin dejar traslucir si mi propuesta le parecía buena o mala. Tras unos instantes de silencio, se decidió a hablar:

—Sí, me parece muy bien lo que dice. Es verdad que su plan ofrece mayores garantías de seguridad para todos, aunque no deje de engendrar riesgos... A pesar de estos riesgos, lo que usted propone nos permitiría discernir mejor quién es quién y en qué bando desea estar cada uno.

Animado por la aprobación del capitán Padilla, continué:

—Cuando el desembarco de nuestros aliados se produzca, deberemos evitar que las autoridades de aquí puedan contactar con La Habana. Para ello se paralizarán las plantas suministradoras de corriente eléctrica, yo mismo me encargaré de este tema. Además de hacer que no cuenten con luz en el presidio, encargaremos a alguien que quite piezas clave a su emisora de radio, para que no funcione. En cuanto a la Capitanía de Marina, no tendremos problemas. Contamos en ella con buenos amigos y podremos disponer de la lancha Cobra, dotada en su proa con una ametralladora del calibre 30. Es una lancha muy rápida y, en caso de que nos sorprenda una embarcación del gobierno y que cuente con armas del mismo calibre que la nuestra, nos batimos y en paz.

A los tres nos parecía que ese día feliz estaba a punto de llegar. Everardo Campos, sobre todo, se encontraba radiante. Y me felicitó por mis ideas y por mi entusiasmo. De repente, a Padilla le entró una de sus permanentes crisis dubitativas. Nos dijo que debía pensar detenidamente cuanto acabábamos de hablar y, tras otro prolongado silencio de los suyos, se marchó.

—Este hombre —le comenté a Campos—, no terminará de decidirse jamás. ¿No ve lo nervioso que está?

—Sus razones tiene, ¿no cree? Cualquiera de nosotros corre un gran peligro si nos descubren. Pero a él, siendo jefe de presidio, le fusilarían en el acto.

A los ocho días escasos, sin embargo, supimos la verdadera razón de los silencios, de los nerviosismos y de la actitud extraña del capitán Padilla. Además de conspirar, llevaba tiempo tramando algo por lo que su vida, sin que nosotros lo supiéramos, corría un doble peligro: estaba a punto de sacar de prisión a su amigo, el capitán Jorge Sotú.

Por el cargo que desempeñaba, la verdad era que nadie sospechaba de él. Iba a La Habana y venía, por asuntos de la dirección del penal, con mucha frecuencia y con la total aquiescencia de las autoridades revolucionarias.

A la semana de nuestra conversación en la ferretería de Campos, Padilla se encontraba en la capital y, desde allí, le puso él mismo a Sotú un telegrama diciéndole que su madre estaba muy grave y haciendo creer que era el hermano de Sotú quien, en realidad, le daba la noticia. Al hablar Padilla telefónicamente con la prisión, su segundo jefe le comentó el telegrama que el interno Jorge Sotú acababa de recibir, preguntando a su superior qué convenía hacer. Padilla le ordenó que, conducido por una pareja de guardias, le permitiesen a Sotú ir a ver a su madre.

El propio preso desconocía la maniobra. Salió preocupado entre los dos vigilantes, camino de La Habana, y en el aeropuerto de Rancho Boyeros se encontró a Padilla, que les estaba esperando. Este ordenó a sus dos subalternos que regresasen al penal, pues él mismo se hacía cargo del preso.

Juntos tomaron desde allí un taxi y se dirigieron a la Embajada de Brasil, donde ambos pidieron refugio político.

Cuando nos enteramos de su maniobra perfecta, nos alegramos por ellos y comprendimos que el capitán Padilla, desde que viniera tramando su plan, se encontrase nervioso, exteriorizando gestos y actuaciones que no podíamos calificar más que de incomprensibles. Pero lo grave era que su fuga nos derrumbaba todos los proyectos que teníamos de liberar a los presos. Por otra parte, y a raíz de esto, la vigilancia en el presidio se incrementó muchísimo. En lo sucesivo, se nos puso extremadamente difícil el entrar o salir de él.

Al poco tiempo, cambiaron también al jefe territorial de Isla de Pinos. Como sustituto del que hasta entonces estaba, mandaron al capitán veterinario Joaquín Almendral. Emilio Menéndez y Arturo Warenton, para no olvidar su oficio de soplones, corrieron de inmediato a verle y a ponerle al tanto de lo que a ellos les convenía. Y nos colocaron en la picota a los que no les caíamos bien.

Los efectos de sus chivatazos no se hicieron esperar. Ulises, un muchacho de los que habían entrado en la empresa tras aprobar el curso que se dio en la escuela, se presentó un día ante mí y, balbuciente, me dijo:

—Tengo que comunicarle algo, pero no me atrevo.

—Diga lo que sea. Ya no me sorprende nada.

—Me han pedido que le informe de que, a partir de ahora, no puede tocar ninguno de los coches de la empresa.

—Dígales a los señores que le envían, que tengan el valor suficiente para que me lo digan ellos.

No hice caso a la advertencia y continué, durante aproximadamente un mes, en la misma situación que hasta entonces. Pero, pasado este tiempo, no solo me obligaron a renunciar a los vehículos, sino también a la vivienda que me había construido la compañía y que ya habían amenazado con quitarme. Al enterarse de mi situación, otro empleado, Rubén Soto, me ofreció que fuese a su hotel, pues le venía bien el tener alquilada una habitación más. Y allí me fui a vivir.

No contentos con todo esto, me cambiaron de trabajo. Estuve a punto de irme de la empresa y de Isla de Pinos, pero fueron mis propios amigos y compañeros quienes me animaron a vencer el desánimo. Ellos mismos pidieron que me hiciese cargo de las nóminas y acepté la propuesta que se me hizo.

Pero las cosas se complicaban cada día más. Aquello era un infierno inaguantable, pues los arribistas, los más corruptos y mediocres, los que en otro tiempo no supieron hacer otra cosa sino robar, no cesaban en su labor contra mí. Y los personajes que se habían adueñado de todo eran de tan escasa calidad humana que, aunque me esforzara por aguantar la situación, acababa resultándome insufrible.

Para muestra de la talla de aquellas personas, vayan a continuación un par de ejemplos que son los primeros que me vienen a la memoria, pero que, probablemente, no son los más significativos y, desde luego, no son los únicos de los que podría echar mano a la hora de hablar de aquellas gentes que habían comenzado a controlar el país.

Estando en una ocasión en el hotel en que me hospedaba, llegó el comandante René Rodríguez, jefe territorial de Isla de Pinos. Venía en un flamante coche De Soto que habían incautado con todas sus pertenencias a un americano, dueño del club Casa Mañana. Yo estaba hablando con la encargada, que tenía una hija casada en La Habana. La pobre mujer había ampliado una foto de su hija y, tras hacer un cuadro con la ampliación, lo puso en el pasillo de la entrada.

El energúmeno del comandante no hizo más que aparecer en el hotel y, sin saludar siquiera, se paró ante la foto, se fijó en ella y dijo riéndose como un bárbaro delante de la madre de la muchacha:

—A esta la vi yo desnuda...

Volvió a soltar otra risotada y salió sin dirigirnos la palabra. No me quedó otro remedio que pensar, con tristeza, que si así eran los más altos representantes de la revolución castrista, ¡apañada estaba Cuba!

En el hotel de Rubén Soto, el compañero que me había pedido que fuese su huésped, se quedaba también una chica muy guapa. Rubén se hizo amigo de ella y salían juntos, aunque él tenía novia formal, con la que acabaría casándose más tarde. Pero la bella inquilina del hotel gustaba también al capitán interventor de nuestra empresa. Este estaba casado y era padre de una niña. Su situación no le impedía al capitán pretender a la muchacha, que no le hacía caso, pues era de Rubén de quien estaba enamorada. El militar, que no contaba con otros encantos para agradar que no fuesen su pistola del calibre 45 a la cintura o de su uniforme, se sintió menospreciado. ¡Debía creerse un don Juan irresistible o el rey de las damas! Y el rechazo de la chica le costó a Rubén que el humillado capitán le echara del trabajo, debiendo marcharse a los Estados Unidos.

Son tan solo dos muestras de la personalidad de aquellos dirigentes comunistas con los que teníamos que convivir, dos sencillos y espontáneos ejemplos que vienen a mi recuerdo y que hablan del talante con el que respetaban los derechos democráticos de los demás, los castristas más eximios que tanto predicaban sobre democracia y derechos... Al ver y al sufrir a estos falsarios, siempre pensaba yo lo mismo: «¿Por qué no se irán a Rusia o a cualquiera de sus países satélites?». Y mis reflexiones más íntimas las concluía indefectiblemente con idéntico lamento: «¡Pobre Cuba, pobre pueblo cubano!».

Los meses seguían transcurriendo lentamente. Cansado de tanta arbitrariedad, estuve a punto de cometer un disparate. La manía, la persecución y las zancadillas de Arturo hacia mí habían rebasado ya el colmo de mi paciencia. Un día del mes de septiembre de 1960, fui hasta su oficina para ver si le encontraba. Me informaron que estaba en el despacho del capitán interventor y hacia allí dirigí mis pasos.

Llamé a la puerta y la secretaria del militar me hizo pasar. Me los encontré a los dos, entre otros y, por la reacción que tuvieron al verme, sospeché que podían estar hablando de mí. El capitán fue el que se anticipó y me dijo:

—No pienses que todavía esto es vuestro. Sal de aquí si no quieres que te meta un balazo en el estómago.

Al oírle, se me subió la sangre a la cabeza. Olvidando que aquel tipo tenía un arma, no pude contenerme y respondí:

—Yo tengo más derecho a estar aquí que usted, pues nunca metí mano en lo de nadie y ustedes se han apoderado de lo de todos. Sí, usted también... Si yo les denunciara, hasta su gobierno les llevaría presos. Pero mi honor de hombre no me permite ocuparme de gente tan baja ni andar haciendo por ahí de soplón. Es un papel que se lo dejo a algunos de los aquí presentes... y a las damiselas.

El capitán desenfundó su pistola gritando:

—Sal de aquí o te mato.

—Esto es más mío que suyo —repetí.

Me agarraron entre varios de los que estaban en el despacho y me sacaron de allí.

Dos días después, fui a buscar a Arturo a su casa. Quería resolver de una vez por todas mis diferencias con ese tipo y llamé a la puerta. Al cabo de un rato, se asomó su padre por una ventana.

—Quiero hablar con Arturo —le expliqué.

—No está.

—¿Y cómo es que tiene los dos vehículos en el garaje? Dígale que salga, que necesito hablar con él.

El padre insistió en que no se encontraba allí. Fue el momento en que llegó Alipio Rives, uno de los empleados de mi confianza y al que acusaban de todo, igual que a mí. Le imputaban hasta las inculpaciones más absurdas. No paró hasta no logró arrancarme de aquel lugar. Insistió en que no merecía la pena perderse por culpa de un indeseable. Con ese indeseable, de todos modos, me hubiera encantado ajustar las muchas cuentas pendientes que tenía con él, aunque hubiese sido a bofetadas.

Antes de las Navidades de 1960 volvieron a coger preso al amigo pinero que ya había sufrido una semana de interrogatorios y de torturas en la cárcel. Se marchaba para La Habana y estaba en el barco cuando tuvo la mala suerte de que apareciesen hombres del DIER buscando a un americano. Lo vieron a él y el jefe del grupo le dijo que bajara y que esperase junto a su automóvil. Despechados quizá por no encontrar a la persona que buscaban, se lo llevaron y lo incomunicaron. Aunque sus padres fueron a verlo, no permitieron que tuviese lugar la entrevista. En la prisión lo torturaron, aplicando descargas eléctricas en sus partes más sensibles. Pasados diez o doce días, lo soltaron.

Las autoridades sabían que, cuanto más señaladas eran las festividades del año, más se incrementaban nuestros sabotajes. Como para ellos era una obsesión constante el hacer ver a los propios ciudadanos y al mundo entero que en Cuba todo era paz y tranquilidad, en vísperas de Navidad y Año Nuevo confeccionaron una lista de sospechosos y de personas que temían pudiesen dedicarse a poner bombas, a distribuir propaganda clandestina o a volar líneas de fluido eléctrico.

Marianito, director del Banco Continental, avisó a uno de sus empleados, un tal Chester, para que no fuese al día siguiente a trabajar. Y le rogó que se escondiese pues le habían informado confidencialmente de que en esa lista, entre otros, estábamos él, Héctor, el joven pinero que ya había pasado dos veces por la cárcel, y yo. A Chester le pensaban coger preso en su mismo lugar de trabajo.

El grupo acordó que Chester debía marcharse y le rogamos que, ese mismo día, se fuese en el ferry hacia La Habana. Pero faltaban dos horas y media para que el barco saliese y no había manera de convencerlo. Deseaba seguir a nuestro lado como hasta entonces había estado. Y buscaba cualquier pretexto para quedarse. Hasta nos dijo que no conocía a nadie en la capital y prefería correr el riesgo en Isla de Pinos. Intentando que desistiese de su negativa, le expusimos una serie de razones. Para que se animara a dar ese paso, le dijimos que se fuese, que esperara en Batanabó al amigo pinero que al día siguiente se reuniría con él. Y le convencimos.

Mandamos inmediatamente a otro del grupo a sacar el pasaje y, a las nueve y media, Cheste partía en el ferry abandonando su patria chica, sus compromisos ideológicos y a los amigos con los que, hasta entonces, había compartido militancia. Pensaba volver pronto, pero un larguísimo exilio comenzaba para el infortunado muchacho.

Tal como habíamos prometido, al día siguiente debía salir el joven pinero. Este no tenía ni maleta ni un solo peso para sacar el billete.

Las autoridades se lo habían quitado todo la primera vez que estuvo preso y, desde entonces, nada le habían devuelto. Yo le di una de mis maletas y 150 dólares del escaso fondo que había como ayuda para los que fueran cayendo prisioneros. Con esa entrega, se nos acabó la liquidez. Era cuanto habíamos podido recabar de comerciantes coma Everardo Campos, Delfín Álvarez o Emilio, el de la bodega americana. Se trataba de un fondo recién creado y no disponíamos de mas efectivo.

Pero cuando el pinero iba a salir, le volvieron a detener. Chester le esperó inútilmente y, al fin, logró irse en un barco mercante hacia los Estados Unidos.

Aquella detención fue doblemente inoportuna. Aparte del peligro que corría nuevamente nuestro amigo, nos hubiera sido muy útil que los dos se hubiesen podido reunir en La Habana, pues esperábamos que allí compraran dinamita, mecha, fulminantes y armas para los que seguíamos en Isla de Pinos trabajando.

Al día siguiente de haberse marchado Chester, le fueron a coger y le confundieron con un hermano, al que arrestaron mientras él se hallaba escondido en Batanabó. Cuando se dieron cuenta del error, me llamó el jefe del DIER y me dijo amenazante:

—Anda derecho también tú, aunque seas extranjero, pues vamos a por ti.

—¿Por qué me dice usted eso, teniente?

—Porque sabemos que tú y otros como tú estáis conspirando.

—¿Tienen ustedes pruebas?

—Nos basta conoceros desde hace tiempo, saber quiénes sois y cómo pensáis. ¿Creéis que vais a tumbar al gobierno? Antes de que eso ocurra, desapareceréis todos vosotros.

Vi que cada día tenía más cerca a los esbirros de Fidel y, a partir de esa fecha, le dejé mi maleta y mis efectos personales, para que me los guardara, a Ronaldo Blanco, un buen amigo y compañero de la empresa.

El día 24 de diciembre de 1960, los linieros tuvieron que trabajar toda la noche preparando el alumbrado de la calle Martí. Se pretendía poner al día siguiente, Navidad, una gran mesa «popular» a lo largo de esa calle. El propósito de Fidel fue convertir pronto a la sociedad en un rebaño robotizado para destruir la familia. Con aquel multitudinario jolgorio ¿no pretendería ya acabar con unas fiestas tan entrañables y tan familiares? Lo que sí empezó en esa ocasión fue lo que luego se llamaría eufemísticamente «horas de trabajo voluntario», pero que tenían mucho más de «trabajo forzado»... y sin cobrar.

A las 10 de la mañana del día siguiente, me di una vuelta por allí. Aunque faltaban todavía algunos mínimos detalles, el trabajo estaba prácticamente terminado y el grupo de linieros estaba en el bar Nora, tomando unas copas de ron. Al verme pasar, me llamaron para que compartiera con ellos un rato. Acepté porque todos eran buenos amigos.

Habían aparcado el coche de transmisión en la parada de taxis, en la calle Bruno Hernández. Se trataba de un vehículo que estaba autorizado a aparcar en cualquier lugar cuando realizaba trabajos especiales, y aquel era uno de ellos. En él se llevaban piezas de repuesto urgente y material de obras.

Pronto vino un teniente llamado Riquelme, bastante chuleta y con ganas de lucirse. La revolución le había hecho oficial y el cargo le caía anchísimo:

—¿De quién es ese coche? —preguntó de una forma bastante destemplada.

—Mío —dijo el jefe de la cuadrilla.

—Tienes un peso de multa por dejarlo donde no debes.

El despotismo de aquel hombre me hizo saltar:

—Teniente, ese vehículo no tiene por qué pagar multa su chófer no la va a pagar.

El improvisado militar, ante mi reacción, no daba crédito ni a sus ojos ni a sus oídos. Cuando pudo reaccionar, gritó enfurecido a dos de sus guardias:

—¡Cójanlo preso y llévenlo al calabozo!

—Para ir yo preso tiene usted que venir conmigo.

La incipiente discusión hizo arremolinarse a un gran número de personas. Pero no me importaba plantarle cara al tipo aquel. Yo le conocía bien, pues almorzábamos en el mismo restaurante en que tan impulsivo personaje ya había tenido varios problemas con la señora Julia, dueña del local, llamado Nueva Virginia. En más de una ocasión, tanto él como algunos de sus compañeros habían armado un buen follón porque, después de ponerse ciegos a comer, no querían pagar.

Para que lograra que yo fuese, tuvo él que acompañarme al ayuntamiento, que era donde se encontraban los calabozos. Detrás de nosotros vinieron pronto los que estaban conmigo en el bar.

No hicimos más que llegar y, como el que entrega un fardo, le dijo al teniente que estaba de guardia:

—Enciérralo.

Su compañero, mucho más comedido y sensato, nos tomó declaración a los dos. Primero a él y luego a mí. Él dijo que yo le había faltado al respeto porque había puesto un peso de multa a un vehículo que estaba mal aparcado. «No estamos ya en los tiempos de Batista, en los que cada uno podía hacer lo que le diese la gana», dijo para apoyar más su deseo de que me encerrasen.

Cuando terminó de hablar, el interrogador, delante de ambas partes, me preguntó qué había sucedido. Yo me limité a explicarle cómo se habían desarrollado los acontecimientos y, fuese porque conocía a su fanático compañero, porque le vio sumamente alterado o porque encontró mis razonamientos los más sensatos, el caso fue que el teniente de guardia se dirigió al otro militar con estas palabras:

—Teniente Riquelme, quien debiera ir a la cárcel es usted por no saber hacer uso de su autoridad.

Y, dirigiéndose a mí, me pidió disculpas por lo ocurrido.

—Mientras haya hombres como este —añadió—, nuestra revolución tendrá más de un serio fracaso, pues son hombres que nos desacreditan y desacreditan lo que hacemos.

Los linieros pedían que me soltara, pero él contestó:

—No tengo que soltarlo porque no está preso. Y yo mismo iré a llevarlo al sitio en que estaban ustedes celebrando la finalización de su trabajo.

Y así lo hizo. Pidió que un cabo le trajera un *jeep* y me acercó al bar Nora, donde quise invitarle a una copa, pero no aceptó por estar de servicio y con el uniforme.

A las 72 horas destituyeron de su cargo a este teniente y le trasladaron de Isla de Pinos. Al gobierno, por lo visto, no le caían bien las personas ecuánimes, justas y moderadas...

Al amigo pinero que, al cogerlo preso, no había podido reunirse con Chester, lo llevaron a La Habana, pero no tardaría en salir una vez más de las garras del G-2. No volvió a Isla de Pinos y me mandó recado con un periodista con el que tenía amistad. Un médico conocido de ambos, el doctor Hernández, me notificó también su puesta en libertad. Le mandé aviso de que no se moviera de la capital y de que, dos días más tarde, me esperase en el hotel Plaza, donde iría a reunirme con él.

Y, harto de todo y de todos, decidí abandonar la Compañía Eléctrica Nueva Era. Lo hice con pena, pues se trataba de una empresa a la que había entregado dos años de entusiasmo y de trabajo. Pero aquello no se parecía ya en nada a la empresa en la que yo entré y por la que me afané generosamente. Tenía la impresión, en parte, de que la Compañía había cambiado tanto que, en realidad, era otra diferente a la que yo había conocido algún tiempo antes. Con la empresa en la que entré, llegué a identificarme totalmente y le entregué mi profesionalidad y mi esfuerzo. De la que me iba ahora, no me llevaba más que amargura y malos recuerdos.

Me presenté en el despacho del jefe de la oficina, Gregorio Rives, y le pedí la renuncia. Para despistar y para que no sospechasen nada de los proyectos que tenía en mente, le dije que me volvía a España. Solo un hombre conocía mis verdaderas intenciones: era Ronaldo Blanco, el amigo en cuya casa dejé mi maleta cuando vi que el DIER podía venir cualquier día a buscarme.

Y, antes de abandonar Isla de Pinos, le propuse algo que hubiera sido una bonita traca final:

—¿Por qué no vamos un grupo de hombres a las instalaciones de la empresa en Gerona, las llenamos de explosivos y hacemos saltar por los aires la planta de hielo y las tres plantas eléctricas? Como remate de nuestra retirada, podemos hacer volar los depósitos de petróleo y, finalmente, cuando dentro no haya gente, podemos volar el edificio principal.

Ronaldo me quitó esas ideas de la cabeza. Mientras que mi familia se hallaba en España, él tenía allí a su mujer y a un niño. Si yo moría, no dejaba prácticamente a nadie detrás. Si lo hacía él, podía encontrar la muerte no solo Ronaldo, sino que luego se tomarían represalias con los suyos.

Me pareció razonable lo que decía y me decidí a salir legalmente por vía aérea de aquella pequeña isla de la que me llevaba muchos recuerdos (buenos y malos), de mi vida laboral. Me llevaba también experiencias apasionantes de lucha clandestina y el convencimiento, dentro de lo más profundo de mi alma, de que la ideología que había abrazado Fidel Castro era un mal horroroso al que merecía la pena combatir.

No recuerdo el día exacto en que salí de Isla de Pinos. En la maleta transportaba los planos y los títulos de propiedad de los equipos que había registrado a mi nombre en la casa Gutiérrez Alea. Tenía conmigo igualmente una carta remitida por la secretaría de la Jefatura del Estado español en la que se indicaba mi nacionalidad y que estaba inscrito en los registros pertinentes de España. Y me llevaba una última e importante cosa: el desarrollo, dibujado por mí mismo, del último invento en que había estado trabajando. Se trataba de un tanque que, en terreno llano, avanzaba y regresaba solo. Para que no se apoderasen de él los enemigos, contaba con ametralladoras a distintos niveles y con un ángulo de 180 grados. Las ametralladoras disponían de un gran volumen de fuego y su disparador se accionaba en combinación con la caeleración mayor o menor del motor. La distancia del recorrido era graduable y, automáticamente, podía pasar del estado de marcha hacia adelante al de reposo y al de retroceso. También podía ser accionado por un hombre en su interior.

No tuve ningún problema ni con el embarque en Isla de Pinos ni con el desembarque en La Habana. Allí me estaban esperando mi amigo pinero y otro del mismo lugar que llevaba oculto un año en la capital. Este me presentó a un amigo suyo, alias *El Chévere*. Los tres juntos visitamos a varias personas que compartían con nosotros los mismos ideales políticos.

Queríamos alzarnos en armas. Y mostré suma cautela en los contactos que hacíamos. Para conspirar, la primera norma es no fiarse ni de la propia sombra. Así que, mientras no consideraba suficientemente identificados a los individuos a los que íbamos a ver, me abstenía de hacerlo. Sabíamos que el gobierno tenía cada vez más infiltrados en las filas contrarrevolucionarias y que las delaciones y aprisionamientos resultaban algo diario.

Un día nos acercamos a la Embajada Americana. Había en ella una cola larguísima de gentes que esperaban. Al pinero le estaba arreglando la salida de Cuba un amigo periodista, pues aunque él no deseaba exiliarse, sabía que estaba muy quemado, muy controlado por la policía, y no sabía con exactitud si lo más sensato sería marcharse o quedarse. Era consciente de que, en cualquier momento, podría encontrarse en la capital con alguien que supiera de sus andanzas conspirativas en Isla de Pinos y, quizá por más tiempo de lo que hasta entonces había estado, temía acabar con sus huesos en la cárcel.

Nos retiramos a descansar y, por la noche, se nos presentó un viejo conocido del pinero que nos propuso sacarnos clandestinamente de Cuba en barco. El lugar elegido por él para la salida sería Pinar del Río.

Yo les dije que no me interesaba marchar a Estados Unidos y, cuando aquel hombre se retiró, le dije a mi amigo:

—Tú sabes que yo estoy en Cuba porque quiero. Dejé en Isla de Pinos una embarcación con la que me podía haber marchado cuando lo hubiese deseado. Si no lo hice antes, ¿por qué lo voy a hacer ahora? Además, soy extranjero y tengo mi documentación en regla. Estoy aquí porque quiero combatir al castrismo desde esta misma tierra y no desde el exilio. Es cierto que no soy cubano, pero quiero mucho a Cuba y el que ama una causa la defiende, no la abandona. Vete tú si quieres. Aunque me permito advertirte que no debes confiar ingenuamente en las promesas de nadie.

Un tema que tenía pendiente y que me apetecía mucho hacer era hablar con mi novia, la profesora de matemáticas. La llamé por teléfono para quedar con ella y para notificarle mi baja en la empresa. No le di más explicaciones, que reservé para cuando nos viéramos.

Volví a visitar yo solo la Embajada de los Estados Unidos, pues el señor Borrero, jefe del Departamento Comercial, deseaba hablar conmigo. Acudí gustoso a su cita porque esta vez deseaba enseñarle los planos de mis equipos. Él me informó de que era cubano de origen, aunque nacionalizado americano. Sus hijos ya habían nacido en Norteamérica y llevaba 30 años al servicio de esta nación a la que estaba agradecido, por lo que me animó a que me marchara a ese gran país.

—Usted es inventor. Me lo demuestra con estos documentos que me trae. ¿Qué hace aquí, en este infierno caribeño? Váyase a los Estados Unidos y obtendrá lo que desee...

—Pero si todos nos vamos, ¿quién parará los pies al comunismo? Después de Cuba, otros países caerán en sus garras.

—¡Váyase, Alonso! Esos males de los que usted habla son a muy largo plazo, y sus dificultades aquí son de ahora mismo...

Nos encontrábamos a principios de 1961. Tengo que agradecerle al señor Borrero sus buenos consejos que, por supuesto, no seguí. Pero ni entonces compartí ni ahora entiendo la pasividad del país al que él representaba para con Fidel Castro. La gran potencia que cuenta con la más floreciente economía mundial, la nación a la que le cupo el honor de poner al primer hombre sobre la Luna, pareció no darse cuenta del peligro que para ella representaba Cuba en manos de Rusia. ¿Cómo pudo permitir el asentamiento del gobierno de Fidel a solo 90 millas de su territorio? ¿Cómo ha hecho oídos sordos y la vista gorda ante tanto dolor, ante tantos atropellos, ante tanta violación de los derechos humanos un país que se ha erigido a lo largo y a lo ancho del planeta en paladín de la libertad y de la democracia?

Salí de la Embajada y me fui a visitar al hijo del administrador general de la Inmobiliaria. Lo encontré en el solar dedicado a aparcamiento, sito en el cruce de las calles L y 21. Desde allí nos fuimos a ver a la señora *Cuca* y a su esposo. *Cuca* era hermana del profesor De Lara.

Al hijo del administrador le ofrecí mi embarcación, por si quería sacar de Cuba a su esposa e hijos. Me dijo que agradecía mi oferta y que la tendría muy en cuenta, pues se hallaba estudiando la posibilidad de hacer salir a los suyos de la isla. Pensaba lograrlo en el último viaje autorizado por el gobierno y del que disponía para ir a Estados Unidos a buscar piezas de repuesto con las que reparar los coches de la Piquera Gris. El asunto le tenía muy preocupado, pues su autorización no podía hacerse extensiva a familiares y, si le pillaban saliendo con ellos, iría a parar en la cárcel. Por eso me indicó que no dispusiera de la embarcación por si él la necesitaba.

Le comenté que dentro de pocos días tenía una importante misión que cumplir y que, si necesitaba mi lancha y no me encontraba, viera de mi parte en Nueva Gerona a Pepe, el pescador. El nombre, la lista a la que pertenecía y el numero de la lancha eran los siguientes: María Victoria, C-Z-2, lista 3. Estaba amarrada en el río Las Casas.

La misión que me esperaba, y de la que por una elemental prudencia no hablé a mi amigo, era nada menos que buscar armas y alzarme con dos compañeros más en las montañas del Escambray. Estaba dispuesto a combatir por todos los medios aquel odioso régimen que se había apoderado de Cuba. E iba a hacerlo con todas las consecuencias. Aunque me dejara en ello la vida.

Y, si bien es cierto que me libré por poco, Dios no quiso que mi decisión me costara toda la vida. Pero me costó perder, eso sí, largos años de ella, largos años de libertad, años en los que me fue negada hasta la dignidad de vivir como un ser humano.

Es una larga historia que a continuación veremos: la historia de un español dispuesto a ser consecuente con sus principios y con el deseo de contribuir con el progreso de un país que no era el suyo, pero que, desde el primer día que puso en él los pies, supo cautivarle la voluntad y el corazón.

CAPÍTULO VI

ALZADO EN ARMAS EN EL ESCAMBRAY

En La Habana me impuse dos misiones urgentes: en primer lugar, buscar armas para ir a las montañas del Escambray a luchar contra el totalitarismo castrista. Me acompañarían dos amigos de los que luego hablaré...; en segundo lugar, a hacer ver a todos mis conocidos que me volvía a España. No quería que nadie supiese mi intención de marchar a combatir con las armas en la mano al gobierno de La Habana.

Mi prudencia seguía siendo exagerada. El régimen había introducido la actividad inquisitorial de sus «checas» hasta en los hogares y la policía desconfiaba de todo el mundo.

Mi amiga, que mantuvo siempre una encomiable postura patriótica, era inteligente y decidida. Se movía con facilidad en los más diversos ámbitos sociales y coincidimos siempre en ideales politicos. Tras conocernos, nuestras relaciones se habían ido consolidando.

Un día me dijo:

—Me gustan los hombres valientes, los que arriesgan su vida como tú. Y el conocerte me ha empujado a cambiar de parecer, por lo que no quiero casarme ya con la persona que pensaba hacerlo. Es más, voy a decirle a mi madre que tú eres mi novio. Ella te conoce por referencias mías y me ha comentado que le gustaría verte personalmente.

—Madura un poco tu decisión, Marina —le comenté—, pues no me parece prudente esa actitud. ¿Sabes acaso cómo reaccionará tu prometido? Tú conoces que yo me escribo con otras chicas y que mi novia oficial está en España. Hasta he llegado a enseñarte su fotografía...

—No me importa —respondió—. Ella está lejos y yo me encuentro cerca de ti.

—Pero no tengo intención de casarme por ahora.

—Te esperaré.

Al día siguiente hice por no verla. No fui a comer al lugar al que acostumbraba para no encontrármela en el restaurante, pero me llamó por teléfono confirmándome que había cumplido su promesa de poner en antecedentes a su madre no solo sobre su ruptura con el estudiante de arquitectura, sino sobre sus intenciones de iniciar conmigo un noviazgo formal. Y me invitó a que nos viésemos durante la cena para explicarme en detalle el contenido de esa conversación entre madre e hija.

Por la noche, cuando nos encontramos, me habló de las advertencias maternas para que pensara bien lo que hacía. Tenían compradas muchas cosas para la boda y consideraban ya al novio como un miembro más de la familia. Por otro lado, convenía que una decisión así la conociesen también su padre y sus hermanos. Y, sobre todo, habría que decírselo a él...

—Ya lo sabe —contestó Marina—. Ya le he dicho que he conocido a un español con el que me veo desde hace tiempo, del que me he enamorado y por el que he creído necesario suspender nuestro futuro matrimonio.

A los pocos días de que rompiese con su prometido, la acompañaba yo en coche a casa de una de sus tías y nos encontramos con el muchacho. Este se plantó delante de nuestro automóvil y exigió hablar con ella a solas. Pero Marina, tras hacerle bajar el tono de su voz, se limitó a decir:

—He aquí al español del que te he hablado. Él es ahora la persona a la que amo, así que todo lo que tengas que comentarme debes hacerlo en su presencia.

Me hubiese gustado dejarla en casa de su tía y haberme entretenido un rato en hablar con ese hombre, pero no me dejaron ninguna de las dos mujeres. Quizá tuviesen miedo de que, en lugar de dialogar, nos dedicásemos a darnos de bofetadas.

El destino quiso, sin embargo, que tres días más tarde nos volviéramos a ver por azar él y yo. Nos dimos la mano y le invité a tomar una sidra. Aceptó gustoso mi invitación y, ya dentro del bar, le dije:

—La culpa de que ustedes se hayan dejado no es culpa de Marina, sino mía. Fui yo quien la solicité. Ya sabe que somos los hombres quienes piropeamos a las mujeres y los que flirteamos con ellas. Nosotros somos los que hacemos las proposiciones...

—Es verdad, pero Marina no debía haberle aceptado. Íbamos a casarnos y teníamos el ajuar dispuesto. Por eso recrimino su conducta.

—Pero le repito que fue mi culpa y, si ella lo desea, pueden concluir la boda que tenían proyectada.

—Le agradezco su caballerosidad —me dijo.

En estos términos, más o menos, se desarrolló nuestro encuentro. Y así fue la despedida entre dos rivales, dos hombres enfrentados por el amor de una misma mujer.

Cuando la familia vio que nuestra relación iba en serio, me invitaron a visitar su casa. Tuve la suerte de caerles bien y, el día en que acudí a verlos, me hicieron un gran recibimiento. Eran gentes ilustradas y muy humanas.

Los padres no tardaron en animarnos a que nos casásemos, pero a mí no me gustó nunca el papel de yerno y fui dando largas al asunto.

Una vez que tomé la firme decisión de alzarme en armas contra Fidel Castro, también a ellos tuve que ocultarles la verdad y me tocó mentir a tan prudente y honrada familia, haciéndoles ver que me marchaba a España. Sabía que, si les revelaba mi intención de luchar contra el gobierno, harían todo lo posible por quitarme de la cabeza mis proyectos.

Quisieron ir a despedirme al aeropuerto y me ofrecieron su casa para que pasase allí «mi último día de estancia en Cuba». Pero ese día precisamente, el 11 de enero de 1961, era la fecha fijada para mi salida hacia la sierra del Escambray. Y no fui a su domicilio ni me despedí de ellos. En el Escambray me cogerían preso y nada volví a saber ni de mi novia ni de su excelente familia.

Mi comportamiento (incomprensible para ellos, sin duda), fue siempre bienintencionado, por lo que hoy, más de treinta años después de que ocurriesen aquellos hechos, asumo sin dolor ni escrúpulos de conciencia la postura que me tocó adoptar entonces. Creo que hice lo mejor que podía hacer.

Una noche me llamó el pinero para decirme que se había informado sobre la personalidad de los dos individuos que deseaba presentarnos El Chévere. Había estado hablando con este y le confesó que eran personas que trabajaban para la causa del Escambray.

Tanto el pinero, como *el fugitivo*, como yo mismo (en lo que la cita aquella y en lo que nuestra incorporación a la guerrilla tenía lugar), nos entreteníamos practicando el tiro... ¡con escopetas de perdigones! Íbamos a barracas y a casas de las que se dedican a esos temas y nos aplicábamos a disparar sobre cintas, bolitas o luces móviles. Convenía aprovechar el tiempo para aprender a defendernos. Al que sabe cazar, pensábamos, se le van pocas piezas y a nosotros nos hacía falta ser buenos cazadores si queríamos salvar nuestras vidas. Los milicianos se entrenaban a diario practicando su destreza sobre quienes compartían nuestras ideas, pues estábamos en guerra y era necesario asimilar pronto la evidencia de que en las guerras hay que tirar sobre otros intentando que esos otros no tiren sobre ti.

En cierta ocasión, cuando volvíamos de nuestro «entrenamiento», nos encontramos en la calle Industria al comandante René Rodríguez, el jefe de presidio de Isla de Pinos, un hombre que nos perseguía con saña y que ignoraba dónde nos encontrábamos en aquellos momentos. Retenido por un semáforo en rojo, él estaba dentro del flamante De Soto que incautaron al americano John.

No hicimos más que percatarnos de su presencia y nos dispersamos rápidamente por rumbos diferentes. Tras avanzar unas decenas de metros, yo decidí meterme en un edificio de varios pisos, pero en lugar de seguir escaleras arriba me oculté detrás de la puerta de entrada. En ella había colgado un guardapolvo. Acababa de refugiarme allí y entró velozmente en el inmueble un individuo vestido de civil. Me pareció El Jabado, un preso común que le servía de escolta al comandante Rodríguez y que, sin duda, estaría con este en su coche cuando le vimos parado ante el semáforo.

Subió deprisa por la escalera. Tan pronto como le perdí de vista, me puse el guardapolvo y salí normalmente a la calle, aparentando la más absoluta tranquilidad. Gracias al improvisado disfraz, quienes fueron testigos de mi entrada con traje, comprobaron que era «otro» el que salía..., otro que se guardó muy mucho de que el comandante le viese de frente.

Al llegar a la primera esquina, cogí un taxi y me alejé del lugar.

Desconocía el rumbo que habían tomado mis dos compañeros. Al día siguiente, llamé al hotel San Carlos y pregunté por el pinero. Tanto mis interlocutores como yo nos conocíamos perfectamente, pero me dijeron que, desde el día anterior, ignoraban dónde se hallaba. Preocupado, me fui hasta la casa en la que se ocultaba *el fugitivo* (amparado por una mujer), y allí me encontré a mis dos amigos. Respiré tranquilo, pues me temí que hubiesen tenido peor suerte que yo y que los escoltas del comandante Rodríguez les hubieran capturado.

Yo tenía por costumbre cambiar de taxi cada pocas manzanas de casas, pensando que cualquier persona podía anotar el número de su matrícula. Tampoco me gustaba llegar en coche hasta la misma puerta del inmueble que visitaba o en que vivía. Mi obsesión en la toma de precauciones me llevaba a nimiedades tales como no tocar jamás el timbre dando la espalda a la calle, sino que prefería hacerlo siempre de perfil para ver llegar a cualquiera que desease arrestarme por detrás.

Cuando hallé al pinero y al *fugitivo*, les comenté:

—Debemos intentar alzarnos en armas lo antes posible. Si los contactos que tenemos para subir por Trinidad no resuelven nada, hay que buscar urgentemente otros.

—Antes debemos hablar con los amigos del *Chévere*. Quieren conocernos.

—Está bien, pero contactemos de nuevo con El *Chévere* y que él se responsabilice sobre la personalidad de esos dos individuos.

Lo hicimos aquel día mismo por la tarde, en un bar de la calle Obispo, cerca del Hotel San Carlos. El *Chévere* nos dijo que él respondía por ellos y que nos los presentaría en otro bar de la calle Cuba, en el barrio de la Habana Vieja.

Nos entrevistamos con los dos varias veces, tanto en ese bar de la calle Cuba como en el de la calle Obispo. Para no levantar sospechas ante la policía, nuestros encuentros duraban lo menos posible. Nos informaron que conocían a personas que disponían de una ametralladora Thompson, un Winchester y una carabina M-1. Eran armas que estaban enterradas y, por todas ellas, pedían un total de seiscientos veinticinco pesos.

—Me quedo con el armamento —les dije delante de los demás.

—Pero es muy caro —repuso uno de mis compañeros.

—El dinero es mío y puedo hacer con él lo que quiera, ¿no? Cuanto antes vayamos a buscar esas armas, mejor. Habrá que desenterrarlas y proceder a su limpieza y engrase.

Los amigos del *Chévere*, al ver mi determinación, se quedaron asombrados y se mostraron interesados en presentarme a otros hombres de su grupo. Nos dijeron que las armas estaban en *El Vedado*, hasta donde habría que ir a recogerlas.

Del lugar en que nos habíamos reunido salimos todos en dos coches y en direcciones distintas. Yo me fui con los amigos del *Chévere* en un Pontiac verde del año 56. Bajando por la calle Obispo, nos paramos en la segunda manzana a mano izquierda y entramos en un edificio de varios pisos. En el vestíbulo nos encontramos a un hombre de aspecto muy sospechoso que estaba esperando el ascensor. Lo cogimos juntos y uno de los nuestros se adelantó preguntando a ese individuo en qué piso se quedaba, para pulsar el botón correspondiente. Él nos dijo que en el cuarto y nosotros, que en realidad íbamos al tercero, subimos hasta el quinto para que no supiera con quién íbamos a hablar. Mientras él esperaba a que le abriesen, salimos... y volvimos a bajar una vez que comprobamos que él ya no se encontraba en el pasillo.

Dado el estado de persecución y de vigilancia en que vivíamos, toda prudencia era poca.

Al llegar al tercer piso, sin embargo, no encontramos a nadie en la vivienda que deseábamos visitar y volvimos a salir. Tras caminar los 50 metros aproximadamente que nos separaban del coche, comprobamos que nuestro extraño compañero de ascensor observaba todos nuestros movimientos desde el balcón.

«¿Quién será?», nos preguntamos. «¿Se tratará de alguien que trabaja para el gobierno?» «¿Habrá anotado la matrícula del automóvil?»

Dimos unas cuantas vueltas para cerciorarnos de que nadie nos seguía y mis acompañantes me preguntaron si yo sabía conducir y si tenía carné. Al contestarles afirmativamente y al querer saber la razón de su pregunta, me informaron de que había una misión muy importante que cumplir, pero muy arriesgada.

—El que se arriesga —comenté—, sabe de antemano que tanto el triunfo como el fracaso pueden ser suyos.

—Si, pero aquí el fracaso se llama fusilamiento. ¿Conoce la Ley 488, promulgada hace unos días, y que estipula que todo aquel a quien se le detenga conspirando o ayudando a conspiradores será pasado por las armas?

—No importa. Si es algo que merezca la pena, yo mismo me ofrezco voluntario.

—Se trata de llevar un coche cargado de armas, pero está en un lugar muy céntrico, muy vigilado y muy peligroso.

—Bueno, pues díganme de una vez dónde está, por dónde hay que salir y adónde hay que llevarlo, sin poner tantas dificultades ni dar tanta importancia al asunto.

—Las armas van al Escambray.

—De acuerdo. Yo acepto la misión.

Todo esto me lo habían comentado durante el recorrido, pero quise que el tema quedase claro delante del pinero, del *fugitivo* y del *Chévere*, por lo que, cuando nos reunimos con los otros tres, repitieron lo tratado.

Acordamos el día, la hora y el lugar de recogida de aquel «fantasma armado», como denominaban ellos al automóvil en que irían las armas. La operación se haría el 11 de enero de 1961, en la calle Egido, a las seis y media de la tarde y frente al cine Bélgica. Por ese lugar, en que esperaríamos el pinero, *el fugitivo* y yo (separados los unos de los otros por 50 metros aproximadamente), pasaría uno de aquellos señores para darnos la llave del coche e indicarnos en qué lugar exacto se encontraba este.

Antes de la fecha señalada, a mí me hubiese gustado comprar la Thompson, el M-1 y el Winchester que teníamos ya apalabrados. Quería también unos prismáticos, botas, pantalones caqui y la cámara Kodak que me había llevado de España. Pero los del «fantasma armado» me dijeron que no tenía por qué comprar nada de cuanto les decía. Según ellos, en el Escambray sobraban todas esas cosas. Lo que se necesitaban eran hombres y sería mejor que me fuese olvidando de lo demás. Lo único que debía guardar eran 50 o 55 pesos para dárselos al guía que habría de conducirnos hasta donde se hallaban los alzados.

—No sabía que, para exponer la propia vida, hubiese también que pagar —les respondí en tono burlón.

Me informaron de que mi trabajo allí consistiría en poner minas, pero la verdad era que aquellos dos individuos no terminaban de convencerme en nada y cada vez me resultaban más sospechosos. Hasta tuve la osadía de comentárselo a ellos mismos.

Cuando llegó la tarde del 11 de enero de 1961, me fueron a buscar al hotel Plaza el pinero, *El fugitivo* y *El Chévere*. Cada uno iríamos por nuestra cuenta al lugar convenido, aunque *El Chévere*, de todos modos, iniciaría su marcha hacia la sierra del Escambray al día siguiente.

Antes, dediqué la mañana a llevar los planos de mis inventos a la casa Gutiérrez Alea, creyendo que no sería intervenida por el gobierno. Hablé con sus ingenieros, que eran amigos míos, y pedí que me guardasen en la caja fuerte todo cuanto les entregué mientras yo no volviera del viaje. Algo similar hice con las maletas y con las llaves del hotel. Se las confié a uno de los empleados para que las pusiese a buen recaudo en lo que yo no retornara de Pinar del Río...

A las seis menos cuarto llegué frente al cine Bélgica. Ya el pinero y *el fugitivo* estaban por allí, cada uno en su sitio. Seguí por la acera hacia la dirección en la que ellos se encontraban y, sin pararme, fui preguntando a los dos:

—¿Viste a los del coche?

—No —me respondieron tanto el uno como el otro.

Continué hasta la esquina y me di la vuelta. Con nervios y preocupación, vi cómo iban transcurriendo los minutos y nadie se presentaba a entregarme la llave del «fantasma armado».

A las seis y media cambiamos de lugar, temiendo que estuviésemos a punto de ser cogidos en una trampa. No perdíamos de vista, sin embargo, la zona de nuestra cita con los amigos del *Chévere*, por si estos se presentaban finalmente. Y continuamos esperando.

Pero se hicieron las siete, las siete y media, las ocho... y ninguno de aquellos dos hombres daba señales de vida. Mirábamos las carteleras del cine, la gente que pasaba, los escaparates de las tiendas...

Nos mirábamos nosotros mismos de reojo y, de repente, una mujer negra y con su cara llena de pintura se abalanzó sobre mí abrazándome por la espalda.

—Anda, vente conmigo y no te arrepentirás. Acompáñame a pasar un buen rato.

—Negra, suéltame —le dije con el peor mal humor del mundo—. Suéltame o, de la patada que te voy a dar, te vas a volver blanca del todo.

—Si es así —dijo ella sin hacer caso a mi enfado—, ya puedes empezar a pegarme.

A las nueve decidimos irnos. La situación tenía visos de ser un mayúsculo engaño. Desde allí mismo fuimos a la terminal de autobuses a sacar tres billetes para nosotros y uno y medio más para la mujer y para la niña del *fugitivo*. Estas nos acompañarían hasta Santa Clara, en donde habíamos quedado con un hombre que nos recogería con su *jeep*. Se trataba del guía. Pero tampoco este se presentó a la hora fijada. ¡Todo parecía salir al revés!

En Santa Clara nos separamos para no llamar la atención y, después de bastantes horas, apareció la persona que estábamos esperando. Ninguno de nosotros la conocíamos más que por las señas que nos habían dado. Cuando vino, lo hizo sin el vehículo y se bajó de un ómnibus procedente de Fomento. La descripción que teníamos del guía fue suficiente para que lo identificáramos inmediatamente.

Nos indicó que debíamos subir a otro autobús que partía hacia el mismo lugar del que él venía y, en ese momento, vimos a dos hombres que, por su aspecto, parecía que iban a unirse a nosotros. Una de ellos llevaba una maleta. Esperamos a ver si descendían en Placetas, que era el primer pueblo de alguna importancia por el que teníamos que pasar. No lo hicieron y continuaron a nuestro lado.

Al llegar a Fomento, nos bajamos frente al parque y los dos hombres de la maleta nos siguieron. Juntos cruzamos rápidamente la calle y cogimos un taxi grande en que cupiéramos los seis. Entonces el guía les dijo que metieran ese bulto en el maletero del coche.

Yo sospechaba de aquella gente, que montó en el asiento de atrás. Uno de ellos iba a mi lado y pude notar con toda claridad que en su cintura, bajo la camisa, llevaba oculta una pistola. Al darme cuenta de que iban armados, pensé que podía ser gente del gobierno.

Cruzamos La Línea y nos llevaron a una casa de madera situada en la salida de Fomento hacia Güinia. el pinero y *El fugitivo* se confiaban demasiado y se sentaron junto a ellos en una habitación. Yo, por lo que pudiera pasar, permanecí de pie. Al poco tiempo, aquella pareja extraña dejó su maleta en un cuarto y, cruzando ambos delante de nosotros, salieron por la puerta trasera. Esta puerta daba a un huerto en que se veía una caseta sin techo y en la que estaban ubicados los servicios higiénicos. ¿Quiénes serían?

Dejé que pasaran unos minutos y me fui hacia ellos. Abrí la puerta de la caseta y los encontré hablando.

—Perdonen —les dije—, deseo hacer uso de este lugar.

No me contestaron nada. No me ofrecieron resistencia alguna tampoco y salieron hacia la casa, En mí iba creciendo por momentos la sospecha de que pudiesen ser agentes de la checa infiltrados por los castristas.

Cuando regresé a la vivienda, estaban de nuevo sentados en la misma habitación en la que se hallaban el pinero y *El fugitivo*. Hallándose armados, como ya había comprobado en el taxi, ¿no podrían cogernos presos?

La familia que nos daba cobijo la componía un matrimonio, dos niños y la madre de uno de los esposos. Para terminar de una vez por todas con mis dudas, me acerqué al que tenía la pistola en su cintura (para impedir que echara mano de ella, si lo intentaba) y le dije al dueño de la casa:

—Se acabó. Necesito saber quiénes son estos señores.

—Estos señores son cuñados entre sí y se van a alzar con ustedes. De unos y de otros quiero 25 pesos por persona para dárselos a quien se va a hacer cargo de ustedes hasta la sierra del Escambray.

—Primero que nos conduzcan hasta allí —objeté—, y luego les damos el dinero.

Pero aquel hombre insistió y tuve que abonar el importe mío y los del pinero y *El fugitivo»*, ya que estos no disponían de cantidad alguna.

A los pocos metros de la casa, cogimos otro taxi. Los hombres de la maleta volvieron a meterla en el maletero y amarraron este con un alambre. Ahora íbamos ocho personas en el vehículo. De los ocho, cinco llevábamos la intención de alzarnos, otro era el guía y los dos restantes... eran milicianos que estaban muy lejos de saber las intenciones que albergábamos sus compañeros de viaje.

La presencia, sin embargo, de estos dos guardias en el coche, fue una presencia calculada: tal como suponíamos, por el camino de Fomento a Güinia encontramos muchos camiones con tropas de milicia y, el tenerlos a ellos allí, hizo que no nos detuvieran en nuestra marcha.

A no muchos kilómetros de Fomento, encontramos una casa a la izquierda, separada del camino unos trescientos metros y en la falda de una pequeña loma.

—Vamos a parar un momento —dijo el guía a los milicianos—. Queremos visitar a una tía que vive en ese lugar.

—¿Cuándo regresarán?

—Pronto.

Nos desviamos de inmediato. El resto del camino deberíamos hacerlo a pie y lo de la «tía» no era más que una disculpa, pues en aquella vivienda no había familiar alguno al que visitar. El guía nos indicó que pasáramos cuanto antes la loma, por tratarse de un sitio que se veía desde muy lejos, y así intentamos hacerlo. Los dos compañeros de la maleta eran los únicos que no avanzaban con rapidez. Me ofrecí para ayudarles, pero no aceptaron.

Intrigado, le pregunté al hombre que nos conducía cuál era el secreto de aquella maldita maleta que portaban los dos cuñados.

—Ahí guardan una ametralladora «Thompson» —me respondió—. Vienen desde La Habana con ella. Se la arrebataron a un miliciano que estaba de guardia. Para hacerse con ella, le tuvieron que pegar un tiro en una pierna.

El guía les pidió que se apresurasen. Cuando estábamos llegando a la cima, vimos lejos un contingente de soldados castristas. Ante aquellas fuerzas, nos detuvimos a descansar un poco y a observarlas. Pero pronto nos dimos cuenta de que se alejaban en dirección opuesta.

En lo que nos encontrábamos sentados, pregunté al guía por el nombre de la loma a la que habíamos llegado.

—Tanto esta como la que se halla ahí, frente al pueblo de Güinia de Miranda, se llaman Las Calabazas —me respondió.

Y el guía no tardó en irse a buscar a otro que sería el encargado de acompañarnos en la próxima travesía. La haríamos durante la noche y esta persona nos entregaría a su vez a otras, hasta presentarnos finalmente a Osvaldo Ramírez, comandante en jefe de las operaciones guerrilleras en El Escambray.

Nuestra vida en la montaña había comenzado...

Al día siguiente de llegar a Las Calabazas, se unió a nosotros *El Chévere* y un sargento desertor de las filas de Fidel Castro. El nuevo guía nos pidió que tuviésemos cuidado para que no se nos escapara ningún tiro, pues un kilómetro más abajo estaba el cuartel de las milicias y a solo quinientos metros había gente construyendo casas. Todos pusimos el máximo cuidado; todos menos uno de los cuñados que llevaban la pistola. Se dedicó a limpiarla y, cuando terminó de hacerlo, disparó al aire. Le llamé la atención muy enfadado y aquel fue el primer incidente que tuve durante mi estancia en la guerrilla.

Por la noche vino el guajiro que nos servía la comida. Estaba muy asustado con el disparo, pues temía que lo cogiesen preso a él y a toda su familia por darnos su ayuda. Le prometimos que no volvería a ocurrir. Más tarde, el mismo guajiro se entretuvo charlando un rato con nosotros y prometió regalarme un cuchillo tipo comando.

Como permanecimos allí tres días, le pedí al hijo de este campesino que me comprase algunas cosas que me parecían imprescindibles para nuestra nueva vida de soldados: entre ellas, unas botas y un pantalón caqui.

Pregunté a los demás si necesitaban algo y me dijeron que pantalones, por lo que le encargué otros cinco, así como cinco cuchillos-comando más. Yo poseía el que me había regalado el guajiro. El hijo de este, sin embargo, temía que sospecharan de él los interventores del comercio en que pensaba comprar lo que yo le había encargado. La tienda había pasado a estar controlada por el gobierno y le pareció poco normal encargar para él solo tanto material. Debían acompañarle algunas personas para justificar la compra de tantos pantalones, pero esas personas no podían ser del grupo que él mismo ocultaba. Si llegaban a descubrirnos, él y toda su familia hubiesen ido a parar a la cárcel con nosotros.

Cuando el hijo del guajiro bajó, en aquel establecimiento intervenido no pudo comprar más que un solo pantalón. ¡Gracias a que el campesino accedió a venderme sus botas, que fue las que utilicé el tiempo que duró mi actividad guerrillera!

Estas carencias se las teníamos que agradecer a los dos individuos de la farsa del «fantasma armado», que nos dijeron que en la loma encontraríamos de todo...

Una noche salimos rumbo al Pedrero, que era donde se hallaba ubicada la comandancia de Osvaldo. Antes de irnos, le regalé al guajiro mis pantalones y mis zapatos de vestir. Los de la Thompson le dieron su maleta y el pobre hombre se puso tan contento con aquellos regalos.

Caminamos hasta el amanecer por lugares abruptos y peligrosos. Atravesamos un río muy crecido por las lluvias y, a las 5 de la mañana, llegamos a un bosque tan espeso de arbolado y de matorral que nos resultaba difícil vernos los unos a los otros.

Se habían hecho cargo del grupo tres nuevos guías. Nos avisaron de que, cerca de allí, había una casa en

Osvaldo Ramírez, comanfante en jefe de los guerrilleros anticastristas en El Escambray.

la que vivían milicianos, por lo que nos recomendaban guardar el mayor silencio posible. Pronto quisieron dejarnos solos y yo protesté, pues no conocíamos el lugar en que, por otra parte, no había ni agua siquiera. Pero ellos insistieron. Deseaban irse a descansar un rato para, más tarde, comunicarse con la comandancia y decir a los mandos de la guerrilla dónde nos encontrábamos. A la mañana siguiente, según ellos, irían a llevarnos algo de comer.

Por la mañana, no vinieron. Y todos sospechamos lo peor, ya que, si continuaba algún tiempo nuestra situación de abandono, seríamos fácil presa de las milicias. Nuestro grupo estaba compuesto por siete hombres y disponíamos de dos pistolas, un fusil Garand y una Thomson. Tanto la ametralladora como las pistolas estaban dotadas de un solo peine cada una y, en esas condiciones, no podríamos mantener ningún enfrentamiento con los castristas si nos sorprendían.

Por la tarde se presentó un hombre a caballo simulando ser un montero que estaba recogiendo su ganado. Nos trajo un queso para todos del que comimos algún bocado sin pan y sin agua. Y se volvió a marchar. Antes de hacerlo, nos dijo que cerca de allí varias guerrillas de la comandancia se hallaban combatiendo contra las milicias de Fidel. No muy lejos, en efecto, se oía claramente el fuego de los combates.

Me fui un rato a explorar el terreno de los alrededores por ver si me encontraba con nuestra gente, pero no hallé ni rastro de nada ni de nadie.

A las dos de la madrugada, sentimos ruido. Podíamos percibir que eran varios los que caminaban entre la maleza del bosque. Se les oía cada vez más cerca y montamos las armas, separándonos unos de otros. ¿Serían milicianos? El silencio de la noche nos permitía seguir oyendo con claridad los disparos de las refriegas entre tropas gubernamentales y los alzados.

Alguien de los que llegaban traía una linterna. Fuera quien fuese aquella gente, tenían que atravesar una alambrada y cruzar por un gran hoyo si continuaban caminando. Pensamos que ese era un lugar ideal, cuando estuviesen en lo más hondo, para acribillarlos a balazos si se trataba de milicianos. ¿Qué hacer? ¿Qué estrategia seguir? ¿Serían amigos o enemigos? En aquellos momentos de suma tensión hubiera bastado que los nervios nos hicieran disparar un tiro para que se nos echasen encima numerosas patrullas de Fidel. Nuestra muerte podía ser cuestión de minutos...

Se oyó un silbido bajito. Esperamos a que volviesen a silbar. Tan pronto como lo hicieron, contestó uno de los nuestros. Teníamos la ventaja sobre ellos de saber dónde se encontraban gracias a la linterna que traían. Entonces, una voz anunció:

—Venimos a buscarlos para que ingresen en nuestra guerrilla. Teníamos que haberlo hecho ayer, pero no pudimos, pues los guías fueron cercados y no hemos sabido nada de ustedes hasta que los mismos guías no nos hicieron llegar un mensajero. Conocemos que tres de ustedes son de Isla de Pinos, dos de La Habana y dos de Santa Clara. Que avance alguien unos pasos, sin armas, y otro de los nuestros, también desarmado, saldrá a su encuentro para identificarnos.

—Dígannos quiénes son sus jefes —preguntó un hombre de nuestro grupo.

—Tomás San Gil y Emilio Carretero.

Avanzó un hombre de cada bando. Se hicieron las averiguaciones pertinentes y llegamos a la conclusión de que todos éramos alzados. Entre unos y otros, sumábamos veintisiete personas de las que solo once disponían de armas.

Tomás San Gil y Emilio Carretero me comentaron que la misión que se me asignaba era la de colocar minas. Me dijeron también que, cuando Evelio Duque entregara la jefatura a Osvaldo Ramírez, se formarían tres grupos bajo el mando único de este último, que pasaría a ser el máximo jefe del Escambray. No se hicieron esperar, por cierto, las reacciones de los simpatizantes de Duque y de Ramírez y sus indisimulados enconos. Parecía como si los americanos, apoyando a unos líderes e ignorando a otros, lo que pretendieran fuera dividir la guerrilla o el acabar con ella. Los yanquis han temido siempre el espíritu independiente de los cubanos, desde la época de aquellos mambises que luchaban contra España, y han tratado continuamente de formar y de imponer en Cuba caudillos obedientes, que se vendan a su gran país, aunque dentro de la propia nación tengan que matar, encarcelar o torturar... Las advertencias a sus conciudadanos de Martí, Maceo, Máximo Gómez, Carlos Manuel de Céspedes, Agramonte y Alberto Aguilera, entre otros, son muy claras y hablan del respeto por Estados Unidos, pero también de cautela y desconfianza.

Ofrecimos a cada uno de nuestros nuevos compañeros un pedacito del queso que nos trajo el montero, aunque, si éramos muy pocos para pelear, resultábamos demasiados para distribuirnos los restos de aquel reducido alimento. No nos llegó ni para empezar.

Se dispusieron las guardias y, cuando llegó el alba y la luz del sol hizo factible el que nos viésemos los unos a los otros, pudimos conocernos los integrantes de los dos grupos y se anotaron nuestros nombres en el libro de altas. Nos dijeron que la clave de identificación en el campamento era «Tandi», aunque esta clave se cambiaba con frecuencia para evitar infiltraciones.

Llevábamos dos días sin agua, por lo que, tan pronto como descubrimos un poco de arena, cavamos un pequeño pozo para ver si al menos podíamos mojar los labios... La ración de líquido que conseguimos fue extremadamente escasa. Y así pasamos cinco días más que se hicieron largos y penosos.

Entre los hombres con los que nos habíamos integrado, había un miope conocido por el apodo de *Cabaiguan*. Andaba siempre con una biblia que no soltaba ni un solo momento y, por si fuese poco lo de su miopía, era también tartamudo. Lo que más me llamó la atención en él, de todos modos, fue su incontenible curiosidad y su afán de conocer la vida y milagros de cada uno de nosotros. Hubo quienes le confiaron sus secretos, pero a mí me pareció no solo sospechoso, sino una carga en la loma. Hablaremos de este *Cabaiguán* más adelante.

Al día siguiente de habernos encontrado, hubo que mandar fuera del grupo a un hombre de alrededor de 28 años. Superaba los 1,85 metros de estatura, decía venir de La Habana y estaba siempre cansado y siempre quejoso por la falta de alimentos. Era evidente que no servía para ser un alzado, tal como le ocurría también al sargento desertor que vino con *El Chévere* y que pronto empezó a dar muestras de un carácter blandengue y quisquilloso.

El lugar en que nos encontrábamos no podía ser peor: carecía de agua y de plantaciones de frutales con las que poder socorrer mínimamente nuestras necesidades de alimentación. Y tanto el hambre como la sed quemaban la moral de los componentes del grupo. En vista de ello, Carretero le comentó a San Gil que había que hacerse con comida a costa de lo que fuese.

Se fijó una casa a la que ir a comprar alimentos y el propio Emilio, al llegar la noche, solicitó voluntarios para marchar a buscar comida. Cuando se nos consultó quién deseaba ir, respondimos a la vez la mayor parte de los hombres que allí estábamos:

—¡Yoooo!

Tantos no hacían falta y cogió a seis guerrilleros de los que tenían mejores armas. Lo hacía con la finalidad de defenderse si fuera necesario, pues no resultaba infrecuente que en las casas hubiese milicias para impedir el suministro de alimentos a los alzados. Pero también lo hizo porque convenía que los campesinos vieran buen armamento y se lo comunicaran a los milicianos, que creerían que estábamos perfectamente equipados. A pequeña escala, había que cumplir con la ley de la propagada que toda guerra debe cuidar.

Al llegar frente a la casa elegida, los hombres se situaron procurando ocupar la mejor situación posible. Uno de ellos se acercó y tiró una piedra para que ladraran los perros. Estos, con sus ladridos, llamarían la atención de los que estuviesen dentro, bien fueran sus dueños... o la milicia castrista, que saldría disparando.

Quien salió fue el propietario. Cuando lo hizo, se encontró a nuestro compañero apuntándole con su arma y al resto del comando que se acercaba hasta él.

—¿Qué desean? —preguntó aquel hombre.

—Comida para veintiocho personas. Prepárenla —le ordenó Carretero.

El campesino llamó a su esposa y el mismo Emilio, dirigiéndose a ella, dijo:

—¿No han visto por aquí a los alzados?

—Si les hubiésemos visto —respondió la mujer—, les habríamos avisado a ustedes inmediatamente.

—Así que, si los ven, ¿avisarán a las autoridades?

—Por supuesto —confirmó ella.

—Bueno, señora, pues los alzados somos nosotros...

La pobre campesina se asustó y se echó a llorar, alegando que los milicianos les tenían amenazados. Su disculpa podía ser cierta, pero era muy probable también que el matrimonio fuese simpatizante de los castristas.

Mataron dos gallinas y esa fue la comida que nos prepararon, con un poco de arroz y boniatos. No nos la querían cobrar, pero Carretero les dio los pesos que aquello valía. La política de los alzados no consistía en atropellar a nadie ni en robar a los guajiros. Y a mi entender, además de ser justa, era una buena política bajo un punto de vista propagandístico, pues servía para que no nos delataran y colaborasen mucho más con nosotros. Los campesinos acabaron estando mayoritariamente de nuestro lado, que respetábamos sus haciendas y sus bienes, y contra el gobierno que les robaba y les requisaba absolutamente todo cuanto producían sus campos o sus ganados.

¡Ay de aquellos que creen las mentiras de ciertos revolucionarios, mentiras que hablan de quitar sus riquezas a los poderosos para repartírselas a los pobres! De esas falacias, cuánto podrían hablar las gentes de Cuba que han tenido que sufrir el terror y el saqueo en sus propias carnes durante décadas. En los regímenes marxistas, ni existe la igualdad ni sus jerifaltes la quieren. Atropellan, desestabilizan, roban, siembran el odio, destruyen valores sagrados como el de la familia... Y en esto consiste su ideología y la esencia de sus doctrinas. Nunca me he explicado la condescendencia absurda que, en Occidente, las democracias pluripartidistas muestran con ellos, que son totalitarios y defensores a ultranza de un solo partido, ¡el suyo!, por supuesto.

Pero sigamos con nuestro grupo situado en la loma de Las Calabazas.

Los recién llegados a la guerrilla pronto pudimos comprobar la extrema dureza de la vida de los alzados. No todos la aguantaban, pues enfrentarse al ejército castrista en las montañas (en aquellas precarias condiciones que eran las nuestras), resultaba mucho más duro que exponer la vida en la clandestinidad colocando bombas o haciendo sabotajes.

Nuestra cama era el suelo. De mantas nos servían la oscuridad y el silencio de la noche. La sed y el hambre las calmábamos las más de las veces con el rocío de la mañana y masticando hierbas verdes... Por eso había hombres que se cansaban y preferían desertar, poniendo en peligro no solo sus propias vidas, sino las de sus compañeros.

Salimos de Las Calabazas aprovechando las sombras nocturnas y la travesía duró hasta que nos vimos sorprendidos por la luz del alba. Fueron unas horas críticas: mojados hasta los huesos, subimos y bajamos lomas, cruzamos arroyos, bordeamos despeñaderos... Por uno de estos se resbaló el hombre de la biblia, a quien tanto gustaba la vida de los demás. Como era miope y tartamudo, ni vio el peligro ni le dio tiempo para decirnos que se caía. Solo se oyó el ruido y el que le seguía en la fila exclamó:

—¡*Cabaiguán* se ha ido al precipicio!

Paró el grupo y se contaron los hombres. Faltaba solamente él y se enfocó el lugar con una linterna. Se hallaba varios metros más abajo, inmóvil y acostado en una especie de terraza de zarzas. Tenía manchas de sangre. Le llamamos reiteradamente, pero no contestó.

—Estará muerto —dijo uno.

Buscamos un posible acceso para rescatarlo y no resultaba fácil. De todos modos, al inspeccionar mejor el terreno, pudimos percatarnos de que se encontraba en un grueso enramado que, aunque parecía hecho por la mano del hombre, era en realidad una milagrosa alfombra construida por la naturaleza... ¡para salvar la vida del gago *Cabaiguán*!

Allí estaba. Quieto y sin decir una palabra, pero vivo. Permanecía con su biblia entre las manos, a la que no había soltado en la caída. Tampoco perdió las gruesas gafas. Lo que sí perdió por un largo rato, a causa del susto, fue el habla.

Un negro, llamado Papito, nos dio la solución de cómo sacarlo de allí:

—Tirémosle cintos atados unos a otros para que él mismo se amarre y podamos luego izarlo. Si se rompen las zarzas, va a parar al fondo del precipicio y no aparecerá más, ni siquiera en sesiones espiritistas.

Rescatamos al tartamudo con pequeñas heridas en distintas partes de su cuerpo y, a partir de entonces, *Cabaiguán* ocupó el tercer lugar de la fila en lugar del sexto, por órdenes del capitán San Gil.

Reemprendimos la marcha. Al amanecer paramos en un bosque en que pasaríamos escondidos las horas del día. Pensábamos seguir cuando se hiciera otra vez de noche.

A las 10 de la mañana aproximadamente, nos reunieron San Gil y Carretero a cinco hombres de la guerrilla para decirnos que las autoridades norteamericanas acababan de reconocer a Osvaldo Ramírez como único jefe militar y comandante del Ejército de Liberación del Escambray. Nos dirigíamos a la comandancia de Evelio Duque para que este y sus tropas se pusieran bajo las órdenes de Oswaldo que, con el capitán Roberto Montalvo y toda su gente, se encaminaba también hacia la misma comandancia.

No se había terminado la reunión cuando vino un guajiro a avisarnos de que acababa de ver a uno de nuestros hombres en un camino por el que pasaban muchas tropas. Salieron rápidamente a buscarle Carretero, Pedro Pérez y otro más. Cuando le trajeron para interrogarle, pude comprobar que era una de las dos personas que habían ido al frente conmigo... y con aquella maleta que tanto me intrigó hasta que supe lo que contenía. El prófugo nos explicó que no le gustaba la vida de alzado y que prefería volver a La Habana para trabajar en la clandestinidad.

—¿Por qué no lo has dicho en lugar de tomar tu decisión unilateralmente? —le preguntó el capitán—. Podrías ser juzgado como desertor, de acuerdo con las leyes de la guerra.

El capitán, empero, fue generoso con él y prefirió pasar por alto su debilidad con la esperanza de que su gesto no se volviera a repetir.

En ese bosque tuvimos que aguantar dos días, pues observamos grandes contingentes de tropas gubernamentales por los alrededores. Y, aunque el tiempo pasaba, las condiciones de higiene y alimentación no se arreglaban lo más mínimo: continuábamos sin comida, sin agua y escondidos como alimañas en un espeso paraje de árboles y maleza. No disponíamos de medicinas; muchos de los hombres andaban prácticamente descalzos y hasta era imposible fumar, por falta de tabaco...

Cada día se nos complicaban más las cosas. Pronto nos avisaron de que el movimiento de tropas se debía a una gran ofensiva que preparaba el gobierno bajo el nombre de «limpieza del Escambray». Comprobamos que eran numerosos los convoyes de tropas transportadas en camiones Zil, de fabricación rusa. Al parecer, tenían ya prácticamente rodeada la sierra y resultaba difícil entrar o salir del territorio en que las guerrillas desarrollábamos nuestras ofensivas.

Todo esto eran factores que aumentaba el desánimo entre los nuestros. No faltaban quienes se permitían hacer proselitismo a favor del abandono, lo que perjudicaba el espíritu de combate. Uno de los derrotistas fue *El fugitivo* que, entre los que había convencido para que le acompañaran en su marcha, tenía al pinero.

Este me dijo un día:

—Odilo, no aguanto más y me voy con él a La Habana.

—Mira bien lo que haces —le respondí—. Allí, si te cogen, te matan.

—Pero me es imposible seguir resistiendo ni un solo día más. También se va *Pancho Villa* y uno de los dos cuñados. Y algunos más... Si las cosas no mejoran en breve, acabarán yéndose todos. Anda, vente con nosotros.

—Pinero, yo no me voy. Supe a lo que venía y estoy preparado para una de estas tres cosas: el triunfo, la muerte o la cárcel.

Por la noche, volvimos a reemprender la marcha a través de las montañas. Debimos desviarnos varias veces, pues nos encontrábamos con campamentos de milicias. Y nos vimos obligados a cruzar muchas cercas, que eran uno de nuestros mayores enemigos ya que nos delataban a distancia. Teníamos prohibido poner el pie encima de ellas, pues el chirrido de los alambres corría a través de los mismos y llegaba hasta unas pequeñas garitas que los milicianos hacían con lonas y estacas. Los castristas convertían tales garitas en escondites en los que pasaban la noche y, cuando cruzábamos las cercas, ellos sabían por dónde nos encontrábamos y en qué dirección podían seguir nuestro rastro. También seguían nuestras huellas en las pisadas que dejábamos en el rocío o sobre las tierras labradas. O se percataban de nuestra presencia gracias al alboroto de los animales que se espantaban al ver pasar a tantos hombres juntos.

A las tres de la mañana de aquella noche, vimos una luz que se movía a lo lejos. Caminamos en esa dirección y nos acercamos hasta una distancia de, más o menos, medio kilómetro. Dudábamos si se trataría de un campamento enemigo o de una casa.

Diez de nuestros hombres fueron a explorar el terreno y a intentar conseguir algo para comer. El resto permanecimos en el mismo lugar en que detuvimos la marcha. Hacía mucho frío, mucho viento y nos sentíamos tremendamente cansados. Lo que más deseábamos todos es que la luz delatara la casa de un guajiro al que se le pudiesen comprar alimentos.

Pero el tiempo pasaba y los exploradores no volvían.

—¡Ya hace dos horas que se fueron! —se quejaba alguno.

—Seguro que antes de quince minutos están aquí —les dije yo por darles ánimos, aunque tenía tanta hambre como ellos.

A las tres horas largas de habernos separado, los diez hombres volvieron al fin. Según se acercaban, el compañero que estaba a mi lado preguntó con un tono que parecía más una súplica que una interrogación:

—¿Traerán algo de comer?

—Tranquilo —repuse—. Estamos a punto de saberlo.

Cuando llegaron los primeros, todos los que allí estábamos les abordamos con las mismas palabras:

—¿Habéis conseguido algo?

—No, nada —respondieron.

Los ánimos se nos bajaron hasta el suelo y los más hambrientos se lamentaban inconsolables. Pero cuando aparecieron los seis compañeros que faltaban, nos llegó la gran sorpresa: ¡traían dos latas de veinte litros llenas de frijoles negros, yuca y tres gallinas! Todo había cocido junto.

Nos arrimamos a una pared y uno de los capitanes enfocó con su linterna al interior de las latas: no había manera de distinguir lo que era aquello; parecía una masa de chapapote o alquitrán. Pero lo comimos sin respirar, utilizando trozos de yagua (corteza de palmera), como platos y cubiertos... ¡Qué manjar! ¡Qué exquisito y delicioso manjar...! Hacía tiempo que no nos dábamos un banquete semejante.

Cuando terminamos de comer, todos querían seguir alzados, todos deseaban enfrentarse al enemigo, todos estaban dispuestos a llevar a cabo las mayores heroicidades...

—Muchachos, ¿les gustó la comida? —preguntó San Gil.

—¡Deliciosa! —contestamos al unísono.

—Me alegro —repuso el capitán—. Pero quiero aclararles algo que conocemos solo quienes fuimos a comprarla. Cogimos tres gallinas y se reventaron con las prisas. Como en la casa tenían solo el agua que necesitábamos para hacer el guiso y no pudieron darnos más para lavar esos animales, tuvimos que cocerlos sin limpiar. Ya se imaginan ustedes cómo podrían estar... El arroyo más próximo se hallaba muy distante y no quisimos correr el riesgo de encontrarnos con las milicias.

Nadie dijo nada ni a nadie se le revolvió el estómago.

Tras la comilona, tuvimos nuevos ánimos para caminar. Seguimos la ruta y, al amanecer, divisamos un enorme contingente de tropas compuesto por alrededor de 7 000 hombres que estaban recogiendo sus hamacas, sus mochilas, su armamento... y que se disponían a abandonar el campamento que hasta entonces ocupaban.

Pronto se oyeron los motores de un helicóptero. Venía con los oficiales que, desde el aire, dirigían las operaciones contra la guerrilla. El aparato servía también para descubrir a los alzados y, por radio, señalaba a sus tropas la ubicación exacta en la que nos encontrabamos. Solía bajar en aquellas zonas en las que no había árboles y, en las zonas arboladas, hacía vuelos rasantes cerca de las ramas para ametrallarnos y lanzar granadas contra nosotros. Nos ocultábamos entre la manigua y nos hubiese sido posible tirar sobre él... ¡si hubiéramos tenido armas adecuadas para hacerlo!

Cuando los soldados se fueron, nos apresuramos a bajar por una ladera e intentamos aproximarnos al campamento que ellos dejaban. Se había hecho de día y nos vimos obligados a atravesar por zonas muy despejadas en las que podían descubrirnos con gran facilidad. Pero nos arriesgamos, atravesamos una cañada y subimos de nuevo hasta el campamento recién abandonado. Allí estaríamos tranquilos dos días al menos, puesto que las milicias de Castro tardarían en volver confiando en que la zona estaba limpia de insurrectos.

Se trataba de un monte bastante despoblado. Nos acomodamos en él como buenamente pudimos y gran parte de nosotros nos sentamos al sol, aunque guardando la mayor discreción posible. Nos había conducido hasta allí un guía-campesino que, cuando trataba con las milicias, tenía que aparentar ser fidelista y, con los alzados, se hacía pasar por el más ferviente contrarrevolucionario. Estaba casado y tenía cuatro hijos.

Hacia las 11 de la mañana solicitó permiso a los capitanes para ir a su casa a buscar algo para comer y agua para beber. Se le veía acobardado y él mismo nos confesó que las cosas se le estaban poniendo dificilísimas: temía a los castristas y a nosotros tampoco nos podía abandonar. Necesitábamos sus servicios a la hora de desplazarnos por aquellos parajes y, de habernos traicionado, se hubiera tenido que enfrentar a las posibles represalias de San Gil y Carretero, que conocían dónde vivía con su familia.

Fueron estos dos capitanes, por cierto, los que en un momento dado se sentaron junto a mí. Hablamos primero de España. Luego se metieron conmigo amablemente para decirme que había perdido ya el buen color que llevaba cuando subí a las lomas. Pero no había que apurarse, me dijeron, ese buen color volvería pronto, cuando la contrarrevolución se hiciera con el poder en La Habana. Me mostraron también su admiración y su aprecio por estar con ellos, a pesar de ser extranjero, y por poseer tan buen ánimo ante las dificultades. Cuando se fueron de mi lado, me dio la impresión de que tanto el uno como el otro se consideraban sinceramente amigos míos.

Al retirarse a tomar el sol, pasaron entre los demás y echaron de menos a uno de los dos cuñados, justamente al mismo que ya había intentado escaparse una vez. Preguntaron por él y les dijeron que estaría haciendo sus necesidades, aunque llevaba más de quince minutos sin que se le viera por allí.

Preocupados por su tardanza, salieron tres hombres a buscarlo. Entre ellos iba su propio cuñado, que fue el que primero lo vio cuando caminaba sin rumbo fijo y ya se había alejado bastante del grupo. Habló con él y logró convencerle por las buenas para que volviese.

Cuando se reintegró al grupo, desarmaron al desertor y uno de los capitanes le dijo en tono sumamente enfadado:

—Te perdonamos la primera vez, pero en esta ocasión ya no hay quien te salve. Ahora mismo te vamos a ahorcar por prófugo.

Nuestro jefe hablaba en serio y nadie dijo nada. El cuñado que había logrado convencerlo para que volviera se echó a llorar. Pero ninguno de los hombres quiso arriesgarse a perder su vida solicitando el perdón de aquel cobarde que nos había traicionado dos veces en poco tiempo. Esa era la ley de la guerra y todos consideraban normal que se atuviera a sus consecuencias.

Para colgarlo, echaron mano de la cuerda de una hamaca. Fue entonces cuando me levanté y les pedí a San Gil y a Carretero, delante del resto del grupo, que esperasen un momento.

—Señores —les dije—, reconozco que este hombre es culpable y que juega con nuestras vidas de forma reiterada. Sé que merecía ya la muerte la primera vez que se escapó y que ustedes le perdonaron... Pero opino que la dureza en estos momentos no favorece la causa por la que luchamos. Y no hablo así porque sean amigos míos ni el prófugo ni su cuñado. Doy mi opinión, simplemente, porque hay que intentar conseguir en nuestras filas adeptos y no enemigos. La condena de este desgraciado sé que va a afectar a mis compañeros que hoy callan y otorgan, pero que mañana no callarán. Por otra parte, él tiene una madre a la que no conozco, una madre que algún día se enterará de que subimos aquí todos juntos, de que ustedes fueron sus jefes, de que tuvimos que ajusticiarlo en nombre de algo, ¡la disciplina militar!, que para ella supondrá siempre mucho menos de lo que para cualquier madre supone su propio hijo... ¿Con qué ojos nos va a mirar esa mujer el día de mañana, cuando nos presentemos ante ella como paradigma de la nueva Cuba que queremos...? Yo propongo que le saquemos de aquí. Si des-

Guerrilleros anticastristas en El Escambray en 1960.

confiamos de él y de que pueda revelar la posición en la que nos encontramos, podríamos conducirle con los ojos tapados o cambiándole el rumbo varias veces, con el fin de que se desoriente y de que no conozca en qué punto exacto nos quedamos. Cuando él se vaya, de todos modos, podemos también variar nuestra ubicación.

Hice pensar a los jefes y, aceptando mi propuesta, le perdonaron la vida por segunda vez. A la noche siguiente, por si las moscas, cambiamos de lugar...

Para que abandonasen la loma, dejamos al prófugo y a otro al que apodábamos *Pancho Villa* en el cafetal de un guajiro. Este les dio comida y, al día siguiente, les proporcionó un sombrero y los vistió de campesinos. Supimos que, cuando se encontraban con representantes del gobierno, el prófugo se hacía pasar por un campesino que echaba a pelear gallos. Pero *Pancho Villa* resultó ser un hombre muy nervioso y con menos capacidad de simulación. Encontrándose ya cerca de la ciudad de Trinidad, un guardia les pidió que se identificaran. El falso echador de gallos supo asumir su papel, pero *Pancho* empezó a titubear y las milicias lo hicieron «cantar» quiénes eran, de dónde venían y hacia dónde se dirigían. Acabaron presos en el cuartel de Güinia de Miranda.

Nosotros fuimos a parar a una honda cañada rodeada de un bosque y que, para nuestra desgracia, tampoco tenía ni una gota de agua. Eran días en los que tanto el precio del agua como el de la comida había que pagarlo con la propia vida. El gobierno puso milicianos en los manantiales y en las casas, desmontó las plataneras y los árboles que tenían fruta y, de este modo, nos obligaba a elegir entre desafiar a las tropas que ocupaban las viviendas, morir de inanición... o abandonar las lomas.

El guajiro que teníamos como guía y que se había marchado a su casa dos días antes (para traernos algo de comer y de beber, según él), seguía sin dar señales de vida. Cuando al fin apareció, venía con las manos vacías.

Carretero le conminó a que buscase comida como fuese. El guajiro prometió hacer lo posible para traerla por la noche y se volvió a ir. Pero pasó la noche y no apareció. Se presentó al día siguiente, hacia las 14 horas... ¡seguido de 5 000 milicianos que avanzaron de forma sigilosa para sorprendernos al pequeño grupo de alzados que allí estábamos!

Fue una sorpresa tremenda. El repentino ataque produjo un gran desconcierto entre los guerrilleros, que comenzamos a defendernos como pudimos. El tiroteo y el fuego cruzado convirtió nuestro tranquilo escondite en un infierno, un infierno que a mí iba a durarme años y en cuyo origen hay múltiples incógnitas que el tiempo no me ha ayudado a resolver:

¿Por qué nuestros centinelas, situados en lugares estratégicos, ni dispararon ni nos avisaron de la llegada de aquellos miles de hombres? Tomás San Gil, que se hacía acompañar siempre por un guía de Güinia unido al grupo desde antes de que llegásemos nosotros, haría media hora que se había ido con este hacia la zona alta de la montaña. Y Carretero, quince minutos después de que estos dos se fueran, comentó:

—Voy a ver si encuentro a Tomás y al guía de Güinia.

Y desapareció también.

Antes de subir, sin embargo, le dijo a uno de los negritos que cargaban siempre con su mochila:

—En caso de que ocurra algo, recuerda que la mochila la dejo aquí y que yo estoy arriba. Cógemela.

Me parece raro y una coincidencia demasiado extraña que el ataque de las milicias ocurriera casi inmediatamente después de que uno y otro se fuesen. Me parece raro que ellos no nos avisaran. Me parece rarísimo, por supuesto, que nos quisieran traicionar y me atrevería a poner la mano en el fuego de que no estaban de acuerdo con el gobierno ni con las milicias. Pero el caso fue que ellos se marcharon sin la tropa y con el guía.

¿Tanta gente desarmada no habríamos empezado a estorbar?

Cuando empezó la refriega, la mayor parte de los alzados se dispersaron. Del lado en que Carretero había dejado la mochila era de donde más fuego de fusilería nos llegaba, por lo que el encargado de recogerla se olvidó de ella y salió corriendo como los demás en dirección opuesta. La mayor parte saltó al cauce de una cascada seca para seguir ocultándose en ella en lo que durase el tiroteo. Quedamos allí solo cinco personas, que nos replegamos una docena de metros.

Julio Emilio Carretero.

Tan pronto como el negrito se acordó del encargo que tenía, volvió a buscarla, pero un teniente castrista lo tuvo a raya con un fusil Fal. Quise ayudar a mi compañero y el teniente, al verme regresar, me apuntó al pecho y disparó. Por fortuna, se le encasquilló el arma y pude apoderarme de la mochila. En el momento en que me iba con ella, una bala me pasó silbando junto al oído derecho. Me tiré al suelo y uno de mis compañeros —Jacinto Rodríguez Villafaña, alias *El Trinitario*—, apretó el gatillo de su M-3, obligando al oficial a tirarse al suelo. ¡Fue una oportunísima manera de cubrirme la retirada!

Llegué a la altura de mi salvador y echamos a correr detrás de los otros tres guerrilleros que habían permanecido en aquel lugar con nosotros. El fuego se hacía cada vez más intenso y mi compañero de huida recibió también un buen susto: una bala le quitó el quepis que llevaba puesto, haciéndole sacudir la cabeza y deslizarse por la pendiente hasta que un árbol le detuvo. Creí que le habían matado. Me dijo que no estaba herido siquiera y que volvería a subir. Gracias al tupido bosque, pudo hacerlo sin demasiada dificultad en lo que un militar enemigo gritaba:

—¡Hemos matado a uno, ha bajado rodando por la loma!

Los dos nos volvimos a juntar e intentamos llegar hasta donde se habían refugiado los otros tres que nos precedían. Para conseguirlo, teníamos que cruzar por una zona muy estrecha y muy vigilada por los asaltantes, sobre todo por el teniente al que se le encasquillaba el arma. Las balas que se clavaban en la tierra junto a nosotros levantaban nubes de polvo y esto nos favorecía, pues nos ocultaban a sus ojos y les tapaban la única puerta por la que podíamos salir.

En el momento en que su cerco era más asfixiante, al oficial se le volvió a encasquillar su Fal y aprovechamos para atravesar. Más allá del paso, nos esperaban los otros tres compañeros. Ya reunidos, avanzamos unos diez metros y nos topamos con un paredón bastante alto. Lo saltamos y acabamos encontrando un refugio en que nos ocultaríamos varias horas.

Detrás dejábamos los gritos y los disparos de las milicias, que no cruzaron el paredón y que no nos vieron. Pero escuchábamos sus maldiciones y sus reniegos por no encontramos.

Cuando se fueron y cuando anocheció, salimos dos a explorar los alrededores. Nos arrastramos de rodillas más de 300 metros, pero nos volvimos porque, por un lado, la enorme claridad de la luna nos dificultaba cualquier exploración que no podíamos hacer más que corriendo el riesgo de ser descubiertos. Nos volvimos también porque las rodillas nos sangraban abundantemente.

Nos hubiese encantado poder romper el cerco en que estábamos atrapados, pero nos resultaba materialmente imposible. El que me salvó la vida mientras recogía la mochila, se había hecho mucho daño al resbalar por la pendiente y casi no podía ya ni moverse. Mientras su pierna estuvo caliente, le pareció que el golpe carecía de importancia, pero cuando nos detuvimos, empezó a dolerle y a sentirse muy mal. Lo quería como a un hermano porque era uno de mis mejores amigos en la loma.

La sed volvió a convertirse en un martirio para nosotros. Para paliarla de algún modo, mi amigo y yo masticábamos una planta que los campesinos cubanos llaman «malanguilla». Picaba mucho y nos hizo daño en el estómago. Pasamos una noche fatal.

Al día siguiente, por la noche, volvimos a intentar romper el cerco. A tal fin, nos propusimos asaltar a un miliciano que estaba de centinela y que tenía a su cargo una ametralladora calibre 30, de cinta. Se hallaba tapado con una manta y aparentaba dormir. Todo parecía que nos iba a sonreír cuando, en el momento en que nos encontrábamos ya muy cerca del militar, llegó un soldado repartiendo café a los que se hallaban de guardia y tuvimos que retirarnos a rastras y con toda urgencia. Aunque no nos vieron, debimos hacer ruido y empezaron a sonar algunos tiros detrás de nosotros.

El amigo de la pierna herida iba de mal en peor. Tenía fiebre, que le acrecentaba la sed, y perdió el conocimiento. Sus labios estaban llenos de grietas y, para que no se deshidratara, el resto de compañeros decidimos orinarle en la boca. Él no se daba cuenta de lo que le hacíamos, pues se hallaba semiincosciente. Como el líquido le resultaba muy desagradable, no lo admitía, pero nosotros le obligábamos y tuvimos que repetir la triste escena un par de veces. El orín, excesivamente cargado al no tener nuestro cuerpo otro líquido con el que eliminar toxinas, debía parecerle una auténtica purga.

Después de largo rato, revivió un poco y volvió en sí, aunque casi no abría los ojos. Cuando se dio cuenta de que yo estaba a su lado, me dijo:

—*Español*, llévame al río que me muero de sed.

Otras veces nos animaba a que nos fuéramos y le dejásemos solo, ya que no quería que nos mataran por quedarnos con él. Yo pedí a los demás que se marcharan. Estaba dispuesto a quedarme con mi amigo y correr la suerte que este corriese. Ninguno aceptó. Y, cuando el enfermo vomitaba por la noche, los centinelas disparaban en nuestra dirección.

Era evidente que acabaríamos cayendo en manos de nuestros enemigos. Para que no se apoderasen de nuestras armas, decidimos esconderlas.

Allí pasamos tres días más. Ignorábamos el lugar exacto en que nos encontrábamos, pues nos quedamos sin guía y sin nadie que nos informara del terreno que nos rodeaba. Nos protegíamos bajo una especie de parra que formaba un tupido enramado y, como no disponíamos de alimento alguno, por la mañana salíamos a lamer el rocío de las hojas...

Transcurridos esos tres días, las milicias de Fidel Castro nos cogieron presos.

Cuando los soldados castristas llegaron con sus cantimploras, yo solo pedía agua. ¡Agua! Nos llevaron a un tope para registrarnos y allí nos quitaron todo: anteojos, plumas, cadenas... También me quitaron los 7 últimos pesos que me quedaban.

Para apoderarse de nuestros escasos bienes nos hicieron desnudar y vimos que el sargento desertor de Fidel Castro que nos había acompañado a la sierra (y que era uno de los cinco hombres que componíamos el grupo al salir del tiroteo), llevaba un calzoncillo rojo y negro. Con el calzoncillo de ese color se identificaban los comunistas. Tan pronto como le vieron los oficiales, uno de ellos, el teniente Naranjo, dijo a sus soldados:

—¡Cuidado con ese hombre que es de los nuestros!

Y el sargento gritó:

—¡Yo soy guiterista! —partido al que había pertenecido hacía algunos años el propio Fidel.

—Tú lo que eres es un hijo de puta —le contesté.

Allí mismo le separaron de nosotros cuatro y se lo llevaron.

No tardaron en empezar los interrogatorios. Se interesaban por quién había ahorcado a uno de los suyos, un tal Conrado Benítez, pero lo desconocíamos al no haber estado en la zona donde ocurrió el suceso. También querían saber qué personas nos habían ayudado a subir a la montaña, en qué lugar se encontraban los compañeros que no habían caído presos, dónde habíamos escondido nuestras armas y qué tipo de armamento teníamos, así como de qué nacionalidad era este. De todo cuanto concernía a los alzados, en lo que más hincapié hacían era en lo que pudiese concernir a la guerrilla de Osvaldo Ramírez.

Al no obtener los datos que buscaban, amenazaron con fusilarnos alegando que, si lo hacían, nadie iba a enterarse. Estábamos en zona de operaciones y, «en estas zonas, no se fusila: se muere en combate...», decían con sorna.

La amenaza de matarnos era continua. Desde el primer momento en que me cogieron no oí comentar otra cosa más que me iban a fusilar con un cura que tenían preso y que guardaban del otro lado de la loma en la que nosotros estábamos. No había miliciano que no se mostrara dispuesto a ejecutarnos. Hasta exhibían las balas con las que, según ellos, lo harían en el momento en que menos lo esperáramos.

A mi amigo, el que tomó la orina y estaba herido en una pierna, le preguntaron por un individuo al que, según dijeron, sus jefes tenían un especial deseo de echarle el guante. Dijo que no conocía a ese hombre y pasó el interrogatorio sin novedad. ¡Pero era por él mismo por quien le estaban preguntando...! ¡Qué serenidad y qué sangre fría la de ese muchacho, a pesar de su debilidad y de la situación tan precaria en la que se encontraba!

Terminados los interrogatorios, nos tocaba solo esperar la sentencia para ver qué decidían hacer con nosotros.

Y empezaron por mí. Me dijeron que me habían condenado a morir con el cura del que ya me habían hablado innumerables veces y me sacaron para matarme. Salí con seis milicianos y un teniente. Me separaron de los demás y, en un camino hondo, me dijo el oficial:

—Si confiesas lo que sabes y nos dices la verdad, te perdonamos la vida. ¡Vamos, dinos todo lo que sepas!

—No tengo nada que hablar —repuse.

Entonces me arrimaron a un talud. Frente a mí, a unos diez o doce metros, se colocaron un miliciano con su fusil R-2 y el teniente, mientras el resto de soldados presenciaban la escena. El oficial me dijo que no me quedaban más que 25 segundos de vida. Y dio orden al miliciano para que apuntase a mi pecho mientras él empezaba a contar de 25 para abajo. Cuando llegara a ¡cero!, tenía que disparar.

—De acuerdo, mi teniente —dijo el miliciano con absoluta frialdad.

Y el teniente comenzó, dejando un espacio de un segundo aproximadamente entre número y número:

—25, 24, 23, 22, 21, 20, 19...

Yo vi cómo aquel hombre me apuntaba, permanecía rígido con la boca de su fusil buscando mi corazón, y cómo los segundos seguían descendiendo de forma inexorable:

—18, 17, 16, 15, 14, 13, 12...

Me encomendé a Dios y me dispuse a morir. Sin saber siquiera dónde me estaban ejecutando y dónde enterrarían mi cuerpo. Pero me bastaba saber que aquello era Cuba, mi tierra de adopción, mi tierra del alma. Y, con los ojos bien abiertos, quise ver llegar las balas que iban a segar mi vida:

—11, 10, 9, 8, 7, 6...

Al pronunciar el número seis, el oficial puso su mano en el cañón del R-2 y se lo bajó al soldado, mientras les decía a todos sus milicianos:

—Vamos a dejarlo. Lo llevaremos a Santa Clara para que allí hable y nos ayude.

—Nada tengo que hablar con ustedes. Ni hoy ni nunca. Ni aquí ni en Santa Clara.

Me volvieron a conducir al mismo sitio donde estaba antes con el resto de hombres que habían sido hechos prisioneros conmigo. Y me mandaron sentar. Al dejarme a mí, los mismos seis milicianos y el mismo teniente que me habían sacado, obligaron a mi amigo Jacinto Rodríguez Villafaña a que los siguiese. Pasaron unos minutos y escuchamos una descarga cerrada. Los guardias que nos custodiaban dijeron con guasa:

—¡Vaya! Ese, sin duda, se llamaba *Malasuerte*...

Pronto volvieron a buscar a otro hombre. Pasaron de nuevo los mismos minutos, más o menos, y se oyó la segunda descarga. Regresaron contentos y todos nos hacíamos la misma pregunta:

—¿A quién le tocará ahora?

Nos mandaron levantar y que los siguiéramos. Vimos que un número muy grande de guardias se pusieron a ambos lados y que nos conducían hacia la dirección de donde había venido el ruido de las dos descargas anteriores.

Nos llevaban al lugar de las ejecuciones. Aparentemente, allí yacía uno de los que acababan de fusilar. No pudimos verlo porque estaba cubierto con una sábana manchada de sangre sobre la que revoloteaban infinidad de moscas. A poca altura, una bandada de cuervos esperaban la oportunidad para abalanzarse sobre el cadáver del infortunado muchacho. En el trayecto habíamos visto varios nidos de ametralladoras y sus artilleros recostados junto a las armas. Una estaba a menos de diez metros del que yacía tapado por la sábana.

Mandaron detener la comitiva para que pudiésemos contemplar «el espectáculo» con detenimiento. Yo aproveché esos escasos minutos que allí estuvimos para rezar un poco por aquellos pobres infelices que habían ejecutado y para desearles, en lo más profundo de mi ser, un eterno descanso...

Nos hicieron seguir loma abajo. Llegamos hasta muy cerca de donde nosotros estuvimos antes de caer presos. Había allí una comandancia en la que se afanaban de un lado para otro cientos y cientos de milicianos. Pensé que ese lugar debía ser desde donde nos disparaban cuando mi amigo vomitaba a causa de su mal estado. En un rincón de esa comandancia nos apelotonaron, mientras montaban guardia en torno nuestro un contingente importante de hombres. Oímos que un oficial les decía:

—Seguro que pretenden rescatarlos el resto de alzados que andan por ahí cerca. Pero, antes de que se los lleven vivos, ametrállenlos. Que se lleven sus cadáveres, si quieren.

No hacía ni tres minutos desde que el oficial pronunciara esas palabras y se oyeron tiroteos esporádicos. Luego, descargas de fusilería más frecuentes para terminar en algo que tenía todas las apariencias de ser un serio combate, un enfrentamiento entre tropas rivales.

¿Serían los nuestros y el oficial daría orden de que acabasen con nosotros? ¿O se trataría de un simulacro organizado por ellos mismos para, de todos modos, tener la disculpa de acabar con nuestras vidas?

El tiroteo duró diez minutos. Cuando terminó, nos dijeron:

—Eran alzados que venían a rescatarlos...

Pero tuvimos la impresión de que, más bien, se trató de un *show* montado por nuestros enemigos para amedrentarnos.

Trajeron carne de cerdo con yuca para comer. Yo no quise probar ni un solo bocado, aunque el resto de mis compañeros mataron su hambre con apetito. A mí lo que me apetecía era beber, solo beber... Tenía una sed inaguantable...

Tras la comida nos volvieron a sacar y, por un camino desconocido para nosotros, nos llevaron al mismo lugar en que antes nos habían estado interrogando. Nos hicieron sentar allí y cuál no sería nuestra sorpresa cuando, al poco rato, vimos aparecer a varios milicianos que traían custodiados... ¡a los dos compañeros que habían fusilado por la mañana! Los veíamos avanzar y no dábamos crédito a nuestros ojos. Su falso fusilamiento había sido también un montaje y otra manera más de torturarnos moral y psíquicamente.

La llegada de estos dos «resucitados» coincidió con la de una compañía de bazuqueros castristas de la que formaba parte un vecino de mi amigo, el que se había hecho pasar por otro en los interrogatorios. El vecino le reconoció, le descubrió y a mi compañero se le empezaron a complicar muy seriamente las cosas. ¡Menos mal que, cuando todo parecía que iba a ir de mal en peor, pasó un capitán al que le pareció que los bazuqueros se encontraban en un lugar poco idóneo para su defensa! Mandó que formasen inmediatamente e hizo que se retiraran de allí. Esto salvó al joven alzado. También nos mandó sacar a nosotros. Dirigiéndose a mí, me preguntó:

—¿Tú eres español?

—Sí, señor.

—¿Y por qué, en lugar de alzarte contra nosotros, no lo hiciste contra Franco en España?

—Porque allí hace mucho frío —le respondí en plan de burla.

— Pues aquí vamos a calentarte a balazos. Anda, ya puedes ir escribiendo tu última carta a la familia.

—Fue una decisión mía venir y no tengo por qué lamentarme de mi suerte si me fusilan.

Nos obligaron a iniciar la marcha y vimos que nos llevaban hacia un rumbo desconocido. Al pasar por un río, me tiré de bruces. Quería saciarme de agua. Uno de los guardias intentó hacerme levantar e intervino el sargento diciendo:

—Déjalo, a ver si revienta y se muere. Así no tendremos que eliminarlo nosotros.

A las cinco y media llegamos a una gran casa de campo en la que las milicias tenían su cuartel general y la prisión. Allí me encontré con «el cuñado del hombre de la maleta», el desertor por el que yo intervine ante San Gil y Carretero para que le dejaran irse. Me comentó su odisea y me dijo que desconocía el paradero de *Pancho Villa*, al que también habían apresado con él.

Desde allí nos hicieron subir en un *jeep* a un grupo de prisioneros. Detrás, en otro *jeep*, se colocaron los guardias.

Nos llevaron a Güinia de Miranda para recoger a más presos que tenían en un vivaque. En torno a este lugar, un grupo de mujeres y de niños se aglomeraban llorando. Eran las esposas y los hijos de algunos de aquellos a los que iban a trasladar sin que supieran exactamente adónde los llevarían.

Salimos hacia Fomento en todo tipo de vehículos: camiones, furgonetas y hasta en ambulancias. A mí me tocó ir en una de estas últimas con un suboficial que, en el viaje, preguntó por un español que había residido en Isla de Pinos. Sabía que se refería a mí, pero no me di por aludido. Siempre hay entrometidos, sin embargo, y un compañero del grupo me señaló diciendo:

—Es este.

—¿Eres tú?

—Sí, señor.

Echó mano a su bolsillo y sacó el carné del pinero con una fotografía.

—¿Lo conoces? —me dijo.

—Sí. ¿Dónde está?

—Si no se ha muerto, le debe quedar muy poco de vida. Antes de que le atrapáramos, le metimos en el pulmón izquierdo una bala del calibre 30. Con él hay otro pinero, aunque este no se encuentra herido.

Debía referirse al *Fugitivo*...

Como el trayecto era largo y debíamos emplear en él varias horas, nos pusimos de acuerdo entre los presos para preparar una fuga: se trataba de abrir la puerta posterior de la ambulancia, al salir de una ciudad, y tirarnos aprovechando la oscuridad de la noche. El suboficial y otro militar que le acompañaba iban armadas. También hablamos de quitarles entre varios sus armas, en lo que efectuaban el relevo al volante. Pero hubo quien no se atrevió por temor a que nos mataran o a que, en el intento, nos estrelláramos contra los vehículos que venían por la carretera en dirección contraria.

Si esa gente decía que nos iba a matar, ¿por qué no intentar la fuga a costa de lo que fuese? No faltó tampoco quien diera el chivatazo de nuestros planes al sargento, que ordenó tocar el claxon de la ambulancia para que se detuviese el *jeep* que nos precedía con las tropas. Colocaron a este *jeep* detrás y nos amenazaron con fusilarnos en el camino.

A las ocho de la tarde llegábamos al cuartel de Tope de Collantes. ¡Que recibimiento tan hostil! La población, a la que la propaganda castrista azuzaba contra nosotros, gritaba sin cesar:

—¡Alzados, no! ¡Alzados, no!

Bajamos de la ambulancia y a un grupo nos hicieron subir a un camión de volteo. Cuando estábamos arriba, lo bascularon. Después cogieron a un niño que tenían preparado para eso y le colocaron una mochila a la espalda y un fusil R-2 en las manos. A nosotros nos colgaron unos grandes números en el pecho. Nos fotografiaron y publicaron la foto en los periódicos con una nota en la que se decía que hasta los niños estaban en contra nuestra y nos combatían con las armas. ¡La propaganda comunista no podía ser ni más burda ni más falsa!

De allí, nos llevaron a un calabozo oscuro.

Para mí, aquel calabozo era el inicio de un largo, de un penosísimo rosario de calabozos, prisiones, celdas y campos de trabajo forzado.

CAPÍTULO VII

EN LAS MAZMORRAS DE FIDEL CASTRO

En la prisión cuartelera de Tope de Collantes empezaba de forma oficial mi largo cautiverio. Yo tenía la certeza entonces de que me quedaban horas o, a lo sumo, días de vida. Y si alguien me hubiera podido decir que no me iban a fusilar de inmediato, sino que ante mí había un prolongado camino de dieciocho años de cruel encierro, no sé si me hubiese alegrado o si me hubiera entristecido. En cualquier caso, de haberme sido posible el conocer en qué condiciones infrahumanas se iba a desarrollar ese periodo carcelario, creo que hubiese preferido morir.

Las mazmorras de Fidel Castro fueron una lenta agonía para mí, una inacabable tortura física y psicológica.

En Tope de Collantes estaba a cargo de un guardia negro al que le habían ordenado que siguiera con el mismo estribillo cruel de que me quedaban unas pocas horas de existencia. Tal como hicieron conmigo en la loma, el negro me repetía constantemente y de forma obsesiva que me iban a ejecutar junto a un cura que también tenían preso en alguna parte. A cada momento golpeaba en la puerta de hierro con su propio cerrojo para decirme:

—*Gallego*, prepárate. Vamos a sacarte para meterte una buena ración de plomo en el pecho.

La primera noche que pasamos en el calabozo, llegó un guardia de madrugada buscando al *Chévere*. Fue siguiendo su rastro por las señas que de él le habían dado y no por su nombre. Los demás aparentamos dormir y todos guardamos silencio mientras el militar nos iba observando uno por uno con su linterna. Cuando lo halló, hicieron que saliese. Y, a los quince minutos aproximadamente, mandaron al mismo guardián que me sacase a mí también. Al abrirme la puerta, me dijo:

—¡Menos mal que llegó tu hora! Te van a despachar.

Y según decía esto, me dio una patada en el trasero, Me volví y le eché las manos al cuello, apretándoselo con todas mis fuerzas. No me importó que tuviera consigo el grueso candado de hierro que siempre llevaba. ¡Gracias a que vino a socorrerlo otro guardia que le liberó de mi enojo!

Me condujeron hasta el cuarto de un sótano donde me esperaba un sargento joven llamado Gustavo.

—Siéntate —me ordenó—. Ya sé que tienes hambre atrasada, pues en las montañas no podíais comer.

Y mandó a un carcelero que me trajera un paquete de galletas María. Cuando me las ofreció, le respondí:

—Muchas gracias, no me apetece comerlas.

Llamó de nuevo a su subordinado y le hizo traerme una coca-cola.

—¿Tienes sed? Toma, para que bebas mientras comes.

—No quiero ni la coca-cola ni las galletas.

—¿Qué quieres entonces? Estoy dispuesto a complacerte para que puedas matar el hambre.

—No quiero nada.

—¿Temes que te podamos envenenar?

—No.

—Para que veas que no corres peligro alguno, yo comeré la mitad y tú la otra mitad.

—No insista, sargento. No voy a comer.

Él sacó entonces de su cinturón un mazo de llaves entre las que había un abridor. Destapó la coca-cola, tiró la tapa con chulería al cesto de los papeles y, colocando la botella en su frente, echó mano de su pistola (me pareció una Makarov rusa), la montó y pegó el cañón del arma al cuello de la botella. Con su gesto pretendía decirme, probablemente, que igual que había quitado la tapa de la coca-cola estaba dispuesto a levantarme la tapa de los sesos. Mientras realizaba ese número tan circense, yo le miraba con fijeza a los ojos, cosa que le molestaba, y acabó diciéndome:

—Cambia la vista. Dirígela hacia otra parte.

Me alegró conocer su punto débil y saber que, a pesar de ser él mi verdugo y yo su prisionero, era yo quien le impresionaba y él quien tenía miedo.

En lo que esto ocurría, oí cómo interrogaban en la habitación de al lado al *Chévere*. Además de mi amigo y de su interrogador, se encontraba con ellos el sargento de los calzoncillos rojos y negros, el sargento infiltrado. Se llamaba Alcímedes Valentin de León, desertor de las filas de Castro y que se alzó con el *Chévere* y un grupo en que también iba yo. En las lomas «el león» se acobardó, perdiendo su melena, y Valentín pasó a ser el que menos valía... Las milicias, ante su cobardía, le tomaron por el pito de un sereno y le utilizaron mientras les convino, metiéndole luego 30 años de condena.

—Cuenta la verdad —decía ese traidor—. Esta gente se porta muy bien con nosotros.

—Yo no tengo nada que contar. Ni a ti ni a estos —respondía con firmeza el *Chévere*.

Y el sargento insistía:

—Di la verdad. Reconoce que fuiste tú el que me invitó a alzarme y el que me escondiste en el hotel Santiago-Habana, de Santa Clara.

El sargento que me interrogaba, tras guardar su pistola y poner la coca-cola sobre una mesa, me dijo aludiendo a la conversación de la habitación contigua:

—¿Ves cómo se descubren las cosas? Mira, voy a confesarte algo: yo fui delincuente y, cuando caí en desgracia como tú has caído ahora, traté de salir del apuro en que me encontraba usando el cerebro para que me soltaran. Sé inteligente y yo mismo te pondré en libertad.

—No me interesa usar mi cerebro de acuerdo con su conveniencia.

—No seas terco. Yo te suelto si tú me confiesas que fue el gobierno de Franco el que te mandó a Cuba para que te alzases.

—¿Franco? Ni Franco ni sus ministros saben siquiera que yo existo. Mal pudieron decirme, por lo tanto, que viniese a verle a usted.

Gustavo mandó buscar a otro militar que, en la Guerra Civil española, dijo haber peleado a favor de los republicanos. Se me presentó como «Betancourt, sargento español». Me comentó que, si seguía en mi postura de no colaborar, nada ni nadie podría salvarme la vida. Me di cuenta pronto de que él era el inventor de esa patraña que unía mi presencia en la sierra del Escambray con una posible connivencia gubernamental española. Lo noté por su insistencia en que confesara y en que, si no lo hacía, me pasarían por las armas.

—Mala suerte —respondí—. Sé morir y, si me fusilan por no caer en calumnias ni en mentiras, seré un español mucho mejor que los que me achacan esos ridículos embustes.

Al mando de los dos sargentos estaba el teniente Denis, jefe del G-2 de la provincia de Santa Clara. Viendo que no conseguían de mí lo que se habían propuesto, les comentó a los dos suboficiales:

—Os está contando una novela. Llevadle al edificio y tiradle a la represa.

Gustavo, fingiendo lástima, dijo:

—¿Ves? Lo que me temía. No seas tonto, aún estás a tiempo. Eres muy joven para morir. Confiesa lo que te pedimos y te pondremos en libertad.

—Prefiero la muerte antes que calumniar a mi patria.

Betancourt, a modo de despedida, puso su mano sobre mi hombro y dejó caer estas palabras en tono solemne:

—No hay quien te salve.

—¡Mejor! —dije secamente—. Ya les he dicho que sé morir.

Me llevaron de nuevo al calabozo. Pero, antes de entrar en mi apestosa celda, solicité ir al váter. Me condujo un guardia y me hizo pasar por un local donde había más de cien presos durmiendo en el suelo. Algunos estaban heridos. Yo me sorprendí de que hubiese allí tantos alzados prisioneros. Pensaba que los de mi grupo habíamos sido los primeros detenidos.

A los cuatro días nos trasladaron a un sanatorio de tuberculosos del que acababan de habilitar una parte como prisión. La zona estaba declarada como zona de operaciones.

Nos metieron en lo que fue en otro tiempo club de empleados. Se trataba de una sala de 8 por 8 metros en la que, al llegar, encontramos ya unos 180 hombres. Siguieron luego metiendo más. Hasta que materialmente resultó imposible hacer entrar una sola persona. Llegamos a sobrepasar ampliamente el número de doscientos internos en aquel reducido cuarto y nos resultaba muy difícil acostarnos. Había tres o cuatro colchones con huellas de sangre de los enfermos de tisis y que eran auténticos nidos de infección. En ellos dormían los más afortunados. Los demás lo hacíamos acurrucados o echados sobre el suelo de granito.

Con el correr de los días y de las semanas, no tardaron en aparecer las enfermedades: rubéola, paperas, infecciones... Hubo varios que perdieron la visión y algunos en cuyos esputos comenzó a haber sangre que denunciaba la presencia de la tuberculosis. Como nos echaban en las comidas jalapa, una planta que produce enérgicos efectos purgantes, todos padecíamos constantes descomposiciones y alteraciones nerviosas.

Pronto nos dimos cuenta de que no solo se nos condenaba a prisión, sino a padecer un diabólico y bien estudiado plan de destrucción física y mental. Convivíamos en ese reducto miserable con los heridos, con los tullidos e inválidos por efecto de las balas... Allí, por ejemplo, nos encontramos a un guía nuestro al que un tiro le había destrozado el cerebro. Toda la noche se la pasaba gritando de dolor y nos tuvimos que declarar en huelga de hambre para que atendiesen a quienes padecían las más extremas situaciones de precariedad y de abandono.

¡Cuánta inhumanidad, cuánta saña, cuánta barbarie comenzamos a sufrir...! Por la noche, sacaban a varios presos, los ataban de pies y manos y, colgados del cuello, los metían en la represa. Un médico controlaba el tiempo que cada uno podía permanecer sumergido en el agua. En el momento en que se les hacía emerger era para preguntarles si tenían alguien a quien denunciar. Si decían que no, volvían a ser sumergidos hasta que estuvieran otra vez a punto de ahogarse y acabaran rotos de los nervios. La soga, por otra parte, destrozaba los cuellos y las cuerdas bucales. A nuestros verdugos no les conmovía ni la sangre, ni las heridas, ni el dolor... ¡Nada! Tenían alma de hienas.

Por desgracia, no faltaron delatores y cobardes entre los propios presos. Tal fue el caso del miope *Cabaiguán*, aquel tartamudo que no se apartaba de la Biblia y a quien entre todos salvamos cuando se cayó al precipicio. Rompió el compromiso de fidelidad que debía a sus compañeros y se trocó en el más deshonesto de los chivatos. Cuando los oficiales venían a identificar a los presos, nos llevaban a un local en que ponían a *Cabaiguán* frente a la puerta para que nos reconociese uno por uno. Era un soplón que, con sus delaciones, alargaba los interrogatorios. Gracias a que estaba protegido por una ametralladora del calibre 30 que permanecía constantemente a solo unos metros de nuestra galera. De lo contrario, pienso que no hubieran faltado voluntarios para destrozarlo con sus propias manos.

Muy cerca también estaba el paredón de fusilamiento, llamado «la campana». En las instalaciones había armas y milicias por doquier. Un día se le escapó una ráfaga de metralleta a un soldado e hirió a un preso llamado Oswaldo.

Los helicópteros iban y venían constantemente trayendo heridos de los dos bandos. Y cuando llegaban nuevas remesas de prisioneros del cuartel por el que solíamos pasar todos los internos antes de que nos ingresaran en las galeras 1 y 2 del Hospital de Tuberculosos, Barrera, director de este centro y comunista empedernido, obligaba a los pobres tísicos a salir a las ventanas y gritar a los recién llegados: «¡Al paredón, al paredón!». Tenían la cruel costumbre de no olvidarse de llamar por teléfono al hospital desde el cuartel, para que se dispusiera al coro de enfermos que amedrentara desde el primer instante a los que venían. La bienvenida era siempre idéntica: «¡Al paredón, al paredón, al paredón...!».

Al poco tiempo de estar en aquel lugar, vino desde La Habana el mismo Fidel Castro para interrogar personalmente a Jacinto R. Villafaña, *El Trinitario*. El barbudo jefe de la revolución quería saber quién se escondía tras el nombre de *Augusto Sandino*.

El comandante *Augusto Sandino* (se trataba simplemente de un nombre de guerra), era la cabeza visible. El jefe de la causa de los alzados del Escambray, sin embargo, era el doctor Toni Varona, por ser una figura conocida a nivel nacional e internacional. Lo apoyaban no solo los comerciantes e industriales de Cuba, sino gentes de todas las condiciones sociales, del campo, de la ciudad y de cualquier punto geográfico de la isla, pues tuvo simpatizantes a millares que desafiaron al dictador para luchar contra su régimen opresor.

El Trinitario dijo a Fidel que no conocía a *Augusto Sandino*. El barbudo jefe del gobierno cubano le ofreció trabajo en un Ministerio o, si era esto lo que prefería, le dejaría exiliarse con su familia.

Pero Jacinto Rodríguez Villafaña se mantuvo firme en el interrogatorio.

—No importa —comentó el tirano—. Acabaré sabiendo quién es ese individuo. Si una aguja se pierde en el Escambray, la encontraremos. Tengo allí 150 000 hombres. Y si, para limpiar la sierra, necesito enviar otros 150 000 más, los enviaré porque los tengo. Cuéntame la verdad. De lo contrario, te meteré con los esbirros de Batista en Isla de Pinos y ordenaré luego dinamitar las circulares para que saltéis por los aires.

—No conozco a ese señor.

—¿No? Pues te voy a traer a un hombre que te conoce y sabe que eres amigo de *Augusto Sandino*.

Y, en efecto, mandó a un oficial que hiciese pasar hasta el lugar del interrogatorio a Máximo Lorenzo. Este «flaco» personaje, que tenía camiones cisterna en Sancti Spiritus recogiendo leche para la compañía Nestlé, fue jefe en El Escambray de mi amigo Jacinto Rodríguez Villafaña, *El Trinitario*. Se había alzado contra Batista alcanzando el grado de comandante, y luego contra Fidel, aunque no exhibía jamás su graduación en la loma, siguiendo la costumbre de la mayor parte de los oficiales que lucharon con Castro en la sierra y contra Batista en la clandestinidad.

Cuando los castristas hicieron su gran ofensiva, vio que las cosas iban de mal en peor y que la situación de la guerrilla se hizo insostenible. En vez de cumplir como un buen jefe que nunca abandona a los suyos en los momentos difíciles, no fue sincero con Rodríguez Villafaña, su segundo, y le comentó que se iba a La Habana a buscar dieciocho M-3. No volvió a subir. Mientras tanto, sus hombres (casi todos desarmados), siguieron rodeados por los castristas que, desde Cienfuegos, estrechaban cada vez más el cerco reduciendo su área de movilidad. La asfixia gubernamental llegó a tal extremo que hubo alzados que tuvieron que autoenterrarse entre el guano que los murciélagos producían en las cuevas del Escambray.

Máximo Lorenzo, que había sido hecho prisionero en La Habana, dijo a Fidel en el interrogatorio que conocía muy bien al *Trinitario*. Manifestó que se había reunido con este en la capital y había recibido de él varios pares de botas para que subiese a la sierra. Confesó también a Fidel Castro que sabía que *Sandino* mandó buscar al *Trinitario* para verlo en La Habana antes de subir al Escambray.

—¿Lo ves cómo *Sandino* y tú os conocéis y hasta os habéis entrevistado antes de alzaros contra mí?

—Todo eso es mentira —repuso nuestro compañero—. No conozco a *Sandino*, sino a este tipo que hace algunas semanas era mi jefe. Por ser mi jefe, quizá él, mucho mejor que yo, pueda darle alguna razón de ese *Augusto Sandino* por el que usted se interesa.

Castro, desesperado y viendo que no lograba sus objetivos, dio un guantazo al *Trinitario* y mandó que se lo llevaran, profiriendo contra mi compañero mil amenazas.

En el sanatorio de tuberculosos de Tope de Collantes estuvimos desde el 26 de enero hasta el 5 de mayo de 1961. Era tan pésima la situación que sufríamos que los días, las semanas y los meses se hacían interminables. Como si fuesen cangilones de una triste noria, todos venían cargados del mismo horrible sufrimiento que nuestros carceleros se ocuparon de darnos a manos llenas desde el primer instante.

En esta prisión nos cogió la malograda invasión que, después de un intenso bombardeo de los aeropuertos cubanos, mil quinientos exiliados cubanos protagonizaron el día 17 de abril en Playa Girón.

El acontecimiento, conocido también como el desembarco de la Bahía de Cochinos, nos creó a los prisioneros infinitas expectativas. Los alzados llevábamos muchos meses esperándolo y soñando con ese día desde antes de caer presos, pues aquel nuevo frente hubiese obligado a Fidel a atender a un mismo tiempo varios frentes. Se decía que parte de los exiliados desembarcarían por Trinidad y se unirían a nosotros, mientras que el resto pelearía en la costa.

Cuando ocurrió lo de Playa Girón, el hecho adquirió en cuestión de horas resonancia internacional. Pero su rápido desenlace y el desastre que supuso la muerte o la prisión de los protagonistas de aquella intentona, nos sumió a todos en el mayor de los desánimos y en el más descorazonador pesimismo.

Toda comenzó el 15 de abril. Varios aviones machacaron a lo largo de la jornada diversos aeródromos cubanos y, como resultado de los bombardeos, se produjeron 7 muertos y 50 heridos. Al día siguiente, durante el entierro, Fidel proclamó a los cuatro vientos: «Camaradas obreros y campesinos. Nuestra revolución es una revolución *socia-*

Fracaso de la invasión de Playa Girón.

lista y estamos dispuestos a dar la vida por ella...». Por si a alguno le cabía dudas aún, el propio dictador confesaba de qué lado ideológico había puesto a su régimen. Del 17 al 19 de ese mes, se luchó encarnizada y heróicamente, pero Kennedy se negó a la intervención de los *marines* y, con su negativa, aceptó el fracaso de Playa Girón. El 24 asumió su responsabilidad en el desastre y, el 25 de abril, decretó el bloqueo de Cuba.

Hasta que no se vio de parte de quién iba a decantarse la victoria, los guardias y los sargentos que nos custodiaban cambiaron de actitud y comenzaron a tratarnos muy bien, pues temían nuestras represalias en el caso de un triunfo de los invasores. Todos se disculpaban o se decían inocentes. Buscaban nuestra amistad y hasta nuestro apoyo. Cuando los hechos militares se pusieron a su favor, volvieron a asumir con toda naturalidad su triste papel de torturadores.

El 4 de mayo de 1961, varios oficiales aparecieron con una lista. Empezaron por la galera número 1 a llamar a los presos, apartando de forma sistemática a quienes eran menores de edad. Luego continuaron por la galera número 2. Nos mandaron salir a los que habíamos sido nombrados y, en aquel sitio, dejaron a 135 personas para someterlas a juicio.

A los demás nos bajaron en camiones cubiertos con lonas hasta el cruce de las carreteras de Trinidad y Cienfuegos. Éramos 408 hombres y nos metieron en 11 ómnibus, en los que permanecimos encerrados todo el día. Allí, alrededor nuestro, se quedaron infinidad de milicianos insultándonos y levantando sus fusiles en plan de triunfo.

Esperaron a que se hiciese de noche, pues el gobierno sabía que, al cruzar por los pueblos, la población civil nos vitoreaba. Con el fin de evitar esas aclamaciones, no dieron salida al convoy hasta que no se hizo de noche. Incluso desviaron varias veces el rumbo lógico del viaje para no atravesar localidades de alguna importancia. De todos modos, y a pesar de sus esfuerzos, recibimos numerosas muestras de simpatía: niños, mujeres y hombres de todas las edades no solo nos saludaban, sino que, apretando los brazos contra su pecho, hacían ademán de abrazarnos y las mujeres nos tiraban besos. A otros se les saltaban las lágrimas al vernos como animales conducidos al matadero. No les amedrentaba la feroz represión reinante para mostrarnos su afecto y su solidaridad por habernos enfrentado a los comunistas.

Llegamos a Batanabó el día 5 a las 8 de la mañana. Nos estaba esperando el ferry que nos trasladaría a Nueva Gerona, en Isla de Pinos. En ese ferry embarcamos y alcanzamos nuestro nuevo destino hacia las 5 de la tarde.

¡Isla de Pinos! ¿Quién me iba a decir que volvería tan pronto a ese lugar tan conocido por mí y en que tantas ilusiones laborales había empezado a desarrollar hasta que el comunismo se apoderó de Cuba?

En el puerto isleño nos rodearon unos dos mil milicianos y la policía especial del presidio, que usaba cascos blancos para diferenciarse del resto de las tropas. Había también soldados del ejército. Me llenó de asombro aquel alarde de hombres y de armamento. En las azoteas habían colocado ametralladoras y en algunas pude contar hasta cuatro bocas antiaéreas. Convirtieron la isla en un arsenal.

En varios camiones nos trasladaron al presidio, a lo que antes era la sala C del hospital y que ahora se hallaba convertida en una improvisada prisión. Allí, según llegaban los camiones, nos fueron metiendo a los 408 presos. El espacio habilitado no hubiese admitido ni siquiera la mitad de gente y no disponíamos de agua para beber ni para lavarnos. Como servicios higiénicos, encontramos un solo retrete con dos tazas y... una ducha. ¿Una ducha para qué, si no había agua para utilizarla?

El último grupo llegó ya de noche. Algunos militares nos decían: «¡Están en Isla de Pinos!». Otros, sin embargo, comentaban: «¡Esta es la Isla de Suan!», aludiendo a que en ella había estado *La Voz de Radio Suan,* una emisora de los primeros exiliados cubanos. Con el

Las famosas circulares de la cárcel Modelo en la Isla de Pinos.

grupo postrero entró el jefe de la guarnición y demás elementos que iban a encargarse de reprimirnos el tiempo que allí permaneciéramos.

Como sabían que éramos gentes curtidas y que bajábamos de las montañas curados de espantos, como necesitaban amedrentarnos de alguna forma y necesitaban crear un clima de temor, gritaron cuanto quisieron e hicieron uso de sus bayonetas en lo que pasaban lista. Querían que nos presentáramos ante ellos con absoluta rapidez, una rapidez que no permitía el hacinamiento en que nos encontrábamos.

Tan pronto como terminaron el control, alguien se encargó de decir:

—¡Mañana les daremos el traje de los esbirros de Batista!

¡Esbirros!, pensé, ¿habrá sobre el planeta alguien más esbirro y más sinvergüenza que vosotros?

A las once de la noche aparecieron con arroz y habas coloradas. Era un condumio horroroso, crudo y seco. Nos dieron un plato, pero no había cuchara y tuvimos que comer con la mano, doblando los dedos de tal forma que estos llegasen a formar un pequeño cuenco en que ir echando aquella bazofia que se nos daba como comida.

El día 6, a primera hora, vino el jefe de la guarnición con la tropa y 408 mudas. Llegaban acompañados por presos comunes que fueron los encargados de colocar la ropa en el centro del patio interior al que nos sacaron. Los soldados se pusieron en fila a dos metros del muro, dejando un pasillo entre ellos y la pared. Por ese pasillo debíamos transitar nosotros. Según salíamos de la galera, nos obligaban a quitarnos los harapos de alzados que nos quedaban y, con ellos y con los zapatos en la mano, teníamos que caminar desnudos alrededor del patio, entre la pared y los soldados. Estos nos iban dando el uniforme de la guardia rural de Batista y nosotros tirábamos la ropa que traíamos. Para humillarnos y, antes de entrar de nuevo en la galera, nos golpeaban con hierros. Como teníamos las manos ocupadas, sabían que no nos resultaba fácil defendernos.

Una vez dentro, pedimos unos bidones de 55 galones de capacidad, pues necesitábamos agua para asearnos y beber.

El día 7, a mediodía, nos dieron fideos con yuca. Los llevaron en grandes peroles y, al meter el cucharón el encargado de la comida, revolvió esta y apareció una vulva de vaca. Se hizo una protesta generalizada. Aunque era mucha el hambre que teníamos, nadie comió. Se mandó a buscar al jefe de la cocina que, al llegar, dijo:

—Si no quieren la comida, déjenla. No tengo otra.

Se mandó buscar al jefe de orden interior y no apareció. Por la tarde nos negamos también a cenar en lo que no se nos diese una explicación a aquella conducta. Cuando el jefe de orden interior vino a la hora del recuento, echó la culpa de lo acaecido a los presos comunes y nos dijo que no pasaría más una cosa semejante.

Después de unos días, decidieron descongestionar un poco el hacinamiento que padecíamos y se llevaron personal a otra galera. En esto mejoramos algo nuestras condiciones de estancia. En el tema ali-

mentario, sin embargo, las cosas seguían igual. Al poco tiempo de ocurrir lo de la vulva de la vaca, apareció un zapato viejo en el perol. Volvimos a negarnos a comer. Nos comunicamos con las demás galeras y
acordamos hacer una huelga de hambre hasta que no hablásemos con
el director. Una comisión fue a parlamentar con él y el director tuvo
el cinismo de decirnos que no se explicaba cómo podían ocurrir esos
hechos. Prometió hablar con los comunes para que no volvieran a realizar gamberradas de aquel calibre. A nosotros, sin embargo, nos pareció que podía ahorrarse cualquier conversación y que, para que ese
comportamiento de los comunes cambiara, bastaba con que el propio
director dejase de ordenar que se repitiesen tales atropellos.

A partir del 13 de junio, empezamos a recibir visitas. Estas iban a
desarrollarse en un recinto rodeado de cercas de acero, pero se puso
a llover y nos metieron en la circular número 2, que estaban terminando de reparar. A los hombres que vinieron a ver sus familiares
los dejaron en el primer piso, mientras que nosotros permanecíamos
con las mujeres y los niños en la planta baja. No nos permitieron
juntarnos con los varones porque, según los comunistas, ¡podían pa-
sarnos aparatos de radio! ¿No tendrían más facilidad las mujeres para
camuflar entre sus faldas cualquier objeto?

Hasta en los más pequeños e insignificantes detalles aquello era
el reino del absurdo y del cinismo. Nuestros guardianes hicieron ver
a los familiares que no permitían que nos mojáramos porque se preocupaban de nuestra salud. Resultaron unos auténticos maestros de
la demagogia y del engaño: mataban, torturaban, encerraban a los
hombres en calabozos sin luz ni ventilación, los metían en gavetas
como las de San Ramón o Tres Macíos, en la provincia de Oriente,
nos condenaban a trabajos forzados o a vivir en condiciones que no
resistirían ni los animales... ¡y les preocupaban cuatro gotas de lluvia
que pudieran caernos encima!

Cometían con nosotros los atropellos más horrendos de los más
infames regímenes totalitarios, queriendo luego hacerse pasar por
gente humana y maravillosa ante nuestros propios familiares y amigos, solo por el hecho de que permitieran a estos traernos catres o
hamacas de lona..., hamacas y catres que después nos destrozaban
con sus bayonetas. ¿No está obligado cualquier gobierno a dar como
mínimo una cama a sus presos?

Los días volvieron a ser idénticos, duros, inaguantables... Unos se parecían a otros y el tiempo transcurría con la lentitud con que solo transcurre el dolor.

El 28 de junio nos trasladaron a la circular número 2, que habían estado preparando. En ella nos ocurrirían infinidad de anécdotas y de tragedias. Algunas muy relacionadas con la amenaza que el propio Fidel Castro había proferido contra *el Trinitario*, en Tope de Collantes, cuando le prometió hacerlo volar por los aires en Isla de Pinos junto a los esbirros de Batista. Lo que olvidó decir el dictador fue que, en sus cárceles, ya no había solo simpatizantes del anterior jefe de gobierno. Estaban también, y en gran número, los que se rebelaron a su lado contra Fulgencio en la Sierra Maestra, pero que pronto se sintieron traicionados por él cuando arrojó a Cuba en poder del comunismo internacional. Fueron numerosísimos los que tuvieron que compartir cárcel con nosotros después de haber expuesto su vida valientemente en busca de una mayor libertad y una democracia más justa para su país.

Para que diesen los cuidados médicos que necesitaban aquellos presos que sufrían heridas o enfermedades, llegó un momento en que nos tuvimos que declarar en huelga de hambre indefinida la mayor parte del personal de las 4 circulares. Permanecimos 6 días acostados sin movernos, unos en las celdas y otros en la planta baja. La dirección, al ver nuestra firme determinación, se alarmó. Los oficiales iban y venían nerviosos de un lado para otro. Temían la repercusión que nuestra postura pudiese tener en el extranjero y la reacción en sus propias filas, en las que no faltaban tampoco gentes de buena voluntad que habían luchado a favor de la revolución para acabar con todo tipo de abusos.

Nombramos una comisión que fuese a hablar con la dirección y, lo que no habíamos logrado por otros cauces más blandos y dialogantes, lo conseguimos entonces con nuestra intransigencia: acabaron llevándose al hospital a un buen número de hombres que precisaban una urgente atención médica.

Al «humano» régimen castrista se le ocurrió pronto una idea demoniaca: por si volvía a haber otra invasión de los cubanos anticastristas y estos intentaban liberar a los presos... planificaron una posible voladura de las cárceles. Y empezaron a debilitar los muros de cemento y las columnas de hierro de las cuatro circulares. Si tenían que dinamitar el edificio, cuanto más débil fuese este, mejor. Se trataba de un proyecto de asesinato en masa, pues su intención era que, si llegaba el caso, de allí no saliese nadie vivo. Algo tan horrendo tuvo que ser aprobado, por supuesto, en las más altas instancias de La Habana.

La noche del 22 de septiembre de 1962 exactamente, vimos llegar un camión cargado frente a la circular número 2. Yo me encontraba en la celda de Pepín del Río, el mayor de la circular, cuando alguien gritó:

—¡El camión de los paquetes!

Y, en efecto, allí estaba el camión en que solían llegar los paquetes que los familiares hacían llegar a los presos. Pero lo que ese vehículo contenía en tal ocasión eran 7 400 guacales de TNT para colocar en la estructura de cada edificio. Sobre ese polvorín dormiríamos a partir de entonces los 4 500 presos políticos que residíamos en aquellas 4 circulares. Según un preso chino, experto en explosivos, si la carga llegaba un día a explotar, era muy probable que media isla quedase sumergida.

Para defendernos en la medida de lo posible contra los bárbaros de los que dependíamos, tuvimos que organizarnos y, con el fin de conocer aquello en lo que cada uno de nosotros era experto y qué cosas sabía hacer cada cual, fuimos celda por celda tomando nombre, número y conocimientos profesionales de los prisioneros.

Surgió de este modo una fantástica organización laboral que nos permitía disponer de un elevado número de personas expertas en temas administrativos, militares, políticos, de vigilancia interna y externa, de fabricación de herramientas, de cordelería, de construcción de galerías o de fuelles para la forja. Encontramos carpinteros, albañiles, profesores, técnicos en explosivos, médicos y personal sanitario con capacidad para crearnos nuestros propios sueros...

Y como la primera obligación de un preso político es luchar por ser libre, no faltó quien delineara un túnel de varioos metros en la circular número 2, túnel que, para hacerlo realidad, se pusieron a construir diligentemente varios equipos de expertos y por el que podríamos salvarnos los 2.300 hombres que nos encontrábamos en las circulares 1 y 2.

Para evitar los ruidos que se producían al picar el subsuelo, profesionales del béisbol, del boxeo o de la música afrocubana que se encontraban presos, ejercían sus habilidades embelesando a los guardianes, a quienes les apasionaban los espectáculos deportivos o musicales.

Algo similar habían emprendido los compañeros de la circular número 3 para salvarse ellos y los internos de la número 4. Nuestro túnel fue una verdadera obra maestra. Lo trazaron, lo ejecutaron y lo dirigieron personas muy competentes. Gracias al esfuerzo y a la competencia de muchos, pudo hacerse realidad un proyecto tremendamente ambicioso que no tuvo necesidad de ningún material que proviniera del exterior. Durante el tiempo que duró su construcción, se dio una noble emulación entre los distintos grupos. Y la inventiva de cada uno suplió las carencias con las que contábamos.

Resultaba increíble comprobar cómo los hombres desafiaban el peligro: había quienes tenían que cruzar la estructura de la circular por los bordillos de las vigas y acercarse hasta el centro de la misma como si de auténticos trapecistas se tratara. Alcanzaban una altura que daba vértigo y, desde ese lugar, trepaban aun hasta la cúpula para buscar las persianas de madera que allí había y que se utilizarían después en el encofrado.

Y era hermoso ver el trajín constante de una laboriosa legión de hombres en *shorts*, equipados con palas de punta y pequeños picos, que se relevaban frecuentemente y avanzaban a un ritmo acelerado.

El túnel discurría a un metro de profundidad, bajo el piso de cemento de la planta inferior. El grupo de escombreros, agachados de medio cuerpo, seguían a los mineros y se pasaban entre las piernas de unos a otros los cubos llenos de tierra. Estos cubos los izaba otro grupo de hombres hasta el sexto piso, mediante el gancho de un aparejo con el que se subían hasta unos «chavos». Llamábamos «chavos» a las oquedades que había entre las paredes y que llegaban desde la primera planta hasta lo más alto del edificio. Eran espacios cerrados, semicirculares, que ocultaban las tuberías de agua que subían desde el sótano hasta la sexta planta. Solo eran accesibles a través de unas trampillas metálicas, de 40 por 50 centímetros y cerradas herméticamente en cada piso. Los «chavos» se llenaban desde arriba y, cuando uno de ellos se encontraba repleto, la tierra se vaciaba en otro... Era la forma de no sacar fuera un material que nos hubiera resultado imposible ocultar a los ojos de aquellos malvados. Y, al mismo tiempo, los 14 000 cubos que llegamos a extraer del túnel se convirtieron en sólidas e invisibles columnas de unos inmuebles que reforzábamos para compensar los estragos que en su estructura habían causado nuestros guardianes para volarnos.

A medida que crecía la galería, hubo que suministrar más y más aire a cuantos trabajaban en ella. Lo hacíamos desde un tanque de 220 litros colocado en una de las celdas más próximas a su boca y mediante una pequeña bomba que, con el tiempo, hubo que sustituir por un fuelle de plástico que nosotros mismos nos encargamos de confeccionar. La galería iba en dirección a la cisterna de la circular, pasaba por debajo de esta y seguía hasta la carretera que circunvalaba al edificio de la cocina.

Mientras unos picaban, cavaban, extraían la tierra, la izaban hasta el sexto piso y la vertían en los «chavos», había quienes encofraban o apuntalaban el túnel, mientras otros vigilaban en todas las direcciones y a todas las horas para evitar sorpresas. La vigilancia iba no solo hacia las gentes de fuera, sino hacia adentro también, pues tan peligrosos como los castristas eran los infiltrados que estos tenían entre los prisioneros. También vigilábamos cualquier salida y entrada, las conversaciones de los presos con los militares... Hasta la correspondencia que enviábamos y que recibíamos pasaba por una estricta censura. No se permitía que nadie cortara rejas o que intentara escapar por su cuenta, ya que cualquier fuga hubiese supuesto la alarma general y una minuciosa requisa que habría llevado probablemente a que nos descubrieran meses de intenso trabajo.

Habíamos preparado las rejas que consideramos necesarias para saltar por ellas tan pronto como llegase una nueva invasión, que esperábamos tanto nosotros como el propio gobierno. Eran rejas cortadas con una determinada inclinación y que se mantenían de pie porque estaban calzadas con cuchillas de afeitar.

Otra precaución que tuvimos que tomar fue el librarnos de algún modo de aquellas toneladas de TNT sobre las que vivíamos y con las que nuestros verdugos pretendían hacernos volar por los aires cuando lo creyeran oportuno. Sus cargas de dinamita estaban conectadas por unas líneas eléctricas que habían soterrado desde Sierra Caballos y cuyo funcionamiento controlaban de forma periódica. Cuando los técnicos en explosivos del gobierno venían a comprobar si llegaba la corriente a las líneas, nos insultaban y nos decían que iban a hacernos trizas. Pero nos reíamos de ellos y, para hacerles ver que no temíamos a la muerte, los recibíamos tirándoles fuego o colchas empapadas en petróleo. Huían despavoridos diciendo que estábamos locos.

Lo que estábamos era seguros. Nuestro instinto de conservación y nuestra inteligencia nos ayudó a ingeniárnoslas para idear un sistema que manipulábamos desde el túnel y que nos permitía conectar sus líneas cuando la inspección llegaba. Tan pronto como se iban, volvíamos a desconectarlas.

Teníamos todo perfectamente planificado. Contábamos con estructuras propias y con un propio gobierno interior. Sabíamos organizarnos y, en la medida de lo posible, vencer las dificultades que nos planteaba nuestra calamitosa privación de libertad. Solo esperábamos el momenta oportuno del desembarco para salir y unirnos a los nuestros... Pero los traidores, los cobardes, los resentidos y los soplones delataron el trabajo ingente que cientos y cientos de hombres llevábamos realizando con esfuerzo desde hacía muchos meses.

Los comunistas se quedaron atónitos por la sorpresa cuando descubrieron nuestra obra. Se les agigantaron los ojos y no daban crédito a cuanto veían. Se preguntaban cómo demonios podíamos haber realizado algo tan perfecto y si nos habríamos comido las toneladas de tierra que tuvimos que extraer y que ellos no encontraban por ninguna parte...

Pomponio, que era como apodábamos al jefe de orden interior (aunque en realidad se llamaba Bernardo), andaba nervioso por el presidio, preguntando a unos y a otros. Todo indicaba que sus informadores no habían podido comunicarle más que dónde empezaba el túnel y el número de las celdas que tenían las rejas cortadas. Al carecer de otros detalles, *Pomponio* daba la impresión en un principio de que estaba viendo visiones...

Tan pronto como les llegó el chivatazo, hicieron un descomunal despliegue de tropas. La mayor parte de ellas se quedaron delante de la dirección. Luego rodearon la valla de ametralladoras para hacernos requisa y obligaron a 1 200 hombres de cada circular a salir desnudos a la intemperie. ¡Mil doscientos hombres en cueros durante todo el día y a campo raso! A otros se los llevaron al calabozo.

Pero el alboroto que se organizó fue tremendo, pues un gran número de presos se solidarizaron con los compañeros que mayores represalias habían sufrido. Y, como nuestros guardianes no admitían ningún tipo de solidaridad entre los presos, estalló en el presidio una guerra que duró tres días. Se trató de un verdadero motín. Los incidentes empezaron el 9 de septiembre de 1962 y no se terminaron hasta el día 12 del mismo mes.

En sus operaciones de apaciguamiento, la dirección se vio obligada a utilizar un tanque *Sherman*, varias tanquetas M-8 con ruedas de goma, ametralladoras calibre 30 y 50, fusiles, metralletas, miles de guardias y oficiales...

Cuando lograron hacerse con la situación y las tropas pudieron entrar en las circulares, se hizo el registro más espectacular y minucioso que se haya hecho en la historia de la cárcel. No respetaron nada y se llevaron hasta la última propiedad de los prisioneros: libros, relojes, material de escritorio, etc. Mientras efectuaban el registro, obligaron a los internos a desnudarse y los mantuvieron en cueros durante 14 horas. Para humillarlos, les pinchaban en las nalgas con las bayonetas y, como los había que estaban muy enfermos o que eran ancianos, no faltaron quienes llegaron a desmayarse. Se incautaron de objetos por valor, según nuestros cálculos, de varios cientos de miles de pesos. Y no solo no devolvieron nunca ninguna de estas cosas que robaron, sino que prohibieron durante varios meses la venta a los prisioneros, por lo que fue imposible reemplazarlas por otras similares. También suspendieron durante largas semanas las visitas del exterior.

Yo, afortunadamente, no tuve que sufrir de forma directa la requisa, pues me acababan de operar de apendicitis y me encontraba en el hospital. Pero mis compañeros me contaron la odisea de unas jornadas presididas por el odio y la revancha.

Como la requisa no llegó a la enfermería, a mí me dejaron el plato, la cuchara y los enseres más imprescindibles que tenía conmigo. Pero la mayoría de los presos se quedaron sin ellos y nos vimos obligados a comer varios con la misma cuchara. Nos quitaron hasta el agua y no podíamos lavar nada, por lo que las condiciones higiénicas se hicieron inaguantables. Fueron unas circunstancias en las que, los más débiles de carácter, lo pasaron tremendamente mal. A mí aquella experiencia me sirvió para comprobar lo mucho que los hombres dependemos de nuestras pequeñas cosas, de nuestras pequeñas posesiones, y cómo la propia felicidad la queremos extraer con frecuencia más de los objetos que poseemos que del fondo de nosotros mismos.

Nuestro aislamiento era prácticamente total y el mundo, para nosotros, se acababa en aquellos muros, en aquellas jornadas interminables y repetitivas, en la inhumanidad que nos rodeaba... España (lo sabría muchos años después), había comenzado a abrirse al exterior. Una vez superada la etapa autárquica de su economía, miles de obreros salían en busca de trabajo a distintos países europeos o, dejando atrás sus pueblos de Andalucía, Castilla, Extremadura o Galicia, comenzaban a instalarse en zonas industriales de Cataluña, el País Vasco y Madrid. La década de los años sesenta, que tantas y tan hondas repercusiones traería a mi país, había comenzado y transformaba deprisa hábitos ancestrales, formas de vida, mitos, modos y modas de vestir, de desplazarse y hasta de cantar. Muchas ciudades españolas se llenaban no solo de pisos y de barrios nuevos, sino de coches, de cines y de gentes que iban a ir pasando de la pana al «tergal», del adobe al progreso, de la palangana al agua corriente...

Y, más allá de España, el orbe entero vivía pendiente de los horrores de Katanga, de los viajes de Kruschev o de Kennedy, de los preparativos que hacía Juan XXIII («el papa bueno»), para inaugurar su Concilio Vaticano II, de la muerte accidental del sueco Dag Hammarskjöld, secretario general de las Naciones Unidas, de los primeros vuelos tripulados por el espacio...

Pero nuestra cárcel resultaba impermeable a todo y, ni salían de ella las torturas que padecíamos a diario, ni en ella entraba la menor noticia del exterior. Hasta ignorábamos casi totalmente lo que ocurría en la misma Cuba, un país que, tras proclamar a 1959 como «Año de la Liberación», comenzó a dar a los siguientes años nombres tales como «Año de la Reforma Agraria» (1960); «Año de la Educación» (1961); «Año de la Planificación» (1962), etc.

¡Planificación! Lo que los comunistas planificaron para nosotros, a finales de 1962, fue un plan piloto de trabajos forzados que se denominaba «Plan Morejón», pues así se apellidaba el jefe de la guarnición que había por entonces. Fue un plan que se inició en los edificios número 5 y número 6. A este último era a donde la dirección comenzó a llevar a presos de todas las circulares para darles clases de marxismo-leninismo. Los que no aceptaban el adoctrinamiento iban siendo trasladados poco a poco a una de las galeras del hospital y, desde allí, pasaban a realizar diversos trabajos forzados.

Todas las mañanas se formaba el pelotón de castigo. Si alguien se negaba a salir, los militares se encargaban de sacarlo a golpes, golpes que repartían también a diestra y siniestra entre los demás compañeros para evitar que al día siguiente los opositores fuesen más numerosos y para que, los que salían voluntariamente, echaran la culpa del maltrato a los que no querían trabajar y hubiese así roces y enfrentamientos entre unos y otros. Y lo consiguieron, pues las broncas entre los propios presos llegaron a ser tan fuertes que, con frecuencia, de las peleas resultaba algún interno herido.

La mayoría de los internos claudicó y no solo aceptó los trabajos forzados, sino el consiguiente «Plan de Rehabilitación». Yo respeté entonces y seguiré respetando las posiciones que cada cual decidió asumir, pero nunca me sometí a los designios de mis carceleros, aunque sabía que esa postura iba a acarrearme un encierro más prolongado y condiciones de vida que acabaron produciéndome graves problemas físicos, como falta de memoria y una pertinaz pérdida de equilibrio que me duró cerca de once años.

Tras su Plan Piloto, extendieron a todo el penal el Plan de Trabajo Forzado al que pusieron el nombre de «Camilo Cienfuegos», uno de los comandantes de mayor influencia y al que acabarían luego haciendo desaparecer en el mar.

Entre los muros del presidio de Isla de Pinos, los meses se hacían eternos. Sin que la llegada de una nueva jornada nos supusiera el aumento en la esperanza de que al fin podía cambiarse la horrorosa situación que padecíamos. Creo que no hay nada que avance de forma tan lenta como el tiempo en una prisión.

La entrega de Cuba a la Unión Soviética estuvo a punto de costarle al mundo una guerra atómica en el mes de octubre de 1962. Fidel Castro quiso convertir a la isla en base de cohetes con ojiva nuclear y, tanto la URSS como Estados Unidos, hicieron vivir al mundo entero varias semanas de angustia, pues el presidente americano amenazó con una invasión si se transformaba Cuba en una base ofensiva. A esto replicó Kruschef que, si la isla era invadida, desencadenaría un conflicto armado con todas las consecuencias. Kennedy obtuvo del Congreso la movilización de unos 400.000 reservistas y decretó el bloqueo naval contra el régimen cubano. Moscú anunció pronto que no iba a acatar ese bloqueo yanqui y la humanidad se preparó para lo peor...

Por fortuna, los rusos accedieron a retirar el armamento ofensivo a cambio de que Estados Unidos no derribasen el régimen cubano por la fuerza. Y la crisis de los misiles pasó a ser solo un susto.

Sus consecuencias, sin embargo, no pudieron ser más negativas para nosotros. Fue una crisis que liberó a Fidel de otros intentos de derrocamiento similar al de Playa Girón (apoyados por Norteamérica), y su gobierno se consolidó definitivamente. A partir de entonces, ya no nos quedaba ni la ilusión de esperar, la ilusión de ver un día compensados tantos sacrificios, tanto valor y tanta muerte heroica.

El 28 de abril de 1963 nos trasladaron a los presos del Escambray a las galeras del hospital. En ellas habíamos estado ya cuando llegamos a la isla. Los guardianes nos informaron de que nos llevaban allí para juzgar a los 408 hombres que llevábamos 4 años de prisión preventiva. También iban los 24 compañeros que, en Tope de Collantes, fueron condenados a muerte. La vista se celebraría al parecer en el gran patio del edificio y se transportaron tablones y bloques que sirvieran de bancos. Todo fue mentira y tuvo lugar el traslado, pero no el juicio.

Se nos habló de la posibilidad de un canje de prisioneros, pues sabían que esta eventualidad era algo que nos ilusionaba a todos. Pero todo resultó una estafa, una hábil estratagema para romper nuestros nervios, sacarnos de una situación a la que nos íbamos acomodando a duras penas y para quitarnos el material de estudio o esas pequeñas cosas que nos proporcionaran la más mínima ilusión.

Para que su sarcasmo estuviese teñido de una trágica y macabra felonía, lo que preparaban en realidad era el fusilamiento de la veintena larga de condenados a muerte.

En las primeras noches de junio, aparecieron en las galeras del hospital varios guardias y oficiales. Venían con el jefe de archivo y traían varias listas escritas a máquina. Se acercaron a la reja y mandaron guardar silencio, ya que, según ellos, se iba a efectuar el traslado que precedería al anunciado canje. Los condenados a muerte y los que tenían las condenas más altas se disputaban los primeros puestos en la salida, pues su marcha de allí la veían como un inminente y dorado exilio en los Estados Unidos. Les llamaron a ellos y a otros con penas más bajas. Y todos se sintieron felices. Todos... menos un joven mulato de Caracusey, llamado Senén Belcourt, que siempre dijo que tenía la intuición de que nunca volvería a ver a su único niño de dos años y medio. Él estaba convencido de que les iban a matar y, al salir, me dio un abrazo confesándome con los ojos llenos de lágrimas:

—*Español*, no te digo hasta luego, sino hasta siempre. Esto no es más que una maniobra de estos rojos para fusilarnos. Los últimos días de abril y los primeros de mayo de este año, Fidel Castro ha estado en Rusia y ha venido envalentonado. Nos van a matar, no lo olvides... Adiós, amigo.

Uno por uno, fue comprobando la salida de todos los condenados el teniente Curbelo, jefe del archivo y amigo personal de Ramiro Valdés, el entonces ministro del Interior. Cuando salió Cristóbal Airado, Curbelo le preguntó:

—¿No eres tú uno de los que mataron al comandante Pití Fajardo?

—No. Pero eso es de lo que me acusan.

Le mandó separar del grupo. También mandó separar a un tal Pi. Al primero lo hizo apartar porque no tenían pruebas contra él y ya habían fusilado a otros dos acusados del mismo caso. A Pi lo excluyeron porque le habían fusilado recientemente a un hermano.

A todos los demás les llevaron hasta el aeropuerto de Nueva Gerona, donde les esperaba un avión que iba a conducirlos a La Habana. Cuando llegaron a la capital, separaron de los demás a los condenados a muerte y lo hicieron con tan malos modos que pronto comprendieron el engaño a que habían sido sometidos. Engañándoles, el traslado se efectuó sin ninguna resistencia por su parte y evitando cualquier posible sublevación de los condenados a muerte y de quienes les acompañaban.

El 19 de junio ametrallaron a 19 de ellos en la provincia de Las Villas. A otros dos los pasaron por las armas en El Pedrero, donde encontraron ahorcado a Conrado Benítez, y obligaron a asistir a la ejecución a los campesinos del lugar para amedrentarlos y para que viesen lo que les ocurría a los opositores al régimen castrista. Entre los testigos de aquel asesinato estaban también nuestros compañeros Romayor, que no corrió igual suerte por tener más de 65 años, y Aldo Chaviano, que era menor de edad. Estos fueron quienes, al volver a Isla de Pinos, nos narraron lo sucedido.

Al grupo que viajó hasta La Habana con los condenados a muerte, siete días después les hicieron regresar a la isla. A los demás nos distribuyeron entre las cuatro circulares. Yo tuve que reincorporarme por segunda vez a la circular número 2, pues me habían enviado con anterioridad a la número 1, con motivo de una nueva fase de los planes que habían hecho el 19 de febrero del año 1962.

En la circular número 1 estuve con militares de alta graduación, pilotos, mecánicos de aviación y diversas personalidades que habían pertenecido al gobierno de Batista. Allí metieron también a exoficiales rebeldes del régimen castrista, estudiantes, comerciantes e industriales. Eran en general gentes muy valiosas. Los propios castristas, creyendo insultarnos, nos daban más personalidad denominando a nuestra circular «la de los leones».

En la número 2 permanecí hasta el 25 de agosto de 1964. Aquí conocí nuevas caras y nuevas personas, entre ellas a un capitán de la marina de guerra. Estuvo en activo durante la primera administración de Batista, durante las administraciones de Grau y Prío, durante la segunda de Batista y en los primeros días de gobierno de Fidel Castro. Se autotitulaba «el zorro del mar». Según decía, tenía que contar con él y con su experiencia quienquiera que desease navegar más allá de tierras cubanas. Era ya un hombre de más de sesenta años, alto, de complexión fuerte y lucía un gran bigote blanco, perilla del mismo color y pelo muy cano. *El zorro del mar* se apellidaba en realidad Castro de Vara.

Un día, este señor se puso en contacto conmigo porque su compañero de celda era de mi grupo del Escambray y compartíamos idénticos ideales políticos. Hablando entre ellos, mi amigo le había dicho que yo poseía una embarcación en el río de Las Casas, en Nueva Gerona, registrada a nombre de José Amador del Pino para que no me la quitaran.

—*Español*, nuestra libertad está en tus manos —me dijo *El zorro del mar*.

—Si eso es verdad, señor Castro de Vara, ya somos libres.

—Me dijeron que usted conoce perfectamente la isla por dentro, que la ha circunvalado por mar y que ha realizado viajes a Jamaica, México y Gran Caimán . Pues bien, si usted conoce el interior de Isla de Pinos, yo conozco absolutamente todo cuanto haya que conocer de sus fronteras hacia el exterior. Ponga su embarcación a nuestra disposición y salir de este infierno será tan sencillo como coser y cantar.

—Si las cosas son tan simples como usted dice, cuente con ella desde este preciso instante.

Empezamos a estudiar por qué lugar nos sería más factible la salida de la circular y el rumbo que deberíamos coger para llegar hasta donde se hallaba mi pequeña motonave. Decidimos que podríamos cortar las rejas de las celdas 16 ó 17, que se hallaban en el primer piso. Eran celdas de servicio y, saliendo por ellas, no haríamos cómplices a nadie. De la circular nos escaparíamos un buen grupo y el momento más oportuno podría ser la noche. Cuanto más cerrada y oscura fuese, mejor. Podríamos llevar vestimentas de color verde oliva, que serían un buen camuflaje, y nos dirigiríamos a la Sierra Caballo. Allí se encontraba la emisora del presidio y, muy cerca, había un campamento. Pasaríamos cerca de este y nos desviaríamos a la derecha para no atravesar una barriada conocida con el nombre de Moscú, porque en ella vivían los comunistas más fanáticos. Fuera de este barrio, torceríamos a la izquierda y pronto nos encontraríamos ya con el embarcadero.

Mientras diseñábamos minuciosamente nuestro plan, enviamos varios mensajes clandestinos a José Amador del Pino para que viniese a verme. Como en cualquier cárcel, los presos contábamos con la posibilidad de recibir visitas, aunque los más afortunados de entre nosotros podían entrevistarse con sus familiares solo 2 o 3 horas al mes. Los había que podían ser visitados una vez cada 60, 90 o 180 días. Algunos periodistas como Alfredo Izaguirre y Emilio Adolfo R. tuvieron que pasarse dos años y medio sin que les visitase nadie.

Llegó el día señalado y Amador del Pino no se presentó. Mandó a su mujer y esta me dijo:

—Pepe está en el mar pescando con su barco.

Fue una contrariedad, pero le di un mensaje escrito para su marido en que le rogaba que no dejase de venir a verme en la primera ocasión en la que le fuera posible. Le comunicaba que me resultaba muy urgente el entrevistarme con él. El mensaje se lo repetí de viva voz a la señora, que me contestó muy amablemente:

—¡Pues no faltaría más! Vendrá, no se preocupe. Es lo menos que podemos hacer por usted que nos ayudó antes y que nos sigue ayudando ahora, pues si no fuera por su barco ¡cuántas necesidades no habrían pasado nuestros hijos!

Esperé con ansia los 30 días que me separaban de la próxima visita. Pensaba decirle que, si querían venir con nosotros él y su familia, podrían hacerlo. Pero llegó esa segunda oportunidad y tampoco apareció Amador del Pino. Ni él dio la cara ni envió a nadie ni me hizo llegar ningún aviso. ¡Hasta el que disfrutaba de aquella propiedad mía parecía conspirar contra mí! ¿Tan poco valor tendrían para él mis intereses? Empezaba a comprender lo que me había dicho su primo político, sargento de la Marina, cuando le dejé mi barco a Pepe y me anunció que acabaría teniendo problemas con ese hombre. Fue un error dar mi confianza a una persona tan poco fiable. Pero ya era tarde para rectificar.

Molesté a algunos amigos que seguían en libertad en la isla para que se cerciorasen de que mi embarcación estaba aún en el mismo lugar y de si tenían gasoil sus dos depósitos. Me confirmaron que harían esas gestiones y que, si no disponía de combustible, ellos mismos se encargarían de proporcionármelo.

La motonave se hallaba ahora en otro embarcadero mucho más controlado por las autoridades, pero mis cómplices del exterior siguieron ofreciéndose para lo que fuese necesario. Estaban a mi entera disposición y me rogaron que no dejase de solicitarles lo que precisara.

Pero fue entonces cuando trasladaron a otro edificio de la cárcel al capitán. Fue un golpe inesperado y de suma importancia para nosotros, pues sin *el zorro de mar*, todos los proyectos se venía abajo.

¿Para siempre? Dos meses más tarde, una chica pinera me mandó un aviso con un hermano que estaba preso con nosotros. Me decía que deseaba hablar urgentemente conmigo y que hiciera todo lo posible por salir a entrevistarme con ella el próximo día de visita. Me dio a entender que un asunto «de color verde oliva» estaba en juego.

Recibí informaciones contradictorias sobre ese tema y temí que pudiera tratarse de una falsa maniobra. No hacía mucho tiempo que, gentes deseosas de salir hacia los Estados Unidos, habían sufrido una encerrona similar.

La chica insistió y yo seguí declinando todas las ofertas que me hacía sin prestarle la menor atención. Los hechos, sin embargo, confirmaron la buena fe de la muchacha. Hubo varios civiles que se beneficiaron de las gestiones en las que ella deseaba incluirme a mí también...

A medida que fueron pasando los meses y los años, nos fuimos enterando de la suerte que corrieron muchos de los compañeros que se alzaron junto a nosotros en el Escambray, en Yaguajay o en otros lugares de Cuba. ¡Cuántos de aquellos valientes que lucharon por la libertad y la democracia habían tenido aun peor suerte que nosotros! ¡Cuántos y cuántos de entre ellos, que respondieron con generosidad en 1960 a la llamada de algunos salvadores disfrazados de ángeles, pero que eran auténticos demonios faltos de honor, de principios y de ideas, cuántos habían muerto o habían padecido penalidades inenarrables!

Me vienen muchísimos nombres de personas que los cubanos no deberían olvidar nunca: por ejemplo Sinesio Ramírez, *La Niña*, Plinio Prieto, etc., alzados en Matanzas y fusilados. O los nombres de los comandantes Osvaldo Ramírez, Tomás San Gil y Emilio Carretero, muertos en el Escambray. O aquel grupo de veintiún mártires asesinados por sus creencias patrióticas en Manicaragua o Cumanayagua, grupo en que había guías, soldados y oficiales... Recuerdo con respeto y cariño a César Páez, alzado y muerto de cáncer en prisión; al estudiante Pedro Luis Boitel, consumido por una huelga de hambre en el castillo del Príncipe, en La Habana; a Ramonín Quesada, a los hermanos Tardío y Duque; a los oficiales Montalvo, *Guititio* y Senén Belcourt, pasa-

Tomás San Gil.

dos por las armas en la sierra; a los hermanos Cajigas, que fueron heridos y, como hemos dicho anteriormente, tuvieron que autoenterrarse en una cueva entre el guano de los murciélagos, intentando evitar el ser hechos prisioneros; a los cuatro hermanos Martínez, comandantes dos de ellos y capitanes los otros dos, que lucharon denodadamente en la provincia de Pinar del Río...

Recuerdo también con emoción a los componentes de varios movimientos políticos formados tanto por intelectuales como por campesinos. Por nombrar solo a algunos, deseo citar al M.R.R., que encabezó en un principio el doctor Artimes y luego mi amigo el doctor Lino Bernabé, alzado en Yaguajay; al MRP., dirigido en sus inicios por Reinol González, flojo de piernas, y después por Roberto Torres; al 30 de Noviembre, encabezado sucesivamente por David Salvador y por el doctor Suárez Mata; al Segundo Frente del Escambray, capitaneado por Eloy Gutiérrez; al Directorio, cuya responsabilidad compartieron tanto en armas como en la clandestinidad Alberto Muller y Pedro Luis Boitel; al Movimiento Democrático Martiano, dirigido por un economista; a Macario, alias Pata de Plancha, que terminó fusilado en El Escambray; a Huber Matos, que arrastró a un gran número de partidarios; a Tony Cuesta, que con sus comandos de infiltración entraba y salía valientemente de Cuba hasta que, durante un combate en el mar, perdió la vista, una mano y parte del antebrazo...

La lista sería interminable y no pretendo hacerla exhaustiva, pues siempre acabaría olvidándome de muchos. Casi la totalidad de los enumerados y de los que podría enumerar, lucharon primero contra Batista y ayudaron a Castro a subir al poder y a implantar la revolución, creyendo ingenuamente que estaban ayudando a la causa de la libertad y de la democracia. Cuando se dieron cuenta de la traición del barbudo tirano, muchos retornaron a las montañas y otros pelearon desde la clandestinidad, dispuestos a triunfar o morir, a sacrificarse cuanto el destino lo exigiese antes que someterse a las felonías de Fidel.

El día 25 de agosto de 1964, volvieron a trasladar a la mayor parte de los presos de unas circulares a otras: los internos ingresados en la número 1 fueron a parar a la 4; los de la 2 fuimos ingresados en la 1 y, parte de los que se encontraban en la 3 y en la 4, ocuparon la circular número 2.

Al día siguiente, los que ya configurábamos la circular 1, fuimos obligados a ponernos en fila de a dos para que se nos contara. Tan pronto como hicieron el recuento nos dijeron:

—Se va a llamar por el nombre y por el número a cada preso. Conforme se les vaya nombrando, salgan de la fila y formen un grupo aparte.

Así lo hicimos hasta completar lo que ellos llamaban «bloques». Los componían 250 hombres cada uno y, a su vez, estos se hallaban subdivididos en 5 brigadas de 50 reclusos. Del bloque se ocupaba un jefe que podía ostentar el grado de sargento o de teniente y, cada brigada, tenía un guardia con rango de cabo. Unos y otros estaban equipados con ametralladoras del calibre 30, con fusiles R-2 o con metralletas. Cada bloque disponía igualmente de cuatro camiones para el transporte del personal.

Acabaron de colocarnos y fueron proporcionándonos zapatos de lona y unas camisas y pantalones de color amarillento que pasaron a formar parte de nuestra indumentaria habitual.

Pocas fechas después, el 1 de agosto exactamente, nos sacaron a trabajar al campo. ¡Cuál no sería mi sorpresa cuando, en esta primera salida, me encontré con un civil al que conocía muchísimo! Se apellidaba Acanda y había prestado sus servicios, antes de la llegada de Fidel Castro al poder, a un americano llamado Alec Smith. El americano en cuestión tenía su magnífica casa a cien metros de mi oficina, pegada al río Las Casas, y otro chalé adosado cerca del lugar de mi trabajo. Los había tratado mucho a los dos.

Alec Smith era ingeniero agrónomo y se había dedicado, a finales de la década de los años 50, a la horticultura. Se inició en estas actividades formando sociedad con un cubano, de nombre Emilio, que tenía una gran tienda de ultramarinos, y con un español llamado Pepe Copa. Cuando la sociedad se deshizo, los tres se disputaron a Acanda, que era un verdadero experto en los temas agrícolas y ganaderos. Este decidió quedarse con el americano, que compró una finca de cerca de 900 hectáreas para dedicarla a la cría de ganado. La finca se la confió al honrado Acanda, un hombre dichoso que en ella se encontró con todas las comodidades... hasta que Fidel se adueñó de todo y acabó con la propiedad y con el bienestar no solo de los cubanos, sino de los extranjeros que vivíamos en aquel paraíso caribeño.

El buen hombre me vio a cierta distancia y se asombró en grado sumo. No pudimos hablar ya que, aunque él estaba libre, no tenía permiso para dirigirse a nosotros. A escondidas, con quien sí pudo hacer algún comentario fue con uno de los presos que nos repartía el agua.

—Hoy me llevo una triste impresión de todos ustedes —parece que le comentó—. Veo que les tratan muy mal y me apena su situación. Pero si hay alguien que me causa más tristeza que los demás, es ese español que está en su bloque. Tenía a su cargo las plantas eléctricas de Isla de Pinos y vivía en el mayor lujo y comodidad. Da lástima comprobar el trato que ahora recibe.

E intentó granjearse pronto la confianza del repartidor del agua, para añadir:

—Pregúntele, por favor, si necesita algo de mí. Dígale que estoy a su disposición, que me considero su amigo y que guardo de él tan buen recuerdo como guardan otros muchos a los que hizo grandes favores en la isla. Incluso los empleados le recuerdan con afecto, le quieren y lamentan que haya caído preso. No deje usted de decírselo de mi parte.

Al cabo de unos días, cuando pude hablar con él sin que los guardas nos vieran, el buen hombre me confirmó personalmente lo que había manifestado a la persona que dio el recado:

—Yo soy el mismo de siempre para usted. Dígame qué puedo hacer en su favor. Los comunistas me quitaron la casa y el ganado. Ahora estoy viviendo de alquiler en Gerona, pero pídame lo que quiera.

—No quiero nada, muchas gracias. Me basta con su amistad. Me basta y me sobra con saber que usted defiende también la misma causa que yo defiendo.

Tenía un hermano preso con nosotros. Había pertenecido a la guardia motorizada de Castro y daba la casualidad de que acababan de trasladarle a la misma circular número 1 en la que yo me hallaba, aunque no pertenecíamos al mismo bloque. Acanda me rogó que le saludara de su parte y que le pidiese, si era posible, que algún día se aproximara por aquel lugar en que yo me entrevistaba con él, pues hacía mucho tiempo que no se veían.

Cuando regresé a la cárcel, cumplí el encargo y pudimos apañárnoslas para que el hermano de Acanda se cambiara definitivamente por un preso de mi bloque. Aprovechamos el relevo del cabo en una de las brigadas y, tras esto, los dos hermanos pudieron verse casi a diario. Pero no faltan nunca soplones ni delatores cuyo único gozo es la insatisfacción ajena. Los guardias se enteraron que aquellos dos hombres eran hermanos y trasladaron a mi compañero a otro grupo.

El trabajo que realizábamos resultaba un durísimo trabajo forzado. Los presos nos mostrábamos reacios a efectuar aquellas faenas y manteníamos un ritmo lento. El ambiente y la tensión, poco a poco, se fueron caldeando, pues los gendarmes se querían lucir ante sus jefes y abusaban con violencia de nosotros. El ministerio del que dependíamos, por otro lado, daba a nuestros guardianes instrucciones que respondían a un plan preconcebido y meticuloso, plan que duraría 4 años y que les llevaría a terminar de seleccionar a los hombres tan pronto como se diera un conato de motín. Cualquier acto de rebeldía lo aprovecharían para clasificar a la gente tal como el gobierno deseaba.

En el programa de represión se contemplaban no solo las vejaciones o los golpes, sino el llevar a reclusos a la famosa «mojonera» y enterrarlos en ella. Denominábamos «mojonera» a una laguna en la que se depositaban el orín y los excrementos de todo el presidio desde que este fue construido en 1925.

Otros métodos de satánica represión consistían en puñaladas, en lesiones y en dejar mancos, ciegos, locos o tullidos a quienes mostraran cualquier atisbo de insubordinación. A los más indómitos se les ayudaba a morir en sus huelgas de hambre o se les mataba sin más. Los comunistas no se andan con contemplaciones y la violencia es la única doctrina política que saben practicar e impartir. «Con nosotros o contra nosotros», habían proclamado Fidel y Raúl.

Podría aportar mil ejemplos, pues cada uno de los miembros de la guarnición parecía haber hecho una apuesta para ver quién era el que más brutalidades cometía con los prisioneros. Daba la impresión de que, cuanto más crueles fuesen, más posibilidades tendrían de ser ascendidos. Entraban violentamente en las circulares con cabillas de hierro, machetes y bayonetas. Y golpeaban a diestra y siniestra como si estuviesen poseídos del demonio y sin importarles desfigurar los rostros o sacar con sus golpes los ojos a alguno. Tal fue el caso del negrito Mayimbe, a quien le metieron la punta de una bayoneta en uno de sus globos oculares, vaciándoselo y dejándole tuerto en el acto.

Su brutalidad obligaba a muchos de los presos a tirarse de los pisos a la planta baja, tal como le ocurrió a Batifol que, tras el golpe, ya no pudo levantarse. Yo mismo acudí a socorrerle y, al no lograr que se pusiera en pie, llamé al moreno *Tariche* para que me ayudase. Otros que pasaron por esa experiencia desagradable fueron el médico Mohamet, un piloto de la provincia de Las Villas y un sinfín de hombres cuyos nombres ya no recuerdo. De no haberse tirado, les hubiesen matado sin contemplaciones.

Hubo que enyesar a un gran número de reclusos las piernas, los brazos o las costillas fracturadas y se ocasionaron lesiones más graves aún en la columna vertebral. No hubo ni un solo interno que no sufriese algún incidente.

Una mañana, mientras arrancábamos cepas de plátanos en la finca El Abra, hirieron a 65 hombres del bloque número 5. Con sus heridas sangrantes, tuvieron que seguir trabajando para no exponerse a perder la vida. En todas las brigadas y bloques ocurría lo mismo. Se salía vivo a trabajar por la mañana, pero nadie sabía si regresaría por su propio pie cuando llegara el anochecer. Hubo 16 muertos por bala, por golpes en la cabeza, por huelga de hambre... Hubo quienes quedaron inválidos o dementes para el resto de sus días. Hubo quienes, con los nervios rotos, llegaron hasta la autoagresión.

Tan pronto como dio comienzo el plan Morejón, o plan de trabajo forzado, me dediqué a la tarea de desacreditarlo para que nadie efectuase las labores que se nos encomendaban. Hablé con muchos de mis compañeros, entre los que había profesionales, estudiantes, industriales, médicos o jefes de diversas organizaciones. Gran número de entre ellos aprobaron mi postura, principalmente los más jóvenes. Tampoco faltó quien me dijese:

—*Español*, eso sería arriesgarse demasiado.

—¿Qué pueden hacernos? —argumentaba yo.

—Matarnos.

—Bueno, ¿y qué? Si pensáis así, ¿por qué os metisteis a conspirar o por qué participásteis en la lucha armada?

Cuando uno adopta determinadas decisiones, debe saber que se expone a que lo maten.

—Nosotros ya nos expusimos en la guerrilla. La vida no debe uno jugársela dos veces —replicaban.

—Si todos pensaran así, no se ganaría ninguna guerra —decía yo con un cierto enojo.

Hasta el propio *Trinitario*, mi gran amigo que tantas pruebas de valor había dado, se mostró algo remiso con mis planes.

—Su idea de no aceptar el trabajo forzado me parece buena —decía—, pero no va a ser siempre fácil materializarla. Y si nosotros, que somos cubanos, no nos sentimos con fuerza para oponernos, ¿cómo la va a realizar usted, que es español? Hágame caso e intente pasar desapercibido, sin llamar la atención de nadie.

—Yo quiero ser libre aun entre rejas y no me gusta que pretendan hacerme vivir de rodillas. Por ello estoy dispuesto a combatir al tirano Castro y a cualquier otro dictador. Por supuesto que lo que pretendo no es llamar la atención, sino que se me trate con respeto y dignidad.

—Si me permito aconsejarle, es porque le aprecio.

—De acuerdo, trabajaré en lo que los gendarmes no me toquen ni un solo pelo del cuerpo. El día en que me agredan lo más mínimo, no volveré a dar ni un golpe más.

El primero que se plantó y manifestó públicamente que no trabajaría, fue un periodista llamado Alfredo Izaguirre Rivas. Lo golpearon hasta cansarse, pero él no cedió y se le llevaron a los calabozos. Pronto hubo otro que siguió sus pasos: se trataba de Emilio Adolfo Rivero Caro, periodista también, profesor y abogado. Ambos eran muy amigos míos.

Otros compañeros con los que me llevaba excepcionalmente bien fueron el mejicano Osorio y el español Rafael

E. Adolfo Rivero Caro.

Vilariño Balsa. Al ser los tres extranjeros, les propuse que nos podíamos negar a trabajar aduciendo que ninguno éramos cubano. Los encontré animados, pero Osorio tuvo un incidente en el recuento y le llevaron un mes al calabozo. Esto alteraba nuestro plan por lo menos tres meses más, pues los calabozos desnutrían, quitaban no solo moral, sino fuerzas físicas, y habría que esperar a que se recuperara un poco y se sintiera capaz de volverse a oponer a sus verdugos. Nos sobraba experiencia para vaticinar lo que podría ocurrirle.

Cuando retornó a la circular, no parecía el mismo. A pesar de que era un hombre muy fuerte, regresó sumamente demacrado. Los primeros días que siguieron a su regreso, por condolencia hacia él, no quise tocar el tema que habíamos estado preparando con anterioridad. Hablé con Vilariño y tampoco este manifestó ya demasiado interés en seguir adelante con nuestros proyectos.

Dejé pasar otra semana y hablé ya más seriamente con ellos. Me confesaron que les aterrorizaba el pasarse en el calabozo días y días sin ver la luz del sol, sin poder respirar aire puro y, sobre todo, sin poder recibir visitas. Los trabajos forzados y la represión atacaban los nervios de cualquiera, me dijeron, pero el mayor trauma resultaba sentirte más preso que los otros presos y tener los propios huesos pudriéndose a la sombra de un asqueroso cuchitril durante semanas o meses.

El plan de trabajos forzados seguía adelante y cada día aumentaba el número de los que se iban al plan de reeducación. El éxito de los castriastas, por lo tanto, seguía en aumento.

Un domingo por la mañana me llamó para hablar conmigo otro estupendo compañero. Se llamaba César Páez y había sido comandante.

Teníamos sobrada confianza para compartir cualquier secreto. Habíamos estado alzados en la misma zona, aunque no coincidimos ni formamos parte del mismo grupo de guerrillas. Era una excelente persona que no tuvo demasiada suerte al abandonar el Escambray.

Cuando la vida en la sierra se hizo imposible para los alzados, decidieron bajar él, Ramonín Quesada (muy unido a César), y varios más. Optaron por descender hasta la vía férrea. Allí quisieron encaramarse al primer tren que pasara cargado de caña hacia una fábrica de azúcar y vieron venir uno que se dirigía hacia Fomento, ciudad a la que César precisamente deseaba ir, pues ellos eran de Placetas. El pequeño grupo, tan pronto como tuvo el convoy a su altura, intentó subir a los últimos vagones amparándose en la oscuridad de la noche. En el momento que llegasen a su destino se tirarían y comenzarían su tarea de ocultarse el tiempo que fuese necesario.

Tal como lo tenían previsto, pudieron hacerlo Ramonín Quesada y los demás. César Páez lo intentó también, pero se cayó en el momento de subir. Allí se quedó él solo, en medio del campo y de la soledad nocturna.

Sin embargo, contaba con el ánimo suficiente para no impacientarse y esperó la llegada de otro tren. Al hacer la misma operación, todo le salió bien y se acomodó como pudo en el último vagón, donde, apartando algunas cañas, se ocultó. En Fomento echó pie a tierra y se dirigió al hospital. Tenía que esconderse, pues vestía la ropa de alzado e iba sin afeitar y con el pelo largo. Además, había sido comandante en la revolución y resultaba muy conocido en su comarca.

En el hospital encontró a una enfermera a la que explicó su situación, rogándole que lo ocultase en lo que venían a recogerle. Dijo que su estancia sería muy breve y solicitó una taza de café caliente, dándole a aquella mujer, para que no le descubriese, 1 000 dólares que puso sobre la mesa. La enfermera dijo que se iba a buscar el café y lo que hizo fue avisar a las milicias.

César Páez había luchado a favor de la revolución hasta que Castro se declaró abiertamente marxista-leninista. Fue el que me llamó aquel domingo para hablarme de una posible fuga. Me confesó que el abogado y procurador camagüeyano Luis Casas quería acompañarnos en ella. Visitamos a este en su celda, la número 85 del quinto piso, y charlamos sobre las posibilidades de éxito que tenía el proyecto.

Llegamos a la conclusión de que el lugar al que deberíamos dirigir nuestros pasos, tras escapar de la cárcel, sería la ciénaga Lamer, un paraje muy conocido por mí y apropiado para solicitar en él ayuda a los pescadores que frecuentaban la zona desde el este al sur de la isla. Cada uno de nosotros tres depositaba su total confianza en los demás y sabíamos que no había ningún peligro de delación ni de que, caso de caer preso alguno, este fuese a revelar los proyectos de los que tuvieran la suerte de seguir libres. Éramos conscientes también de que nos exponíamos lo mismo al éxito que al fracaso, pero merecía la pena correr el riesgo de intentar fugarnos.

No había pasado mucho tiempo de nuestra entrevista, cuando César y yo nos vimos inmensamente sorprendidos un día con la confesión de Luis Casas:

—No espero más —nos dijo—. Me pliego a las exigencias castristas y me voy a «la cuadrada», a iniciar el plan de rehabilitación.

—¿A «la cuadrada»? —preguntamos estupefactos César y yo al unísono—. Tú estás loco, Luis.

—No, no lo estoy. Voy a dar clases de marxismo-leninismo. Os lo advierto para que sepáis que Luis Casas no os engaña.

—¿Pero es que te has vuelto comunista?

—¿Comunista, yo?, ¡jamás! Pero tengo que ganarme su confianza para poder fugarme cuanto antes y para poder hacerlo con los mayores visos de éxito. Aquí no hago y temo que no avanzo nada en pro de lo que más deseo: la libertad.

Con él se «cuadraron» algunos más. La decisión de este hombre sorprendió a todos los presos, hasta a los que se habían ya «cuadrado» antes que él y que conocían perfectamente sus ideas, pero ignoraban los intereses ocultos que perseguía.

Lo metieron en el edificio número 6 y, durante muchos días, no cesaron los comentarios sobre el cambio repentino del abogado Casas y de las clases de marxismo-leninismo que comenzó a dar. Solo quienes compartíamos su secreto sabíamos la astucia y el valor que se escondía tras aquella imprevisible «conversión». En realidad, lo que buscaba era que lo trasladasen de la isla a otra provincia en la que tuviese más posibilidades de escaparse.

Y, en efecto, a los seis u ocho meses fue enviado a una granja abierta en la provincia de Pinar del Río. Allí debió aparentar unas creencias marxistas rayanas en el fanatismo, pues tuvo dotes de verdadero artista para realizar su papel, engañando a cuantos le rodeaban. A fuerza de parecer cada vez más integrado en la ideología castrista, acabó ganándose paulatinamente la confianza de sus guardianes, que le dieron cada vez mayor libertad de movimiento por el área en la que desarrollaba su trabajo.

¿Cómo consiguió los neumáticos con los que hizo una balsa rudimentaria? ¿Dónde los escondió? ¿Con qué medios los ensambló? Solo él lo sabe. Gracias a su cautela y a su aparente fe en el marxismo, nadie comenzó a preguntarle para qué hacía aquellas repetidas visitas a un bosque próximo. ¿Qué comida prepararía allí para afrontar su travesía hasta los Estados Unidos? ¿Qué agua llevaría? Siempre me habló de que las vitaminas eran muy buenas para las fugas, pues no ocupan espacio. ¿Conseguiría en la enfermería de la cárcel buenas dosis de esas vitaminas de las que a mí me hablaba?

Un día se lanzó solo al mar en su balsa. Aprovechó la corriente del canal de Yucatán y se dirigió hacia el estado de Florida. Cerca de sus costas, le recogió un barco americano. Iba ya en unas condiciones lamentables, pues se pasó doce días en el océano.

Cuando me enteré de su odisea y de que, al fin, había podido ver satisfecho el plan que se propuso al «cuadrarse», vinieron a mi mente y volví a repetir interiormente las palabras que César y yo le dijimos como punto final de nuestra charla, el día en que nos confesó lo que se proponía hacer:

—Bueno, amigo Luis, ¡un abrazo! Y que tengas mucha suerte.

Mi compañero *El Fugitivo* pasó algún tiempo en el hospital. Tan pronto como le dieron de alta, vino a verme y me trajo el recado de que hiciera lo posible por ir a ese centro sanitario, pues había allí un individuo que deseaba hablar conmigo. Hice averiguaciones sobre la identidad y la ideología de ese hombre que me buscaba y, pronto, llegué a la conclusión de que podía fiarme de él. Se trataba de Senén, originario de Isla de Pinos y una gran persona

Una tarde, al regresar del trabajo, el responsable de la circular me sorprendió diciéndome que me preparase, pues me iban a ingresar en el hospital ellos mismos, sin que yo se lo pidiera. Como no había solicitado nada, supuse que detrás de todo ese asunto estaría la embajada española en Cuba que, desde hacía tiempo, había empezado a realizar gestiones a favor de sus compatriotas. Conmigo ingresaron a Rafael Vilariño Balsa.

En el hospital hablé con el señor que me mandó buscar. Yo lo conocía y sabía que se traía algún que otro tejemaneje entre manos.

El me comunicó que estaba en marcha la preparación concienzuda de una fuga. Me confesó que había personas muy interesadas en que, junto con algunos más, yo fuese de los que se marcharan. Pedí detalles de cómo y desde dónde se realizaría todo.

—Desde aquí mismo —comentó—. Saldremos de noche entre los postas que hacen la guardia. Está todo preparado y no habrá problemas.

—No es que quiera saber detalles —repliqué—, pero esta operación es difícil y costará dinero. ¿Quién la organiza? ¿Quién la financia?

—Se va a pagar con los fondos de los reclusos que la dirección administra.

—Esto quiere decir que el cajero se viene con nosotros, ¿no es cierto?

—Supongo que sí. De aquí, del hospital, saldrá también el excomandante Huber Matos. Vendrá a buscarnos una avioneta sin luces que aterrizará dentro del área de presidio, donde aguardaremos los que nos vamos.

—Yo no me voy. No acepto que unos pocos nos llevemos el dinero de todos. Esto es un robo que va a beneficiar a muy pocos y va a perjudicar a muchos. No cuenten conmigo. No pretendan que viva preso y atado a los remordimientos dentro de mí mismo el resto de mis días.

Pasó el tiempo y la operación se frustró. ¿Por qué? ¿Para ganar o perder, cuál sería la jugada que esperaban los que estaban detrás de aquel montaje? Presumo que el triunfo eran espadas y que había que asistir al arrastre. En cualquier caso, nunca quise comentar nada en aquellas circunstancias con Huber Matos.

Mientras tanto, mi compatriota Vilariño aprovechó su estancia en el hospital para granjearse la amistad del director del mismo y no volver a salir a trabajar. Se quejaba de las piernas y el director del centro, que se apellidaba Conde, accedió a sus pretensiones.

Cuando yo regresé a la circular, nadie me tomó el número al entrar y, durante el mes que siguió, no me llamaron para que volviese a las faenas del campo. Tampoco yo reclamé, por supuesto, el acudir a los trabajos forzados. En una requisa, el militar jefe de la circular me preguntó:

—¿Por qué no sales a trabajar?

—Porque no me llaman.

—¿Solo por eso? —bramó mi carcelero—. Pues te voy a llevar a un calabozo donde no verás más la luz del sol.

—No me importa. Ya puede hacerlo ahora mismo.

—Si no lo hago es para no darte la satisfacción de que te salgas con la tuya. ¿Pretendes no trabajar? Pues, si yo fuera el gobierno, más que meterte en un calabozo que, por lo visto, no temes, te pegaría un tiro y te metería en un agujero hecho en la tierra.

Para subir a los camiones que nos conducían al campo, teníamos que andar a pie unos 200 metros. Íbamos hasta los vehículos en filas

de dos en fondo y era el único momento del día en que solíamos vernos el personal de las cuatro circulares.

El jueves 6 de junio de 1965, hacíamos ese trayecto cuando me
vio *El Chévere* y me saludó. Los militares aborrecían que los reclusos
conserváramos la amistad entre nosotros y lo que preferían era que
estuviésemos divididos. Al ver la cordialidad que *El Chévere* usaba
conmigo, me dieron varios bayonetazos que me afectaron la columna vertebral y me hicieron algunos cortes en la parte posterior
del cuello. También me produjeron heridas en los dos brazos y me
causaron incisiones por las que derramé bastante sangre. En señal
de protesta, dije que no trabajaría ya nunca más y tuvieron que intervenir mis compañeros para evitar que me siguiesen golpeando.
Fueron también mis compañeros quienes se encargaron de subirme
al camión.

Mientras recorríamos la distancia que separaba la cárcel del Bobo,
que era el lugar al que íbamos a realizar los trabajos forzados en esa
ocasión, fui pensando si debía trabajar los dos días y medio que faltaban para terminar la semana. Al regresar por la tarde, quería man-
darle una carta al director del centro penitenciario pidiendo una entrevista en la que le hablaría de mis particulares circunstancias de
español y, por lo tanto, de preso extranjero. De esta forma, la paliza
y el incidente de la mañana llegaría a conocimiento de la dirección.
El jefe de bloque, que fue el que me golpeó, se lo pensaría otra vez
antes de hacerlo.

Cuando llegamos al Bobo, me quedé un poco detrás de los demás,
pero mis amigos y compañeros me dijeron:

—Si usted no trabaja, nosotros tampoco lo haremos.

Les expliqué que el afectado por el incidente era yo, no ellos, y
no deseaba que se les pudiera derivar ninguna consecuencia negativa
de mi actitud. Como extranjero que era, las repercusiones de cualquier decisión que yo llegase a tomar les afectarían más que a mí si
se solidarizaban conmigo.

No les pude convencer y opté por esperar hasta el sábado para
iniciar mi rebeldía abierta y declarada. El lunes ya no saldría, pasara
lo que pasase.

Ese mismo jueves, al regresar, escribí la carta y se la di a Gallardo,
el rejero, para que se la entregase al militar que estaba al frente de la

circular. De este modo, el jefe de bloque pensaría que yo me había quedado tranquilo y había olvidado la paliza de por la mañana.

Pero al día siguiente por la tarde, cuando volvimos a la prisión, el cabo del recuento le había entregado mi carta al director y este llamó al jefe del bloque. Los presos, viendo que aquella mala gente se reunía, empezaron a preguntarse a quién le tocaría en esa ocasión ser golpeado, pues el día anterior me había tocado a mí. Yo, por mi parte, callaba de lo que estaba seguro era de que mi caso se estaba moviendo...

Para registrarnos, el jefe de la circular y el jefe de bloque vinieron hasta nosotros. Se llegaron hasta mí, aunque estaba al final de la fila, y el segundo me dijo:

—Ven, *Gallego*. El jefe de la circular quiere hablar contigo y hoy deseo empezar la requisa por ti.

Me llevó hasta el túnel en que se encontraba el tarjetero de todo el personal y su cacheo no fue nada exhaustivo, ya que solo me tocó los fondos del pantalón. Imaginaba que, al recibir la dirección mi carta, lo llamaría, pero no suponía en él tanta y tan urgente condescendencia. Queriendo dar un tono humano a su voz, preguntó:

—¿Cómo te sientes?

—Perfectamente bien.

—Mira, te he llamado en realidad porque deseo que elijas otro bloque. Este bloque número 5 en que estás es muy conflictivo.

—¿Quién le ha dicho a usted eso? Para mí es uno de los mejores y lo prefiero a los demás. He empezado en él cuando se iniciaron los trabajos forzados y quiero terminar en él también.

—Pero a mí me gustaría cambiarte a cualquier otro al que tú desees ir. Prefiero que no sigas aquí. El 19, por ejemplo, será un lugar estupendo. A veces transcurren meses sin que, a los estudiantes que están allí, les saquen a trabajar. En el bloque número 5 salís cuando todavía es de noche y volvéis siempre cuando ya ha anochecido. Además, en este bloque en que te encuentras hay muy mala gente,

—Permítame decirle que la mala gente son ustedes, y no mis compañeros. Haga el favor de no hablar mal de ellos porque lo considero un insulto contra mí. Ustedes, que critican a los conquistadores de América porque esclavizaban, son ahora los que esclavizan a los que no son de su misma ideología.

—Mandaste una carta a la dirección, ¿no es cierto?

—Sí.

—¿Qué quieres?

—Hablar personalmente con el director. A él le diré lo que tenga que decirle.

—Bien. Desde hoy perteneces al bloque 19.

—Tendrán que arrastrarme hasta él. Si al bloque 19 no se traslada a nadie, no encuentro la razón para que hagan ustedes eso conmigo.

—Te meto a ti en él como un caso especial. Creo que estarás mejor.

—Muchas gracias, pero no quiero estar mejor de lo que estoy. Ya le he dicho que lo que quiero es permanecer en el bloque número 5.

Se fue creyendo que yo había olvidado los golpes y, al día siguiente, sábado, solo trabajamos hasta las 12 del mediodía. Nadie sabía lo que tramaba ni lo que haría el lunes por la mañana cuando nos llamaran de nuevo a trabajar. Pero mi decisión era firme y estaba tomada, una decisión que en el futuro iba a traerme importantes consecuencias en mi vida de preso.

CAPÍTULO VIII

EL REINO DE LA TORTURA

EL LUNES, 10 de junio de 1965, me levanté más temprano que de costumbre. Esperé a que nos hicieran el recuento y, cuando lo efectuaron, no era aún de día. Al terminar, bajé a la reja y les dije a los responsables del recuento y de la circular:

—A partir de este momento, no trabajo más.

Tan pronto como llegó el jefe de bloque, al que conocíamos por el extraño sobrenombre de *Enamorado*, llamaron a formar y salieron todos... menos uno. Cuando se dieron cuenta de que era yo el que faltaba, me reclamaron reiteradamente por mi número, el 27 629. No les hice caso.

Insistieron una y otra vez. Una y otra vez, sin embargo, me limité a decirles lo mismo:

—No trabajo más. ¡¡No-tra-ba-jo-más!!

Me amenazaron con que me sacarían por las buenas o por las malas. Mil y pico presos observaban lo que los militares decían y estaban atentos a la voz atronadora de Gallardo, el rejero, que no paraba de conminarme a que bajase, pues me estaban esperando. Muchos de los internos comentaban con temor:

—Van a matar al *Gallego*...

El *Gallego* era el epíteto más común con que solían denominarme. También me conocían por *Español* y, naturalmente, por mi nombre de pila.

Tanto el sargento como los cabos y gran número de guardias, se fueron acercando a la puerta para repetir todos idéntico sonsonete:

—¡Baja!

Hasta un gran número de amigos, temiéndose lo peor, vinieron de otros pisos para rogarme que tuviese mucho cuidado, pues me podían linchar.

—No me preocupa la muerte —les respondí—. Lo que me preocupa es saber morir con dignidad.

Gran parte de los allí presentes me abrazaban emocionados.

Al ver que no conseguían sus propósitos, el bloque se fue con el jefe del mismo y con los cabos que a él pertenecían. Ya en el campo, *Enamorado* les confesó a los demás presos:

—Mañana voy a entrar en la circular con un pelotón y sacaré a ese gallego, a rastras, si es preciso. Va a saber quién soy yo y, quiera o no, vendrá a trabajar.

Empezaba la guerra psicológica, pues él sabía que mis compañeros, tan pronto como viniesen del trabajo, me pondrían al tanto de sus amenazas. Para que esa guerra psicológica hiciera sus efectos en las dos direcciones, contesté a los que me informaban con otro mensaje:

—Díganle que podrá matarme, pero que yo no trabajo más. Soy consciente de lo que hago y llevo meditando esta determinación desde hace más de un año. No tengo miedo.

La guerra de nervios fue ya permanente. Y era cierto que nada me preocupaba porque estaba preparado para todo. Tras varias jornadas de rebeldía por mi parte, estábamos cogiendo en la planta baja la harina (que era la comida que nos daban), cuando el médico, *Mithray,* me felicitó en presencia de los demás presos:

—¡Qué ejemplo nos das a los cubanos con tu firme decisión! —manifestó el cardiólogo—. Si todos hubiéramos hecho lo que tú, se hubiese acabado ya hace tiempo el plan de trabajos forzados.

La noche del día 12 de junio me vino a buscar un guardia para llevarme a la dirección. Allí me esperaban dos individuos y uno de ellos se me presentó como delegado del director. El otro, oficial de recuento, se apellidaba Cordobí y los presos le conocíamos por *El Mejicano.* Hacia las veces de secretario del primero.

Les expuse las razones de mi conducta. Les relaté pormenorizadamente los abusos que con nosotros se cometían, los pinchazos y palos que nos daban, las heridas que nos causaban lo mismo con las bayonetas que con los machetes. Les hablé, incluso, de un caso ocurrido el día anterior:

—Al llegar el bloque 5 a la circular, ayer metieron a Óscar Suárez en el túnel que existe debajo del primer piso. Lo despojaron de pantalón y camisa y, entre dos guardias y el jefe del bloque, le llenaron de heridas de machete y bayoneta. Así, sangrando y lleno de hematomas, le llevaron luego a su celda.

Hablé de la reiteración de casos similares y de lo poco que ayudaban esos atropellos a que pudiéramos admirar a los que decían ser seguidores y dirigentes de la revolución castrista.

—Sabemos bien quién eres tú —me replicaron.

—Yo soy un ser humano y no una bestia a la que cualquier cafre puede apalear. Soy un preso político, no un asesino, y la condena que ustedes me han impuesto por defender la libertad no contempla que yo tenga que realizar trabajos forzados.

—Alonso, no es inteligente la postura de rebeldía que ha adoptado. Pensamos que lo mejor para usted sería que se reintegrase a las mismas ocupaciones de sus compañeros.

—Ni hablar. Jamás volveré a trabajar mientras esté preso.

Tomaron nota de cuanto les dije y anotaron mi nombre y mi número en un papel, dando este al guardia que me esperaba para que se lo entregara a los postas de la circular.

El día 14 por la mañana, nos avisaron a Vilariño y a mí para que estuviésemos afeitados. Cuando fueron a buscarnos, le sacaron a él solo. Le advertí de que, si era una visita de la Embajada de España (que había empezado a realizar gestiones a favor de los presos españoles), explicara que me habían golpeado hacía exactamente ocho días, y que tenía heridas en la espalda, en el cuello y en los brazos.

Se trataba, en efecto, de una gira de reconocimiento que hacía nuestra legación diplomática entre los internos y para ella sacaron a todos cuantos estaban en posesión de la ciudadanía española y que allí estaban encerrados. Sacaron a todos, menos a mí. Cuando mis compatriotas llegaron a la dirección, se encontraron al cónsul, don Jaime Capdevila, y a otro representante de la embajada cuyo nombre no me dijeron.

Capdevila y yo, tal como he relatado anteriormente, nos habíamos conocido en su despacho, en la embajada de La Habana. Al no verme entre los demás, reclamó mi presencia. Las autoridades del penal le dijeron que mi caso era distinto. Él preguntó por qué y no respondieron nada, por lo que arguyó que iba a visitar a todos sus compatriotas y a todos quería verlos. Solicitó la presencia del director y le contestaron que este había salido. Capdevila insistió manifestando que, o le dejaban ver a la totalidad de españoles o cancelaría su visita.

Para evitar un incidente diplomático, tuvieron que prometerle que conmigo podría hablar otro día, por lo que el cónsul y sus acompañantes accedieron a continuar escuchando a los demás. El relato de estos hechos me lo hizo Vilariño al volver.

Supe que ni él ni ningún otro compañero había comunicado a esos dos emisarios de nuestro país lo que a mí me ocurría. Pero, poco después, tenía visita el bloque 19 y mandé una nota a Alejandro Marchese con el fin de que su madre, que iría a visitarle, se la hiciera llegar a Gabriel Cantón. Este era quien se encargaba de trasladar mis notas al consulado español. Y esa fue la forma de la que tuve que valerme para que Capdevila conociera mi situación exacta.

Cantón, junto con su esposa e hijos (Clara, Berta y Miguel), estuvieron presos en las cárceles de Fidel entre 9 y 25 años.

Dos o tres días después, Capdevila salía hacia España y desde aquí gestionaron que alguien de la embajada pudiera al fin visitarme. Lo hizo el 24 de agosto el secretario general del consulado, señor Ollarzu, que me encontró muy delgado. Le aclaré lo que había ocurrido cuando fue el señor cónsul y por qué no le dejaron que me viese. Ollarzu solicitó a las autoridades penitenciarias que un médico de la embajada pudiera reconocerme, pero se negaron, evidentemente.

—Nuestro gobierno tiene buenos especialistas —respondieron—. Incluso disponemos de un excelente plantel de profesionales de la medicina entre los propios presos.

—¿Y de qué sirve que los tengan si luego no dejan ustedes que puedan realizar su labor sanitaria?

—Bien. Se acabó la visita —replicaron.

Y tuvo que irse sin poder solucionarme nada.

Estuve 64 días amenazado en la circular. Los días que temía mayores represalias era cuando efectuaban requisas, pues sabía que en una de ellas *Enamorado* intentaría descargar sobre mí su venganza.

Algunas jornadas más tarde, hubo un traslado general. A mí me condujeron al edificio número 5 y me metieron en el bloque 21. Pero nos advirtieron de que se trataba de una situación provisional. Y, en efecto, el día 30 de agosto por la noche, nos sacaron a todos y varios militares con máquinas de escribir nos fueron tomando nombre, número y la ubicación anterior.

El día 1 de septiembre nos volvieron a sacar, nos pusieron en fila y, a los que no tenían ropa o zapatos, se los dieron para formar nuevos bloques y para poner al personal a trabajar. Cuando me preguntaron por qué no tenía zapatos ni camisa, les dije:

—Porque no trabajo.

—¿Cómo? Querrás decir que no trabajabas. A partir de ahora van a trabajar hasta los médicos y los enfermos. Ten esto muy presente: me llamo Tamayo y no hago excepciones ni con mi madre. Has caído en mi bloque, el 21, y estoy seguro de que no lo vas a olvidar el resto de tus días.

—Me importa muy poco el número 21 y menos su bloque. Hable con la dirección, que le dirá por qué yo no trabajo.

Me metieron a empujones en el edificio y, a los diez minutos, volvió Tamayo con Luis, el jefe de orden interior, y con un preso común. Volvieron a sacarme de muy malos modos, esta vez a la carretera que había entre los edificios 5 y 6. Los presos del número 5 presenciaban la escena y el terror era general. En una nueva escalada de amedrentamiento, Luis me amenazó con su pistola delante de todos y Tamayo con la bayoneta.

—No insistan, pierden el tiempo. Les he dicho muchas veces ya que no trabajo más y no pienso dar marcha atrás en mi postura.

Tras tomarme una vez más el número, me introdujeron por tercera vez en el edificio. Ese día se llevaron al noventa y nueve por ciento a realizar las tareas habituales, pero a mí me dejaron. Luis y Tamayo se fueron también con el bloque.

Hacia las 12 del mediodía, llegó al centro penitenciario el jefe de la guarnición. Se apellidaba Morejón y le llamábamos *El Arriero*, pues ese había sido su oficio antes de ser militar. Yo me encontraba en el quinto piso, en la celda 69 exactamente, comiendo unas papas de harina de maíz con agua de chícharos. Fue Vladimir, el médico, el encargado de darme la noticia:

—Te llama Morejón, está en la puerta. Me comunica que bajes inmediatamente.

Hice lo que me ordenaban y bajé en chancletas, en calzoncillos y sin camisa. No tenía otra ropa y este era el uniforme que vestía habitualmente. El oficial estaba hablando con un posta y con Amigó, el comandante del edificio (un veterinario de profesión y marica de nacimiento.

El Arriero mandó que me abriesen la puerta y me ordenó ir hacia donde se encontraba su *jeep*. Al pasar delante de él, Amigó me preguntó con su característico tono afeminado por qué no iba a trabajar.

—Yo no hablo con mujeres... —me limité a decir.

Al llegar al *jeep* me encontré a dos cabos, cada uno con un machete en la mano. Dentro del coche había un par de cajas llenas de picos, palas y cuerdas. Cuando vino Morejón, me hizo subir mientras me comentaba con tono sarcástico:

—Así que eres tú el que dice que no va a trabajar más...

—Sí, señor, yo soy.

—Veremos. Ya veremos si eres capaz de aguantar todo lo que te voy a hacer. Fui Morejón en Las Villas, en La Cabaña, en Pinar del Río y sigo siéndolo en Isla de Pinos. En esas tres provincias he fusilado a muchos hombres y no me importa seguir fusilando. A mí nadie de cuantos he tenido a mi cargo se me ha resistido porque, si hay alguno que lo intenta, lo mato. ¡Lo mato!, ¿te enteras?

Yo guardaba silencio en lo que él se alteraba cada vez más, gritaba como un energúmeno y daba histéricos puñetazos en el asiento del *jeep*.

—¿No sabes que hace poco tiempo unos rusos atentaron contra el primer ministro mientras este viajaba en avión? Quizá hayas oído que le tiraron un cohete cuando sobrevolaba Guira de Melena. Bueno, pues fusilamos a los autores de ese atentado. ¡Y eran rusos! También hemos pasado por las armas a norteamericanos. ¿Cómo no te voy a fusilar a ti, que incitas a los presos a la rebelión, por muy español que seas?

El vehículo se dirigía a la honda y ancha zanja de aguas albañales que unía el penal con la laguna. Cuando estábamos llegando a ella, el teniente indicó con un bronco gruñido a los dos cabos que se bajaran y estos se tiraron del *jeep* en marcha. Cinco o seis metros más adelante, cuando el coche se paró, los cabos se colocaron en situación de esperarme y con su mano derecha levantada empuñando el machete, como si fueran a descargarlo sobre mis espaldas tan pronto como yo pusiera los pies en tierra.

El teniente volvió a gruñir como lo había hecho hacía unos instantes:

—¡Abajo!

Esta vez supe que era para mí y salí por la parte trasera del vehículo, encontrándome en medio del triángulo formado por dos machetes y una pistola, mientras aquellas tres bestias con rostro de hombre me esperaban con el regocijo de las hienas que tienen ya a su alcance una presa indefensa. Pero sus amenazas me daban aliento, la soledad hacía que me irguiera con orgullo sobre mí mismo y la proximidad de una muerte más que probable no hacía sino ratificarme con fuerza en la decisión que había adoptado:

—¡No trabajaré más!

Lo repetí como si fuese mi grito de guerra. Morejón montó su pistola de reglamento y me apuntó. Yo no tenía más arma para defenderme de él que mis ojos y, a través de ellos, le lancé una fiera mirada de desprecio.

—¿Qué me miras? —preguntó molesto.

Yo no contesté.

—¡Vamos, vete hacia allí! —me ordenó con rabia.

Lo hice caminando hacia atrás, pues prefería no dejar de mirarlo y no darle la espalda. Disparó un par de veces y no me alteré, aunque sus balas pasaron rozando mi cabeza. Seguí mirándole con altivez y noté que esto le molestaba cada vez más.

Vio que, asustándome, no me iba a doblegar y cambió de táctica. Guardó la pistola y me dijo muy bajito:

—No seas tonto, *Gallego*. ¿Crees que podrás resistir siempre? Anda, coge unas cuantas piedras, aunque sean pequeñas, como señal de que estás dispuesto a ir a trabajar y nos marcharemos a la circular sin hacerte nada.

—No insista ni pierda el tiempo, teniente. Soy hombre de una sola palabra y ya se la he dicho muchas veces.

Mi inflexibilidad le encolerizó. Prometió que me iba a ahorcar y, formando una cuña sobre mí con sus dos esbirros, fueron acercándome a la honda zanja. Cuando estuvimos junto a ella, el oficial me dijo que me tirase al orín y a los excrementos. No le hice caso y el cepo que formaban sobre mi persona se fue reduciendo más y más... Pero estaba dispuesto a aguantar lo que fuese. Ya tenía experiencia de lo que pesaba la hoja de los machetes sobre mi cuerpo y había experimentado, en otra ocasión, la sensación tremenda de que metiesen mi cabeza en un lazo para ahorcarme. Ninguna de sus amenazas, por lo tanto, me intimidaban demasiado.

El teniente, cansado de no lograr sus propósitos, me dio un empujón y caí de espaldas a la zanja. Caí sentado y una masa inmunda me llegó hasta la barbilla. Me obligaron a quedarme así, en cuclillas, en el hediondo albañal, dejando fuera tan solo la nariz, los ojos y la boca. De esta forma permanecí desde la 1 del mediodía hasta las siete y media de la tarde. Morejón se marchó, pero dejó a los dos cabos para que me vigilaran.

En un momento determinado, pasó por la zona un militar y preguntó a los guardianes:

—¿Qué hacéis ahí?

—Tenemos a un gallego —respondieron—, que no quiere trabajar más.

El militar se aproximó y me vio hundido en la porquería de las aguas albañales.

—¡Cerdos! —les dijo—, yo no tengo valor para hacer eso con nadie. Sería más humano que le metierais un tiro en la cabeza antes que obligarle a estar donde está.

Los cabos no dijeron nada y él siguió su camino.

A las siete y media vino Luis, el jefe de orden interior, a buscarnos en el mismo *jeep* en que me habían llevado. No me condujeron ya ni a las circulares ni al edificio, sino directamente al calabozo.

A cargo de aquel antro estaba esa noche el cabo Espinosa, que preguntó a los que me entregaron:

—¿Por qué viene este?

—For no trabajar —respondió Luis.

—¿Ah, sí? Dejádmelo de mi cuenta. *El paraguayo* y yo nos encargaremos de domarlo.

Llamaban *paraguayos* a los largos machetes que usaba en Cuba la guardia rural. Cogiendo uno que tenía sobre la mesa, se vino hasta mí en actitud amenazante.

—Si me pega, voy a replicarle, así que piense bien lo que hace.

No sé si los de fuera del despacho le aconsejaron que me dejase en paz o si conocía que yo tenía algunas nociones de defensa personal y que me tiraría a él en cuanto me tocara. El caso fue que el asunto no pasó a mayores y ordenó que me metieran en el calabozo número 13, del pasillo 2. La puerta estaba cubierta de arriba a abajo con una plancha metálica y solo disponía en el centro de un espacio que permitía pasar el plato de la comida. En la parte superior de la plancha, faltaba el trozo de una esquina.

El piso era de cemento rugoso. Al entrar en la celda, el cabo me dio con el candado en la espalda, cerrando rápidamente la puerta para que no me diese tiempo de reaccionar. Le llamé cobarde y le dije que, si era hombre, abriese de nuevo e intentara golpearme.

Cuando unos y otros me dejaron, me vi en un espacio completamente vacío y muy oscuro. Comprobé que, en adelante, el duro suelo sería mi cama única y mi único asiento; mi compañía, la soledad; mi fuerza y mi luz, las sombras de aquel cuchitril...

Pasé la noche sin poderme levantar, pues me dio fiebre.

Al día siguiente, uno de los pocos reclusos que estaban en los calabozos se las apañó para enviarme una camisa enguatada, pero los guardias vigilaban constantemente y estaban decididos a que me tocara dormir sobre el suelo pelado. Tuve que devolver la camisa a Pepín Varona, que fue quien me la mandó y que llevaba encerrado un año por la misma causa que yo: negarse a salir al campo. La camisa pertenecía a un tal Lescano, que había estado con anterioridad en aquel calabozo cavernario al que me habían llevado.

Además de Varona, allí se encontraban el excomandante Miguel Martínez, Alfredo Izaguirre, Emilio Adolfo Rivero Caro, Nerín Sánchez, Ernesto Toledo (más conocido por *Muñeca*), Heriberto Bacallao, el morenito Ariosa y Pacheco. Más tarde vendrían Ricardo Vázquez e Israel Abreo.

El primer día de encierro se me hizo lento y pesado.

Cuando, pasadas veinticuatro horas, volvió a amanecer, pensé que, tras mi negativa a realizar los trabajos forzados, llevaba dos días de infierno: el primero, revolcado en la mierda; el segundo, en el calabozo. ¿Dónde y cómo pasar fa esa tercera jornada que se iniciaba? Estaba hundido en mis reflexiones, en lo que daba cuenta del escaso desayuno que nos hacían pasar a través de la puerta, cuando escuché fuera la voz chillona del teniente Morejón. Ordenó al cabo que abriera mi celda y me dijo:

—¿Cómo te va?

—Bien —contesté secamente.

—Termina de desayunar, que quiero hablar contigo.

A los pocos minutos, estaba en el pasillo entre dos guardias y camino de la puerta de salida. Al pasar por la celda de Varona, este me gritó:

—Mucha suerte, «Quijote».

Cualquier saludo de ese tipo incomodaba enormemente a los militares, pues eran muestras de solidaridad y de aliento que ellos no aguantaban y que sospechaban que me ayudarían a no dejarme doblegar.

A unos diez metros de la salida, me esperaba el *jeep* de los machetes, de las palas, de los picos y de las cuerdas. ¿Dónde me llevarían? Noté algo raro en el ambiente y habían cambiado a uno de los cabos por un sargento que, ya a primera vista, no me hizo ni pizca de gracia.

Tras poner el vehículo en marcha, Morejón ordenó al conductor que diese la vuelta, pues nos dirigíamos al edificio número 5. Seguía tratando de imaginar qué se les habría ocurrido y que podría ser peor que las experiencias de los dos días anteriores, pero me dejaron poco tiempo para mis cavilaciones. Pronto estuvimos frente al inmueble elegido por el teniente.

—Anda —me dijo este en tono bastante amable—, sube y habla cuanto quieras con tus amigos y correligionarios, pues sabemos que ahí tienes a un buen número de compañeros que te aprecian.

—También yo les aprecio a ellos.

—Pues pasa todo el día en su compañía. Vete al edificio si te apetece.

—Teniente, yo sé que ya no pertenezco a él. Ustedes me han dado de baja para meterme en el calabozo por no sé cuánto tiempo.

—¿Y tú piensas seguir viviendo?

—¡Vivir! Esa es una esperanza que no quiero perder nunca.

Sabían, en efecto, que contaba con numerosos amigos en el presidio y que, reencontrarlos, me emocionaría y podrían influir en mi determinación. Ya que con la represión no habían podido doblegarme, tenían interés en ver si mis amigos me convencían durante las horas que pasase en su compañía. ¿Qué sería mejor, acatar las órdenes de los militares o morir lentamente? La actitud del teniente me sorprendió en un principio, pero, tras analizar con rapidez su estrategia, preferí no ver a mis compañeros.

Morejón, contrariado, le dijo al cabo que siguiera con el coche y vi que salimos por la posta número 1. Más adelante encontramos a Julio Torrado, primer teniente, director del presidio y hombre de confianza no solo del ministro del Interior, Ramiro Valdés, sino del mismísimo Fidel Castro. El jefe de la guarnición tocó el claxon avisándole de que me llevaba con él y aparentando ante mí que el director no conocía lo que iban a hacerme.

Pero el director avanzó hacia donde estábamos y, al llegar al coche, asomó la cabeza por la ventana del *jeep* diciendo:

—¿Qué hay de nuevo?

—Nada. Este gallego sigue emperrado en no querer trabajar.

—Llévale a la costa, métele dos balazos en la cabeza y déjalo entre el mangle o tíralo al mar para que se lo coman los tiburones o los caimanes. No vuelvas con él.

En lo que aceleraba el *jeep*, Morejón me comentó:

—¿Oíste bien lo que me ordenó el director? ¡Es un hombre con las ideas muy claras! Creo que te equivocaste cuando le dijiste a Tamayo que hablara con la dirección sobre ti, pues con ellos se entendería mejor que contigo mismo.

—Sí, le dije eso porque el director conoce mi actitud antes que usted. En la carta que le dirigí le hice saber a él, y se lo hice saber después al delegado suyo que me entrevistó el día 12, cuál era mi decisión irrevocable. Ni él ni Tamayo ni Luis ni usted ni nadie piensen que me harán cambiar con sus maniobras.

Llegamos al lugar indicado por el director. Allí estaba el mar, la costa, el mangle, la laguna de aguas fecales y una casa de madera con techo de guano. En ella vivía un hombre alto que tendría alrededor de cuarenta y cinco años. Cerca de la laguna, había también un pequeño corral de cerdos.

Rápidamente se apearon el sargento y el cabo. Luego lo hizo el teniente y, el último en bajar, fui yo. Me volvieron a hacer la misma escena con los machetes y las pistolas que la que me hicieron dos días antes. Luego, en lo que el sargento y el cabo me agarraban, el teniente me despojó del pantalón y lo tiró sobre el techo de guano de la pequeña cochiquera, alegando que era una prenda del Estado y que no se podía estropear.

Sentía chapotear cerca. Notaba que el agua se movía, pero no hice caso. ¿Qué sería aquello? ¿Se trataría en realidad de un cocodrilo? Fuere lo que fuese, no me levantaría. ¿Qué iba a ser peor, morir en unos minutos en las fauces de una de esas fieras o, lentamente y aplastado por el excremento, asfixiarme al ritmo que quisieran marcar a mi agonía mis guardianes?

No tardó en llegar un camión con 15 hombres armados de fusiles R-2. Al descender, preguntaron con tono resuelto a los que me custodiaban:

—¿Este es el que vamos a matar?

—Sí, ese es.

La guerra psicológica continuaba, una cruel y meticulosa guerra, capaz de hacer saltar hecho añicos al más templado sistema nervioso. ¡Cuántos novelistas osarían imaginar, una tras otra, las escenas que a mí me tocó vivir! Y fueron escenas no de ficción, sino reales, contempladas o urdidas por personas cuyos nombres y apellidos transcribo a medida que se desarrolla este relato demasiado cruel, pero verídico siempre.

Sobre las dos de la tarde, vieron que estaba vomitando sangre en abundancia. Me sacaron asustados y el cabo, que desde el primer día que me llevaron sabía que me ocurría aquello de vez en cuando, me dijo en un momento en que no estaba su compañero a nuestro lado:

—¡*Gallego*, no seas tonto, coño! Es verdad que te van a dejar morir. Esta gente tiene hombres para todo y la vida no es un juego ni algo sin valor que uno pueda apostar en una cabezonada. Estás muy jodido, llevas arrojando sangre desde anteayer y veo que hoy lo haces con más frecuencia y que echas más cantidad. Voy a mandar que te preparen un poco de arroz con pollo y que te traigan una botella de leche fría. Luego tomaremos café y nos fumaremos un puro el sargento, tú y yo... Te ruego por mi vieja que depongas tu actitud y que no te dejes morir así, delante de mis ojos.

Parecía sincero en sus sentimientos de conmiseración hacia mí. Mientras él hablaba, volví a arrojar sangre dos veces.

Se había acercado el sargento. También el hombre de la casa, que continuó las recomendaciones del cabo diciéndome:

—¿Por qué te niegas a trabajar? Si hasta nuestro comandante en jefe, Fidel Castro, va a la zafra y corta caña, ¿tú que estás preso y eres extranjero te niegas a echarnos una mano a los cubanos? ¿O es que eres esclavista y pretendes que los demás trabajemos para ti? ¿No os bastó a los españoles cuando descubristeis América con lo que explotasteis a los negros y a los indios?

—Mire, señor —le respondí muy molesto—. Yo no tengo alma de explotador, pero usted sí que la tiene de esclavo, porque no quiere liberarse y acepta vivir bajo un régimen de racionamiento, de opresión y de falta de libertad. ¿O carece de tal modo de esa sensibilidad que posee cualquier hombre libre, que ni siquiera se da cuenta de que le han reducido a la esclavitud?

—¡Viejo, ya está bueno! —le conminó el sargento—. Vete y tráele una taza de café antes de que le volvamos a meter en la laguna.

—Por mí, puede usted ahorrarle el paseo a este señor pues su café no me va a trastocar las ideas.

—¡A la laguna, por lo tanto! Y ojalá revientes pronto.

Según pude comprobar más tarde, mandaron a buscar a Morejón y le informaron de que estaba peor que el día precedente. No sé calcular el tiempo que pasó después. Él no debía estar muy lejos de aquel lugar y, cuando vino, me llamó para comprobar personalmente cómo me encontraba, pero ignoré su llamada y no me moví de la laguna.

Por la noche, me fue a buscar en el *jeep* y, al sacarme, mi cuerpo estaba envuelto en una masa compacta, como si fuese asfalto. Después de tantas horas, ya no sentía ni siquiera el mal olor. Como en aquellas condiciones resultaba imposible sentarme en ningún lugar, pidieron un cubo al guajiro de la casa y me llevaron al lado de un pequeño arroyo. Mientras uno alumbraba con la linterna, el otro me fue echando encima cubos de agua hasta que consideraron que ya estaba suficientemente limpio. Me subieron luego a la caja del vehículo y me llevaron al calabozo.

Al entrar, mis diez compañeros protestaron ante los militares por las torturas a las que me estaban sometiendo. La cena que me esperaba consistía en el alimento habitual: un plato de harina fría, un poco de agua de chícharos y un panecillo. Nada, empero, me apetecía comer y cada vez perdía más sangre.

El cabo de turno me estuvo vigilando toda la noche, pues le habían dicho que tuviera cuidado por si me daba la tentación de ahorcarme. ¿Con qué? Aunque hubiese querido, no hubiera podido hacerlo ya que lo único que me dejaron fueron los calzoncillos. Hasta la cuchara me quitaron para que no la afilase contra la pared y pudiera matarme con ella.

Al día siguiente, después del recuento, mis compañeros se interesaron desde sus celdas por mi salud. Cuando trajeron el desayuno, todos me lo mandaron, pero yo lo rechacé agradeciéndoselo infinitamente. Para lo que podía comer, me bastaba con la miseria que nos daban a cada uno.

A las 10 de la mañana, vinieron Morejón y un hombre de raza negra apellidado Cuesta. Este último era jefe del plan de reeducación. Ambos entraron por el pasillo número 1, dieron una vuelta por el 2, que era donde yo me encontraba y, antes de llegar a mi celda, pasaron por la número 15, que era la del excomandante Miguel Martínez. Con una gallardía que le honra, les recriminó lo que estaban haciendo conmigo:

—¿No les da vergüenza? —dijo escupiendo sus palabras con rabia—. Hace tres días que le tienen desangrándose. Están cometiendo con él un lento y cobarde asesinato.

—No te preocupes tanto por ese individuo, que tú no eres tan bueno como quieres hacernos creer. Lo único que buscas es que se hable de ti en España.

—Para nada me interesa la propaganda. Me basta con defender a los valientes y con echarles a ustedes en cara su cobardía. Sí, son unos cobardes y unos asesinos que han traicionado la revolución que hicimos entre los mejores cubanos, cubanos a los que meten ahora en la cárcel o los fusilan.

—Cuidado con lo que hablas porque te pego un tiro —le dijo Morejón.

—Si tiene cojones, deje la pistola y pase aquí dentro. Me fajo con usted y luego con su acompañante. Son militares de pacotilla que han ganado su graduación asesinando a indefensos en la retaguardia.

No valen más que para eso. No tienen agallas ni para pelear de hombre a hombre. A mí me hicieron comandante en las lomas, en la cordillera de los Órganos de Pinar del Río, y me gané los grados a campo abierto y luchando frente al enemigo.

Cuando volvió a amanecer, no eran aún las seis de la mañana y Morejón me sacó de nuevo. Me llevó otra vez a la laguna del albañal y allí me preguntó si ya estaba dispuesto a trabajar.

—¡No! —dije por toda respuesta, pues me parecía inútil seguir dando más explicaciones.

Y me enterraron un día más entre las aguas fecales. Yo me sentía agotado tras una semana de constante ajetreo en la que casi no comí, en la que me tocó dormir con el mismo calzoncillo sobre el duro y rugoso suelo y en la que me iba debilitando poco a poco a causa de mis hemorragias. Ignoraba hasta cuándo podría resistir, pero temía que las fuerzas físicas me abandonasen pronto. Mi moral seguía inquebrantable. Y, aunque mi postura pueda hacer pensar lo contrario, deseaba vivir, ¡vivir a toda costa!, siempre que, como precio de la vida, no se me pidiera renunciar a la dignidad ni al honor que debe poseer cualquier ser humano.

Me tuvieron hasta las dos de la tarde sin salir de la laguna. Los que, sin dejarse ver, dirigían desde algún despacho de La Habana la tortura a la que me sometían, sabían como yo que mis horas estaban contadas. Alguien por encima del propio director (pues la dirección del presidio no tenía potestad para llevar sistemáticamente a los hombres al borde de la muerte), alguien que podría ser un jerarca del partido comunista o el propio comité central, conocía bien su oficio y apretaba las tuercas hasta los más extremos límites psicológicos, físicos y anímicos de los que yo disponía.

A esa hora, las dos de la tarde, llegó Morejón, que era el triste y directo encargado de hacer cumplir las órdenes miserables que recibía de sus amos. Mandó al sargento y al cabo que me sacaran.

—¿Cómo te sientes?

—Muy bien, teniente. Como siempre —contesté mintiéndole, porque no quería dar muestras de debilidad alguna.

Mientras hablaba y mentía, un nuevo vómito brotó de mi afectado estómago. La sangre salió tan de repente y los tenía a ellos tan cerca, que manché a los tres.

Morejón me miró con un cierto aire triunfador.

—Estás jodido, *gallego*.

—Físicamente, quizá. Pero no importa —respondí con una voz bastante débil—. Me sobra voluntad para seguir aguantando.

—Te voy a llevar al hospital 15 días o un mes. Lo que necesites hasta recuperarte. Luego, cuando te curen, te pasaré a la circular y te quedarás allí trabajando como permanente: ya sabes, te encargarás de recoger los papeles, barrer la acera, etc.

—Nada de eso me interesa. Conozco el truco. Algo parecido les propusieron a otros que salieron del calabozo. Y los llevaron también al hospital. Y les dejaron permanentes. Y, cuando aceptaron su plan, volvieron ustedes a mandarlos al campo donde, humillados, reciben hoy más palos que antes. Prefiero morir en la pestilencia de la laguna antes que darles a ustedes ese gustazo.

—Pues si es eso lo que prefieres, morirás. Quítenmelo de delante y llévenselo a la laguna —ordenó a sus subalternos—. No lo saquen hasta que no esté muerto.

Yo sonreía para romperle los nervios.

Siguiendo las instrucciones de Morejón, me tuvieron otra vez en aquel lecho inmundo hasta las nueve menos cuarto de la noche. A esa hora aparecieron tres individuos con un camión Maz. Uno era moreno, pero yo no conocía a ninguno de ellos. Me resultaba ya imposible caminar y los dos guardias que permanecían conmigo fueron los encargados de sacarme. Para conseguirlo, me sujetaron por los brazos y me llevaron hasta el camión. Estaba más negro que el chapapote y despedía un olor insoportable, por lo que rechazaron meterme en la cabina.

Me pasaron un madero entre las piernas para subirme a la caja del auto y luego me empujaron para que cayese de bruces sobre el piso. Al montar el hombre de raza negra (que era el que iba a acompañarme en la caja durante el trayecto entre la laguna y el penal), dijo a sus compañeros:

—Está más muerto que vivo...

Al llegar frente a las escaleras del edificio de la dirección, detuvieron el camión frente a unos reflectores. Entraron a avisar a alguien y pronto bajaron dos personas a las que veía también por primera vez. Una de ellas, constatando mi estado calamitoso, exclamó:

—¡Parece ya un cadáver! ¿Qué hacemos con él?

—¿Qué vamos a hacer? —respondió el otro—. Llevarle a su celda del calabozo.

El camión se puso de nuevo en marcha y, cuando estábamos llegando, se vio la luz de un *jeep* que se acercaba y que se detenía a nuestra altura. El camión paró frente a los calabozos. Noté que abrían la puerta de atrás y distinguí la voz de Morejón que ordenaba:

—Siéntenlo y ayúdenlo a bajar. Luego déjenmelo a mí, que voy a llevarlo hasta la puerta de entrada.

El cabo y el sargento obedecieron sus órdenes. Yo tenía una costra de porquería por todo mi cuerpo, pues ese día no me habían lavado. Hedía peor que un retrete, pero el mal olor debió parecerle un perfume al oficial, que estaba admirado por mi capacidad de resistencia, muy superior a lo que él jamás hubiera podido imaginar. Y me echó un brazo por encima de tos hombros. Delante del grupo de militares y de guardianes que se habían ido uniendo a la comitiva, elogió sin reservas mi bravura:

—Te admiro, *Gallego*. Desde hoy pasas a ser mi amigo.

—Yo nunca seré su amigo —susurré.

—Lo digo en serio.

—Yo también: no me interesa para nada su amistad.

Me acompañó hasta la puerta. Había tres peldaños que subí a gatas y, agarrándome a la pared, me metí en el calabozo. Al darse cuenta de que entraba, mis compañeros, que habían escuchado ya el rumor de mi muerte, dieron un ¡viva España! Vigo Cancio tenía su celda al lado de la mía y dijo al resto que no me molestaran, pues me costaba mucho hablar.

Pedí agua para lavarme un poco: el cabo de guardia, que se apellidaba Córdoba, me informó de que no había y tuve que echarme en el suelo tal como venía, repugnantemente sucio, para intentar dormir. La fiebre, sin embargo, se apoderó pronto de mí y, sin darme cuenta, perdí el conocimiento hasta las 4 de la mañana, hora en la que entró el cabo y me zarandeó un poco por el brazo para que me despertara. El agua ya había venido y me indicó que podía lavarme.

La pérdida de sangre, el frío del piso y la fiebre que había sufrido toda la noche convirtieron mi cuerpo en un bloque de plomo, por lo que casi me era imposible caminar.

En el suelo de la propia celda había un agujero redondo por el que corría ese agua que ellos controlaban desde el pasillo y con el que nos lavábamos: del agujero nos servíamos lo mismo para asearnos que para limpiar el plato o hacer nuestras necesidades fisiológicas.

No tenía jabón y Vigo Cancio le dio al cabo un puñado de detergente para que yo intentara sacarme de encima la costra seca de porquería que se había pegado a la piel. Tras mojarme el cuerpo para hacer desaparecer mi suciedad, comencé a temblar. Y volvió a subirme mucho la fiebre, pero no conté con otro médico que no fuese el silencio de mi celda. Alfredo Izaguirre me mandó un pedazo de tela para que me secara con ella y Varona su camisa enguatada, camisa que el cabo insistió en no entregarme.

A las 9 de la mañana, el guardia me sacó hasta el lugar en que se unían los 4 pasillos del calabozo. Me informó de que Curbelo, jefe del archivo, quería hablar conmigo. Deseaba hacerse pasar por el bueno de la película y pronto comprendí que lo que le apetecía era discutir. Me dijo que no había sabido tomar una postura inteligente y que mi comportamiento afectaría a las gestiones que estaba realizando en mi favor el gobierno español.

—Además —me decía—, en todas partes se hace trabajar a los presos. Hasta en tu país el general Franco les ha obligado a perforar un monte para construir dentro una iglesia. No sé bien en qué lugar de España ha ocurrido eso, pero...

—Pues si no conoce el tema, no hable. ¿Qué tienen que ver los presos de Franco conmigo?

—A vuestro Caudillo nadie se le negó a picar la roca de esa montaña y alguno de sus prisioneros, digo yo, tendría también el valor que tú tienes para haberse negado.

—No me interesa lo que los demás hayan hecho. Solo me importa lo que yo hice y lo que seguiré haciendo. Conozco muy bien el monte al que usted se refiere, pero no estoy en disposición de mantener discusiones. Mi estado físico no me lo permite.

Se fue. El cabo me llevó a la celda y, a los 10 minutos, volvió a sacarme. Curbelo había ido a buscar al médico para que me examinara y al reconocimiento que me hizo asistió el jefe de orden interior.

Cuando el doctor Pomber me mandó despojarme de la ropa, solo pude quitarme el calzoncillo, que era la única prenda que llevaba puesta desde hacía varios días.

Empezó tirándome de los dedos de los pies. Le comenté que no eran las extremidades lo que me dolía, sino el vientre. El me preguntó si me habían operado alguna vez del estómago y, tan pronto como le respondí que sí, añadió de inmediato para justificar mi estado de salud:

—Pues no le dejaron bien de la operación.

—Por favor, doctor, no busque justificaciones ni evada responsabilidades. Yo fui operado en España en el año 1956 por un gran cirujano. Me aseguró que del estómago no padecería más y así ha sido hasta que ustedes me han molido a palos y su gobierno me ha tenido más de 30 horas enterrado entre orines y heces.

Tras el chequeo, se retiraron a un lado y Curbelo pidió al médico que me cortara cuanto antes los vómitos. Enviaron al cabo al hospital para que me trajese algunos medicamentos y, a los dos días, no les quedó ya otro remedio que conducirme de nuevo a la enfermería, pues mi estado iba de mal en peor.

En el camino nos encontramos con Morejón, que subía como siempre en su *jeep*. Se detuvo para preguntarme cómo había evolucionado las últimas horas y se unió a nosotros para indicar al médico personalmente que me tratara bien.

El doctor que me atendió era Valdés Rodríguez, un preso acogido al plan de rehabilitación y que me confesó con absoluta sinceridad:

—Mira, Alonso, tu problema es grave, tan grave que se lo hemos planteado al director de este centro sanitario, pero procedes del calabozo y, según él, ninguno de los que estáis allí podéis quedar ingresados en este centro sanitario. No lo permiten las normas de régimen interno. No dejes de tomar los medicamentos que voy a recetarte.

Me dio un frasco de Bicomplex, para que se me abriera el apetito, y antibióticos en pastillas que me cortaran la infección del aparato digestivo, de los ojos y de los oídos, pero, transcurridos unos pocos días, me quedé sordo durante un periodo de tres meses. Después de que se me pasó la sordera, los oídos se me reventaron y comenzaron a supurar con frecuencia. Este problema, curiosamente, solo se me curaría varios años después, el 19 de marzo de 1970, fecha en la que me golpearon de forma salvaje en la cabeza. Fue en la celda 13, del edificio 5, en la cárcel de Boniato, provincia de Oriente.

No serían ésos los únicos males, sin embargo, que aquellos bestias acababan de producirme: además de rotura de tejidos en mi estómago, además de las infecciones, además de la hemorragia y de las dos hernias inguinales y la hernia gástrica que me habían causado, sus golpes me afectaron a siete vértebras y dejaron dañada para siempre mi columna. Todo un récord de satánica crueldad...

Con el paso de las semanas mejoré un poco. Un día, Vigo me preguntó desde su celda:

—*Gallego*, ¿qué haces?

—Pensar —respondí—. Me gustaría tener un lápiz, aunque fuese pequeño, para materializar ahora en un papel mil ideas que me vienen a la mente.

—¿Qué ideas?

—Quizá te hagan sonreír: me encantaría diseñar los cohetes que estoy imaginando, los aviones comerciales, los cazas y los bombarderos que se me han ocurrido. Quisiera pintar el edificio del Instituto Aircraft de Los Angeles, en que yo fui alumno. Si tuviera lápiz y papel, diseñaría transformadores protegidos y sin proteger...

—Es imposible que aquí nos dejen disponer del lápiz y de las láminas que tú necesitas. Lo que te puedo dar es un pedazo de goma de zapato. ¿Te serviría?

—¡Magnífico! Pintaré en la pared. Ahora solo necesito un trozo de madera que me sirva de regla.

Conseguir allí la cosa más insignificante resultaba una epopeya. Tuve la suerte de que se llevaran por entonces a la circular a dos de los que estaban castigados y, uno de ellos, me dejó cuatro periódicos que él utilizaba de colchón. Me regaló también un par de calcetines. ¡Se trató, probablemente, de los mejores regalos que me han hecho en mi vida! Las hojas de periódico me servirían de regla y de metro.

En el calabozo comprendí el valor que pueden tener las cosas más nimias: un lápiz, por ejemplo. ¡Con la de lápices que se desechaban en mi oficina de la Compañía Eléctrica Nueva Era! Según las circunstancias en las que viva el hombre, se hacen diferentes escalas de valores y hay veces en las que todo el dinero del mundo no sirve para nada. Por el contrario, el trozo de tacón de un humilde y viejo zapato puede antojársenos en otras ocasiones de un valor incalculable.

Por el día, mi celda estaba oscura, pues apenas si entraba en ella la luz del sol. Las horas diurnas, por lo tanto, las aprovechaba para dormir y, cuando me despertaba, dedicaba largos ratos a meditar, a realizar ejercicios físicos, a prepararme mentalmente un tema determinado y a tratar de desarrollarlo como si tuviese que dar clase y coma si tuviera alumnos que me plantearan complicados problemas sobre ese tema. Yo me entretenía intentando encontrar las soluciones adecuadas a los problemas de mis alumnos imaginarios.

Así permanecí 6 meses. Prácticamente tapiado. Sin ver el sol en aquella celda número 13 del pasillo 2. Hablando durante una hora al día con mis compañeros a través del reducido hueco de la puerta por el que me pasaban el plato de la comida. Ellos me hacían llegar sus conocimientos particulares o yo les transmitía cuanto había aprendido en mis lecturas anteriores. Por la noche, aprovechaba la escasa claridad que proyectaba sobre mi celda la luz del pasillo, pues algo de esta luz entraba por el esquinazo roto de la puerta a la que le faltaba un pedacito de plancha metálica. Y me pasaba horas enteras dibujando. O filosofaba conmigo mismo imaginando un mundo en que hubiese menos odio y más libertad, más alegría y menos torturas. O vivía de los recuerdos... Estos eran los únicos medios de los que disponía para huir de aquella tétrica y permanente vida, para romper los grilletes de mi desgracia y de mi encierro.

Fui llenando las paredes de aviones, de transformadores y de máquinas, pues me encantaba dibujar.

Una noche, entró Morejón en el calabozo y, debido a mi sordera, no me di cuenta de que había llegado hasta que no abrió la puerta de la celda. Le acompañaba otro militar y ambos me habían espiado mientras pintaba a través del reducido ventanuco por el que nos introducían la comida. Viéndoles entrar, dejé caer con disimulo el tacón-lápiz, que se fue a ocultar entre la obcuridad del habitáculo. Ya dentro, miraron con curiosidad «los frescos» que decoraban las paredes.

—¿Quién ha hecho todo esto? ¿Has sido tú, no es cierto? Mira, *Gallego*, si estás preso es porque quieres. Pon tus conocimientos a favor de la revolución y te soltaremos.

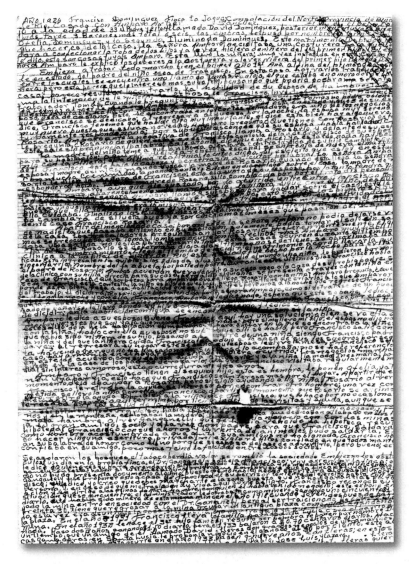

Manuscrito que Odilo Alonso redactó en prisión en papel cebolla con letra apretada para aprovechar hasta el último centímetro de su superficie.

—Nada de mí servirá jamás a esta revolución a la que ustedes han traicionado para irse tras los dictámenes ideológicos de Rusia.

—Danos la pintura con la que realizas tus dibujos.

—No me queda. Era un trozo de carbón y se me ha acabado.

Encendieron una cerilla y acabaron descubriendo el trozo de tacón del que me servía. Lo había pisado para que no lo viesen, pero me hicieron retirar y se lo llevaron después de mostrarme su admiración por haber hallado aquel ingenioso «lápiz». ¡Menos mal que tenía otros pequeños pedacitos muy bien escondidos en la letrina y que no encontraron en ninguna requisa!

Al día siguiente, vinieron a verme el jefe de la guarnición y el de orden interior. Me conminaron a que blanquease la celda, pues cuando me metieron en ella las paredes estaban limpias.

—Blanquéenlas ustedes si quieren —respondí.

—Lo harás tú, que eres quien las has ensuciado.

Insistieron durante una semana, pero yo les dije que, si me encontraba allí, era por no querer realizar trabajos para ellos, y no iba a trabajar precisamente ahora en el calabozo. Ya sabían que, me hicieran lo que me hiciesen, no cambiaría de opinión. Además, la celda para mí estaba bien así y yo era el que iba a seguir viviendo en ella.

Un día, nos sorprendieron abriéndonos a todos las celdas y permitiendo que nos reuniéramos en el local en que convergían los cuatro pasillos. Estuvimos un rato comentando por qué harían aquello, pues eran radicalmente contrarios a que los presos nos comunicáramos. Con algunos compañeros llevábamos años sin vernos y, con los que estábamos recluidos en el calabozo, ponían un especial rigor en aislarnos, tratando de evitar que nos llegara cualquier comunicación de la circular. Como nunca salíamos de la celda, para transmitirnos mensajes nuestros compañeros de las circulares tenían que emplear términos en clave tales como aquel «ahora, sí» con el que nos decían que todo iba bien y que había negociaciones con los reclusos. Claro que, en muchas ocasiones, era el propio gobierno el que filtraba noticias esperanzadoras con el fin de que nos desalentáramos cuando viesemos que pasaba un día y otro día, un mes y otro mes, y nuestra situación no cambiaba lo más mínimo.

El caso era que allí estábamos, charlando entre nosotros y fuera de las celdas. A los 30 minutos de tan singular situación, nos dijeron que cogiésemos una colchoneta, una «frazada» nueva de las que se utilizaban para limpiar los pisos y con las que en adelante podríamos taparnos, un trozo de jabón para el baño y otro para lavar ropa. Hasta nos indicaron que podíamos elegir celda... ¿Nuestros torturadores se habrían vuelto locos?

Yo me dirigí al pasillo número 1, pero no tardó en venir un cabo preguntando por *el Gallego*. Me callé e insistió:

—Soy yo —le dije.

—El sargento me ordena que tú no permanezcas aquí. Tienes que ir al pasillo 3. Tu celda la ha elegido él.

En ese pasillo había dos periodistas y uno que había sido capitán del gobierno. Me impusieron la celda número 10. Alfredo Izaguirre estaba en la 15 y Nerín Sánchez en la 8. A Emilio Adolfo Rivero lo trasladaron a la número 4 del pasillo 2.

Balbuceos poéticos que servían a los presos de consuelo y escapatoria.

A fin de cuentas, todo se quedó en un cambio de «suite» y en la entrega de una colchoneta, aunque yo, particularmente, mejoré un poco mi situación.

Tal como habíamos hecho en el pasillo número 2, que fue en que estuve hasta ese día, en el nuevo nos pusimos también de acuerdo para intercambiar experiencias y para poder comunicarnos entre todos en un momento determinado. Elegimos hacerlo una hora diaria después de comer: nos transmitíamos las experiencias personales y los conocimientos de cada uno. Los sábados y los domingos, recitábamos las poesías que sabíamos o las que componíamos en el silencio de nuestra propia celda. Era una hora maravillosa, pues nos servía de enseñanza, de sedante, de evasion a vivencias y lugares distintos de las vivencias y del lugar tenebroso en que entonces estábamos. Quizá fuese la composición poética lo que más nos entusiasmaba, pues nos servía de auténtico desahogo volcar en verso cuanto se nos escapaba del alma y luego trasladarlo a los demás, que escuchaban en un silencio casi religioso lo que el compañero recitaba.

Después del almuerzo, guardábamos dos horas de absoluto silencio. Teníamos nuestras normas de conducta y nuestro propio reglamento. ¡El reglamento, claro está, que nosotros mismos nos dábamos y no el que nos imponían los carceleros! Sabíamos ser tan disciplinados con lo que interesaba al resto de los internos como decididos a la hora de enfrentarnos a los desafíos de los esbirros que nos retenían en el calabozo, cuyas idas y venidas, par cierto, intentábamos controlar con un original espejo retrovisor: el fondo de un bote de talco Micolicén que no era de cristal, pero que estaba muy bien pavonado y que nos servia para permanecer al tanto de cuanto ocurriera en el pasillo.

En una ocasión, el periodista Izaguirre me pidió que le dibujara esquemáticamente el motor de un coche y su funcionamiento interno, ya que él sabía conducir desde muy pequeño pero no tenía la menor idea de por qué y cómo funcionan los automóviles.

Le dibujé un motor de cuatro velocidades, indicándole punto por punto cuanto me pareció lo más esencial del motor de un vehículo. Se lo detallé lo más posible y él estudió con avidez mi trabajo. Tanto le gustó que, si lo hubiera podido mandar a la redacción de su periódico, lo hubiese hecho de inmediato. Me dijo que lo pensaba guardar para mostrarlo algún día en donde se supiera apreciar hasta donde puede llegar el ingenio en una cárcel y cómo la mente humana cuenta con dones y recursos suficientes para crear luz hasta en la oscuridad de una mazmorra.

El pedacito de lápiz que Alfredo Izaguirre me agenció para que le hiciese su encargo, acabaría dándome un serio disgusto. Era de los que tienen en su parte superior una gomita de borrar sujeta con un casquillo metálico. Como la goma estaba ya muy gastada y una noche, mientras yo estaba componiendo una canción, tuve necesidad de borrar un verso, rompí ese casquillo para que quedase libre una superficie mayor de goma. Ojalá no lo hubiese hecho nunca porque, algunos minutos después, noté que mis oídos enfermos me picaban en exceso a causa de la infección. En lugar de rascármelos con el dedo meñique (como tenía la mala costumbre de hacer, pues me los irritaba más), utilicé el reverso del lápiz. La suavidad de la goma me calmó tanto, tanto... que esta se me quedó dentro del oído. Intenté sacarla con la mano y no me fue posible. Intenté romperla con una aguja de cobre que yo mismo había fabricado y aquello seguía sin salir.

Se lo dije a Alfredo:

—¿Sabes? Se me ha quedado dentro del oído la goma de borrar de tu lápiz y no la puedo sacar.

—¡No fastidies! Llama urgentemente al cabo para que te la extraigan en el hospital.

—Prefiero esperar a mañana. Si le digo algo ahora, a lo mejor le da por gastarme alguna broma que no voy a saber aguantar y vamos a tener problemas.

Tocaron silencio e intenté dormir, pero esa misma noche me empezó a doler mucho la cabeza. Al día siguiente, amanecí con el oído, la mejilla y parte de la mandíbula hinchados.

Antes del relevo de los guardias, le expliqué al cabo lo ocurrido y le eché la culpa del incidente a la dirección por haberme enterrado en las aguas sucias de una infame laguna, por haberme causado aquella infección y por no darme ni un mísero algodón para aliviarla un poco.

—Se lo hago saber para que se entere de lo que ha pasado y de que ha sido en su turno, por lo que pueda incumbirle en cuanto a responsabilidad.

El cabo, bastante nervioso, puso el caso en conocimiento no solo del compañero que le relevaba, sino del propio director.

A las 11 de la mañana vino el jefe de orden interior para preguntarme quién me había dado el lápiz.

—Nadie. Es mío —respondí.

—Mientras no me confieses el nombre de la persona que te lo proporcionó, tendrás la goma metida donde ahora está.

—¿No le he dicho ya que es un lápiz de mi propiedad?

—Yo sé que aquí no entra nada si no lo introducen los «cuadrados» (los acogidos al plan de rehabilitación).

—Pues este no era de ellos.

Se fue, aunque no tardó en regresar y ordenó que esa misma tarde me sacaran de la celda para que alguien me llevara al hospital y me extrajeran el objeto que tantas molestias me causaba. Pensó unos segundos y concretó aún más sus instrucciones:

—No dejes —dijo a mi carcelero— que le vea ni que hable con ningún médico que sea preso. Llévale directamente al despacho del director del hospital y que le atienda él mismo.

Salí del calabozo hacia las tres. Tenía tanto dolor que mi cabeza era un continuo zumbido. Padecía fuertes palpitaciones debido a que la goma no permitía la entrada de aire y esto, al parecer, afectaba a la presión sanguínea.

Cuando me hicieron entrar en el despacho del director, este se hallaba en un campamento de militares y no vino hasta el anochecer, por lo que no les quedó otro remedio a los que me condujeron hasta allí que avisar a Valdés Rodríguez, un neurólogo acogido al plan de rehabilitación. Los guardias no quisieron dejarnos a solas ni un minuto para que al galeno le fuese imposible darme noticias o informarme de lo que ellos no deseasen.

Lo primero que hizo Valdés fue desencajar del todo la goma e introducirla hasta el fondo del oído, pero fue una decisión que imposibilitó ya completamente su extracción. Mientras él trabajaba, yo apretaba los dientes en silencio para aguantar el dolor y no quejarme. Los postas, haciendo una mueca de horror, veían cómo me salía la sangre, cómo me corría par la mejilla y cómo yo seguía callando y haciendo rechinar mi dentadura.

Acabé con los algodones que llevaron. Me metieron un aparato y, con una manecilla, empezaron a dar vueltas para que la cavidad del oído se ensanchara, pero todo fue inútil. Valdés, desesperado y sudando el pobre hombre, vació dentro de mi oído una jeringuilla de anestesia que no me hizo ningún efecto. Era un médico que se había ganado fama de eficiente en el centro penitenciario y se ponía cada vez más nervioso por no poder solucionar un incidente que, a primera vista, cualquiera hubiese dicho que no revestiría ninguna dificultad.

Llegó por fin Conde, el director, acompañado de un médico militar al que Valdés Rodríguez dio su opinión de operarme o de ponerme una máscara de oxígeno para seguir allí mismo con sus manipulaciones. Optaron por lo segundo y, cuando al fin pudieron realizar su trabajo, me sentaron en la mesa. Valdés informó a Conde y a los guardias de que no debían sacarme a la calle durante un buen rato al menos. Según él, corría el riesgo de que me diese un espasmo y me quedara muerto en el acto.

No le hicieron ningún caso y salimos de la mesa al calabozo. Teníamos que caminar solo cien metros, pero al entrar en la celda, me empezó a faltar el aire y comencé a resoplar como un caballo que acabara de hacer su galopada más larga. Mis compañeros se asustaron, exigiendo que llamasen al hospital. Cuando vino el médico, me tomó la presión y la temperatura. La primera la tenía por los suelos y la segunda la encontró por las nubes.

La vida en el calabozo era siempre la misma. A miles de kilómetros de mi celda, los españoles celebraban los «25 Años de Paz», conmemorando el final de una fratricida guerra civil; vitoreaban a un torero, *El Cordobés*, al que el hambre había hecho famoso; aplaudían a los *Beatles* en Madrid o bailaban sus músicas en guateque» y discotecas; se emocionaban con las retransmisiones radiofónicas y televisivas de aquel mago del micrófono llamado Matías Prats o se enteraban con preocupación de la pérdida en Almería de cuatro bombas H, por parte de un bombardero B-52 norteamericano. Reían, trabajaban, soñaban, veían crecer a sus hijos o votaban en el referéndum para la sanción de la Ley Orgánica del Estado...

En el mundo, la minifalda hacía furor y, lanzada a los escaparates y al consumo occidental por la diseñadora Mary Quant, convertía a las piernas de las mujeres en protagonistas de la moda y en objeto inmediato del deseo de los hombres; la Iglesia católica clausuraba un concilio de apertura y modernidad y los cosmonautas paseaban por el espacio, fuera de sus naves; Mao Zedong imponía en China su revolución cultural proletaria y Walt Disney se despedía de la vida dejando tras de sí una legión de personajes maravillosos que harían las delicias de los niños y los mayores.

Pero, en mi celda de Isla de Pinos, nada sucedía que no hubiera sucedido ya el día anterior o que no pudiese suceder al día siguiente. Nada esperanzador, ni ilusionante, ni novedoso ocurría jamás. Nada...

Y si alguna novedad se daba, la teníamos que imponer los presos. Así ocurrió con la huelga de hambre que nos vimos obligados a declarar para solidarizarnos con un compañero al que, el mucho tiempo que llevaba en el calabozo y la consiguiente falta de sol, habían hecho perder la pigmentación. Se trataba de Alfredo Izaguirre, que llegó a tener todo su cuerpo cubierto de escamas, como si de un pescado o de una serpiente se tratara.

Mediante contraseñas que solo nosotros conocíamos o sirviéndonos de las notas que, de unos a otros, nos ayudaban a pasar los prisioneros acogidos al plan de rehabilitación y que iban a realizar la limpieza de los pasillos, acordamos elevar primero un memorándum a la dirección, a través del oficial de recuento. En la nota solicitábamos el poder disfrutar de alguna hora de sol. Y productos de higiene tan elementales como pasta y cepillo para los dientes. Y papel sanitario, mosquitero y una sábana. Y libros de literatura e historia en español, inglés y francés. Y algún cuaderno con los lapiceros adecuados para poder escribir... No exigíamos que estos objetos materiales nos los compraran ellos, pues nos bastaba con que nos dejasen pasar los que ya teníamos en la circular.

Se hacía notar que, en caso de que nos separaran o utilizaran la fuerza con nosotros, aumentaríamos la presión y las peticiones, llegando incluso a añadir en nuestra lista la «jaba» (una especie de bolsa de mano), y las visitas del exterior.

Ya por la noche, vinieron a buscar a Alfredo y lo llevaron a la dirección. Allí le dijeron que habían recibido el memorándum y que lo del papel sanitario se podría resolver, estudiarían lo del sol y la pasta dentífrica; en cuanto a lo de los libros, tendrían que consultar a jerarquías superiores, aunque les pareció que no podría ser.

A la entrevista asistieron el teniente Morejón, jefe de la guarnición, y Cuesta, jefe del plan de rehabilitación. Alfredo les hizo saber que no se pedía reducción de pena en el calabozo, pues pensábamos seguir en él cuanto tiempo fuese necesario. Lo que solicitábamos, eso sí, queríamos que se nos concediese en su totalidad, pues de lo contrario nos declarábamos los cuatro de inmediato en huelga de hambre.

La mañana del día siguiente, llegó Morejón con el papel sanitario solamente.

—¿Y el resto de artículos? —preguntamos.

—Bueno, ayer por la noche no se habló más que de esto.

Ante el cinismo de aquel hombre, no aceptamos el papel, iniciando la huelga con la que les habíamos amenazado. Al ver nuestra determinación, vinieron Morejón y Cuesta por la noche, negando lo que ambos habían tratado veinticuatro horas antes. ¿Quién podía dar valor a la palabra de los comunistas cuando ni ellos mismos la valoraban?

Todos los presos que se habían negado a trabajar se solidarizaron con nosotros y acabaron otorgándonos una hora diaria de sol, pero seguimos adelante en nuestro empeño de lograr cuanto habíamos pedido. Les rogamos al resto de compañeros que, para que los castristas no nos acusaran de incitar a los demás a la rebelión, abandonaran sus muestras de solidaridad y siguieran haciendo su vida normal.

A los ocho días de huelga de hambre, los médicos militares empezaron a venir por allí. Cuando nos preguntaban cómo estábamos, contestábamos invariablemente:

—Bien.

Esto les molestaba y, a los diez días, empezó a acompañarles un individuo que se limitaba a observar y que, sin uniforme alguno, vestía siempre una camisa y un pantalón.

Cuando iban a cumplirse dos semanas del comienzo de la huelga, Nerín se sentía ya bastante mal y no salió al sol. Se reanimó un poco y pudo salir de nuevo hasta el día decimoséptimo, en que las fuerzas se le agotaron y se desmayó. Devolvía bilis. Al oscurecer, entraron en su celda siete cabos, los dos médicos, el dentista y el hombre del pantalón y la camisa. Le dijeron que iban a tomarle la presión y le indicaron que se acostara en la cama de lona, la única que había en los calabozos, pues se la habían autorizado a causa de la operación de un quiste que sufrió tiempo atrás en el recto. Yo le había aconsejado que la rompiera, porque corría el riesgo de que, en cuanto estuviese débil, cualquier día lo amarraran a ella para alimentarlo a la fuerza.

Y eso ocurrió. Entró aquella turba, lo ataron con gasas y el hombre de la camisa y el pantalón fue quien le conectó un botellín de suero a las venas. Mientras lo estaban haciendo, Rivero Caro (que era abogado), desde su celda les recriminó la conducta por sus malos tratos, pero los asaltantes, sin atender razones de ninguna clase, dejaron atado a nuestro compañero y se marcharon.

Nerín, sacando fuerzas de flaqueza, había forcejeado lo indecible para impedir que cometieran con él ese atropello y siguió forcejeando en el momento en que se vio solo. Hasta que logró desatarse una mano. Se quitó luego el resto de gasas y quitó de su vena la aguja que le habían dejado puesta, arrojando y rompiendo contra la reja el frasco de suero que estaba todavía bastante lleno.

Advertido por el ruido, el cabo llegó corriendo. Al ver a Nerín de pie en su celda, llamó al hospital, del que volvió a venir el jefe de orden interior con el personal de antes. Pero ahora traían hilo de bramante para atarlo.

Nuestro compañero seguía muy alterado y amenazó con tirarse a ellos si se atrevían a entrar. Luis intentó calmarlo, diciendo:

—Acuérdate de que estuvimos alzados juntos contra Batista. Yo voy a pasar a tu celda. Espero de ti, en nombre de nuestra vieja amistad, que no me hagas nada. Tranquilízate, por favor.

El preso, en efecto, le permitió abrir la puerta y los demás, que estaban detrás del jefe de orden interior, se abalanzaron sobre el confiado prisionero y lo tumbaron. Lo volvieron a atar, esta vez con el bramante que llevaban, y le pusieron otro suero. Así pasó la noche.

Al día siguiente, regresaron los médicos y el hombre desconocido. Todos juntos vinieron directamente a mi celda y me propusieron que saliese a ver a Nerín, pero les contesté que no me daba la gana salir porque no me gustaba contemplar el espectáculo de un compañero amarrado.

—Pues le soltamos, si así lo prefieres —me contestaron.

—No. Prefiero no verle tal como ustedes le han dejado,

Hicieron la misma proposición a Alfredo Izaguirre, que consultó conmigo y con Emilio la decisión que debía adoptar. Le dijimos que obrara de acuerdo con su criterio y, tras desatar a Nerín, el periodista habló con él. Ya estaba mejor y mucho más tranquilo que la víspera.

Cuando Alfredo regresó a su celda, el hombre desconocido se identificó: era el delegado del Ministerio del Interior que llevaba nuestro caso. Nos dijo que había estado observando la conducta que habíamos adoptado durante los últimos días y que necesitaba que le diésemos al menos un mes de tregua para regresar a La Habana, hablar con el ministro e intentar que este le autorizara a resolver de la mejor manera posible nuestra situación.

Decidimos concederle solo una semana. Primero dijo que no podía hacer nada en tan escaso tiempo, pero luego aceptó.

Era el 13 de abril de 1966 cuando acordamos con él que comeríamos hasta la noche del 19. Si el día 20 no estaba de vuelta con todas nuestras demandas concedidas, continuaríamos la huelga. Nos prometió que allí estaría en esa fecha para darnos cuenta de si había o no solución a cuanto planteábamos.

El día 20, sin embargo, no se presentó y la dirección del penal no creía que continuaríamos con nuestro empeño. Aunque la segunda parte de una huelga de hambre se hace siempre mucho más cuesta arriba que la primera (y eso precisamente les hacía pensar que desistiríamos), cumplimos lo que habíamos prometido y dejamos de comer. Los médicos nos dijeron con anterioridad que, si reiniciábamos la huelga, no resistiríamos ni seis días. Y, para atemorizarnos, no volvieron a aparecer por allí hasta casi tres semanas después.

Cuando llegaron, lo hicieron acompañados del director del hospital, que se dirigió a mí en un tono muy serio:

—Tu estado de salud no te permite seguir aquí. Ayer nos reunimos quienes componemos el consejo de dirección y hemos acordado trasladarte. Lo vamos a hacer ahora mismo, pues estás francamente mal. Yo vivo en Nueva Gerona, tengo que pasar consulta a los militares en los campamentos y no quiero cargar con la responsabilidad de que te pase algo.

—Y con los demás, ¿qué van a hacer? —pregunté.

—Ya veremos.

—Pues yo no me muevo de aquí si no me voy con ellos. Por muy mal que esté, quiero correr su misma suerte hasta el final. Juntos hemos comenzado y juntos debemos terminar.

—Si no sales por tu propio pie, te sacaremos por la fuerza.

Mis compañeros, que estaban oyendo la conversación, me llamaron para decirme que no debía negarme a recibir atención médica ya que nuestro compromiso consistía solo en no ingerir alimentos, no en rechazar curas de hospital.

Frente a la puerta exterior había un *jeep* y ocho hombres con una camilla. El director del centro sanitario me insistió una vez más que se trataba solo de cuidar mi salud y, con el beneplácito del resto de los presos, accedí a salir.

Me llevaron en el vehículo hasta una salita que estaba frente al departamento dental. En ella no había más que una cama con su colchoneta correspondiente y una sábana limpia. Como hasta ese momento mi *short* era una camisa invertida sujeta al cuerpo con tiras, me dispuse a quitármela para ponerme el único calzoncillo del que disponía. Cuando estaba poniéndomelo, entraron corriendo ocho individuos para amarrarme. La sorpresa no impidió que empezase a defenderme con uñas y dientes, dando puñetazos, patadas y hasta mordiscos a mis agresores. Pero de nada valió. Unos por las piernas y otros por la cabeza, me agarraron, me pusieron sobre la cama y me sujetaron a ella con mitades de sábanas que rasgaban y retorcían. Otra media sábana (para que no pudiera incorporarme arqueando el cuerpo), me la pasaron por encima del pecho y por debajo de las axilas, atando sus puntas a la cabecera.

Pronto reconocí a uno de los militares que dirigía la operación de reducirme. Era el siniestro Oliver. Como la boca me la habían dejado libre, me despaché con él a gusto. Le dije que allí estaban las únicas razones que podía esgrimir su maldito gobierno: la razón de la fuerza, la de la mentira, la del ataque por la espalda, la de predicar libertad y atar a los hombres...

Llegó luego Nerín y no pudo hablar al verme amarrado. Se desmayó casi de inmediato y le hicieron lo mismo que a mí. Cinco minutos después trajeron a Izaguirre, al que arrinconaron y ataron mientras yo gritaba:

—¡No te dejes coger por estos indeseables que critican a Batista y son mil veces peor!

Luego condujeron a Emilio y, al verlo aparecer en la puerta, grité también:

—¡Defiéndete, Emilio! ¡Mira para qué nos han sacado! Esta gentuza, cuando un hombre pide libros, lo atan.

Durante el tiempo que permanecimos en huelga en el calabozo, la dirección militarizó el lugar con el fin de que nuestro aislamiento fuera completo. En las circulares, nadie sabía lo que estaba pasando allí. Un día, preocupados los compañeros por la carencia total de noticias, alguien nos envió un mensaje dentro de un pan. ¡Menos mal que el pan en cuestión llegó a las manos de Pepín Varona y no a las de cualquier guardia! Lo hacía llegar desde la circular número 4 un buen amigo de cuantos sosteníamos la huelga de hambre y, entre otras cosas, nos informaba de que la radio y la prensa de los Estados Unidos hablaban de nosotros. Incluso el cónsul español en la ONU había llevado nuestro caso a los medios de comunicación y a las más altas instancias internacionales. El pan lo pasó el negrito Yuta, pues colaboraba con nosotros desde el programa de rehabilitación, aun a costa de jugarse la vida.

Aprovechando que nos tenían amarrados, nos metieron una sonda por la nariz y, con una jeringuilla, nos inyectaron leche y diversos sueros para hidratamos. No permitieron el paso hasta donde estábamos más que a los dos médicos militares, a Oliver y a un cabo. Hasta pusieron un vigilante con el fin de evitar que otros presos supieran dónde nos encontrábamos o, si lo adivinaban, para impedir que nos llamaran o nos dijeran algo cuando pasaban junto al local en que aquellos verdugos nos retenían.

La verdad fue que los internos de las circulares no tardaron en descubrir nuestro encierro, viendo entrar una y otra vez al delegado del ministro y a los médicos con las cajas de suero.

En este lugar nos empezaron a poner los mosquiteros, uno de los puntos que solicitábamos en el memorándum que habíamos hecho llegar a la dirección. Ellos mismos se encargaban de ponerlos y de quitarlos sobre cada uno de nosotros, pues seguíamos férreamente atados. También tenían que encargarse de manipular nuestras necesidades fisiológicas, y era lo que más vergüenza nos causaba.

Así pasó la primera semana.

—Si coméis, os soltamos —nos repetían a todas horas.

—Comeremos cuando se nos concedan los libros y absolutamente todo lo que hemos exigido —contestábamos nosotros.

Oliver nos comentó que iban a inyectarnos otra cosa que él llamaba «plasma soviético» y que, si lo aguantábamos, en quince días no solo estaríamos recuperados, sino más fuertes quizá que cuando empezamos la huelga.

Pero ese plasma era demasiado fuerte para el clima de Cuba, un lugar en que no lo resistía cerca del 90 por ciento de la gente a la que se lo pusieron. Se trataba de sangre (no sé de qué), deshidratada y que mezclaban con suero y glucosa. Todo ello lo batían durante 30 minutos, hasta que se volvía de un color aceitunado. Lo envasaban en frascos de un cuarto de litro y nos lo ponían como si se tratara de cualquier suero corriente. Para nosotros, la diferencia principal consistía en que la nueva «dieta» era mucho más espesa y su entrada en vena resultaba muy lenta, a razón de seis gotas por minuto.

Mi organismo acabó rechazando aquel extraño plasma y perdí el conocimiento. La lipotimia que padecí fue en presencia del médico, que comentó con cierta preocupación a los demás.

—Como se nos muera este gallego, ¡menudo lío!

—¿Por qué? —preguntó alguien.

—Porque su gobierno ya ha ofrecido a Cuba seis autobuses Pegaso por él. Quiere repatriarlo a España.

Cuando recuperé la conciencia, estaban a mi lado los dos médicos y el delegado del ministerio. Tan pronto como estos se fueron, mis compañeros me informaron de lo que había dicho el anestesista Oliver.

—Es comunista —les comenté—. No se puede fiar uno de él, por lo tanto, ni se le puede hacer demasiado caso.

Pero estoy seguro de que me lo comentaron tal como a ellos se lo habían dicho. Además de amigos, éramos todos como hermanos, ¡Cuántas veces y de cuántas maneras me mostraron su solidaridad en aquellas circunstancias tan tristes! Emilio solía decir:

—El que no quiere a Odilo, no quiere a España.

¡Sí, con cuánto cariño pienso en ellos hoy y pensaré en su gran calidad humana mientras viva!

A los ocho días nos soltaron para que pudiésemos hacer nuestras necesidades mayores, pero volvieron a atarnos. Para orinar, seguían poniéndonos ellos mismos el pato. Y, la noche del 25 de mayo, recibimos la visita de Morejón junto a la de otro teniente, este de raza negra. Al entrar en el reducido local, Morejón se encaró conmigo y me dijo:

—Hace años que podías estar en tu país bebiendo buen vino, comiendo jamón serrano y mira cómo te ves, ¡hecho un cadáver!

—De cuanto me sucede, se alegrarán en España los cerdos cuyos jamones no me he comido y, en Cuba, algún que otro animal disfrazado de persona.

—Di lo que quieras, que de poco te sirve. Tanto a ti como a tus compañeros lo que os espera son diez cajas de muerto que tenemos en el almacén desde la época de Batista. ¡Ah! y no penséis que vuestros amigos imperialistas, refugiados en Norteamérica, van a venir a liberaros. Si nos invaden, encontrarán una isla convertida en cenizas y a vosotros con dos tiros en la cabeza.

—Nos interesa mucho menos su fuerza, si es que la tienen, que nuestro honor, que sí lo tenemos.

Aquella gente era cruelmente sádica. Insistía una y otra vez en sus torturas y en sus amenazas. La misma noche tuvimos que volver a escuchar otro exabrupto del cabo que nos cuidaba:

—Yo les quito y les pongo el mosquitero o el pato porque así me lo ordenan los míos, pero preferiría que me ordenasen que les colgara de una pata o del cuello. Lo haría sin titubear,

Como alguno de ellos no era tonto del todo, a veces debían pensar que esa situación en la que estábamos podía invertirse. El médico Oliver, por ejemplo, me confesó alguno de esos días que era anestesista, que había estudiado en Rusia y que había visitado Argelia, Hungría, Checoslovaquia... y España. A nuestro país, según él, le gustaría volver.

—Si nos encontráramos allí, ¿qué harías? —me preguntó.

—Invitarle a una sidra.

—¿De verdad? ¿No tratarías de vengarte?

—No soy rencoroso.

Su pregunta evidenciaba, de todos modos, un reconocimiento implícito de que, lo que hacían con nosotros, podía merecer venganza o un buen desquite.

El 26 de mayo oímos llamar muy temprano al personal de las circulares número 3 y número 4. Notamos durante toda la mañana cierto alboroto de gente que iba y venía por delante del local en que nos encontrábamos. Y, a las dos de la tarde aproximadamente, llegaron varios guardias acompañando al jefe de orden interior, que ordenó a sus subordinados que nos soltaran, pues seguíamos amarrados a las camas.

Nos dieron una muda de ropa amarilla y creímos que nos llevarían al calabozo, pero al llegar frente a la planta eléctrica vimos a un buen número de compañeros de los que estaban en las circulares. Todos estaban junto a un montón de ropa vieja y zapatos usados de trabajo. Como yo andaba descalzo, los guardias me entregaron un par de zapatos vulcanizados y de gran peso que, encima, no eran de mi número.

Cuando nos juntaron con el grupo, los otros presos nos dijeron que conocían perfectamente cuanto nos había ocurrido. Estaban informados también de lo que pasaba más allá de los muros de la cárcel y nos pusieron al corriente de múltiples hechos. Entre ellos, nos comunicaron que los americanos acababan de matar a un guardia de Castro en la frontera con la base de Guantánamo y que el gobierno cubano había decretado el estado de alerta.

Entre las personas que allí estaban, recuerdo por ejemplo a Pedro Luis Boitel, que mantenía una larga huelga de hambre en el hospital. Se hallaba también el excomandante Huber Matos. Y Ferrando, el hombre que más se esforzó por conseguir que no cayeran los transistores en manos de los guardias cuando estos efectuaban requisas. Y Regino Mena con un grupo de periodistas.

Pero llegó la gran sorpresa: nuestra huelga había servido para que sacasen del calabozo no solo a cuantos nos habíamos negado a trabajar, sino a los que allí, por una o por otra causa, padecían la más inhumana de las reclusiones. A los que nos oponíamos a realizar trabajos forzados, nos trasladaban de inmediato a La Habana con algunos de los que ocupaban las circulares. En total, saldríamos más de 120 hombres.

Ese mismo día nos montaron en camiones, nos llevaron hasta el puerto de Nueva Gerona y nos embarcaron en el ferry en que habíamos llegado años antes a Isla de Pinos. ¡Isla de Pinos! En esa isla, llamada también Isla del Tesoro, quedaban 7 años de mi vida, siete duros años de mi juventud...

CAPÍTULO IX

ALAS DE REBELDÍA

Decía Séneca que «en la desgracia, conviene tomar algún camino atrevido». A mí, para no sentirme muerto en vida y para escapar al linchamiento físico y moral que padecíamos, no se me ocurrió otra senda mejor que el seguir poniendo alas a mi rebeldía. Anhelaba escapar de algún modo de esa situación inaguantable a la que me habían reducido, una situación en la que el abandono y la tortura se conjugaban a la perfección. Aceptar cobardemente todo aquello, se me antojaba algo así como entregarme en cuerpo y alma a mis verdugos. Y decidí resistir, ¡resistir a toda costa! Opté por el enfrentamiento ante los comunistas porque, bajar mi cerviz ante ellos, hubiese sido la peor y la más indigna humillación que yo me hubiera podido dar a mí mismo.

Al volver de Isla de Pinos, en Batanabó nos esperaban seis autobuses, un buen número de camiones con guardias y con perros y varios vehículos patrulleros. Rodeados, por lo tanto, de una cantidad ingente de militares, de animales y de armas, nos trasladaron a la fortaleza de La Cabaña, construida por los españoles. En ella nos hacinaron: en la galera número 7 exactamente.

Teníamos el agua racionada. Nuestros carceleros andaban a todas horas con su bayoneta encima y el recuento lo efectuaban al toque de queda. Querían que, tan pronto como este sonara, saliésemos disparados de las galeras, al estilo de los bomberos que acaban de oír la alarma de fuego y tienen que echar a correr para apagarlo. Debíamos formar de dos en dos y los guardianes se situaban a cada lado de la puerta para, al pasar, golpearnos con el machete o la bayoneta. También aquí existía una especie de competencia entre ellos por ver quién era el que más golpes nos daba.

276 ADILO ALONSO. *ENTRE MUROS*

276 ODILO ALONSO. *ENTRE MUROS*

Algunos de mis compañeros corrían despavoridos mientras que otros no tolerábamos que nos pegaran ni que pretendieran hacernos correr. Y pronto empezaron las broncas entre vigilantes y presos.

Veinticinco condenados a muerte vivían entre nosotros. Contemplaban y contemplábamos a todas horas el paredón de los fusilamientos, por lo que aquellos pobres hombres tenían los nervios rotos ante la espera de una hora fatídica que podía llegar en cualquier instante. Cuando tenían lugar las ejecuciones, escuchaban, al igual que los demás, las palabras fatídicas del jefe de pelotón: «¡Apunten!, ¡fuego!». Y, a continuación, el tiro o los tiros de gracia. A todos se nos desencajaba el rostra cuando tales barbaries acaecían. Pero, como es natural, ellos lo pasaban peor que ninguno. Eran gentes de todas las edades, gentes entre las que la ansiedad y la locura hacían verdaderos estragos.

A mediados de abril de 1967, nos anunciaron a los cuatro españoles que allí estábamos la visita de nuestro cónsul. Mis tres compatriotas se llamaban Claro, Escribano y Vilariño. El cónsul, don Jesús Ezquerra Calvo, nos preguntó a lo largo de la entrevista cómo nos encontrábamos y si teníamos algún problema anímico o de salud. Yo fui de los que no quise entretenerme en darle ningún tipo de quejas y casi ni hablé. Solo cuando alguno de mis compañeros le solicitó que lograra de los comunistas el que nos trasladasen a granjas, me opuse abiertamente para manifestar que yo no aceptaría ese tipo de trabajos, pues las granjas eran lo mismo que la rehabilitación. El señor Ezquerra aprobó mi actitud diciéndonos:

—Para vivir, no basta con disfrutar de salud física. Es necesario que le respeten a uno también la salud mental y no le obliguen a caminar con la frente humillada.

Aquel día comprobé que dentro de la fortaleza de La Cabaña estaban el coche y el conductor del diplomático. Pasamos a su lado cuando entramos a la visita y cuando salimos de ella. A la vuelta, se me ocurrió una idea que no dejó de rondarme en la cabeza: si hubiera tenido un arma —pensé—, me habría metido dentro del vehículo y hubiese obligado al chófer a que me llevara hasta una embajada sudamericana con derecho de asilo. Habría declinado el hacerme conducir a la embajada española no solo porque esta carecía de ese derecho de acoger asilados, sino por evitar que el gobierno cubano

Fortaleza de La
Cabaña.

acusara a nuestros diplomáticos de connivencia con los presos. ¡Pero hubiera llevado a cabo esa repentina ocurrencia, ya lo creo! Para aprovechar la oportunidad y salir del cepo de La Cabaña, no me hubiese faltado valor. Lo que me faltaba era el arma...

El mejicano Carlos Pedro Osorio Franco, el canadiense Ronald Lipper, mi compatriota Vilariño y yo empezamos pronto a estudiar la posibilidad de obtener una visita conjunta de nuestras tres embajadas. Deseábamos solicitar en ella la extradición de todos los ciudadanos de esos tres países que se encontraban encarcelados en Cuba, pues suponíamos que las tres naciones al unísono podrían presionar a Fidel Castro más que cada una por separado. Con ese fin, a primeros de junio de 1967 hicimos una carta dirigida a la embajada de Canadá, que se encargaría de comunicar nuestro deseo a las otras dos legaciones diplomáticas. El escrito tuvimos que sacarlo en el asa de una de esas ollas en las que los familiares traían comida el día de la visita.

Por el conducto oficial, y a través de la dirección del centro penitenciario, mandamos unas líneas también al Ministerio del Interior, indicando en ellas que si no obteníamos respuesta en el plazo de ocho días a las peticiones que les hacíamos, nos declararíamos en huelga de hambre.

Como el día nueve de junio nadie nos había contestado, se avisó al jefe de la galera para que devolviesen los cuatro desayunos de Osorio, de Lipper, de Vilariño y el mío. El cabo de guardia avisó inmediatamente al director y no tardaron en llamarnos a su despacho. En la dirección nos esperaba Limbano, que era oficial de recuento, y otra persona que decía ser del Ministerio. No tardaron en llegar algunos jefes de la cárcel, entre los que se encontraba un mulato llamado Pío, que empezó a meterse con Ronald Lipper. El canadiense casi no se sabía defender en nuestro idioma y corrimos el riesgo de que la conversación se desarrollara solo entre Pío y nuestro compañero de Canadá, del que se mofaban porque su mujer ya no le escribía.

—Elena me escribe todas las semanas y vosotros quemáis las cartas.

Y así era, sin duda. Los comunistas utilizaban métodos de chantaje y de tortura que nada tenían que ver a veces con los tormentos meramente físicos. Para hacernos sufrir, jugaban con los sentimientos humanos más profundos y buscaban nuestra degradación psicológica a costa de lo que fuese, no deteniéndose en estratagemas tan burdas coma el dedicarse a conquistar a las esposas y las novias de los prisioneros. Había oficiales que se convirtieron en especialistas en esa materia. A ellas, para desanimarlas, les decían que sus novios o maridos iban a pudrirse durante años en la cárcel y las invitaban a vivir la vida. Cuando una cedía a sus engaños, no dejaban de restregar la infidelidad de esta al preso correspondiente, para que se hundiera en la desesperación.

Por cada una que caía en las trampas de aquellos desalmados, hubo un sinfín de heroínas que nos sirvieron de inestimable ayuda y que nos proporcionaron lo mismo periódicos que piedras galena o transistores y repuestos clandestinos. Corrían el riesgo que hubiese que correr y pasaban cuanto podían, ocultándolo en ocasiones hasta en las partes más íntimas de sus cuerpos.

Viendo que Pío no cesaba de molestar a Ronald, preguntamos:

—¿Para esto nos han traído ustedes aquí?

—No. Los hemos traído para preguntarles si están en huelga de hambre.

—Evidentemente.

—Pues, a partir de ahora, no solo van a dejar de comer, sino de beber. Les vamos a quitar el agua y vamos a meterlos en un lugar en que nadie los va a ver morir: las capillas reservadas a los reos condenados a la última pena.

—Pueden empezar ahora mismo. No crean que nos asustan con sus amenazas —dijimos.

—¿No? Piénsenlo bien.

—Ya está pensado.

Nos llevaron a un lugar distinto del que hasta entonces ocupábamos. En él estaban los calabozos y, antes de recluirnos allí, nos quitaron los cintos y los cordones de los zapatos. Decidieron que debíamos permanecer los cuatro juntos en una pequeña celda en la que, efectivamente, dejaron de suministramos agua y alimentos de inmediato. ¿Pensaban que de este modo nos asustaríamos y seríamos los primeros en reclamar el fin de la huelga?

Cerca de nosotros tenían a cinco presos comunes que habían traído del castillo del Príncipe. En ese reducido grupo no había más que un solo blanco y cuatro de ellos nos advirtieron que tuviésemos cuidado con uno de los negros, pues era un sargento del gobierno que estaba preso por robo y violación, aunque no había dejado de servir a los esbirros del régimen, a quienes se chivaba cuanto podía. También nos informaron de las conversaciones que los militares tenían sobre nosotros y de su interés para que les revelasen nuestro estado de ánimo

Hacía muchísimo calor. Por las tardes mandaban al chivato con una vasija de unos 25 litros de capacidad, con el encargo de que hiciese limonada para cuantos trabajaban fuera. Frente a las rejas de nuestra celda, exprimía los limones y daba vueltas a un líquido que tentaba locamente nuestra sed.

Nos tuvieron 96 horas sin probar ni una gota de líquido ni el más mínimo bocado. La dirección, de todos modos, estaba muy interesada en que no nos pasase nada y en resolver aquel asunto. Los dos últimos días, varios oficiales a los que no conocíamos, pero que estaban al tanto de nuestra actitud, venían con frecuencia a observarnos y entraban en la celda inmediatamente si veían que alguno de nosotros permanecía boca abajo. Esto ocurrió con Vilariño, por ejemplo. Enseguida nos preguntaron:

—¿Qué le sucede a este hombre?

—Duerme —contestó el mejicano.

Se notaba claramente que temían que pudiese ocurrirnos cualquier percance. Los cuatro éramos ciudadanos de tres países que comerciaban con Cuba y la mayor parte de las naciones de Europa y América habían roto sus relaciones con Castro. Este no se podía permitir, a causa de la muerte de un preso, incidentes con los escasos gobiernos que aún le apoyaban. Por eso elegimos aquel momento para nuestra huelga.

Vino al fin el director. Se llamaba Justo, pero todos le dábamos el sobrenombre de *Vaselina*, por lo astuto que era. Nos dijo que deseaba hablar con los cuatro y que prefería hacerlo en otro lugar que no fuese el calabozo. Ofreció su propio despacho como sitio idóneo para dialogar, preguntándonos si deseábamos ser conducidos hasta allí en camilla. Le dijimos que se guardara tanta, tan innecesaria y tan hipócrita amabilidad. Y se fue.

En su oficina nos esperó con Limbano. Dijo que tenía informes sobre cada uno de nosotros, por lo que nos conocía muy bien. Nos mostró su pesar por haber cometido el error —según él— de habernos metido juntos en una misma galera (con lo que había facilitado sin querer la solidaridad del grupo), y nos aseguró que, a pesar de su mucho trabajo, había cursado la carta que dirigimos al Ministerio. Al parecer, le habían contestado desde Interior diciendo que se nos podía otorgar, dentro de unos días, cuanto solicitábamos. Por su parte, estaba ya dispuesto a que abandonásemos el calabozo y a que nos llevaran a la galera.

Nosotros preferimos hablar entre los cuatro a solas y optamos por volver al lugar del que salimos: a los pocos minutos teníamos detrás a los guardias preguntándonos si no íbamos a empezar a comer inmediatamente.

Yo comenté con mis compañeros las posibles consecuencias de todo aquello: En primer lugar, podían separarnos y enviarnos a provincias distintas, suspendiendo las visitas de las tres embajadas que hablamos solicitado o concediéndonoslas individualmente en caso de traslado,

También podían intentar darnos una ropa azul (que estaban cambiando por la amarilla anterior), y con la que vestían a cuantos estuviesen dispuestos a trabajar; Ronald y Vilariño opinaron que debíamos ponernos esa ropa y el mejicano manifestó que se la pondría si nos trasladaban a granjas, desde donde sería más fácil fugarnos. Yo manifesté que, en ningún caso, me vestiría de azul. Ni por las buenas ni por las malas.

—¿Cree usted que, haciéndolo, traicionaríamos quizá nuestros ideales? —preguntó Osario.

—Esa es una respuesta que debe darse cada uno. Yo, en mi caso, si lo hago, sé que los traicionaría.

Aquí se acabó la huelga. Y se acabó también la unión y la fuerza que entre todos nosotros teníamos hasta ese momento.

Al día siguiente nos sacaron para llevarnos al barbero a que nos arreglara el pelo y nos afeitase. ¿Sería para la visita que teníamos solicitada con los diplomáticos? Nos pusieron un poco al sol con el fin de que se nos fuese la palidez que el calabozo había dado a nuestro rostro y, veinticuatro horas más tarde, llamaron a Ronald para que se entrevistase con un miembro de su embajada. Al sacarlo de la galera, le comunicaron que estaba muy demacrado todavía y que suspendían el encuentro, pero que le dirían a su cónsul que volviese la semana próxima. Unos días después, salió publicado en la prensa el decreto del gobierno por el que se suspendían en La Cabaña las visitas hasta nueva orden.

Por aquellas fechas trasladaron a un grupo de presos al castillo del Príncipe y, el 27 de junio, llamaron a todos los internos para darles la ropa azul. Yo estaba acostado. Fue el mejicano Carlos Pedro Osorio Franco el que nos dijo a Vilariño y a mí que bajásemos.

—¿Qué piensan hacer? —pregunté a mis compañeros.

—Vestirnos —me contestaron Vilariño y el canadiense.

—¿Y usted, Osorio?

—Si supiese que nos llevaban a una granja, me vestía también.

Los otros daban a este último mil razones para terminarle de convencer y lo animaban a aceptar sin reticencia la ropa azul. Yo seguí en mi línea.

Nos sacaron a todos con nuestras pertenencias al patio y ordenaron que, los que cogiesen el uniforme, entraran de nuevo en la galera. Los que lo rehusaran debían dejar allí las pocas cosas de las que disponíamos y pasar en calzoncillos a la galera 8, donde no había cama, ni visitas, ni jabón, ni correspondencia, ni derecho a tomar el sol...

Oída la orden, me limité a decir a mis compañeros Vilariño, Osorio y Ronald:

—Bueno, amigos, ahí les dejo dos giros de 10 dólares y todas mis propiedades. Llévenselas, que yo me voy a la galera 8.

El mejicano, emocionado, no pudo evitar un gesto de admiración hacia mí y me dio un abrazo mientras comentaba:

—Con usted, *gallego*, se puede ir a cualquier parte.

Fuimos muchos, de ochocientos a novecientos internos, los que no aceptamos las imposiciones castristas. En calzoncillos, tuvimos que entrar en la galera de «los castigados». Debíamos turnarnos para dormir, pues el hacinamiento era tal que parte de nosotros descansábamos echados de media lado mientras los demás permanecían de pie. Nos relevábamos cada 2 o 3 horas. Hasta en lo alto de las paredes del servicio teníamos que sentarnos, con tal de encontrar un sitio en que reposar. Cuando unos bajaban, otros subían.

Se abría un nuevo periodo de aislamiento feroz. Se nos prohibió hasta el más mínimo contacto con el exterior. Las enfermedades graves o las muertes de nuestros padres, abuelos, esposas, hermanos o hijos eran una fiesta para los comunistas, que aumentaron sus malos tratos y vejaciones privándonos de los cuidados médicos más necesarios y de cualquier tipo de atención.

Así estuvimos durante años, tanto en ese centro penitenciario como en otros que luego me harían conocer. Fue una política carcelaria que podríamos dividir en dos etapas: desde junio de 1960 hasta principios de 1970 y, desde esa fecha, hasta 1978, año en que las autoridades diplomáticas españolas obtuvieron mi excarcelación.

La situación llegó a hacerse tan asfixiante que se determinó abrir un hueco en los anchos muros de cada galera para, a través de ellos, podernos comunicar con la gente de fuera. La obra corrió a cargo de los movimientos políticos organizados que había entre los presos, aunque los que nunca quisimos formar parte de tales organizaciones participamos también en su construcción y ayudamos cuanto pudimos.

En la galera 34 estaban los acogidos al plan de reeducación y, en el patio 2, los rebeldes que no habíamos aceptado otro uniforme que no fuesen los paños menores o la ropa amarilla.

Algo que nos pareció de primerísima importancia y que se logró organizar de maravilla fue el correo. Se hicieron bolsas de tela con mangas de los más variados tamaños. Se ataban unas a otras (como si fuesen una ristra de longanizas), que nos servían de tren. Con este medio sacábamos y hacíamos entrar la correspondencia clandestina. También mandábamos a distintos organismos información de cuanto ocurría en aquellas mazmorras. A tan original tren correa le dábamos el nombre de «Lulú» .

En cada galera había dos o tres carteros y uno o dos encargados de hacer funcionar el túnel. Había también hombres designados para recoger, seleccionar y distribuir las cartas en cada local y para enviarlas al resto de galeras. Se trataba de eficientes especialistas a la hora de disimular los tejemanejes que se traían con el agujero y los guardias pasaron muchas requisas sin descubrirlo jamás, pues *Lulú* contaba con tapas perfectamente ajustadas y pintadas a la perfección del mismo color tosco que tenían los muros de la fortaleza, muros que databan del siglo XVII. Los guardianes sabían que *Lulú* existía, pero fueron incapaces de dar con él.

Tras llevar algunos meses en La Cabaña, nos trasladaron a 108 presos a la prisión de Boniato. Antes de llegar nosotros, sacaron a un grupo de orientales hacia las gavetas de San Ramón y de Tres Macíos. Se conocía por «gavetas» a celdas minúsculas de cemento. Eran cajoncitos con el techo muy bajo y en los que no era posible ni siquiera andar de pie. Resultaban un lugar sumamente aislado, en plena sierra, al que conducían a hombres que entraban cuerdos y salían de allí locos en su mayoría. Eso le pasó, por ejemplo, a Alfredo Peña, a Arístides Pérez Calzadilla, estudiante de ciencias comerciales, a Francisco Balbuena, etc. No los sacaron de tal infierno hasta que el jefe de prisiones no comprobó que tenían las facultades mentales perturbadas.

Si hubieran logrado doblegar en Tres Macíos y en San Ramón al primer grupo, a los ciento ocho presos que habíamos sido conducidos desde La Cabaña hasta Boniato nos hubiera tocado pasar por idéntico proceso. Nos libró la propaganda en contra de esa barbaridad que se organizó en Estados Unidos y la resistencia heroica de los hombres que allí habían metido.

Balbuena era muy sensible y sufría muchísimo al no tener noticias de la familia. Cuando llegó al hospital, los comunistas tuvieron la villanía de presentarle, para que terminase de perder definitivamente el juicio, a un hijo suyo de 13 años que habían cogido prisionero. El contemplar a ese niño tan querido para él, añadido a los sufrimientos infames de las gavetas, hizo que el pobre Balbuena enloqueciera del todo. El 4 de agosto de 1967 lo trasladaron desde Boniato a La Cabaña y, varios días después, desde aquí al castillo del Principe, donde para no seguir sufriendo puso fin a su vida, arrojándose desde una alta azotea hasta el patio.

Los presos comunes que tenían la desgracia de ir a parar a las gavetas, acababan cortándose las venas o daban gritos desgarradores que se oían por los contornos de aquellos montes malditos. Para variar, a veces los sacaban de San Ramón y los llevaban a Tres Macíos. Cuando les parecía a los militares, volvían a trasladarlos desde Tres Macíos a San Ramón. Solo quienes poseían una fe arraigada en sus ideales soportaban en silencio el encierro en antros tan inhumanos que incluso Lemos, jefe de cárceles y prisiones, consideraba que no eran dignos de albergar ni a las mismas alimañas. Lemos fue allí teniente en el año 1969. Hacia 1977 o 1978, ascendió a teniente coronel y su ascenso, por supuesto, no se debió a méritos de guerra ni a que en la Academia Militar cubana se regalaban con facilidad los grados. ¿Entonces? El gobierno de Castro le premiaba, como a otros muchos de sus esbirros, los «trabajos especiales» que tuvo que realizar en esos dantescos lugares de confinamiento y tortura.

Mientras estuvimos en el edificio 2 de la cárcel de Boniato, dormíamos también en el suelo. Existían otras dependencias en las que se hallaban los acogidos al plan de reeducación, los que habían aceptado vestir la ropa azul y los presos comunes.

A principios de abril de 1968, trasladaron al ciego Guilfredo Martínez a la sección de los que estaban en el plan. Había quedado invidente a consecuencia de un tiro que le atravesó la cabeza cuando lo cogieron preso y se lanzó desde un *jeep* en marcha para fugarse. Él se opuso a que lo retuvieran allí y se declaró en huelga en lo que no lo sacaran de ese lugar o no lo llevasen adonde nos encontrábamos los que no contemporizábamos con el plan de rehabilitación y menos aún con la jauría de esbirros que lo imponían. Los demás, cuando supimos la valiente postura del ciego, nos solidarizamos con él y rechazamos el desayuno. Hicimos luego lo mismo con el almuerzo y la cena. El director nos dijo que habíamos elegido al invidente como bandera, pero que no pensáramos que iban a sacarle de donde lo habían metido por mucha solidaridad que mostrásemos hacia él. Seguimos impertérritos en la postura que habíamos adoptado, aunque nuestra intransigencia nos hizo tener violentos enfrentamientos con los militares, que hirieron a varios de entre nosotros, particularmente

Prisión de
Boniato.

a Santiago Ba-
yolo, al negrito
Pacífico, a Ca-
lero y a otros.
Al día siguiente
vinieron con una lista y a un gran contingente nos trasladaron al edificio número uno.

Allí nos amontonaron, como era su costumbre, en celdas que tenían capacidad para una cantidad de personas muy inferior a las que
luego metían en ellas. En habitáculos de cuatro metros cuadrados
obligaban a estar a 12 o 14 internos. En los de seis metros, retenían
hasta 20 reclusos. Para aumentar al máximo nuestra incomodidad,
tuvieron el sadismo de poner planchas de hierro en las ventanas con
el fin de que nos asfixiáramos de calor y no entrase ventilación. En
invierno nos quitaban las colchonetas para que durmiéramos sobre
el frío suelo y, en verano, que no había quien aguantara las altas tem-
peraturas, nos obligaban a dormir sobre ellas.

Las celdas no tenían servicio. La comida era escasa, mala, y estaba
llena de cuerpos extraños. Orinábamos todos en una lata de pera y
la vaciábamos en otra grande, de aproximadamente 16 litros de capacidad, que había junto a la reja de la puerta. Cuando alguien necesitaba hacer sus necesidades mayores, el carcelero no siempre abría
para salir a los aseos y nos veíamos obligados a realizar esa necesidad
fisiológica en el mismo plato en que comíamos, mientras los compañeros sacaban la nariz por la reja para evitar en lo posible la pestilencia de la que se llenaba la celda. ¡Qué suciedad y qué falta de
higiene padecíamos! Los ácidos de los orines, recocidos por el calor,
nos dañaban los ojos y nuestros carceleros escatimaban al máximo
el agua que se nos daba para lavarnos.

La sección disponía de un pasillo en el centro y de celdas a ambos lados. Al este se encontraba el edificio de la dirección y por él entraban los familiares, los internos que disfrutaban del estatuto de presos políticos y los acogidos al plan de reeducación. Nuestros carceleros nos acusaban de hablar con estos últimos y sospechaban que les entregábamos correspondencia clandestina o que ellos nos la metían, por lo que decidieron trasladarnos al otro lado del pasillo. Para evitar que saliéramos, las rejas permanecían siempre cerradas con una cadena y a esta la abrazaba un candado *yale*.

Tras el cambio, dos de mis compañeros empezaron a preparar una posible evasión. Los organizadores del intento fueron, exactamente, Enrique Cepero, dentista, y Pepito Fernández Planas, estudiante de ingeniería química. Les ayudaron varios militantes del M.R.R., movimiento político al que ellos pertenecían. Debían fugarse con ropa azul, pues era la utilizada por los del plan de rehabilitación que trabajaban fuera del penal, lo que les impediría en un principio ser descubiertos. Y esta ropa, de la que no disponían, decidieron fabricarla con sábanas que tiñeron con diversas pastillas, con aguja e hilo que les agenció la gente del plan y con suma constancia e ingenio. Entre nosotros había sastres y la ropa quedó perfecta.

Lo más complicado de todo era cortar las rejas de la ventana del lado opuesto al que nos encontrábamos, lugar por el que pensaban saltar, pues el cabo solo nos abría el tiempo justo que precisábamos para hacer nuestras necesidades fisiológicas. ¿Cómo lograrlo? Se pusieron de acuerdo con los compañeros de las celdas que salían a efectuar la limpieza y, mientras unos limpiaban, otros entretenían a los guardianes mientras Cepero y Fernández Planas se apresuraban a serrar los barrotes de la celda que habían elegido para la huida.

Los futuros fugados se las apañaron para hacer saber a sus familias que debían viajar hasta Santiago de Cuba, donde establecerían contacto con las personas que iban a encargarse de ocultarlos. Más tarde se les trasladaría a los dos a La Habana y, una vez allí, se refugiarían en una embajada o saldrían hacia los Estados Unidos. Todo estaba previsto, estudiado meticulosamente y a punto.

La víspera del día señalado, cortaron un eslabón a la cadena de la puerta de su celda sin que ese eslabón quedara roto del todo. Cuando el guardia revisó las rejas, las encontró cerradas por el candado *yale* como de costumbre. Tras esta revisión rutinaria, Cepero y Fernández Planas cambiaron la cadena rota por otra igual que habían cogido en la celda de enfrente y que se hallaba en perfecto estado, de tal forma que los guardianes no se explicaran cómo habían podido salir de su celda. Al oscurecer, mientras el carcelero fumaba un cigarro, alcanzaron sigilosamente el pasillo y cruzaron a la celda de enfrente, en la que habían serrado los barrotes de la ventana. De ella colgaron una cuerda por la que se deslizaron hasta el suelo. Caminaron pegados al edificio y se acercaron a la carretera en lo que el guardián más próximo daba la vuelta a su garita. Cuando se disponían a atravesarla, ¡desde otra garita más lejana los vieron y dispararon al aire!, que era la contraseña de que había un intento de fuga. Empezaron a disparar sobre ellos ráfagas de metralleta desde todas partes y, al verse descubiertos, los fugados tuvieron que cobijarse en un calabozo en construcción, donde los guardias acabarían cogiéndolos. La decepción y desesperanza de aquellos hombres fue inmensa, después de haber puesto en la malograda aventura tantas esperanzas. Antes de que se reintegraran al grupo, debieron permanecer en una celda de castigo dos meses aproximadamente.

El día 4 de agosto de 1968, nos devolvieron a La Habana al último contingente de hombres que habíamos llegado a Boniato. El 5 estábamos de nuevo en la fortaleza de La Cabaña. A mí me metieron en la galera número 11. A los quince minutos nos mandaron salir a todo el personal que estábamos en esta galera y ¡cuál no sería nuestra sorpresa cuando vimos que en el patio se encontraba un camión cargado con ropa amarilla! ¿Qué era aquello? ¿Por qué entregaban otra vez la ropa que habíamos tenido en un principio?

Al parecer, dos días antes había estado en las galeras el ministro del Interior, Sergio del Valle, y sin duda dio órdenes a la dirección de la fortaleza para que todos los presos estuviésemos convenientemente vestidos. El asunto coincidió con la célebre «Primavera de Praga». Yo consideré que no debía vestirme, pues era el momento ideal para aclarar las cosas. Pedí una entrevista con el director, Justo *Vaselina*, que se hallaba en ese instante en el patio y al que conocía de la huelga de hambre que allí habíamos organizado Vilariño, Osorio, Ronald y yo. Cuando me acerqué a él, pregunté:

—¿Podría decirme por qué nos devuelven la ropa amarilla?

—El Consejo de Ministros ha acordado devolverla a los que estáis en calzoncillos. Sois unos ochocientos aproximadamente y un gran número de familiares vuestros hacen cola a diario ante la puerta del Ministerio del Interior para protestar. Con su algarabía no dejan tranquilos a los funcionarios y sus alborotos no permiten a estos trabajar. Esa es la causa de querer acabar de una vez con la situación que un gran número de vosotros adoptasteis de andar permanentemente en paños menores. ¿Tú te vas a poner la ropa?

—¿Yo? ¿Para qué? Ahora que llevo 16 meses sin ella no me dejan ver a los representantes diplomáticos de mi país, pero cuando la llevaba puesta, tampoco autorizaban ustedes a esos diplomáticos a que me visitaran. ¿En qué podría mejorar mi situación vistiendo ese uniforme? Permítame decirle que no estoy dispuesto a que su gobierno me chantajee. Si piensan que les voy a hacer el juego, están equivocados.

En septiembre de 1968 hicimos una huelga que duró 20 días y, a finales de ese año, nos empezaron a autorizar las visitas a los presos que estábamos en calzoncillos. Para las entrevistas, mis compañeros se ponían un *short* blanco. Yo no tenía familiares en Cuba que me visitaran, por lo que las únicas personas con las que me interesaba encontrarme eran las de la Embajada de España, pero les impedían verse conmigo. Solo permitían que me visitara una intermediaria llamada Bernarda. Esta señora tenía un sobrino preso. Se trataba de un compatriota asturiano que eligió el camino más fácil, el de acogerse al plan de rehabilitación, un camino que siempre respeté pero que nunca quise para mí. Bernarda me dijo en alguna ocasión que también yo debía acogerme al plan. Me limité a contestarle que, si su sobrino tenía algo de lo que arrepentirse o por lo que debiera rehabilitarse, que lo hiciera. Ese no era mi caso.

Le pedí a Bernarda que dijera a don Carlos Spottorno, cónsul de España en La Habana, que ni me pondría la ropa de los presos comunes ni tenía por qué rehabilitarme de nada.

Algún tiempo después, vino un funcionario cubano del Ministerio del Interior a hablar conmigo y a darme la razón en cuanto había solicitado por carta al ministro. No pedía en realidad otra cosa que recibir de mi embajada las visitas que cualquier preso del mundo puede

Carta de un preso cubano que había compartido calabozos con Odilo Alonso y que se dirige su hermano Óscar para darle noticia de su existencia, padecimientos y gallardía ante la adversidad.

recibir de sus representantes diplomáticos en el país en que se halle preso. En mi reclamación ponía el ejemplo de Pedro Rodríguez Peralta, de nacionalidad cubana, que había sido hecho prisionero en Angola por el régimen portugués de Marcelo Caetano (cuando Angola era una colonia lusa. Cuba y Portugal no tenían relaciones diplomáticas ni comerciales y, sin embargo, Peralta gozaba de un abogado que le visitaba periódicamente y le defendía. Yo, que era ciudadano de una de las pocas naciones que comerciaban con Cuba, ¿no podía exigir el derecho a ser atendido por mis legítimos representantes en la isla caribeña? Aquel hombre me dijo:

—Haga un telegrama solicitando visita y démelo personalmente. Yo me encargaré de tramitarlo.

—Permítame aclararle algo —contesté—. Si van a enviarme al cónsul español, saldré a verlo. Si lo que pretenden es que me siga visitando Bernarda, no me moveré de la galera. Y si piensan obligarme a ir por la fuerza al local en que la tengan a ella, intentaré quitar el arma al guardia que me conduzca para defenderme de ustedes. Ténganlo en cuenta.

—Tranquilícese. Comprendemos que tiene usted razón y le vamos a complacer en lo que nos solicita.

Por parte del consulado de nuestro país en La Habana, intentaron que me visitara uno de sus abogados, la doctora Tou. Lo hizo una vez y no volvieron a permitirle la entrada porque, según manifestaron, «no era ningún familiar mío». Estuvo conmigo solo un cuarto de hora y me dijo que el cónsul le había dado orden de visitarme todos los meses y de hacerme llegar cuanto estaba autorizado a pasar a los demás reclusos.

Tendrían que pasar, empero, muchos meses antes de que pudiese empezar a entrevistarme normalmente con los representantes diplomáticos de España y, lo que era peor, deberían transcurrir aún bastantes años más antes de que sus gestiones acabaran con mi duro encierro y con mis durísimas penalidades de preso político.

En los meses de octubre y noviembre del año 1969, unos 800 presos políticos de la fortaleza de La Cabaña, en La Habana, nos declaramos en huelga de hambre. Estuvimos 36 días sin comer, pues no teníamos otro medio para que se nos escuchase, para hacer valer nuestros derechos más elementales o para que se respondiese a las peticiones que elevábamos a la dirección del Centro o al Ministerio del Interior. Por las buenas, resultaba imposible dialogar con aquella gente.

La prueba fue dura, durísima... Pero era un estímulo el decirnos a nosotros mismos que no podíamos ser el primero en morir. Esa especie de sana competencia resultó la más eficaz de las medicinas. Sin embargo, cuando alguien se desmayaba, un silencio sobrecogedor se apoderaba de todos, un silencio roto tan solo por la voz de quien reclamaba la presencia del gendarme de turno.

Hubo madres, hermanas, esposas y novias que, cerca de la fortaleza, se pasaron los días y las noches. Nos daban ánimos con su presencia, pues sabíamos que ellas, como auténticas heroínas, estaban allí no solo para solidarizarse con nosotros, sino para ser protagonistas de la resistencia y de la historia de Cuba.

Por contra, no faltaron tampoco algunos infiltrados que, en una situación tan sacrificada, nos invitaban al abandono y hacían el más descarado proselitismo castrista. Las circunstancias no podían ser para ellos más favorables, pues la debilidad, la falta de atención médica, el abandono de la alimentación, la amenaza constante de los traslados y de los calabozos, etc., hacían que más de uno escuchara sus cantos de sirena.

A los que resistimos los 36 días sin comer nada y seguíamos en calzoncillos, nos volvieron a llevar a Boniato, en la provincia de Oriente, cárcel en la que yo había estado ya dos veces.

Los continuos cambios de los que éramos objeto formaban parte de una estudiada estrategia de represión. Hasta a las circunstancias más adversas llega uno a acostumbrarse y, cambiándonos de un lugar a otro de forma constante, pretendían que nuestros tormentos fuesen siempre nuevos.

El viaje lo hicimos el 6 de febrero de 1970. A un grupo de presos nos metieron en jaulas celulares durante las 36 horas que duró el trayecto.

Al llegar, nos llevaron a la parte posterior del penal y nos fueron llamando por orden alfabético para instalarnos en el edificio número 5, secciones C y D. Aunque fui el primero que pasé, me di cuenta de que nuestros guardianes no se andaban con contemplaciones y buscaban el enfrentamiento con todos nosotros. Me asignaron la celda 1 de la sección C.

Cuando terminaron de encerramos, trajeron un cubo de agua para que nos adecentáramos cuantos habíamos hecho el viaje. ¡Un cubo de agua para tanta gente! Aquello era tan absurdo y estaba tan claro que pretendían que nos rebelásemos para mandarnos al calabozo a la mayor parte de nosotros, que la bronca estalló. El chispazo saltó en la celda 3, en la que se hallaban Justo Regalado y Guillermo Rodríguez. Al alboroto acudieron más guardias que moscas a un tazón de leche. Sacaron a Justo al pasillo y allí se peleó con uno de los que formaban parte del consejo de dirección, un tal Omar. Cuando iban a llevárselo, el resto de internos protestamos y tuvieron que bajarlo en su sitio. Así fue nuestro recibimiento.

El día 7 efectuaron una requisa. Los guardias nos quitaron lo que les dio la gana y estropearon cuanto quisieron de nuestras escasas pertenencias. A mí, por ejemplo, me pisotearon las inyecciones y las vitaminas que me había hecho llegar el consulado español a La Cabaña y cuatro talones (tres de 20 pesos y uno de 10). Alguno de los carceleros me los robó.

Llamé al jefe de la requisa y le pregunté:

—¿Ustedes vienen a inspeccionar lo que tenemos o lo que desean es solo robarnos?

—Tu bolsa se nos cayó —dijo por toda explicación.

—Si la bolsa se hubiera caído simplemente, las inyecciones no se hubiesen roto y el dinero no se habría perdido.

El ambiente seguía cargándose y se notaba que algo muy gordo podía estar a punto de estallar. Los reclusos, cada hora que pasaba, nos indignábamos más por las provocaciones constantes de los funcionarios de Boniato.

El día 8 por la mañana, metieron un pelotón con bayoneta calada a la hora del recuento. Ocuparon el pasillo y pusieron dos filas de guardias en el centro, dándose la espalda entre ellos para controlar perfectamente las celdas de ambos lados. Cuando terminaron de ocupar sus posiciones, exigieron que nos levantásemos para contarnos. Como esa operación la venían haciendo los vigilantes mientras nosotros permanecíamos acostados, nos negamos a obedecer una orden que nos daban solo para justificar el enfrentamiento. Ante nuestra actitud, entraron en las celdas golpeándonos brutalmente. A mi compañero, Orlando Peña, que era un hombrón que pesaba 102 kilos, le cogieron entre cuatro guardias de la zona alta de la litera y le dejaron caer de espaldas sobre el piso. El impacto fue tremendo. Al comprobar la maldad de aquellas hienas, salí de la litera de abajo y me abalancé sobre ellos, pero cerraron la puerta mientras y tuve que contentarme con llenarles de improperios. Hasta que no me desahogué, no paré de insultarles.

Ellos no se inmutaron lo más mínimo y los demás cabos siguieron golpeando a los otros presos. Las órdenes las daba un tal Serrano, alias *Nagüito*, un agente del G-2 que al finalizar su tarea de esa mañana, dejó tras de sí en las celdas a 65 reclusos lesionados o heridos. ¿Qué harían durante el recuento de la tarde?

A la hora de costumbre, volvieron a entrar y tomaron el pasillo, mostraron un gran alarde de fuerza y se pasearon delante de las rejas dándonos contundentes pruebas de agresividad. Y cuando empezó el recuento vespertino, la actitud de cada uno de los presos estaba en consonancia con el valor y serenidad que cada uno poseía. Por fortuna, éramos muchos los que no temíamos a la muerte y no estábamos dispuestos a dejarnos humillar.

—¡Levantaos! ¡En pie! ¡En pie todos! —comienzan a gritar.

Pronto se dan cuenta de que no íbamos a hacer caso a sus órdenes y se vienen sobre nosotros blandiendo hierros, bayonetas, cadenas, cables y porras... La bronca que se armó en las celdas fue de película. La refriega les sirvió para ir tomando nota de la actitud de cada uno de los que allí estábamos, pues preparaban el asalto final que les permitiese doblegar nuestra firme decisión de hacernos respetar. Éramos presos políticos y nos tenían cautivos, pero nuestra dignidad no se la dábamos a nadie y nadie podría jamás aprisionar nuestro orgullo de hombres, aunque nos destrozasen la cara a golpes como ellos hacían. De nada serviría que utilizaran sus gruesas cadenas de eslabón corto y nudo en la punta, ni que blandieran cables de aluminio de 40 centímetros de longitud y de tres cuartos de pulgada de diámetro ni que nos pegaran con sus bayonetas, con porras o con sables

El día 9 por la mañana, refuerzan la guarnición al máximo, vuelven a ocupar el pasillo, sitúan a su gente como el día anterior y comienzan el recuento mostrando una feroz hostilidad con aquellas celdas en las que les habíamos plantado cara los días precedentes.

En la celda contigua a la nuestra, hieren a Enrique Vázquez, dañándole la rótula con la punta de una bayoneta. Luego entran cinco militares a la celda que yo ocupo y el primer tajo lo recibe mi compañero Orlando Peña en la nariz, dividiéndosela en dos partes. El golpe se lo propina Ismael, uno de los inhumanos carceleros con los que contábamos. La sangre comienza a brotar de inmediato del rostro de Orlando con la misma presión que si saliera de un surtidor, mientras la infortunada víctima se desploma con sus más de cien kilos sobre el suelo. Otro de aquellos verdugos intenta darle con una cadena sobre el pecho, pero me interpongo y logro parar su brazo con mi codo. Se vuelven entonces contra mí y me descargan sobre la cabeza cuantos elementos de contusión llevan consigo, pero me la cubro instintivamente y es el antebrazo derecho el que me hieren, dejándome contusionados los músculos y los huesos. Mientras esquivo como Dios me da a entender la lluvia de golpes, noto que un sable me hace una incisión en la muñeca izquierda y que alguien de entre aquellos bestias me lanza un puñetazo sobre la mandíbula, dejándome sentado en mi cama de lona. Allí me refugio, protegido en parte por la litera superior. Fue entonces cuando Ismael, de una patada, me fractura la clavícula izquierda. Logro incorporarme a duras penas, pero un hierro me alcanza en la zona del trapecio derecho, entre la cara y el hombro, produciéndome un enorme hematoma y arrojándome de nuevo sobre el camastro. El mismo Ismael, al ver que ya atiendo más a mi dolor que a sus golpes, aprovecha para descargar un descomunal mazazo con una varilla de hierro, partiéndome la cabeza por encima de la oreja izquierda...

El contemplar mi propia sangre me excita más y más. Es una sangre que me brota en abundancia de diversas partes del cuerpo. Empujado por no sé qué milagrosa fuerza interior, me incorporo y hago frente a mis cinco atacantes. Los golpes que arrojan sobre mí, sin embargo, son incontables y me dañan el rostro, las rodillas, el pecho, la espalda, los oídos... Noto que me faltan ya las fuerzas para defenderme y que me han arrinconado contra la pared. En muy breves momentos me desplomaré yo también, uniendo mi sangre a la de mi compañero Peña, sangre que sigue manando de su nariz y que corre por el suelo mientras él yace inconsciente.

Y así es. El torrente de patadas, de puñetazos y de golpes no cesa y llegan las lesiones definitivas: me lastiman las cervicales y alguien descarga sobre mi nuca otro hierro que logra tumbarme exhausto. Por mi nariz, por mi boca y por mis oídos sangro también de forma exagerada y de mi ojo derecho, medio inutilizado, mana un líquido acuoso que me impide ver.

No tardo en perder la conciencia y comienzo a delirar. Mis compañeros me dirían más tarde que, en mis delirios, llamaba a dos de ellos, Oliver Obregón y Portuondo, para que atendieran a Peña, que se desangraba junto a mí como un ternero al que acabasen de degollar en el matadero.

A partir de aquel día, 9 de febrero de 1970, empecé a perder el equilibrio. Perdomo y otros internos me tuvieron que sacar de la celda en brazos, pues ya no podía tenerme en pie ni caminar. Lo hicieron también el médico Mastrapa, que estaba en el plan de reeducación, y el militar Castillo, que trabajaba como enfermero y se encargaba de controlar a Mastrapa y todos los servicios sanitarios.

El hospital se hallaba a unos 100 metros del lugar en que nos encontrábamos, pero los guardias decían que, para llevarnos a él, teníamos que ponernos el uniforme de los comunes. Estábamos tan agotados, sin embargo, que, tras oponernos una vez más a su demanda, nos limitamos a comentar:

—¡Dejadnos morir, quizá sea lo mejor...!

Un preso llamado Óscar Rodríguez, aunque todos le conocíamos como *Patilla*, nos informó que tenía un pijama con el que, uno a uno, acabaron llevándonos a recibir los primeros auxilios hospitalarios.

Cuando el médico vio mi cara tan hinchada, mis heridas múltiples, el enorme hematoma junto al cuello y el estado calamitoso de mi ojo, del que no dejaba de fluir abundante líquido, dio órdenes inmediatas para que me ingresaran. La refriega en las celdas había dejado más de sesenta heridos entre los ciento setenta presos que allí estábamos, pero solo nos ingresaron a cinco. Y es que había que estar al borde de la muerte para que los verdugos de Fidel Castro dejaran a un preso en el hospital.

Al segundo día de estar ingresados, vino el director del penal a vernos. Preguntó por *el español*. Me habían puesto una bolsa de hielo sobre los hematomas y tenía tan inflamada la cara y la boca que no podía prácticamente verle ni contestar a sus preguntas. Fue Enrique Vázquez, un compañero, quien le indicó que «el español» era yo.

Aquel caradura, aquel tonto o aquel demagogo (no sé qué epíteto le convendría más), tuvo la desfachatez de dirigirse a mí para decirme:

—Ustedes no están aquí como presos, sino como pacientes civiles. Si es necesario trasladarles a Rusia para que se curen, y si ustedes lo desean, tenemos a su disposición plazas de avión para que puedan ir hasta allí.

¡A Rusia, nada menos! ¡Qué pena no poder hablar y tenerme que tragar las palabras que me hubiese encantado escupir a ese títere que no tenía nada de director y sí mucho de dirigido! ¿Qué se me había perdido a mí en Rusia, en la patria del racionamiento, del hambre, del terror policial? Me bastaba con conocer a los discípulos que en Cuba tenía el marxismo bolchevique y no deseaba para nada ir a ver en su propia salsa a los eximios maestros de Fidel Castro. ¡Y me había llamado «paciente civil»! ¿Desde cuándo los «pacientes civiles» tendrían rejas en sus celdas de hospital? La desfachatez castrista alcanzaba grados inimaginables de esquizofrenia.

Tan pronto como nos vieron medianamente curados, volvieron a trasladarnos al edificio principal, pero tuvieron buen cuidado de no dejarnos juntos a los presos que consideraban que estábamos más dispuestos a enfrentarnos a ellos.

Tras la batalla campal del 9 de febrero de 1970, sus planes de destruir la menor resistencia entre los internos recomenzaron con más virulencia que antes, pues su obsesión prioritaria era acabar con «la posición de los calzoncillos», es decir, la de aquellos presos que nos habíamos negado a vestir la ropa de presos comunes y no aceptábamos el régimen castrista. Se dedicaron a tapiar las ventanas de las celdas de alguno de los edificios que ocupábamos con el fin de privarnos de la luz y de que perdiésemos la noción del tiempo. E hicieron su catecismo del sistema «Pavlov», un método científico de destrucción humana que antes habían ensayado en Rusia con pavos, ratas, perros y conejos de Indias. Al llegar el comunismo a Cuba, el método del reflejo condicionado Pavlov dejó de utilizarse con animales y pasó a ponerse en práctica con los presos más rebeldes (ya fueran cubanos o extranjeros. Yo había leído algunos trabajos de Iván Petrovich Pavlov y, a través de las lecturas del célebre fisiólogo soviético, deduje pronto el modelo de dislocación de la mente, de la voluntad y de la salud al que deseaban conducirnos.

Pero algo instintivo y profundo (más profundo aún que los reflejos primarios que puedan estar escritos en la naturaleza del hombre), algo que nada tenía que ver con el valor ni con la inteligencia, algo de huracanado y de invencible debió prevalecer en mi interior y logró que mi tozudez gallega saliera victoriosa sobre sus científicos métodos rusos.

En la cárcel de Boniato disponían del libro de notas en que iban registrando a diario la conducta de cada preso. Nos controlaban el estado anímico, las reacciones que nos producían los productos químicos que nos echaban en el agua o en la comida, la frecuencia de nuestras necesidades fisiológicas, etc. Convirtieron la cárcel en un gigantesco laboratorio de pruebas que hacían que se nos hincharan las piernas, la cara o el resto del cuerpo y que tuviésemos constantes descomposiciones intestinales, que se nos resquebrajase el sistema nervioso y que se alternasen en nosotros los estados de euforia o de ansiedad.

Su programa de destrucción masiva fue cruel, escalonado, sigiloso, lento y sistemático. Al final del mismo, sabían ellos y sabíamos nosotros que no habría más que tres salidas. vestirnos de presos comunes, encuadrarnos en el plan de reeducación... o una humilde sepultura entre las cuatro tapias de un ignoto cementerio cubano. Cuando la situación de la mayoría se hacía terminal y estábamos todos con los cuerpos hinchados o con diarreas generalizadas, nos daban limones, naranjas, un poquito de Bicomplex y algo de leche en el desayuno: para que nos limpiáramos de sus potingues químicos. Ponían, además, una o dos cucharadas de cloro al bidón de 55 galones en que teníamos el agua de beber y, tan pronto como la situación sanitaria mejoraba, volvían de nuevo a sus preparados y a su método Pavlov.

Para dotar a mi organismo de algo de calcio, si alguna vez nos daban huevo, me comía también la cáscara. Lo mismo hacía con el limón o la naranja, a fin de obtener algo de vitamina C.

Nos quitaron los libros y no permitieron que tuviésemos ningún entretenimiento, por lo que las horas nos resultaban interminables. Nadie que no lo haya padecido en sus propias carnes se puede imaginar lo que es un penal durante días, semanas y años, sin otra cosa que hacer que defender tu propia dignidad o aliviar las heridas de tu cuerpo y de tu alma. El encierro, añadido a la tortura física y psíquica, llega a convertirse en el más horrible e inimaginable de los infiernos.

Su trato deshumanizado les insensibilizó tanto que, con lo único que gozaban, era superándose en su sadismo. El mes de agosto, por ejemplo, traían a veces costillas de buey en lo alto de un camión, sobre sacos de legumbres o sobre otras mercancías. Se trataba, por supuesto, de la peor calidad de carne que encontraban en los mataderos y traían esas costillas sin tapar, por lo que llegaban cubiertas de moscas. Las dejaban conscientemente al sol hasta que se recocieran y su color granate oscuro pasara a ser un negro repugnante. Lo hacían, sí, a propósito para que nos alcanzase a todos el escorbuto, una enfermedad producida por la carencia vitamínica de nuestra alimentación y debido a la cual sufríamos hemorragias cutáneas o musculares, alteraciones en las encías y una debilidad generalizada que se apoderaba de nosotros.

Como regalo de Reyes del año 1971, el 6 de enero empezaron otra vez los envíos masivos a otras cárceles. Ese día sacaron a un grupo, al que siguió otro y luego otro... Con la incertidumbre de ser trasladados en cualquier momento y en cualquier lugar, siguieron pasando lentamente los meses.

A mí, en junio me llevaron al edificio número 4, que era donde estaban los que iban a ser enviados a otro penal. Se trataba de un lugar en que se vivía en una especie de noche permanente, pues las ventanas se hallaban tapiadas y no se veía jamás la luz del sol.

Finalmente, en el mes de noviembre de ese año 1971, me sacaron de Boniato junto a otros 23 compañeros. No sabíamos a ciencia cierta adónde nos llevaban.

Nos apretujaron en una jaula y así, encerrados como animales, comenzamos a hacer kilómetros. Entre las localidades de Holguín y Victoria de las Tunas saltó la transmisión del vehículo que nos transportaba y la avería hizo que se rompiera en mil añicos el depósito de la gasolina. Como consecuencia, el carburante se derramó por la carretera, pero los guardias que nos conducían se pusieron a fumar allí mismo sin importarles nada que pudiese arder la gasolina... ¡y la perrera en la que nosotros continuábamos metidos!

Ante tamaña irresponsabilidad, protestamos y exigimos a los militares que quitasen la jaula de encima del carburante derramado, pues, si este empezaba a arder, nada ni nadie podría salvarnos. La separaron al fin unos quince metros y allí permanecimos al sol hasta el atardecer, sin una gota de agua que llevarnos a los labios. Sudamos lo indecible.

Era ya de noche cuando llegaron con una nueva jaula de Camagüey, en la que seguimos nuestro camino. De los 23 prisioneros que íbamos, a 11 los dejaron en la cárcel de Santa Clara, donde permitirían que muriese en huelga de hambre uno de nuestros valientes compañeros, Enrique Cuevas, un joven campesino del Escambray. Al resto nos llevaron a Guanajay, en la provincia de La Habana. Pero allí no quisieron recibirnos porque «no se admitía a los presos plantados que estuviesen en calzoncillos». Nuestros guardianes replicaron que ellos se limitaban a cumplir lo que les habían ordenado, por lo que llamaron a la Dirección Nacional de Seguridad, desde donde les indicaron que nos dejasen en Guanajay y que se volvieran a su lugar de origen.

Nos metieron en el edifico E, con algunos de los «amarillos» (presos que vestían ropa de ese color. Estos, al vernos tan delgados, se condolieron de nuestra situación y nos entregaron gran cantidad de vitaminas y de leche en polvo. Los militares, sin embargo, al comprobar que aquellos compañeros nos recibían con tanto entusiasmo, nos sacaron hora y media después y nos llevaron a unas dependencias de la enfermería, donde nos colocaron provisionalmente durante algunas horas. Mientras estuvimos en ese lugar, nos requisaron y nos robaron no solo las pertenencias que llevábamos, sino las vitaminas y la leche en polvo que nos acababan de dar nuestros compañeros.

A la una de la madrugada nos sacaron. No habíamos dormido prácticamente nada y nos esperaba en el patio otra perrera en la que nos condujeron al otro extremo de la isla, a la cárcel provincial de Pinar del Río exactamente. Estos traqueteos y viajes incomodísimos acabaron con la poca salud que teníamos, pues no es que fuéramos apretados: íbamos prensados, con 1 000 kilómetros sobre nuestros dolidos huesos y 36 horas dentro de una jaula!

En Pinar del Río nos encontramos con viejos amigos con los que ya habíamos estado en diversas cárceles del país. A seis nos encerraron en la celda número 1 y al resto en la 29, pero coma no teníamos servicio en la propia celda y debían sacarnos para que hiciésemos nuestras necesidades fisiológicas, pronto se dieron cuenta de que era mejor trasladarnos a donde pudiésemos estar todo el día encerrados con candado y sin salir para nada. Y así lo hicieron, pasándonos a la celda 27.

En esta cárcel había 1 800 internos. Casi todos eran del plan de reeducación y presos comunes. Solo estábamos 186 presos políticos que nos negábamos al plan de rehabilitación. Vivíamos de 6 a 7 personas en celdas de 1,75 metros de ancho por 3 metros de largo, incluyendo el agujero del servicio. En ese agujero orinábamos, hacíamos la deposición del vientre, nos lavábamos las manos y la cara... o limpiábamos los platos cuando permitían que el agua corriera por ellos. El agua escaseaba lo indecible y la disciplina era tan férrea que hasta al guardia que nos vigilaba lo encerraban en el pasillo otros compañeros suyos desde fuera. Cuando tenía que salir al servicio, llamaba para que le abrieran. Guardaban tales precauciones porque se dio el caso frecuente de que algunos de entre ellos se fugaron de aquel horrible penal. Puedo citar, por ejemplo, al excomandante Miguel Martínez.

Los servicios rebosaban a veces, derramando la suciedad por la celda, pues retenían el agua con el fin de aprovecharla para la planta de prefabricado y para la construcción de bloques. Las más elementales normas de higiene, por lo tanto, brillaban por su ausencia. Tampoco disponíamos de ropa de cama ni nos proporcionaban calzoncillos, la única ropa de vestir que necesitábamos los 186 compañeros a los que aludía antes.

El director se apellidaba González. Le llamábamos *Ñato* y se había ganado una bien merecida fama de colérico y represivo. Tenía a gala decir que, desde que vistió por primera vez su uniforme militar, nunca había perdido un solo combate con los presos, por lo que, a costa de lo que fuera, pensaba seguir manteniendo su fama de «luchador invicto». Pero era en realidad una alimaña que luchaba contra indefensos corderos.

Entre sus hazañas más gloriosas, podría señalar la costumbre que tenía de llevar al interno al que deseara castigar a un pelotón de militares. Después de que estos nos golpearan salvajemente y nos amarraran como a fieras, llegaba *Ñato* y nos daba puñetazos en la cara, en el vientre o donde se le antojase. A pesar de sus fanfarronadas, no faltó quien le partiera los morros a ese «invicto» y cobarde «boxeador», que no se atrevía a pelear más que con paquetes indefensos de carne humana. Era un capitán semianalfabeto.

A finales del año 1972, el cónsul adjunto en La Habana, don Carlos Spottorno, vino a vernos a tres españoles que estábamos en Pinar del Río. Dos se hallaban acogidos al plan de reeducación y solo yo estaba en calzoncillos. Uno de esos compatriotas gozaba de salidas desde hacía siete años y medio (de los nueve que llevaba preso. Envidié su suerte, pues a mí no solo no me dejaban salir a pasear, sino que hasta las visitas tenía prohibidas desde hacía casi seis años.

HECTOR DE LARA, C. P.

Miami, Florida, a 24 de Julio, 1966

Sr. Don Oscar Alonso,
Piñeiro,
Puebla de Trives, Orense
España

Estimada amigo:

Hoy tenemos buenas noticias: Odilo se encuentra en la Galera No. 7, de la Fortaleza de La Cabaña, en la Habana, y lo hallaron en magnífico estado, cuando fué visitado. Recibí la noticia por dos conductos distintos.

Había recibido carta de Don Joaquín Aristigueta, fechada a 15 de Julio, desde Santander, donde se encuentra pasando el Verano y cuya dirección es Lope de Vega 15 - 3, Santander. Acompañaba a su carta una fechada en Madrid, a 12 de Julio, donde le comunicaban que un amigo llegado de la Habana, hacía tres días, traía la noticia de que una señora Abogado de la Embajada de España había visitado a Odilo en la prisión de La Cabaña, y que parecía que estaba mejor de salud, y que la señora de la Embajada le llevó un paquete de alimentos que le tenía preparada la señor de Capdevilla. La señora que lo visitó vino impresionada del magnífico espíritu de Odilo. Según la informante, era posible que pusieran en libertad a algunos prisioneros y que pudieran salir de Cuba, pero no creía q esto pudiera ser posible para Odilo. Yo me pregunto, ¿cual será el casc de Odilo que no haya[...] [...]triación? Mandó a pre guntar y pronto sabr[...] que lo habían conden[...] a 20 años y que su c[...] ". Sin embargo, el he de que se halle en l[...] [...]e pensar que es para r patriarlo.

Posteriormente, recibí una carta de la Habana, fechada a 10 de Julio, en la que me decían que el día 30 de Junio se recibió un telegrama de Odilo, leyendo textualmente:

"Avisar Consul estoy Cabaña. Siete Julio
12 Meridiano hay visita y permiten jaba.
Envien leche chocolate galletas chocolate go
gofio dulce secos." (firmado) Odilo

Inmediatamente mi cuñada pidió a Luis que fuera a la Emba· jada, donde le informaron que, efectivamente, Odilo estaba en la Galera ' pero que no habían podido llevarle la "jaba" o paquete que tenían en su poder desde el mes anterior, y que dudaban que pudieran visitarlo, debid[...] a la situación tirante que confrontaban en aquellos momentos Cuba y Espa[...] con el rompimiento de las relaciones comerciales.

Inmediatamente mi cuñada le pasó un telegrama preguntando: si le era permitido recibir dinero por giro telegráfico y hasta el momen- to de escribirme no habían recibido respuesta.

Yo me inclino a creer que el informante desde Madrid tení[...] mejores noticias y que Odilo fué visitado con posterioridad a la carta q' recibí desde la Habana. Les mantendré informado.

(A LA VUELTA)

Carta de la famila de Héctor de Lara en la que le da cuenta a Óscar, hermano de Odilo, del paradero del prisionero de Castro, de sus dificultades de comunicación y de la necesidad que tiene de alimentos.

Antes de que pudiera entrevistarme con el señor Spottorno, me fue a buscar un subteniente y me llevó a la dirección. Allí estaban *Ñato* y dos subtenientes más. El director me faltó al respeto tan pronto como me tuvo delante, pero yo no me callé. Discutimos y él acabó enviándome de nuevo a mi celda, por lo que me quedé sin la ansiada visita del cónsul español.

Viendo que en cualquier momento se me podía volver a presentar la ocasión que tuve en La Cabaña de escapar en el coche del diplomático, me dispuse a llevar a la práctica la idea que allí me asaltó de repente cuando nos visitó don Jesús Ezquerra Calvo: ¡me las apañaría para comprar una pistola y, si se repetían las mismas circunstancias de entonces, obligaría al chófer de nuestro cónsul a que me llevara a una embajada extranjera!

Una noche escuché la conversación que mantenían dos guardias. Se quejaban entre ellos del gobierno y manifestaban que nunca se había vivido tan mal en Cuba como bajo el régimen de Fidel Castro. Se quejaban igualmente de que ganaban muy poco, de que todo estaba racionado y de que les faltaba hasta lo más imprescindible. De acuerdo con sus palabras, los cubanos subsistían contrabandeando.

Yo sabía que algunos de esos guardias, aunque se veían obligados a llevar el uniforme y a acatar las órdenes que recibían, se hallaban más cerca de nuestra causa que de la ideología castrista. Me fijé bien en quiénes eran los dos contertulios y, cuando uno de ellos tenía guardia en la sección, le preguntaba por las armas que usaban, por las características técnicas de sus pistolas, por el precio que podrían tener ese armamento, etc. Les hablé también de las pistolas Star y de la Llama española. Aquello fue el inicio de una cierta confianza y, en un momenta dado, di el paso definitivo y le ofrecí a uno de ellos dinero por una Macarov rusa. No se hizo de rogar, aceptando venderme el arma que yo le solicitaba no para matar a nadie, sino para amedrentar a quien fuese necesario. Convinimos que le pagaría 70 pesos, de los que le adelanté 20 y le regalé 10 más. Estos últimos se los di para que estuviese contento y los 20 primeros para comprometerle y que no me descubriera, pues sabía que los pesos se los gastaría de inmediato y el haber dispuesto ya de un dinero mío lo obligaría a ser más reservado que si el contrato verbal hubiera quedado aún pendiente de pago.

Cuando aquel individuo me trajo la pistola, me encargué de esconderla en un lugar que nadie me descubriera, colocándola detrás de una baldosa que hacía de zócalo. Allí la dejé esperando que viniesen otra vez el cónsul y su chófer.

Y el 31 de diciembre de 1973 volvió a visitarnos el señor Spottorno. Disimulé como pude la pistola entre la escasa ropa con la que salí a verle y la entrevista se desarrolló en una pequeña oficina adjunta a la dirección, en presencia de varios tenientes y del oficial del Ministerio del Interior que acompañaba al cónsul. A lo largo de la conversación que mantuvimos, este me preguntó si me habían dado los adecuados tratamientos médicos en Boniato después de la paliza infame que recibí. Le dije que no, pues solo me realizaron un fondo de ojo. Él me informó de que se había preocupado de llevar personalmente mi caso con el Ministerio y me puso al tanto de las gestiones que el gobierno de España estaba realizando por mí. Para animarme, me dio a conocer el nombre de los españoles repatriados en los últimos meses y de los siete que, según él, aún quedábamos en las cárceles cubanas. Me confesó que su trabajo se agilizaría al máximo si accedía a lo que las autoridades cubanas le habían pedido: que aceptara acogerme al plan de rehabilitación.

—No hace falta que me conteste ahora —añadió—. Piénselo y ya me dirá en mi próxima visita lo que decide hacer.

—Ya lo tengo pensado desde hace tiempo. No necesito rehabilitarme y prefiero cumplir la totalidad de mi condena. Respeto lo que hagan el resto de mis compatriotas, no me considero mejor español que los que salgan acogiéndose al plan castrista, pero mi decisión está tomada.

Al finalizar el encuentro, busqué con la vista el coche oficial y a su chófer. No los encontré, por lo que la pistola siguió disimulada en mi entrepierna.

El Ministerio autorizó al diplomático a que, en los días siguientes, visitara de nuevo a los españoles que estábamos en el penal. Yo le hice una denuncia verbal de los malos tratos que habíamos recibido hasta entonces y de los que seguíamos recibiendo en todas las cárceles de Cuba; le hablé de las vejaciones y de los atropellos padecidos últimamente en Boniato; puse en su conocimiento que, ese mismo día, se cumplía ya una semana en la que no nos aseábamos mientras los servicios rebosaban suciedad por toda la celda; le comenté que nos daban para beber un solo vaso de agua por la mañana y otro por la tarde y que carecíamos de calzoncillos, de toallas y de ropa de cama. De los 186 hombres encerrados en la sección, apenas 50 teníamos con qué taparnos. Carecíamos de asistencia médica y estaba prohibida la entrada de medicinas o de libros.

—¿Y en qué se entretienen para pasar el tiempo? —preguntó el diplomático un tanto inocentemente.

—En mirar al techo.

—¿Usted no recibe paquetes del exterior?

—No, señor. Desde finales de 1969, me han prohibido recibir hasta los objetos más insignificantes.

El señor Spottorno preguntó también a los compatriotas que estaban acogidos al plan si ellos recibían paquetes o medicinas del consulado. Guerra, que era el español que disfrutaba de salidas de la prisión desde hacía siete años, le comentó que él se pasaba regularmente por nuestra legación diplomática en La Habana para recoger excelentes medicamentos y vitaminas. Gabriel, un muchacho joven e hijo de una española, le informó de que su madre recibía leche en polvo y otros artículos similares del consulado, artículos que luego le llevaba en las visitas. El señor Spottorno comentó que, a través de esta señora, se me podría hacer llegar a mí cuanto necesitase, pero yo sabía muy bien que eso no lo permitirían los militares y que todo cuanto enviaran acabaría perdiéndose en otras manos.

Los oficiales que asistían a la entrevista callaban, por lo que exigí que quedase allí claro si se iba a aceptar luego que recibiera paquetes o no. Los tenientes aclararon que, en mi caso, eso no sería posible, pues carecía de derechos al no quererme acoger a su plan de reeducación.

—Y ustedes que están acogidos a ese plan —inquirió el señor Spottorno a los demás compañeros— ¿qué tal trato reciben?

—Muy bueno —repuso Guerra—, y la atención médica que nos dan es excelente.

Entre los oficiales presentes estaba el teniente Agapito, que era el jefe de reeducación y que acogió muy sonriente las palabras de Guerra.

—¿Cómo puedes manifestar que la atención médica que recibes aquí es tan buena —dije dirigiéndome al que acababa de hablar—, si por otro lado confiesas que, cuando sales, te pasas por el consulado a recoger medicamentos y vitaminas?

Mi compañero no supo qué responder y fue de nuevo el cónsul quien se dirigió a mí:

Miami, Florida, a 16 de Agosto,1966

Sr. Don Oscar Alonso,
Puebla de Trives,
Piñeiro, Orense,
España

Apreciable amigo:

Acabo de recibir su carta, fechada a 9 de Agosto y me apresuro a acusarle recibo, porque estoy en víspera de salir de viaje. Junto con su carta venía el "Recibo justificante de la imposición" en Correos de su Certificado destinado a la señora Rosalía López, Habana, que según me cuenta en su carta envió un kilo de pastas alimenticias para Odilo. Estoy reexpidiendo el comprobante a mi cuñada, a fin de enterarla de que en camino va el paquete.

Me parece entender por su carta que usted escribió a Odilo por conducta de la Embajada de España en la Habana, y que igualmente estaba volviendo a reclamarlo ante el Ministerio de Relaciones Exteriores en Madrid. Todo lo que se haga es poco. Procure que las autoridades locales le ayuden, a fin de hacer mas eficaz la gestión. Ojalá que su carta lle gue a Odilo y que éste pueda escribirles. Aunque es cierto que envió tele grama a mi cuñada (que les permiten enviar a cobrar en destino) tal vez Odilo carezca del papel, sobre y franqueo para escribir, como le ocurrió una vez, cuando mi yerno tuvo que ayudarlo y así se comunicó conmigo po r primera vez, despues de llevar mas de un año preso. Mi cuñada, según car ta recibida ayer, no había recibido respuesta de Odilo a las preguntas que le hizo mediante otro telegrama, a fin de situarle dinero. Voy a pedirla que se valga de Luis, un amigo común, a fin de que indague en la Embajada si Odilo está recibiendo la correspondencia y que le pidan que escriba a uste d.

Como le anunciaba en el primer párrafo, próximamente saldré para Puerto Rico y/o Santo Domingo, y le envio un sobre dirigido a mi Aar Apartado de Correos en Miami, a donde deberá dirigirme la correspondencia en lo futuro, hasta nuevo aviso. Desde lue o, si hay alguna un camino me la reexpidirán, pues cuando abandone esta casa reportaré a Correos y pediré que me reexpidan la correspondencia al Apartado.

Tan pronto vuelva a tener noticias de Odilo, me comunicaré de nuevo con usted. Mientras tanto le sugiero continúe enviando paquetes, a fin de que tenga para llenarle la "jaba" que mensualmente permiten lle var a los presos. Y no olvide enviarle revistas españolas, que tanto le gustan a él.

¿Han tenido noticia de Victorino? Nosotros lo dejamos en el Wajay, donde vivía con una mexicana, en la misma casa donde se hospedaba Odilo, cuando lo conocimos. Ignoro el parentezco que tenga con usted. Odilo nos decía que era tío y que precisamente para verle fué a la Habana y se quedó allí, pues él llevaba pasaje en transito para Venezuela.

Terminaré aquí, por hoy.   Saludos afectuosos.

P.O.Box 3701,
Miami, Florida, 33101

Noticias más tranquilizadoras sobre la asistencia al preso Odilo Alonso. La familia de Héctor de Lara ha conseguido encontrar una vía de penetración para poder cubrir alguna de sus necesidades más perentorias.

—¿Entonces, señor Alonso, renuncia usted definitivamente a acogerse al plan?

—Sí, definitivamente.

Uno de los militares terció en nuestra conversación diciendo que lo que yo deseaba en el fondo era no salir en libertad. Según él, me habían dado todo tipo de facilidades, hasta la de acogerme al «plan progresivo», que era otra fórmula que disfrazaba el plan de reeducación, del que nada quería saber.

—¿Qué no quiero la libertad? ¿Por qué no me sueltan ahora mismo y me voy con el señor Spottorno?

—Así no puede ser. Hay que aceptar antes los planes del gobierno.

—Pues quede bien claro que eso es lo que yo no quiero: aceptar sus planes.

Su demagogia quedó al descubierto.

El diplomático me dijo que se alegraba mucho de que le hubiese explicado todas aquellas cosas. Dos días después se iba definitivamente a España y no volvería a visitarme, pues debía hacerse cargo de un nuevo puesto en la embajada española de Río de Janeiro. Lo que sí iba a hacer era informar personalmente en Madrid a sus superiores acerca de la situación en la que nos encontrábamos cada uno de nosotros, del trato que recibíamos y del estado sanitario en que se desenvolvía nuestra cautividad.

Se acabó la visita y salimos juntos por el pasillo. Yo fui pensando en el trayecto que, si el coche oficial estaba junto al edificio de dirección, me las apañaría para meterme en él y para obligar al chófer a salir rápidamente. Si los militares que estaban fuera me disparaban, era posible que muriésemos los dos, pero se trataba de un riesgo que mi decisión me exigía asumir.

Por desgracia, el vehículo se hallaba fuera de la cerca y los planes de fuga volvieron a venirse abajo.

Hasta llegar frente al botiquín, seguí en compañía de un guardia y de mi compatriota Guerra, que me comentó:

—Hablas demasiado claro y demasiado fuerte delante de esta gente. Comportándote así, no te van a soltar jamás.

—«Esta gente», como tú los llamas, son mis enemigos. Además, he tenido que aclarar delante del cónsul hechos que, si solo te hubiese escuchado a ti, no hubiese conocido y se habría ido creyendo que a los presos «plantados» nos dan el mismo trato que a vosotros, los del plan. Tú estás aquí por negocios turbios, mientras que yo lo estoy por asuntos políticos. La causa de nuestro encierro es muy distinta y nuestras posturas ante quienes nos retienen son también muy diferentes.

Volvieron a pasar las semanas y los meses. Con la misma infinita monotonía que llevaban haciéndolo durante años enteros. Con los mismos problemas. Con las mismas torturas. Con la misma hiriente soledad.

En España, tras ser proclamado solemnemente por las Cortes el príncipe Juan Carlos sucesor del general Franco, a título de rey, se casan por esa época la nieta del Caudillo y el hijo de su alteza real el infante don Jaime de Borbón. Aparecen escándalos financiero-políticos como el de MATESA, se inaugura para atraer turistas un famoso puerto deportivo en Marbella, triunfa Luis Ocaña en el *tour* de Francia y accede a la presidencia del gobierno el almirante Carrero Blanco, que sería asesinado el 20 de diciembre de 1973 por un comando de ETA.

En el resto del mundo se dan luces y sombras, como siempre, y la misma humanidad que ha llegado a la Luna, deja morir de hambre en Biafra a dos millones de seres inocentes; Los coches y los aviones acortan las distancias del planeta a velocidades hasta entonces inimaginables y el terrorismo de los tupamaros se ensaña en Uruguay mientras los fedayines árabes despliegan en cualquier lugar del planeta sus acciones sanguinarias; tiembla Nicaragua con un terremoto que deja sin hogar a cientos de miles de personas y Salvador Allende muere en Chile, víctima de un golpe militar, un mes antes de que estalle la guerra del Yom Kipur entre el estado de Israel y sus países vecinos. El mundo se da cuenta también, en este periodo, de que el petróleo no es un bien inagotable. Desaparecen de la escena política personajes como el emperador de Etiopía Haile Selassie, el tres veces presidente de Argentina, Juan Domingo Perón, o el primer ministro portugués, Marcelo Caetano, que cede el poder a los capitanes de «la revolución de los claveles». En Estados Unidos, el presidente Richard Nixon se ve obligado a salir de la Casa Blanca por el escándalo del Watergate.

España y el mundo sí son un hervidero de noticias, de teletipos, de aconteceres que sorprenden o irritan, que compungen o llenan de estupor. Solo mi celda carcelaria parecía estar al margen del tiempo: allí nada se movía, nada cambiaba, ningún día era distinto al día anterior o al día que vendría después. Con monotonía aterradora, las jornadas volvían a ser cangilones de tedio infinito o de infinita desesperanza.

Llegó el año 1974 al presidio de Pinar del Río. Transcurrió lento y pesado como una apisonadora, pues las únicas noticias que lo jalonaron fueron las altas o las bajas de prisioneros producidas por muerte o por traslado. Todo lo demás se reducía a sufrimiento y espera, a lucha callada, a sorda desesperación...

El último día de ese año, me llamó un teniente y me condujo a las dependencias de la dirección. Allí me encontré por primera vez con el cónsul general de España en Cuba, don Javier Navarro Izquierdo y con dos de sus funcionarios: el señor Ollarzu y el señor Torroba, ministro plenipotenciario. No conocía a ninguno de los tres y los tres me parecieron desde el primer momento unas excelentes personas.

Cuando estuve ante ellos, me interesé por la situación de mi país, que vivía horas delicadísimas de terrorismo y de incertidumbre tras el asesinato del almirante Carrero y ante la previsible desaparición del anciano Caudillo. Les pregunté por la situación de la industria española, de su comercio exterior, etc. Nada quise saber sobre mi hipotética libertad o acerca de las gestiones que pudieran estar realizando por mí y esto les impresionó, por lo que acabaron mostrándome su perplejidad:

—Alonso, ¿cómo es posible que después de llevar preso tantos años, pueda preocuparle más España que su propia liberación?

—Sé que mi libertad no está en mis manos, sino en la de ustedes y en la de mi gobierno. Nada, por lo tanto, puedo hacer por mí mismo y confío plenamente en que ustedes estarán cumpliendo con su deber. Lo que sí me es posible hacer es interesarme por mi país y no se imaginan la de horas y la de afectos que, a lo largo de estos años, he dedicado a soñar con mimo en mi querida y lejana patria. Como lo que me sobra aquí es tiempo, se me han ido incontables momentos soñando proyectos que les harían sonreír y que, ¡quién sabe! quizá algún día se conviertan en realidad. He ideado mil veces, por ejemplo, una autopista de circunvalación nacional que, además de sus obvias aplicaciones para el transporte y para el turismo, podría servir para grandiosas competiciones deportivas internacionales. Hasta he soñado con los ramales que saldrían de ese circuito viario para transformar un rincón tan querido para mí como es Galicia y los pueblos en los que se desarrolló mi infancia: Coba, Puebla de Trives, Verín, Cerdeira, Pedrazas, Rabal, Celeiros... He diseñado mentalmente complejos turísticos en España, explotaciones de canteras y de manantiales. He construido con mi fantasía invernaderos, industrias lácteas, cárnicas o de transformación de la lana. He visto en

Como Odilo debe conservar el mismo número, yo sugiero que ustedes le escriban a la siguiente dirección:

            Sr. Odilo Alonso Fernandez, 27629,
            Fortaleza de la Cabaña, Galera No. 7,
            La Habana, Cuba

Desde luego, tambien pueden enviarle la carta acompañada de otra a la Embajada de la Habana, suplicando que se la reexpidan a Odilo, porque ellos deben saber como mejor le llegue la correspondencia.

Estoy enviando copia de esta carta a Barcelona, a fin de mantenerles informado y que igualmente le escriban.

Tengo la seguridad que Odilo agradecerá el envío de revistas españolas.

Usted tambien podía llamar a su hermana a Barcelona, teléfono 227-1965 y ponerse de acuerdo respecto a lo que cada uno pueda enviarle. Mi familia le está suministrando las cositas que él pide, pero si ustedes quieren depositar alguna mercancía para que se la vayan llevando cada vez que tenga visita autorizada, voy a darle la dirección de mi cuñada:

Recuerdos y quedo, como siempre, afectuosamente,

                                     Héctor

cc: Sr. José Alemany,
       Santa Rosa 10 (nuevo 18)
       Barcelona, España

200 S.W. 17th Court,
Miami, Florida, 33135

Otra muestra de las gestiones que se hacen para paliar la situación del preso Odilo Alonso.

mis nostalgias tiendas, cines y fábricas en aquellos pueblos gallegos de la ribera [Ribeira Sacra] y de la montaña en los que crecí y en los que convendría paliar el paro y frenar la emigración. ¡Si supieran, sí, qué amor se puede tener a España desde una cárcel que se encuentra a miles de kilómetros de las aldeas en las que una vio la primera luz!

Aquellos tres buenos diplomáticos debieron encontrar un tanto enternecedor mi inesperado ímpetu patriótico y me felicitaron por el entusiasmo que demostraba hablando de España. Su felicitación me la reiteraron después. Pero me hicieron la misma propuesta que ya me había hecho con anterioridad el señor Spottorno: aceptar el plan de rehabilitación para salir cuanto antes de Cuba. Yo les di, claro está, la misma respuesta que diera meses antes al cónsul adjunto, y les pedí que me mandasen libros sobre historia, libros de idiomas y revistas de información general. También me interesaban los temas de Derecho. Para asegurarme de que esos libros llegasen a mi poder, les solicité que lo trataran con los militares allí presentes y con el director.

—Quiero darles una ultima información —añadí—, hace meses que nos han graduado la vista y les han traído las gafas a cuantos las necesitaban... ¡menos a mí! Estoy dispuesto a pagarlas como los demás.

—¿Tiene dinero en su cuenta? —preguntaron.

—Aún me quedan 69 pesos y las gafas valen 15, por lo que la causa de que me priven de ellas no son cuestiones económicas, sino mera venganza. Si un día se deciden a traérmelas, corro el riesgo de que ya no me sirvan, pues la graduación de mi vista habrá cambiado.

Me preguntaron si conservaba la receta y al responderles que la tenía en la sección, pidieron a los militares que les permitieran llevársela. En Cuba, posiblemente, fuese más difícil encontrar cristales graduados que en España. Allí no tardarían nada de tiempo en hacerse y de esta forma, si les permitían encargarse del tema, quitarían una pequeña preocupación a la dirección de la cárcel, solucionándome a mí el problema.

—Sin contar con la autorización del director —informó el teniente Chacón—, no podemos complacerles ni permitir que ustedes se lleven la receta y encarguen las gafas.

—Hablaremos con él —dijeron.

—Pero no se encuentra hoy aquí.

—En su ausencia, ¿quién es el director en funciones?

—Yo —contestó Chacón.

—¿Y usted no puede autorizar lo que solicitamos?

—No, no puedo.

Se acabó la visita y como yo había vuelto a sacar mi pistola, deseaba que el coche de los diplomáticos se encontrara esta vez de la valla para dentro. Llevaba el arma montada por lo que, aunque sabía que se iba a producir un serio incidente diplomático, estaba dispuesto a poner en marcha mi plan de fuga. Me adelanté unos metros al grupo, llegué a la puerta, miré con ansiedad... y comprobé que el automóvil se hallaba a unos cien metros fuera de la valla. ¡Una vez mas se esfumaban mis proyectos!

Un mes y medio después, aproximadamente, el subteniente Arturo, jefe de la sección en la que me encontraba, se llegó hasta las rejas y llamó al *Moro*, uno de los presos que hacía de ayudante del subteniente.

—¡Saca al gallego para que lo vea el psiquiatra! —gritó.

—Pregúntele a ese individuo —dije al *Moro* adelantándome a que le diera tiempo a cumplir la orden—, quién demonios le ha informado a él de que yo necesito los servicios de un psiquiatra.

El preso transmitió mi mensaje a Arturo y este se fue sin insistir. Ocho semanas más tarde, sin embargo, volvió a llamarme. Esta vez dijo que era para una entrevista y bajé con él y con Frank Quesada, un soplón y rehabilitado que estuvo siempre al servicio del enemigo.

Nos esperaba el teniente Agapito en un local próximo al botiquín en que se guardaban los expedientes de los internos. Frank se quedó fuera y pasé a esa habitación con Agapito y Arturo. Me mandaron sentar, orden que me resistí a obedecer en un principio, pues tenía miedo de que me atacasen. Estando sentado, me defendería peor. No observé nada anormal y acabé tomando asiento en una silla. Cuando lo hice, me preguntaron:

—¿Cómo se encuentra?

—Perfectamente.

—Mire, le hemos llamado para invitarlo a realizar una salida en la que deseamos que conozca diversos lugares. Viéndolos, podremos demostrarle los muchos adelantos que ha traído a Cuba la revolución.

Me pareció una proposición extraña y sumamente peregrina. ¿Hacerme salir de la cárcel? ¿Para conocer Cuba? Se trataba de algo sorprendente que hizo que me pusiera en guardia y que desconfiara de aquella gente más de lo que ya desconfiaba habitualmente de ellos.

—Muchas gracias por su oferta —repuse—, pero no me interesa ese tipo de turismo. Sé que ustedes construyen y levantan cosas, aunque lo más clamoroso de su gira y lo que más me podría chocar iba a ser lo mucho que les falta por levantar y por construir, el atraso que padecen con relación a naciones democráticas, la parálisis estructural que su régimen ha traído a los cubanos y que no les permitirá nunca sustituir ni compensar lo que destruyeron implantando el comunismo en el país.

—A usted —me replicaron molestos por mis palabras— lo que debiera darle es vergüenza por ser hijo de la España que nos colonizó y que sigue siendo un feudo capitalista.

—Pues no, no me da vergüenza de que en España gane más el que más trabaja y el que más arriesga. Ustedes se llenan la boca diciendo que no les gusta el capital y están luego tan ansiosos de él que se lo quitan a todos.

—Porque lo que antes era de los latifundistas ahora es del pueblo.

—¿Del pueblo? No me hagan reír. ¿Cuánto tiene usted, por ejemplo? —dije dirigiéndome al primer teniente Agapito—. Nada. Por no ser dueño, no es dueño ni de su propia persona. Estoy convencido de que, como padre de familia, le gustaría poseer una casa digna, unos bonitos muebles, ropa elegante y mejor calzado que el que pueden adquirir. Le encantaría salir a cenar con su mujer y sus hijos al Floridita o a otros restaurantes de La Habana. Pero padecen escasez de alimentos y, en el paraíso del tabaco, no pueden fumar buenos puros ni buenos cigarros ni disponen del automóvil que les gustaría. Dijeron al pueblo en 1959 que muchos cubanos y extranjeros eran aquí latifundistas y ustedes les robaron cuanto poseían para convertir Cuba en un inmenso latifundio cuyo único dueño es Fidel Castro. Si un día pusieran barcas, acabarían peleándose por salir de este falso paraíso en que ni ustedes mismos creen. Hasta el ejército dejaría sus cuarteles para escapar de inmediato.

—¡Tenga cuidado con lo que habla!

—¿Cuidado? Ustedes saben bien que lo que digo es verdad.

No me contradijeron demasiado y se limitaron a cambiar de conversación:

—Alonso, tenemos órdenes de nuestros superiores para llevarle a un psiquiatra.

—Es la segunda vez que me hablan de eso y creo que ganarían más si dedicaran sus profesionales y su tiempo a atender a quien realmente precise atenciones psiquiátricas. Por fortuna ese no es mi caso ya que disfruto de buena salud mental, tan buena que no han logrado contaminarme con sus ideas marxistas.

—Quiera usted o no quiera, vamos a amarrarle y le vamos a llevar al médico.

Me puse en pie de un brinco y me coloqué detrás de la silla, apoyando mis manos en el respaldo y con mi atención puesta en la puerta, por si entraba alguna otra persona a ayudar a Arturo y Agapito.

—¿Nos va a agredir?

—Yo no atacao a nadie, pero no permito tampoco que nadie me hiera, como ustedes acostumbran a hacerlo sistemáticamente para acabar llevando al manicomio a quienes no comparten sus postulados ideológicos o no acatan su dictadura política.

—De todos modos le vamos a atar si no acepta ir al psiquiatra por las buenas. Esas son las órdenes que tenemos y las vamos a cumplir aunque se solidaricen todos sus compañeros con usted. Si es preciso, les ataremos a todos.

—Pues yo les reitero que pienso oponerme. Con todas mis fuerzas. Ya pueden mandar un regimiento de soldados a reducirme.

Se lo pensaron mejor y me enviaron a mi celda. Al llegar a la sección, puse en conocimiento de los que estaban allí ingresados las amenazas de las que me habían hecho objeto directamente y de las que, de forma indirecta, habían proferido también contra ellos. Los reclusos se mostraron disconformes con las amenazas de aquella mala gente y me dieron su apoyo incondicional.

Los oídos me seguían molestando muchísimo. Tuve una infección en el derecho durante once días que me daba la impresión de que mi cabeza podía estallar en cualquier momento. Me llevaron al botiquín. Estaba de turno el doctor Roger, un preso, que fue el que me atendió, y se asustó al ver lo muy avanzada que tenía la infección. Hasta temió que esta pudiera hacerme perder la audición o que llegara a afectarme al cerebro.

Para combatir la enfermedad, me recetó grandes dosis de penicilina,(siete millones de unidades de las que apenas si me suministraron luego cinco.

Por si mis males fuesen pocos, noté que los golpes que me habían dado en Boniato me provocaban cada vez una mayor falta de equilibrio y comencé a perder la memoria. Esto iría degenerando, paulatinamente, en graves crisis de amnesia.

Pasaron varios días y volvió a ser Arturo el que me sacó de nuevo de mi celda. En esta ocasión nos esperaban en la oficina Agapito y Gilberto, jefe de seguridad interior del penal. Insistieron en llevarme al psiquiatra y yo me mantuve en mi negativa de siempre.

—¿Qué persiguen? —pregunté—. ¿Necesitan que alguien certifique lo que les convenga y no la realidad?

—La realidad es que usted padece una psicopatía.

—¿Teniente, a quién le ha oído esa palabra cuyo significado estoy seguro de que ni siquiera conoce?

—¿No? Acepte entonces ir a un especialista. ¿Por qué no lo hace?

—Porque no estoy loco. Padezco serias lesiones que ustedes me han hecho en la cárcel, pero disfruto de un estupendo equilibrio mental. Me han dañado ustedes físicamente para hacerme cambiar de conducta y no han logrado doblegar mi espíritu. ¿No les parece que esta es ya una buena prueba de madurez psicológica?

Cada día que pasaba mis problemas de equilibrio se agravaban. El 22 de julio de 1974, decidí ir al botiquín a ver al médico militar Pomber. Más que para recibir tratamiento, le visité con el fin de responsabilizarle de cuanto me pudiera ocurrir a partir de entonces. Tras explorarme y hacerme mil preguntas, no fueron ánimos precisamente lo que me dio. Manifestó que urgía aplicar un fuerte tratamiento, pues alegaba que podía padecer un cáncer.

—Hay tumores —me dijo—, cuyos efectos son lentos, pero malignos. Requieren atención inmediata y eficaz. Este puede ser su caso, Debe rehabilitarse para que podamos darle la atención médica que requiere. Aquí no tenemos los medicamentos que...

No le dejé terminar.

—Basta, doctor, no siga. ¡Hasta luego!

Por lo visto, allí todo pasaba por humillarse ante ellos y aceptar la rehabilitación: la libertad, el recibir cuidados médicos o un mejor trato...

Cuatro días más tarde, el 26 de julio, me sacaron por tercera vez y me llevaron a la dirección, pero esta vez a un local diferente. Allí estaban otra vez Agapito y Arturo. A los pocos minutos entró un hombre alto que lucía en su uniforme militar el grado de segundo teniente. No le había visto jamás, aunque dio muestras de conocer mi expediente personal y clínico:

HECTOR de LARA, C. P.
POST OFFICE BOX 3301
MIAMI 1. FLORIDA

FR 4-0949

a 4 de Diciembre, 1966

Estimado amigo Oscar:

Sin tiempo para mas, le hago estos breves renglones para acompañarle la correspondencia relativa a Odilo.

Hoy opté por escribirle a Gabriel Toledo, pues seguramente tendrá facilidad para recibir correspondencia. Los presos suelen valerse de otros presos que no tienen a quién escribir y así aprovechan la cuota mensual del otro para escribir. Mi yerno solía hacerlo, a fin de enviar mas de una carta mensual, que es lo que permiten a cada recluso.

Como verá, Odilo pide algunas cositas, que posiblemente usted pueda enviarle a mi cuñada en la Habana, quien esperará la oportunidad de entregárselo. Lo importante es que lleguen las cosas a la Habana.

No me cabe duda que la carta firmada por Toledo la dictó Odilo, pues la terminología no me confunde. Solamente Odilo conoce los nombres mencionados y, como usted sabe, él es muy aficionado a idiomas. Mas es muy respetuoso y siempre se dirigió así a mi cuñada. Por todo ello, no me cabe la menor duda que la carta procede de Odilo.

Recientemente tuvimos noticias de que Victorino permanecía en el Wajay, lo que supimos por una cuñada de Panchito, que llegó de la Habana.

Saludos deferentes y deseándoles lo mejor por esta época del año, quedo,

Afectuosamente,

P.O. Box 3301
Miami, Florida, 33101
E.U.A.

Por esta carta conocemos las tretas y vías que utilizan los amigos y familiares para asistir al preso Odilo Alonso.

—¿Cómo se encuentra? —preguntó.

—Bien.

—¿Bien? No puede estar bien, puesto que padece fuertes vértigos. Se ha caído, además, varias veces y tiene señales de golpes en su cuerpo.

—Yo no me he caído.

—¿No? ¿Pues cuál ha sido entonces la causa de todo esto?

—Búsquela en mi expediente que, por lo visto, conoce a la perfección. En él encontrará los abusos de los que he sido objeto por parte de los suyos. También verá quiénes me apalearon en Isla de Pinos, en La Cabaña, en Boniato, etc.

—Soy médico y quiero comunicarle que el Ministerio del Interior nos ha mandado venir a visitarle a una doctora psiquiatra y a mí. Comprenda que, si no obedeciéramos órdenes directas de los superiores, no hubiésemos podido desplazarnos desde La Habana a Pinar del Río.

—Y usted, doctor, ¿cree que necesito atención psiquiátrica?

—Yo no digo de usted que esté loco, pero tampoco creo que pueda perjudicarle el que le vea un especialista en esa materia.

—Soy un preso que lleva encerrado muchos años. Padezco posiblemente, como cualquier persona privada largo tiempo de libertad, las habituales alteraciones emocionales que sufren quienes se hallan aislados de la familia, los que se encuentran encerrados en espacios sumamente reducidos en los que no entra el sol ni el aire, los que viven ajenos a inquietudes artísticas, sociales, deportivas o literarias... Padezco una sobrecarga acumulada de malos tratos y de vejámenes, pero nada de todo esto me obliga a ser examinado por la psiquiatra de la que usted habla.

—Llamémosla especialista y olvídese de ese nombre.

—El nombre es lo de menos. Lo importante es que coordino mis ideas perfectamente, estoy tan equilibrado al menos como usted pueda estarlo y no necesito que nadie me desequilibre. Por mis lesiones corporales ya he sido atendido recientemente por el doctor Pomber.

En ese preciso instante en que le nombraba, entró el médico que algunos días antes me había diagnosticado un posible cáncer. Era la cuarta persona que accedía a la oficina en la que estábamos. No tardarían en hacerlo, gradualmente, un quinto individuo, un sexto, un séptimo y un octavo. Todos eran militares y todos hablaban a un tiempo para no dejarme defender, ahogando con sus voces mis protestas y verdades.

En un momento dado, alguien ordenó entrar a la psiquiatra y yo les advertí una vez más que, si entraba esa señora, rompería una silla sobre su cabeza.

La especialista apareció en la puerta. Me recordó a la ministra vietnamita, Nauyen Thi Binh. Yo me abalancé sobre la silla de madera que estaba próxima y la levanté, pero la turba que me rodeaba me atacó. Eran ocho contra uno. Pude escabullirme de ellos y sortear sus primeras embestidas. Luego me dirigí a una puerta que vi delante de mí y la abrí. Daba a un cuarto que no tenía salida. Me cerré por dentro en aquella habitación, pero la puerta por la que había entrado dejaba un espacio de veinte centímetros aproximadamente por el que me veía la psiquiatra. Quería hablar conmigo, cosa a la que yo me oponía.

—¿Por qué no quiere que hablemos un poco? Soy simplemente una mujer.

—No la necesito ni como mujer ni como médico —repuse.

Estaba en calzoncillos y me resultaba curioso que para ver al consul, por no resultar correcta una indumentaria así, se me prohibiera acudir a su visita. Sin embargo, nada tenían que objetar mis carceleros a que una mujer me viese en esa guisa.

Allí, encerrado, permanecí bastante tiempo oyendo a los médicos que hablaban entre sí y decían:

—Es difícil determinar su estado. Tendríamos que hacer que saliese de ahí y examinarlo detenidamente.

Y, dirigiéndose a mí, añadían:

—Salga, vamos a hacerle un reconocimiento.

Alguien del grupo me pedía que hablase. Mi corazón me golpeaba el pecho alocadamente y la psiquiatra insistía en que deseaba dialogar conmigo no como doctora en medicina, sino como mujer. Tuve buen cuidado de no caer en su trampa, de no salir y de no contestar a su interrogatorio.

Los gendarmes estaban a la expectativa en el pasillo, como lobos que aguardan la aparición de su presa. Notaba su presión a través del muro y su deseo de destruirme como si les estuviese mirando a los ojos y no existiera el muro que nos separaba.

¡Qué falta me hubiera hecho allí la pistola! Tenía el cuerpo empapado por el sudor que me producían la tensión nerviosa y el impacto emocional de saberme cercado como un conejillo al que rodean en su guarida las escopetas de los cazadores. Seguí algún tiempo escuchando lo que hablaban entre ellos o las cosas que me decían de España, de los españoles, de Cuba, etc.

En un momento dado, intenté no oírles, no hacerles ni caso, y esperar hasta que se cansaran. Cuando decidieron marcharse, no tardó en venir Arturo, que me pidió que saliese, pues ya se habían ido todos. Salí, en efecto, con suma cautela de mi escondrijo y se quedó muy asombrado de lo empapado que yo estaba por el sudor.

Llegué a la sección y no podía ni hablar por el enorme sofoco que acababa de padecer. Entré en la celda, me senté en la cama y, vencido por la tensión, me desmayé.

Mi compañero de celda y el mayor de la sección les comentaron al resto de los internos que estaba sudando de un modo absolutamente anormal. Cundió entre estos la sospecha de que me hubiesen inyectado sustancias químicas para lograr de mí algún objetivo inconfesable, por lo que la mayoría de los presos se sublevaron protestando por el estado lamentable en que me habían dejado. Tuvo que ir Arturo a tranquilizarles y a decir que no me habían inyectado nada. Pero algunos de los reclusos se mostraron dispuestos a declararse en huelga inmediatamente, pues recordaban el caso reciente de José Antonio Masó, un negrito al que dábamos el sobrenombre de *El Suave*, y que también fue llamado a la dirección. Una vez allí, le amarraron con un cordel de bramante que le dejó huellas en su cuerpo para el resto de sus días;le inyectaron unos productos que nadie supo jamás para qué servían.

Cuando volví en mí, no recordaba nada de lo ocurrido, pero el *shock* que me produjo el acoso de aquellos energúmenos debió ser tan grande que empeoró mi ya deficiente salud y se me agudizaron los males que arrastraba tras los golpes recibidos en la prisión de Boniato. A partir de entonces, el deterioro físico que padecía fue en aumento.

En los días siguientes, varios militares celebraron un pequeño conciliábulo con la psiquiatra enviada por el Ministerio del Interior, cuyo nombre no recuerdo, con el segundo teniente (que según él era médico, pero resultó ser psicólogo del mismo Ministerio), y con el doctor Pomber. En su reunión elaboraron un informe en que se decía que, en cuanto se me pusiera en libertad y me encontrase con la realidad diaria, el impacto sería para mí tan fuerte que no asumiría esta realidad y mi mente vagaría por caminos de desenfrenada locura...

Eso era lo que ellos buscaban, ¡volverme loco! Y doy fe de que lo intentaron por todos los métodos: con amenazas, con golpes, con torturas físicas y psíquicas, con humillaciones inenarrables. Por fortuna, mi mente y mi cuerpo encontraron mecanismos sobrehumanos para resistir.

¡Cuántos y cuántos no aguantaron y se quedaron en el camino! Recuerdo, por ejemplo, a los dos hermanos Herrera, Enrique y Jesús, que un día de marzo de 1974 se negaron a seguir comiendo. Recuerdo a los que, una vez cumplida su condena, se les volvía a recondenar tantas veces como le daba la gana al gobierno castrista por no haberse sometido al plan de rehabilitación. Recuerdo a Reinaldo Cordero Izquierdo, el joven campesino que estuvo en la sección en la que nos encontrábamos los presos políticos que no trabajábamos; vestía el uniforme amarillo y, tras cumplir su pena de 9 años, por el mero hecho de no «cuadrarse», le volvieron a condenar y le llevaron a la sección 4, en la que se hallaban los presos comunes, los asesinos, los atracadores, los violadores y los condenados por todo tipo de delitos de sangre. Le metieron con ellos, exigiéndole que debía aceptar el mismo estatus que ellos tenían. Pero Reinaldo era un preso político y se negó a ser tratado como un preso común. Reclamó volver a la sección 3, donde estábamos sus compañeros, y no se lo permitieron. Con mano férrea intentaron someterle al plan de rehabilitación y él resistió, declarándose en huelga de hambre. El 21 de mayo de 1975 murió en el calabozo dedicando su existencia y su juventud a la causa cubana.

Otros muchos inmolaron sus vidas en huelgas que se desarrollaban en el silencio duro de una celda. O se fueron para siempre como de puntillas, sin hacer ruido, comidos por la enfermedad y el sufrimiento. O murieron heroicamente frente a un bárbaro pelotón de fusileros que mataban a sus hermanos en nombre de Fidel Castro, mientras los reos gritaban vivas a la libertad de Cuba... ¡Que en paz descansen todos!

El mismo día 21 de mayo, fecha de la muerte de Reinaldo Cordero, nuestros guardianes nos hicieron levantar muy pronto para provocarnos con una requisa más. A esa hora, ya corrían rumores de que el infortunado joven había fallecido. Los carceleros encargados de efectuar la requisa fueron más numerosos que de ordinario y los presos de mi sección salimos callados en señal de duelo. Al terminar el registro, volvieron a meternos en las celdas y fue el último grupo que entró el que pudo confirmar la muerte de Cordero, pues al pasar frente a la sección número 4 los presos comunes gritaron a los nuestros:

—¡Cordero ha muerto en el calabozo a las tres de la madrugada! Le han subido a la enfermera en una camilla para aparentar que le tenían ingresado y que le daban atención medica.

Cuando Raudel, uno de los cinco últimos compañeros que entraron llegó al pasillo de la sección, nos dijo las siguientes palabras:

—Señores, los rojos acaban de matar a nuestro querido colega y amigo Reinaldo Cordero Izquierdo, por no haberle dado los cuidados necesarios. Guardemos por él un minuto de silencio.

Raudel no pudo terminar ese minuto de homenaje al compañero fallecido. Los cabos le llevaron al calabozo y mi compañero de celda y yo aprovechamos ese instante para que uno de los presos que permanecían en el pasillo abriera nuestra puerta sacando el tornillo de la palanca de hierro que aseguraba la reja. Salimos y otros presos nos pidieron que les franqueáramos también a ellos la puerta. Pronto acabó formándose un pequeño motín de gente que exigimos al primer teniente Narciso, delegado provincial del Ministerio, que trajesen a Raudel a la sección o que nos llevasen a todos al calabozo. Narciso se opuso a nuestras exigencias y trece internos nos negamos a entrar en las celdas.

El personal que vestía uniforme amarillo disfrutaba ese día de visita. Sus familiares se hallaban esperando a poder entrar en la barraca que se habilitaba como lugar de encuentro con los presos, pero no terminaban de darles autorización y notaban que algo anormal estaba ocurriendo, pues llegaban muchos guardias con ametralladoras que luego se situaban por todas partes, incluso en las azoteas. El contingente mayor de militares se dirigió hacia el Bachiplán, una industria en la que trabajaban más de mil presos comunes o políticos que se habían acogido al plan de rehabilitación. Se tomó todo tipo de me-

Carta dirigida a Gabriel Toledo para que este se la haga llegar a Odilo Alonso.

didas ante el temor de que los familiares, en el momento en que los castristas nos atacasen, apoyaran a quienes nos habíamos solidarizado con Raudel.

Nosotros veíamos subir a los guardias con sus armas y no sabíamos exactamente lo que planeaban. De los cuatro ingresados que se hallaban en el botiquín, subieron primero a uno, Trujillo Peláez. Lo traía un grupo de guardianes agarrado por las piernas y por los brazos. Luego condujeron a Oswaldo Sanabria. A ambos los recibimos en las rejas de entrada y, abriendo la puerta, sus carceleros los dejaron tirados en el suelo. Con el segundo, entró un contingente de cien guardias. ¡Cien guardias armados para pelear con trece desarrapados que nos encontrábamos en el pasillo! Este era muy estrecho y no ofrecía demasiado espacio para tanta gente.

La lucha empezó en la misma puerta y llegó hasta el fondo de la sección. Los comunistas lograron meter a la fuerza en su celda a mi compañero René Ramos González, al que propinaron fuertes golpes en la espalda y en la cabeza. Le hicieron una profunda incisión detrás de la oreja derecha con una bayoneta y empezó a sangrar abundantemente. Luego fue a Domingo Baños al que dejaron fuera de combate. Su madre estaba entre los familiares que aguardaban para la visita. Era un estupendo muchacho que se solidarizaba con todos los problemas de sus compañeros.

Solo quedábamos onve. Nos llevaron hasta el fondo del pasillo, lugar en que se encontraban las duchas y en que el espacio se ensanchaba. Allí nos podíamos mover con más soltura y cada uno dio y recibió golpes a discreción. Los presos mostramos todo el coraje que pudimos, pero el número de atacantes descompensaba nuestro valor. Sangraban varios de los guardias, pero su número resultaba todavía excesivo para que el enfrentamiento estuviera nivelado.

No encontrando a mano otro material ofensivo ni otras armas que unas latas de cinco galones, las utilizamos lanzándolas por los aires contra los militares. El suelo estaba mojado por la sangre y no tardó en parecer el suelo de un matadero.

Cuando lograron separarnos al grupo de 11 presos, me vi frente a tres atacantes contra los que me defendí con puños, piernas y dientes, aunque ellos tampoco se andaban por las ramas a la hora de golpear. Por cada golpe que yo daba, me propinaban tres que fui encajando como pude. Un guardia me obsequió con un gancho en el estómago que me dejó sin aire algunos segundos. Arrimado a la pared, me recuperé y volví al asalto. Consiguieron rodearme para que, al defenderme, tuviera forzosamente que dar la espalda al menos a uno de ellos. En un descuido, me dieron un tremendo puñetazo en la mandíbula y comencé a echar sangre por la boca, lo que me enfureció todavía más y me hizo perder la serenidad que hay que tener hasta para pelear. Volvieron a darme otro golpe en el estómago y otro más en la nariz. Acabé desplomándome y se me echaron encima los tres, que me cogieron y me metieron en la celda.

Allí fue donde terminaron de machacarme. Cuando me vieron desfallecido, se ensañaron conmigo, me cortaron el frenillo del labio superior con un mazazo brutal y me estrellaron repetidamente contra el cemento, volviendo a dar con mi nariz en el suelo. Me levantaron una y otra vez e, incontables veces, me arrojaron como un guiñapo sobre el pavimento. Me desviaron el tabique nasal y el ojo izquierdo, cuyo lagrimal me seguiría dando frecuentes problemas a lo largo del resto de mi vida. En la cabeza me hicieron nuevas heridas y quedé tirado en la celda, medio inconsciente y desangrándome. La bronca seguía fuera, por lo que mis verdugos salieron para ayudar a los suyos.

No tardó en asomarse a la reja de mi celda el sargento Guerra y contempló el estado calamitoso en que me encontraba. Me había sentado y así, recostado contra la pared, la sangre me fluía de la cabeza, de la boca, de la nariz y hasta de la escasa ropa con la que contaba y que ya tenía empapada. Avisó de mi estado a los tenientes Antonio, jefe de la guarnición, y a Narciso, delegado provincial del Ministerio del Interior en la ciudad de Pinar del Río. Antonio, asustado, ordenó a sus guardias que parasen el ataque, lo que salvó a muchos de mis compañeros de acabar con las mismas heridas que yo.

Tanto Antonio como Narciso entraron a verme e insistieron en que fuese al médico. El segundo era, sobre todo, el que más porfiaba por convencerme.

—¿Ahora se preocupa por lo que me han hecho? —pregunté con las escasas fuerzas que me quedaban—. Le voy a denunciar, pues no es más que un asesino y un cobarde. ¿Qué clase de jefe es usted que nos hace correr el riesgo de morir lo mismo a cualquiera de nosotros que a alguno de sus hombres? Vive acomplejado porque la revolución le ha dado poder, pero carece de la autoridad que emana solo de las personas con clase, una clase que a usted le falta. No, no tiene calidad humana ninguna y le acompleja que no le hagamos caso. Lo único que sabe es que, si el Ministerio le ha puesto aquí, es porque carece usted de cerebro y no sirve para otra cosa que no sea usar la fuerza bruta. ¿Le parece que hoy era el día más apropiado para llevar a cabo la requisa que han hecho? Si hubiese tenido un par de dedos de frente, se le podía haber ocurrido que la muerte de Cordero daría lugar a cualquier reacción imprevisible entre nosotros.

El delegado provincial del Ministerio del Interior aguantó mis pausadas, pero firmes recriminaciones e insistió una vez más para que marchara a que me atendiesen en la enfermería. No le hice ni caso y fueron a buscar a James Curt, un personaje odioso y servil, a las órdenes del gobierno castrista. Tan pronto como vio desde la puerta de la celda la mucha sangre que había perdido y que seguía perdiendo, ordenó:

—Levántese y venga rápido, que está muy mal herido.

—Que estoy muy mal herido lo sé yo sin necesidad de que usted me lo diga. ¡Váyase, váyase de aquí! Hace tres años que vivo en esta sección y es la primera vez que sube un médico. Son todos ustedes igual de contradictorios y de idiotas. Hace un rato me querían eliminar a golpes y ahora se empeñan en curarme.

Mientras tanto, varios de mis compañeros me limpiaban con una toalla la sangre que seguía fluyendo del cuerpo y con otra la que había caído sobre el suelo. Cuando las toallas estaban empapadas, las enjuagaban con agua en un depósito de plástico. Tuvieron que enjuagarlas repetidas veces.

Curt siguió porfiando para que aceptase recibir asistencia médica en el botiquín y, ante mi negativa, solicitó la ayuda de los que me atendían para que influyeran en mí.

—En él nada ni nadie influye —le respondieron—. Sabe tener ideas propias y no necesita que usted o nosotros le indiquemos lo que debe hacer.

Pedrito y Juan Vega me mantenían la cabeza levantada, pues no había manera de parar la hemorragia. Los presos que guardaban algo de mercuriocromo o de algodón, enseguida me lo mandaron. ¡Qué gran solidaridad había entre nosotros! Cada uno se sentía hermano de los demás, poar dura que fuese la situación en la que se encontraran. Eso nos ayudaba a reponernos, a coger nuevos bríos y a seguir resistiendo contra nuestros verdugos. Sabíamos que la mejor familia con la que allí contábamos era la que consistía en tener al lado un compañero que te socorrería siempre si tú te desplomabas, que levantaría su voz y su mano para protegerte y que haría suyas las circunstancias adversas por las que tú pasaras. La cárcel fue una larga

Domingo, 4 de Diciembre, 1966

Sr. Gabriel Toledo, 795,
Galera 7,
La Cabaña, Habana del Este,
Apartado 6093,
Habana

Estimado Gabriel:

Me alegró mucho leer tu carta de Octubre, por la que veo que estás bien, igualmente Odilo a quien le darías cariñosos recuerdos.

Tío Victorino sigue viviendo en el Wajay, trabajando en la Parcelación colindante.

Hoy voy a escribir al hermano, Oscar, a quien hace meses que no escribo, y se alegrará saber que tuve noticias tuyas.

Se acerca las Pascuas y no quiero demorar en escribirle, aunque sean breves renglones. Tengo completamente abandonada la correspondencia personal. Te deseo mucha salud y que observes buena conducta, a fin de que te pueda rehabilitar y volver a reunirte con nosotros, a tu familia.

Luis se interesó mucho por saber de ti y se alegró de ocasión que estabas bien de salud, por lo que me pidió te mandara palabras espirituales y hacía votos porque pudieras reunirte con tus seres queridos en un futuro no lejano.

Tan pronto tenga una foto de grupo familiar, te la enviaré. El nieto ya tiene 7 años y la nieta 3, por lo que te irá informando como nos estamos poniendo viejo... Yo he adelgazado algo con la diabetis, cosa que igualmente es típica de la edad, pero me hallo en plena madurez mental y trabajando normalmente, gracias a Dios.

Pachito y demás familiares, igualmente me piden que te envíe cariñosos recuerdos. Juno ha dado unas crías y tiene una magnífica prole. Cuando pueda, te enviaré foto de los hijos.

Recibe cariñosos recuerdos de quien sabes no te olvida,

Pedro

Otro ejemplo de la comunicación interpuesta que Odilo recibe a través de Gabriel Toledo.

y excepcional situación en la que se aprendía también a conocer a los verdaderos amigos.

Se marcharon todos los militares, incluyendo al médico, y sacaron por fin a los presos que tenían visita. Estos lo primero que hicieron fue, naturalmente, informar a las personas que les visitaba del pequeño motín que acababa de tener lugar y de la feroz represión con la que lo habían sofocado.

Por la tarde, el guardia de turno y otro más que la dirección había dejado por la mañana como refuerzo, llegaron con la bayoneta hasta la celda 18, en la que nos metieron a varios tras la refriega. Me preguntaron si quería pasar a la mía y yo quise saber si iban a hacer lo mismo con los demás. Me respondieron afirmativamente, por lo que me fui a la celda que había ocupado hasta entonces. En ella encontré a René con la espalda y el cuello negros por la sangre seca. Tenía también el cerco de un ojo completamente amoratado.

Al anochecer volvió el médico Curt. Me indicó una vez más que fuese a la enfermería. Le pedí que dejase de insistir en ese asunto y pasó a hablarme de Reinaldo Cordero. Intentó aparentar que se compadecía de su muerte diciéndome:

—Nadie como yo sabe lo que ha sufrido ese muchacho, pero hice por él cuanto estuvo a mi alcance. Precisamente ahora vengo de asistir a su autopsia. Tenía secos los riñones, los pulmones y el hígado. Era muy buena persona...

—Sí, es muy fácil decir todo eso ahora que está muerta. Fue mientras estuvo con vida cuando usted debió hablar claro a la dirección y solidarizarse con Reinaldo. No se engañe a usted mismo ni crea que nos va a engañar a nosotros: no hizo nada por Cordero ni hace nada por los que aquí estamos. Si viene a vernos, es cumpliendo órdenes. Ahórrese, por lo tanto, sus hipócritas frases de condolencia.

Se quedó cortado unos momentos, como pensando la respuesta que debía darme. Por fin se arrancó y me dijo:

—Créame, las únicas órdenes que cumplo son las de mi conciencia.

—Será la historia quien diga la última palabra sobre usted y sobre cada uno de sus amigos políticos. Ella se encargará de confirmar si tengo o no razón juzgándole como le juzgo.

Al día siguiente vinieron muy de mañana Antonio y Narciso. Les acompañaban el guardia de turno y el delegado del Ministerio. Este último me dijo con cierta sorna:

—¿Qué? ¿Ya me has denunciado?

—No pienso decirle ni cuándo ni cómo voy a hacerlo.

Comenzó a fanfarronear del enorme poder del gobierno cubano y del avance del comunismo en el mundo. Me habló de la gran ayuda que recibían de la Unión Soviética, país al que, según él, todos debíamos el favor de habernos liberado del nazismo en la Segunda Guerra Mundial.

—La URSS. fue quien ganó la guerra contra los alemanes, a pesar de que el mundo entero luchó contra ella, ¡hasta los Estados Unidos! —afirmaba aquella cotorra que no había leído más tratados de historia que los panfletos que le obligaban a tragarse los servidores de Fidel Castro.

Pedí que se callara y que dejase de decir barbaridades, pero él se hallaba presa de un cierto éxtasis, de una cierta borrachera de fanatismo y de arrogancia:

—Sí, tenemos amigos muy poderosos y somos muy fuertes. Aquí mandamos nosotros, contamos con la fuerza suficiente para hacernos obedecer y a vosotros lo único que os toca es acatar nuestras órdenes.

—Para ser obedecidos, traten de desarrollar nuevos métodos, pues los que han usado hasta ahora ya ven que no les han dada muy buenos resultados.

—Contamos con apoyos de fuera y de dentro del país. ¿No viste hace unos días aquí, en la sección, al jefe del Ejército de Pinar del Río, teniente coronel Puerta, y a otros comandantes y capitanes?

—Me importa un rábano la presencia de esos señores. Me da igual que vengan ellos o Fidel Castro. En uno y otro caso, no me molestaré jamás ni en mirarles siquiera. No sé si piensan volver, pero si lo hacen y me encuentran acostado, acostado seguiré.

—Pues tu obligación es levantarte cuando entre un oficial.

—Que me levante él, si quiere verme de pie. El día que a usted o a ellos les muestre yo el menor respeto, dejaría de ser quien soy y me avergonzaría de mí mismo.

—¿No le han leído el reglamento?

—Alguna vez, pero no he prestado atención al que lo leía ni se la pienso prestar el día que nos vuelvan a leer un reglamento en que no creo. Desengáñese: solo me tendrán firme y con la cabeza baja ante ustedes el día que me ahorquen.

—Si es necesario hacer eso, lo haremos.

Acabó marchándose. Se dirigió al calabozo, a decir memeces similares a las que acababa de decirme a mí, pero los compañeros que allí estaban debieron responderle en términos muy similares a los míos. El caso fue que acabó confesando:

—Habrá que dejarles por imposible. Sabemos que hay un pequeño grupo de hombres entre ustedes a los que no lograremos vencer nunca.

A partir de los golpes del día 21, perdí completamente el equilibrio y no pude volver a caminar en línea recta. Lo hacía en zigzag y sujetándome, cuando era posible, a la pared o a otro compañero. Comencé a tener unas agudas taquicardias y me daban frecuentes e intensas punzadas en la cabeza. Padecí sucesivas crisis de amnesia que me duraban hasta quince días. Cuando se pasaba una y parecía mejorar, volvía a recaer en otra. Me costaba hablar, dormir y ni siquiera podía comer. Gracias a René Ramos González, mi compañero de celda que con paciencia fraternal me cuidó y se ocupó de hacerme ingerir alimentos, pude salir adelante. Si no hubiese sido por él, hubiera muerto de inanición.

También los demás estuvieron pendientes de mi salud. Incluso llegaron a enviarme una carta firmada por todos en la que me pedían que acudiese al médico. No fui porque el médico militar me había dicho ya que, para recibir sus cuidados, debía «cuadrarme» y pasar al plan de rehabilitación.

Esto último era un gustazo que no estaba dispuesto a darle nunca a los comunistas. Noté también que, después de los alborotos del día 21, Fran y los vigilantes comenzaron a llevar un diario exclusivo sobre mí, sobre mi comportamiento, actividades, cambios de actitud, etc. Deseaban conocer cualquier posible evolución anímica mía para sorprenderme con sus propuestas en cualquier momento de debilidad. Pero aunque me sentía mal físicamente y mi cuerpo era un auténtico guiñapo, mi estado de ánimo se crecía y se fortalecía cuando las demás fuerzas me abandonaban.

A los rebeldes nos aislaron totalmente del resto de galeras, tal como lo habían hecho en Boniato, cerrando con planchas de hierro las ventanas. Estas últimas tenían triple reja, pero, a partir de la muerte de Cordero, les añadieron una red de varillas horizontales y verticales, del calibre número 3. Parecían colmenas cuyos orificios no eran mayores a los de estas.

La soledad volvió a hacerse total. Las horas del día se convirtieron de nuevo en insufribles y larguísimas, aunque la paciencia, afortunadamente, no nos abandonó nunca.

Pasaron así los meses hasta que el 9 de noviembre me llamaron. Fue Sanguili el que, dirigiéndose a mí, me comunicó:

—*Gallego*, recoge tus cosas que te vas deportado.

Madrid, 5 de abril 1967.

Ministerio de Asuntos Exteriores

*El Director General
de Asuntos de Iberoamérica*

Sr. D. Oscar Alonso
Piñeiro-Puebla de Trives (Orense)
================================

Muy señor mío:

Contesto su carta de 19 de marzo ppdo., para comunicarle que, desde luego, puede usted enviar a este Ministerio algún paquete con destino a su hermano D. HECTOR ODILIO ALONSO, a fin de hacérselo llegar a él. Estos paquetes no deben ser voluminosos ni contener frascos con líquidos, ya que no lo admitirían en la valija.

No obstante, ya sabe usted que nuestra Representación Diplomática atiende a cuantos españoles se encuetran en las cárceles cubanas y se ocupa de enviarles medicinas cuando las necesitan, ropas, alimentos, etc. De todas formas, no cabe duda que los interesados siempre recibirán con mucha más ilusión cualquier cosa que puedan mandarles sus familiares.

Si tuviese alguna otra noticia de su hermano esté en la seguridad de que se la pondría inmediatamente en conocimiento de usted.

Atentamente le saluda,

-Pedro Salvador de Vicente-

Carta del Director General de Asuntos de Iberoamérica dando cuenta a Óscar Alonso de su disposición a facilitar el envío de paquetes al preso. El segundo párrafo no deja de ser esclarecedor sobre la atención diplomática que se ofrece «a cuantos españoles se encuentran en las cárceles cubanas».

Nuestro arresto resultaba tan inhumano que mis compañeros se alegraron de la noticia. Por muy malo que fuese el lugar al que me destinaban, siempre sería mejor que ese oscuro infierno en que vivíamos sepultados en vida. Antes de despedirme de todos, les comenté que no se tomaran demasiado en serio lo que aquella gente decía. Eran gente ladina que no resultaba digna de crédito.

Me llevaron a la dirección, donde me informaron que se me trasladaba a otro penal. Pensaban llevarme en una jaula en la que irían también cinco mujeres, presas comunes. Si bien viajaríamos en compartimentos diferentes de esa perrera, debía ponerme, según ellos, algo más que los calzoncillos, por lo que me exigían vestir la ropa amarilla o azul.

—Yo no les he pedido el traslado ni ir con mujeres, así que llévenme para la celda de nuevo, pero no me indiquen que vista una ropa que nunca he querido vestir.

Y, arrimado a la pared, salí al pasillo y me puse a caminar rumbo a la sección. Sanguili me atrapó en la escalera.

—*Gallego*, espera —me dijo.

Luego, dirigiéndose al teniente que había ordenado que me fuesen a buscar un uniforme, le comentó:

—Este ni acepta ni aceptará nunca vestir la ropa azul. Le conozco muy bien.

—¿No? Pues llévale otra vez a su celda para que se pudra en ella indefinidamente.

Cuando mis compañeros me vieron entrar en la sección, exclamaron un tanto extrañados:

—¿Qué pasó?

—Nada. Maniobras de los comunistas —respondí.

A la una del mediodía volvió a buscarme Sanguili.

—Vamos. Date prisa, que te vas.

—¿Prisa? Yo no tengo ninguna. Llevo quince años esperando y he aprendido a tomarme las cosas con calma.

Me llevaron de nuevo a la dirección y allí estaban los oficiales del recuento, que me preguntaron si me iba a poner el uniforme para el traslado.

—No.

En ese momento llegaron seis presos más, tres del plan y otros tres comunes. Los primeros habían estado con anterioridad en la misma sección en la que yo continuaba y los segundos se hallaban en la número 4.

Los oficiales ordenaron que nos desnudásemos. Los presos comunes lo hicieron inmediatamente y les registraron a ellos y sus pertenencias. Cuando se aproximaron a mí, me dijeron:

—Bájate los calzoncillos, que te vamos a registrar.

—No, yo no me los bajo y ustedes saben que si nosotros, los políticos, decimos que no, es que es no.

—Eso quiere decir que te niegas a que te registremos.

—No he dicho eso. Lo que no acepto es bajarme los calzoncillos ni que nadie se burle de mí, que es la única cosa que ustedes pretenden.

Se acercaron los dos oficiales del recuento y otros dos más, como para intimidarme. Una de ellos me exigió que aceptase ponerme el uniforme o que me lo ponían a la fuerza y me ataban para que no pudiese arrancármelo, por lo que tendría que viajar amarrado como una morcilla hasta La Habana. Les pedí que no insistieran y que dejaran de una vez de perder el tiempo. Y me fui hasta un rincón de la pared, esperándolos a que vinieran hacia mí para reducirme.

—¿Quieres pelear?

—Yo no quiero pelear, pero ustedes no paran de amenazarme y, si me atacan, saben bien que no voy a quedarme quieto.

Viendo mi determinación y que no servían de nada ni sus embustes ni sus chantajes ni sus amenazas, me llevaron con el resto de deportados hasta el comedor, pero les indiqué que no deseaba comer, por lo que me dejaron en el pasillo con un guardia mientras los otros comían. Luego pasamos todos juntos al mismo lugar en que habían intentado hacerme la requisa.

Se retiraron los guardias y no quedaron más que tres tenientes a una cierta distancia. Los comunes aprovecharon para hablar conmigo y para manifestarme con admiración:

—Es usted un gran español que sabe defender sus ideas. Encontrándose solo y lesionado entre tantos carceleros, no ha querido bajarse el calzoncillo. Nosotros, por el contrario, que somos seis y estamos sanos, aceptamos desnudarnos en cuanto nos lo ordenaron. Y esta gente se mofa de nuestra cobardía y nos desprecia, en primer lugar porque somos ladrones y asesinos, pero también porque ven que no guardamos ninguna dignidad con nosotros mismos. Si no nos damos a valer ante nosotros, ¿cómo vamos a pretender que ellos nos valoren?

En el momento de ir a la jaula, para mitigar mis problemas de equilibrio, me apoyé en *Bacheche*, un compañero al que conocí cuando estuvo en la sección número 3 y participó a nuestro lado en la bronca del 21 de mayo. No sabía si iban a amarrarme por fin en la perrera, como me habían amenazado, y salí dispuesto a afrontar cualquier eventualidad. Por fortuna, no lo hicieron Me indicaron que me colocara en el segundo compartimento de los tres que tenía la jaula. Detrás de mí entraron los otros seis y nos colocaron dejando libre solo el primero de los compartimentos, que fue el que ocuparon las cinco presas comunes que llegaron después. Eran de armas tomar. Una de esas mujeres, según nos dijeron los oficiales, había matado a otra en la cárcel.

Salimos hacia las dos de la tarde con rumbo a La Habana y, a mitad del trayecto, las mujeres tuvieron una bronca tan tremenda entre ellas que los guardianes pararon la perrera. Abrieron la reja entre cuatro y comprobaron que una de las presas se hallaba tendida en el suelo. Yo estaba al lado de donde iban, separado solo por una plancha de hierro. Oía los golpes que se propinaban y sus gritos. Una, con tono histérico, decía:

—Te voy a matar a ti y al crío de dos meses que llevas en la barriga.

Cuando volvimos a arrancar, todo había vuelto aparentemente a la calma, pero pronto siguieron las discusiones y los alborotos. Los guardias las mandaban callar y ellas los desafiaban y provocaban. Las cinco eran muy jóvenes y nuestros vigilantes acabaron dejándolas que hicieran lo que quisiesen hasta que llegmos a la cárcel de Guanajay, donde bajaron los tres prisioneros acogidos al plan. Las mujeres quedaron en el centro América Libre, donde continuarían con sus pendencias.

En la perrera quedábamos cuatro, tres comunes y yo. Solo a mí me condujeron a la fortaleza de La Cabaña, presidio al que me llevaban por cuarta vez. Los presos comunes se quedaron encerrados en la jaula, en la que pensaban trasladarlos hasta Quivicán. Uno de ellos era hijo del famoso peletero cubano Noble, exiliado entonces en los

Estados Unidos. Le quedaba un mes de condena por cumplir y acababa de sufrir recientemente una operación quirúrgica, pues le habían dado una puñalada que le afectó al pulmón.

Tres militares de los que venían con nosotros me acompañaron hasta el cuerpo de guardia. Al subir por la rampa construida por españoles dos siglos antes, tuve que hacerlo yéndome de un lado para otro debido a mi falta de equilibrio.

Cosme, que era un militar de raza negra, me dijo:

—Hoy subes por donde subía la caballería española en tiempos de la colonia.

—¿Qué quieres decir con eso? —repliqué—. Cerca de quinientos años después de la conquista, sois vosotros los que voluntariamente habéis convertido a Cuba en una colonia soviética y los que habéis multiplicado las fortalezas y las cárceles para esclavizar a vuestros propios hermanos.

Al llegar al cuerpo de guardia, dijeron a los que me trasladaban que allí no podían recibir a nadie que viniese de Pinar del Río. Estuvieron discutiendo unos y otros un buen rato, pero no se pusieron de acuerdo, por lo que tuve que regresar a la jaula que había dejado poco antes.

Salimos rumbo a Quivicán con los presos comunes y, al llegar a la entrada del túnel construido debajo de la bahía, el jefe del convoy vio que había una cabina telefónica y un guardia vigilando el lugar. Hizo que el chófer detuviera la jaula y llamó a sus superiores para contarles el problema que había tenido con mi admisión. Como no podían recibir en La Cabaña a nadie que viniese de Pinar del Río, lo que le ordenaron fue que me llevase a mí también hasta Quivicán y que luego regresara conmigo a La Cabaña, donde ya podrían aceptarme... «¡por venir de Quivicán»!

Así lo hicieron no sin pasar antes por mil peripecias que tuvimos que sufrir en el viaje de vuelta, pues se rompió una correa del ventilador y no hubo manera de encontrar repuesto. En la Cuba comunista de Fidel Castro era un lujo inalcanzable poder disponer de un útil tan sencillo como una simple correa de automóvil. Esa situación, vista desde España, nos resulta difícil de imaginar. Solo quienes han sufrido el comunismo saben las carencias que los discípulos de Marx y Lenin han hecho sufrir a sus pueblos. Lo más curioso del caso era que, cual-

quier necesidad a la que les llevara su economía colectivista, la acha-
caban nada menos que a la maldad del capitalismo internacional.

Un granjero les proporcionó una solución de emergencia y, con
un cordel mojado, para que fuese más resistente, sustituyó de forma
provisional la correa estropeada. Recomendó a los guardias que lo
mojaran con frecuencia y que circularan muy despacio, pero el cor-
dón, a pesar de todas las precauciones que se tomaron, acabó rom-
piéndose y las aspas del ventilador dañaron el radiador y la bomba
de agua... Tuvieron que aparcar el destartalado vehículo junto a un
terraplén y, a las tres de la madrugada, uno de los chóferes y el jefe
del convoy iniciaron un largo peregrinaje por los consabidos centros
de distribución de Santiago de las Vegas, La Habana, San Cristóbal y
Pinar del Río para ver si encontraban los repuestos que necesitaban
o alguna otra perrera en la que acabar de cumplir con su misión.

Los guardias que se quedaron conmigo no llevaban alimentos y,
aunque uno de ellos salió por los campos próximos en busca de plátanos o de algo para comer, nada encontraron.

A primeras horas de la tarde del día siguiente, llegó una grúa a
buscar la jaula, la levantó por delante y la llevó a remolque. Así, a
remolque de la grúa, pasamos por Santiago de las Vegas, donde paramos diez minutos. Me agenciaron un vaso de agua y un minúsculo
panecillo redondo, que fueron el alimento y la bebida que probé después de llevar 24 horas sin comer ni beber absolutamente nada.

La grúa nos condujo hasta la cárcel de mujeres América Libre, en
la que habíamos dejado a las cinco presas comunes, y en ella nos esperaban el chófer y el jefe del convoy que habían ido a buscar repuestos. Como no los encontraron, se hicieron con la jaula de la re-
gional de San Cristóbal, a la que me pasaron y en la que llegamos
finalmente a La Cabaña.

Lo hicimos a media tarde. Nadie puso ya dificultades a mi ingreso
y, en ese penal, me encontré con antiguos compañeros con los que
había estado hacia años en diversas cárceles. Esa era una de las satisfacciones que se repetía siempre cuando el gobierno militarista
nos trasladaba de un penal a otro: reencontramos con viejos amigos.
Algunos iban como yo en calzoncillos, y otros vestían la ropa amarilla. Me informaron de presos que habían muerto víctimas de los
malos tratos o a causa de sus luchas por no perder su dignidad en

aquellos antros de ignominia. En Las Villas, por ejemplo, había fallecido Enrique García Cuevas, víctima de una huelga de hambre. Supe también que en Boniato mataron a Gerardo González, al que le metieron una ráfaga de metralla en el pecho. Por falta de atención médica habían dejado morir a Esteban Ramos Quese, al que todos conocíamos por *Estebita*. Heridos por las balas cayeron igualmente Castillo, Pire y Enrique Díaz Correa, al que vaciaron su vientre de intestinos, llenándoselo de plomo. Habían sucumbido Onofre Pérez, Perdomo, Ramón López, Martín Pérez, Martiliano, Evelio Hernández, Arístides Pérez Montañés, Celino Concepción, Ángel Pardo Mazorras, Creveiro, etcétera. Ruego que me perdonen todos aquellos cuyo nombre no recuerdo, pero mi admiración y afecto van hacia sus personas igual que hacia estos compañeros que acabo de nombrar.

¡Hubo tantos y tantos que dieron su vida por una Cuba mejor! Pienso ahora en los que estuvieron en los campamentos de Septiembre Negro, en Guanajay, en el grupo de Nieves Morejón, en Camagüey... ¿En qué cárcel cubana no se atropelló, maltrató y asesinó desde que Fidel llegó al poder?

En La Cabaña me reconoció el doctor Chazarián, de ascendencia turca. Era un gran médico y estaba dotado de gran calidad no solo profesional, sino humana. Se hallaba preso y me reconoció con esmero, aunque no poseía más que equipos de auscultación muy elementales, pues el gobierno se negaba a dotarle de medios mejores.

Me dijo que mi estado requería el que se me hiciesen varias radiografías de la cabeza, para ver cuáles eran las partes que tenía más afectadas por los golpes. También consideró necesaria la intervención de un otorrino para que examinara los daños que sufría en un conducto interno y que me afectaba el oído, la nariz y el ojo izquierdo. Deseaba dar con la causa exacta que me producía tan importantes trastornos de equilibrio. Y como me diagnosticó múltiples traumatismos causados por los golpes que me dieron, me dijo que serían necesarias otras radiografías de las vértebras cervicales, de la columna, del estómago, de la pierna y de una clavícula que tenía fracturada, etc. Cuando acudía a él por las noches para que me viera, a causa de las grandes crisis que me producían mis arritmias cardiacas o las punzadas de la cabeza, no le dejaban jamás solo conmigo y asistía a la consulta uno de los guardias. Como Chazarián velaba con gran profesionalidad y afecto por sus compañeros presos, acabaron mandándole pronto a otro lugar que nada tuviera que ver con nosotros. ¡Era demasiado bueno para que nos permitieran gozar de sus cuidados!

Pusieron en su lugar a un militar apellidado Garralero, de profesión anestesista y agente del G-2 por afición. Supimos esto último porque un día perdió el carné y se lo encontró un preso. Debido a tal circunstancia, nos enteramos de que era teniente. Solo hablaba y hablaba, como los sacamuelas, pero no resolvía nada. Uno de mis compañeros, Julio Lamela, que estaba de enfermero en las galeras, le dijo un día que no era más que un demagogo y un charlatán. Su sinceridad le costó que lo recondenaron seis veces. A mí Garralero empezó a cansarme pronto y no hablaba con él más que lo estrictamente imprescindible cuando me preguntaba alguna cosa relacionada con mis dolencias. Criticaba a Chazarián, su antecesor, del que decía que no sabía gran cosa de medicina. Hasta que los presos nos hartamos de su verborrea, de sus críticas y de su ineficacia y le espetamos en bloque que era él quien no sabía en lo que se andaba. Confesaba, como otros muchos, que primero se sentía comunista y después médico. ¿A quién iba a curar con ese talante humano y profesional?

Cuando llegué a La Cabaña, me ingresaron en la galera 1-F. Luego me pasaron a otra. Estuve rodeado de compañeros fenomenales entre los que no faltaron algunos que consideré más como hermanos que como colegas de cárcel. Un 2 de mayo, René Cruz, Miguelito Cantón y otros amigos organizaron una fiesta en la que se me obsequió la bandera de España. Ese día se conmemora el aniversario del alzamiento de Madrid contra los franceses y mis compañeros tuvieron ese gesto conmigo para honrar el patriotismo de los españoles que supieron pelear heroicamente contra las tropas napoleónicas. Recordaron de un modo especial la bravura de aquellas madres que envenenaban los alimentos que iban a ingerir sus invasores. Los hombres salían a pelear a campo abierto y ellas, las mujeres, lo hacían a su manera. Las tropas del emperador, cuando se enteraron de la argucia, no querían comer nada que antes no hubiesen probado quienes se lo suministraban. Y con frecuencia, no contentos con que lo probasen esas bravas luchadoras, exigían que lo probaran también sus hijos. Por alga que consideraban un deber patriótico, muchas españolas tuvieron la sangre fría de autoenvenenarse y envenenar a sus pequeños para que luego murieran los miembros de un odioso ejército invasor contra el que luchaban a costa de sus vidas y de las vidas de sus seres más queridos. No es de extrañar que, el hasta entonces invencible estratega corso, se quejara de que estaba acostumbrado a luchar y a vencer contra ejércitos, pero le resultaba imposible hacerlo contra un pueblo entero que se había alzado contra él en armas.

El 18 de junio de 1975, tuve la primera visita del embajador español, don Enrique Suárez de Puga, y la tercera del cónsul general, don Javier Navarro Izquierdo. Se habían reanudado las relaciones diplomáticas entre Cuba y España y me vino a buscar a la galera el subteniente Prieto. Yo, afectado constantemente por la pérdida de equilibrio, seguía caminando con suma dificultad, pues me veía obligado a dar pasos hacia adelante, hacia los lados o hacia atrás. El subteniente Prieto se ofreció para que me apoyara en su brazo, pero preferí caminar solo y sin su ayuda. Sabía que mis carceleros se alegraban viéndome así. Mis males compensaban, de alguna manera, la insatisfacción que sentían viendo mi orgullo y viendo que continuaba siendo fiel a mí mismo. Continuaba poniendo alas a mi rebeldía para volar sobre todos ellos, sobre su iniquidad, sobre su sadismo y sobre sus infames deseos de aniquilarme física y psíquicamente.

Me llevaron al cuerpo de guardia. Al momento llegaron tres individuos del G-2 en un automóvil del que se bajaron dos de ellos. Portaban una ametralladora AK cada uno y se pusieron a mi lado para vigilarme. Prieto se retiró. A los diez minutos, mis guardianes llamaron por radio al teniente Valdés, jefe de seguridad de la fortaleza y exmiembro de la marina de guerra de Batista. Mientras yo permanecí en el cuerpo de guardia, el teniente no hizo acto de presencia.

A la media hora, aproximadamente, me sacaron y volvieron a hacerse cargo de mí Prieto y un sargento de raza negra apellidado Acosta, que me condujeron hacia el lugar en que iba a desarrollarse la visita. Cuando estábamos llegando, un individuo con gafas oscuras nos alcanzó. Vestía de civil. En alguno de los momentos en los que perdí el equilibrio e hice uno de mis habituales zigzags, quiso agarrarme para que no me cayera, pero busqué sustento separando mis piernas y rechacé su ayuda:

—Haga el favor de no tocarme.

—¿No te acuerdas de mí? ¿No me conoces?

—No y no me interesa conocerle ni recordarle.

—Soy Valdés, el jefe de seguridad.

Subimos tres peldaños para entrar al local. Allí nos esperaba un militar que permaneció sentado, y fue Valdés el que me comentó:

—Vas a tener la visita de una embajada.

—¿De una embajada? Si no es la embajada de España, no quiero ver a nadie y ya pueden llevarme para la galera.

—Si, es la embajada de España —terció Prieto.

—No lo sabía —continuó el cínico Valdés—. Lo que me interesa es que conozcas que yo voy a asistir a esa visita y que seré el encargado de informar al Ministerio sobre el comportamiento que adoptes durante la misma. Si te portas bien, redactaré un informe elogiando tu conducta, lo que ayudará a que obtengas pronto la libertad y vuelvas cuanto antes a España. De lo contrario, la nota que haré no te permitirá salir jamás de aquí.

—¿Puede explicarme a qué llama usted buen o mal comportamiento?

—A que tengas cuidado con lo que hablas y a que limites tu conversación a temas que no puedan perjudicarte.

—Señor Valdés, no acostumbro ni a fingir ni a mentir y recuerdo perfectamente que fue usted el que, hace años, asistió a otra visita que me hicieron diplomáticos españoles. Recuerdo su postura cínica de entonces, su aparente desconocimiento del contenido de mis denuncias, que no consistían sino en el pésimo trato que se nos daba a los prisioneros. Recuerdo el informe que sobre aquella entrevista usted pidió a Chacón (su compinche que se hacía pasar por subdirector de la cárcel), y que luego envió al Ministerio del Interior. Si usted sigue siendo el mismo de antes, yo también sigo siendo fiel a mis principios y aprovecharé la visita de hoy para hacerme oír directamente por los míos, por personas que me defienden. Me da igual que asista usted o que deje de asistir.

No les convenía que los diplomáticos me viesen caminar ni que se apercibieran de la magnitud de mis lesiones, por lo que me sacaron antes de que ellos llegaran y me condujeron al lugar en que iba a celebrarse el encuentro. Valdés fue el encargado de preparar las sillas en la que yo me sentaría y en las que lo harían el embajador, el cónsul, los miembros de la dirección y los del Ministerio que acompañaban a los diplomáticos. Una vez que todo estuvo listo, Valdés se retiró quedándome solo allí con un guardia.

Diez minutos más tarde entraron las personas que esperábamos. Yo conocía al cónsul y este fue quien me presentó al embajador, que me abrazó efusivamente anunciándome que me traía un curso completo de Derecho, además de libros de idiomas, de literatura, de psicología y numerosas revistas. También llevaban cartones de cigarrillos, medicinas y alimentos.

Se interesó con afecto por mi salud y me hizo saber que él, como embajador de España en Cuba, tenía instrucciones del gobierno español de estar al tanto de los compatriotas que permanecíamos presos.

Mis lesiones me exigían hacer gestos un tanto raros con la cabeza, pues sentía presiones en la parte occipital que solo podía contrarrestar echando mi cabeza hacia atrás. Inesperadamente, el embajador se levantó, me agarró del brazo derecho y, retirando la silla en la que estaba sentado, se puso a caminar de espaldas haciéndome insistentes gestos de seguirle:

—¡Camine: ¡Camine! —me decía.

¿Había percibido mis problemas de locomoción y deseaba cerciorarse por él mismo hasta qué punto eran graves? Fue una operación relámpago que nos dejó sorprendidos a todos.

—¡Camine! ¡Camine! —repetía una y otra vez, llamándome con sus mano coma se llama a un niño pequeño.

Yo deseaba alcanzarle, pero me resultaba imposible pues andaba zigzagueando, indeciso, con dificultad. Al llegar a uno y otro extremo del local, él se daba la vuelta rápidamente, mientras observaba cómo separaba mis pies para caminar o cómo me balanceaba de un lado para otro. Al jefe de protocolo se le salían los ojos de las órbitas y era evidente que los militares cubanos, que presenciaban pasmados la escena, se sentían muy molestos, pero no dijeron nada.

Pasados tres minutos, volvió a agarrarme por el brazo, me ayudó a sentar y, con suma delicadeza, me preguntó viéndome sofocado.

—¿Se cansa?

—Un poco.

—Pues descanse y no hable.

Mientras yo guardaba silencio, el embajador siguió observándome con atención. La escena volvería a repetirse un rato después, ya que él deseaba llevarse el informe más completo posible sobre mi estado de salud.

Don Enrique Suárez de Puga demostró ser un auténtico caballero español. Actuó con decisión y de acuerdo con lo que exigían las circunstancias. También el cónsul fue conmigo una persona entrañable y merecedora de mi más profundo agradecimiento.

Con la mejor voluntad por su parte, estoy seguro, los diplomáticos volvieron a la carga:

—Debe ayudarnos en nuestras gestiones. El gobierno cubano nos exige que pase usted al plan de rehabilitación y todo será más fácil para sacarlo de aquí. No es más que un formulismo. Usted ha cumplido ya suficientemente con su honor y es necesario liberarle cuanto antes para curar las lesiones que padece.

—¿Y de qué necesito yo rehabilitarme? No podemos apearnos de las propias convicciones en un momento dado, como el que se apea de un tren tras haber hecho un largo viaje. Sería claudicar ante los comunistas y, a mi juicio, no hay nunca razones diplomáticas ni políticas que justifiquen la claudicación. Les comprendo y valoro su buena intención, créanme, pero si ustedes estuvieran en mi lugar, estoy seguro de que no aceptarían tampoco condiciones para su libertad.

Antes de irse, quisieron conocer si me dejarían disfrutar en la cárcel de los libros, de los medicamentos, del tabaco y de los demás objetos que me habían traído. Pidieron que alguno de aquellos militares se lo preguntara al director, pero la decisión de este fue inapelable: «los que están en calzoncillos son rebeldes, no tienen estatus y no pueden disfrutar de nada de eso». El cónsul y el embajador protestaron, haciendo ver que yo necesitaba medicinas y libros, pero los guardias se limitaron a decir que ellos cumplían órdenes. Acabaron requisándome hasta una cajetilla de cigarrillo Kent que los diplomáticos me metieron personalmente en el bolso.

Cuando regresé a la galera, repasé mentalmente la entrevista y me entretuve componiendo un poema que titulé «Patria». Fue como un desahogo y acabé mandándoselo al embajador y al cónsul. Algunos de sus versos decían:

Soy hijo de limpia cuna
y del Quijote soy hijo,
de la paz me siento hermano
y en el riesgo veo a mi amigo.
    Si vivo en un mundo de odio,
siembro semillas de amor.
¡Ay, España, tu recuerdo
me da paz, me da valor...!

Algún tiempo después me volvieron a llevar al local en que se había desarrollado la entrevista. Esta vez era para que me viese un neurólogo mulato, el doctor Campos, que me esperaba allí con Garralero (mulato también y médico del penal. Me mandaron caminar para ver cuáles eran los reflejos con los que contaba, pero no me dieron ningún tratamiento.

A los dos meses vino a La Cabaña otro especialista en neurología, de raza negra. Se apellidaba Nilo. Tenía una talla muy bajita y ostentaba el grado de capitán en el G-2. Pertenecía al Hospital Neurológico dé La Habana.

Me hicieron andar repetidamente descalzo, dentro y fuera del local. Como seguía muy mal del sentido del equilibrio, separaba mucho los pies y ellos me indicaron que no lo hiciese, pero me resultaba imposible lograrlo si no me agarraba a alguien o a algo que me diera seguridad.

Me sujetó Campos de frente por las manos y, con malos modos, me exigió que levantara un brazo y luego otro.

—¡Rápido! ¡Hazlo rápido! —me ordenaba.

Tuve que acostarme en una pequeña cama que tenían allí y en la que pasaban consulta a los militares. Con una aguja me pincharon en diversas partes del cuerpo para constatar la diferencia de reflejos que padecía en las piernas, en el pecho o en la espalda. Me golpearon luego las rodillas y los brazos y así, en posición horizontal, me hicieron levantar las piernas y las manos. Al hacerme levantar abierta la mano derecha hasta la altura de la cabeza, Campos me la empujó bruscamente diciéndome:

—¡No, así no! ¡Ese es el saludo de los fascistas!

Le lancé una mirada de desprecio y me sentaron en una silla, en la que continuaron sus pruebas. El doctor Nilo no hacía más que escribir.

Acabaron sentándose los tres en sendas mesas de despacho y noté que comenzaban a tramar algo. Sí, alguna cosa querían hacer que a mí me pasara desapercibida. Empezaron a manipular un cenicero, el cajón corredizo de un escritorio... y una máquina fotográfica. ¡Era la cámara la que querían accionar sin que yo me diese cuenta! Por mi parte, me limitaba a hacerme el tonto mientras les observaba a los tres y volvía la cabeza hacia donde ellos no deseaban, con el fin de entorpecerles su torpe maniobra.

Como padecía también graves problemas de amnesia, tuve que servirme de un truco para anotar lo que me interesaba: con una especie de código taquigráfico (personal y secreto), me marcaba con una aguja los muslos, convirtiendo a estos en una especie de «carné de notas» en que luego «leía» mensajes, circunstancias o hechos que no quería olvidar.

Volví a la galera sin recordar el lugar en que me habían tenido, pero pasada una hora, aproximadamente, los signos «taquigráficos» que me había hecho con disimulo me permitieron recuperar la memoria.

—¿Cómo es que puedes recordar ahora lo que hace solo un minuto tenías olvidado por completo? —me preguntaban a veces los amigos.

—Los secretos no se revelan —solía responder yo.

Meses después, trajeron otra vez al neurólogo para que me viese. Me hizo el reconocimiento en el botiquín del patio número 2 y me acompañó Julio Lamela. Este instó encarecidamente al médico a que me curase, pero Nilo confesó que él ya había informado a la dirección del Hospital Neurológico de La Habana sobre mi caso y que, por su parte, me habría puesto hacía muchas semanas un tratamiento adecuado. Lo único que podía hacer ahora era repetir el informe, por lo que la consulta de ese día no consistió más que en confirmar problemas que el galeno ya conocía y que tenía debidamente diagnosticados.

Me pareció evidente que, al establecer España relaciones diplomáticas con Cuba, lo único que pretendían conmigo era aparentar que se estaban tratando mis dolencias. Para justificar su actitud, llamaban al médico que me veía, que estudiaba mi caso... y que no me curaba porque no le daban luego los medios precisos para conseguirlo. En realidad, a ningún castrista le interesaba mi salud. Era suficiente con poner mi nombre en repetidos papeles impresos que mandaban al MINSAP (Ministerio de Salud Pública), y ahí se acababa todo. El sistema de Fidel Castro sabía preparar perfectos especialistas en el arte de la hipocresía.

A veces llegué al triste convencimiento conmigo mismo de que estaba condenado a pudrirme para siempre en un presidio.

CAPÍTULO X

¿EL FINAL DEL TÚNEL?

En el mes de noviembre de 1976, los comunistas empezaron a anunciar un traslado. Cuando les convenía, utilizaban la estrategia de remover el estado emocional de la población reclusa levantando rumores o creando expectativas de toda clase. En esta ocasión, los comentarios previos se habían prolongado a lo largo de un par de meses.

El 10 de enero de 1977, aparecieron en la fortaleza un gran número de oficiales, entre los que figuraban muchos primeros y segundos tenientes, capitanes y primeros capitanes, comandantes y un teniente coronel. Aparentemente, el traslado del que se venía hablando desde hacía tiempo iba a estar enmarcado por estrellas de jefes militares, por ángulos, galones y barras de suboficiales. También había por doquier fotógrafos y periodistas vestidos de verde oliva. Había abundancia de camiones y de *jeeps* por doquier, automóviles Peugeot franceses y diverso material ruso.

Cuando tuvieron todo preparado, nos llamaron a los extranjeros. Empezaron por Frank Emy, un americano al que hicieron salir de la galera de los crónicos. Inmediatamente después, tres oficiales vinieron hasta la galera en la que yo me encontraba recluido, indicando a Domingo Sánchez Costa que me sacara.

Me encontré con Frank en el patio. En lo que salían dos compatriotas suyos, John Tur y Everett Dick Jackson, se acercó el comandante Blanco Fernández y dijo al teniente Mauricio:

—Trae algo para que se siente el español.

—Muchas gracias —repuse—, pero no deseo sentarme.

¡Qué amables estaban! ¿Pasaría algo especial? Cuando llegaron los dos americanos que faltaban, nos pasaron a todos al rastrillo y después a un recinto que denominábamos «gallinero» y que no era sino el lugar en que se daban las visitas.

Salieron también Huber Matos y algunos más de la galera 23. Solo faltaba Eloy Gutiérrez Menoyo, al que hacía mucho tiempo que no veía, pero no tardarían en traerlo al grupo en que nos encontrábamos los extranjeros. De este grupo nos llamaron a Frank y a mí, llevándonos a un *jeep* que esperaba a unos treinta metros. Delante del vehículo pudimos contemplar a bastantes militares con cámaras foto-

Camilo Cienfuegos, Fidel Castro y Huber Matos en los antiguos tiempos de triunfo.

gráficas que esperaban la oportunidad de hacerse algunas fotos con los presos. Por sucias y falsas razones de publicidad, deseaban aparecer en las fotografías con los internos para dar la sensación de perfecta convivencia. ¿Convivencia con los castristas? Nos llevábamos con ellos del mismo modo que pueden llevarse el agua y el fuego, pero se ve que tenían preparada alguna campaña de prensa nacional o internacional e importándoles los periódicos y revistas mucho más que nosotros, montaron aquella pantomima.

Se me acercó un comandante para ayudarme a caminar y le pedí por favor que se apartase de mí. Quizá le hubiese gustado también a él una foto ayudando a un pobre preso a sostenerse, pero bajé la cabeza para no darle facilidades a esos falsarios y, todo lo erguido que me fue posible, me acerqué al *jeep*. En él encontré a Martiano, un poliomielítico desde la infancia que tenía sus dos piernas sujetas a los zapatos ortopédicos mediante flejes y correas que le subían hasta la cintura. ¡En esas condiciones le retenían en prisión!

Subimos Frank, Martiano y yo al coche y tres oficiales nos condujeron hasta más allá del famoso canal seco, un foso a cuya orilla ponían a los condenados a muerte para fusilarlos. Luego siguieron con el *jeep* hacia un destino del que nadie nos informó, mientras veíamos ir y venir a una cantidad ingente de vehículos celulares, que era el transporte que más trabajaba en Cuba pues no cesaban de trasladar a los presidios a cuantas personas se negaban a aceptar al gobierno castrista. Acabarían llevándonos al Combinado del Este, cárcel provincial de La Habana.

Fuimos a parar directamente al salón de visitas y allí tuvimos que estar, muy a pesar nuestro, bastante cerca de los militares. Se trataba de un recinto reducido para la mucha gente que en él había y no tuvimos otro remedio que compartirlo con nuestros verdugos que empezaron haciéndonos una requisa.

A lo largo del tiempo que esta duró, un capitán no dejó de fijar su vista en mí. Estaba atento a cada gesto que yo hacía con la cabeza, pero no me di cuenta de su presencia. Fue Jesús Sánchez Arango quien me avisó diciéndome:

—*Español*, no deja de mirarte el capitán Morejón, aquel que, a lo largo de una semana, te hundió varias veces en la laguna de excrementos cubriéndote con ellos.

Le habían ascendido y debió causarle extrañeza el verme en aquellas precarias condiciones físicas que él ayudó a deteriorar gravemente once años antes. Al observarme y al comprobar que me tenía que apoyar en otra persona para caminar, recordaría sin duda su bravuconada de que acabaría muerto o rendido ante él. Medio muerto sí que estaba, pero después de esos once años y de atropellos infinitos, yo podía decir con orgullo que ni me había rendido ante él ni ante nadie.

Desde el salón de visitas nos subieron al cuarto piso del edificio número 1. Nos metieron a 15 personas en la celda 1411. Entre esas personas se hallaban los tres americanos, que vestían el uniforme amarillo. Al día siguiente sacaron de la celda a 10 compañeros y nos quedamos solo Menoyo, Frank, Tur, Jackson y yo.

El Combinado del Este es la cárcel provincial de La Habana, de bastante buen aspecto externo, pero con un régimen interno tan duro como el resto de cárceles cubanas. Había prisioneros comunes, prisioneros acogidos al plan y presos políticos. Algunos de estos acabaron de pasar entre sus muros «tan agradables» (vistos desde fuera), condenas de más de 20 años de duración.

Galería de la cárcel del Combinado Este de La Habana.

Los primeros meses que vivimos allí fueron de problemas constantes y de constantes litigios con los militares, que no hacían más que provocarnos. Si en La Cabaña nos sacaban al sol tres veces por semana y podíamos lavar y tender la ropa en el patio, en el Combinado no era posible realizar nada de eso y el espacio para el paseo resultaba mínimo. Los hombres mataban los días, los meses y los años echados en los camastros y nuestras únicas salidas consistían en el mínimo trayecto que efectuábamos al comedor a la hora del rancho. La comida no podía resultar peor ni más escasa. El hambre que padecíamos fue siempre una de las causas que generaron los numerosos altercados y enfrentamientos que sostuvimos con los militares. Ellos lo sabían, pero mantuvieron la mala alimentación tanto para provocamos como para desquiciar nuestros nervios.

El edificio estaba dividido en dos alas: la norte y la sur, no habiendo posibilidad de que pudiésemos tener ningún contacto entre los que habitábamos una y otra. Todo esto hacía que las fricciones entre internos y militares fuesen constantes.

Yo apenas salía de la celda puesto que, al no poder desplazarme, no iba siquiera al comedor. Mis compañeros se ofrecían para ayudarme, pero el ruido me molestaba y la falta de equilibrio, a la hora de caminar, me molestaba mucho más. Todos los reclusos se ofrecían a llevarme la comida. Se encargaron de hacerlo, principalmente, Ferrando y el americano Everett Dick Jackson durante los dos años que estuve en el Combinado. Este último muchacho había nacido en California; era piloto, paracaidista, fotógrafo y periodista. En el año 73 o 74, mientras estuvo en la cárcel de Guanajay, sus carceleros celebraran con mofa el «día del tío Sam» para ridiculizar la bandera de los Estados Unidos y para mofarse de los americanos. Pero él no permitió tales burlas. Pidió que lo llevasen al botiquín fingiendo una crisis aguda en el estómago, pues tenía úlcera de duodeno y problemas en el esófago, por lo que acostumbraban a inyectarle con frecuencia cuando se le presentaban los dolores. Creyendo que sufría una de sus periódicas recaídas, le permitieron salir y, al llegar a la altura en la que los comunistas tenían la bandera, ¡Jackson se lanzó sobre ellos y logró rescatar su enseña patria! Aunque los gendarmes eran muchos e intentaron reducirlo con presteza, les costó hacerse con él pues tenía dotes de excelente luchador y, aun con los refuerzos que recibieron, los castristas se vieron mal para meterlo en el calabozo.

En febrero de 1977, mi situación física se había degradado tanto que la dirección comenzó a dar señales de que podrían ingresarme en el hospital del Combinado, pero la verdad fue que no mostró ninguna prisa. Ese hospital era moderno en su aspecto exterior y tenía buenos especialistas, aunque todos ellos mostraban una fidelidad incondicional al sistema, pues pertenecían al Servicio de Seguridad del Estado (el célebre G-2). En su funcionamiento interno, el hospital carecía de presupuestos adecuados, de los medicamentos que hubiesen sido necesarios y de equipos avanzados. No solo aquí sino en el resto de centros sanitarios cubanos, los edificios podían impresionar por fuera; por dentro, sin embargo, resultaban de una pobreza descorazonadora. Quizá por ello, no faltaron diplomáticos que alabaron el centro del Combinado del Este.

Eso hizo un tal Holiday, jefe de la oficina de intereses norteamericanos, cuando visitó con otros funcionarios de su país a mi compañero Jackson. Lo llamaron «soldado de fortuna», para no aceptar cuanto los castristas le proponían Jackson, molesto con los suyos, Los llamó «comunistas». Esta disputa dio lugar a que Andrés, capitán del servicio de inteligencia de Castro y que fue testigo del rifirrafe, invitara después a Jackson a trabajar como doble agente, en contra de su propio gobierno, si le dejaban libre. Su misión consistiría en informar a Cuba de los secretos militares e industriales de los Estados Unidos. Jackson lo comentó conmigo y me preguntó qué me parecía la propuesta. Me limité a advertirle que tuviese mucho cuidado. Cuando, algún tiempo después, yo salí en libertad, Jackson me dio una clave para que contactara con cierta persona de la embajada de su país en Madrid y le transmitiera el asunto. También informé a este mismo contacto sobre un asunto, relacionado con las bases de cohetes en Cuba, que Ana Crescencia Riva Rigores, miembro de la Cámara de Representantes en el año 1948 por el Partido Republicano, me había confiado.

Yo necesitaba tratamiento, pero de lo que no estaba muy seguro era de que mis carceleros me lo permitiesen recibir. El día 13 o 14 de marzo de 1977, un compañero mío oyó el siguiente comentario que el capitán Raúl, jefe del edificio número 1, hizo a los listeros:

—Se van a instalar botiquines en cada piso de la cárcel y se piensa atender a un determinado número de presos en el hospital. Las visitas serán por la mañana. Pronto se ingresará durante varios días al español Odilo Alonso para someterlo a un examen riguroso de sus dolencias, antes de que lo pongamos en libertad.

El compañero que lo oyó no perdió tiempo en comunicarme la noticia. Se trataba de mi buen amigo Miguel Cantón. Yo tenía la suerte de gozar del aprecio de cuantos me conocían y, todos aquellos con quienes compartía encierro, se mostraron muy contentos ante el posible final de mi calvario y por el tratamiento médico que prometían darme. Aunque parezca curioso, el más escéptico fui yo mismo.

—Sí, quiero curarme para volver ser la persona que antes era, pero no habría que hacer mucho caso a los comunistas. Lo que ellos desean quizá es ingresarme en el hospital y tenerme en él, aunque luego no me traten y se despreocupen de mí. Por supuesto que, si me dieran la atención que requiero, ingresaría encantado.

Mis compañeros me animaban a que lo hiciese en cualquier circunstancia. Merecía la pena probar.

El 17 de ese mes de marzo me vino a buscar el sargento Cervantes, un hombre de suma confianza en el cuerpo de seguridad G-2. Le comenté que no se molestase en llevarme si no se me iba a dar tratamiento médico, pues, de ser así, prefería no moverme de mi celda. Los amigos, sin embargo, confiaban en que yo no volvería al edificio y se despidieron de mí. Fue Jackson el que me acompañó hasta el centro sanitario.

En el hospital me encontré ingresado a *Chenequene*, un viejo compañero de lucha que me puso al tanto del funcionamiento interno de ese lugar y de quién era allí cada cual.

El día 18 pasó visita la doctora Olga, teniente del G-2, aunque iba siempre vestida de civil: era más bien delgada y de baja talla. Me había visto con anterioridad, por lo que conocía ya mis dolencias y en esta ocasión me recetó para el estómago Nova Tropin, Propantelina y Mepro para el insomnio.

Al comprobar sus recetas, le dije:

—Doctora, yo no necesito Mepro . Siempre he dormido poco así que ese no es un tema que me preocupe demasiado. Además, no voy a tomarlo, pues si a ustedes les interesa que esté todo el día adormilado, a mí me apetece hallarme bien despierto, por lo que más valdría que guardara ese medicamento para quien verdaderamente lo necesite.

El 19 de marzo, la doctora volvió a pasar su visita rutinaria. Venía muy risueña, muy afable, muy... ¿Pretendería algo? Lo que resultaba evidente era que su afabilidad no se debía,a la nula simpatía que le inspirábamos los presos. Alguna otra cosa debía andar buscando...

Cuando se aproximó a mi cama, me comentó:

—Aquí hay mucha más tranquilidad que en el edificio en que estaba usted hasta ahora.

—En mi celda no estamos más que cinco, por lo que tampoco allí hay mucho ruido. Por otra parte, puedo asegurarle que, viviendo con ruido entre mis compañeros, me siento mejor que entre ustedes en silencio.

La menuda doctora no se dio por aludida, pero pronto descubrí lo que pretendía con su fingida suavidad. Entraron un psiquiatra y dos dentistas que se pusieron a hablar con *Chenequene*, el amigo que tenía su cama muy próxima a la mía. El psiquiatra no hacía más que mirar hacia Olga y tuve la certeza de que, la víspera, habían ideado entre los dos una estratagema para que el psiquiatra hablara conmigo. Sabían de sobra que no podría hacerlo si venía hasta mí directamente (pues yo rehusaría prestarle la menor atención), y se las apañaron para que el encuentro pareciera casual.

La doctora Olga aprovechó la proximidad de su colega para preguntarme:

—Alonso, ¿a usted no le ha visto ningún psiquiatra desde que está preso?

—No —repuse secamente.

El psiquiatra, que estaba muy atento a lo que hablábamos y hacíamos, inició una cierta aproximación hacia mí, pero añadí con voz muy clara adivinando sus intenciones:

—Ni me vio ninguno ni necesito que me vea.

El doctor se paró en seco y los dos acabaron retirándose.

Por la tarde salimos al sol a una pequeña terraza. Por mi parte, tuve que hacerlo apoyado en Heriberto Bacallao y a su lado permanecí algunos instantes. No pasaron muchos minutos antes de que se acercaran el psiquiatra y dos psicólogas. Se dirigieron a mi compañero:

—Heriberto, ¿cómo se encuentra?

Yo me retiré de ellos como si los tres médicos tuvieran la peste y con la celeridad que me permitía mi escasa capacidad locomotora. Pero fue un desaire que surtió efecto y no volvieron a intentar hablar conmigo.

Solo estuve una semana en el hospital. El día 23 le pedí el alta a la doctora para el día siguiente. Me respondió que no podía permitirme volver al edificio porque yo estaba muy mal.

—Mire, no quiero causarle problemas en el hospital, pero si no me da mañana el alta que solicito, le revolveré el ambiente de la sala en la que me retienen. Le doy un plazo de 24 horas por si lo quiere consultar con el director.

Se fue sin decirme nada y, a la mañana siguiente, le recordé que no se olvidase del plazo que le había dado. Acabó enviándome ese mismo día al edificio en que, a partir de aquella fecha, no me permitieron volver a salir al sol. Sabía que a los comunistas lo unico que les interesaba era tenerme vegetando en el hospital para hacer constar ante la embajada y ante los organismos internacionales que velaban par la situación de los presos en Cuba, que yo estaba hospitalizado y recibiendo atención médica. Pero su estrategia me la conocía de sobra como para hacerles el juego.

¡Atención médica! Con el alta, lo único que me recetaron fueron dos pastillas de ácido glutamínico. Hasta que me harté de tomar las tonterías que me daba la doctora Olga y dejé definitivamente de ir a su consulta, pues no me administraba más que Propantelina y «Nova Tropin» para el estómago, olvidando que tenía otras múltiples lesiones internas y externas que ellos me habían producido.

Lo que me ayudó mucho fueron las vitaminas B-1 y B-12 que varios amigos se arriesgaron a pasarme. También tomé otros medicamentos como cápsulas de Bicineral. Las recibía Jackson a través de su embajada. Fueron muchos los amigos que me atendieron con auténtico mimo, con un cariño que no olvidaré jamás.

El tiempo seguía su curso... España vivía apasionadamente sus primeros años de la era postfranquista. En mi país se había optado por una transición no traumática desde un régimen personal a otro democrático. Por designación real, acababa de hacerse cargo de la presidencia del gobierno don Adolfo Suárez, el hombre que, con mano maestra y en medio de enormes dificultades, llevaría a feliz término esa delicada transición.

Había muerto en China Mao Zedong. El *apartheid»* hacia estragos en Sudáfrica, Videla iniciaba un nuevo cuartelazo en Argentina y, en solo dos meses, moría Pablo VI, pasaba fugazmente por el trono del pontificado Juan Pablo I y era elegido papa Juan Pablo II.

Un día del mes de marzo me fue a buscar Antonio a la galera. Era segundo teniente y tenía el apodo de *Libretica*. También ejercía de agente del G-2. Además de a mí, sacó a Lauro Blanco, a Liuva del Toro, a Pascasio y a Barrera. Los tres últimos estaban en silla de ruedas. Yo, como de. costumbre, tuve que caminar apoyado en otro preso y nos llevaron a los bajos del Hospital, donde nos separaron. A los demás los metieron en el departamento de psiquiatría y a mí me mandaron esperar unos momentos hasta que volviera Antonio a buscarme.

Cuando este regresó, me ordenó que le acompañara. Tuvimos que atravesar los bajos del edificio de lado a lado y, al no disponer de la compañía de ningún preso en que apoyarme, comencé a zigzaguear, por lo que el teniente pensó que iba a caerme. Se apresuró a echarme una mano, pero esquivé su ayuda como hacía siempre que uno de mis verdugos «se compadecía de mí» y pretendía ayudarme. Seguí caminando con los pies muy separados para sustentarme de la mejor manera posible.

Al llegar junto a una puerta determinada, Antonio la abrió y me mandó pasar. Daba acceso a un gran despacho en que no faltaban los sofás de piel, una buena mesa, dos teléfonos, etc. Al fondo, un comandante y un primer teniente nos miraban. El comandante acabó adelantándose y se presentó a mí:

—Soy el comandante Blanco Fernández, jefe de inteligencia militar del ejército. Siéntese.

—Muchas gracias.

—¿Cómo se encuentra?

—Bien.

Ordenó a los dos oficiales que cogiesen papel y lápiz. Observé que el primer teniente dejó sobre la mesa un magnetófono que no sé si comenzó a grabar la conversación o no, puesto que su compañero lo tapaba con el cuerpo y no me permitió verlo.

El comandante pidió al teniente Antonio que preguntara si el director del hospital podría asistir a la entrevista que se disponía a realizarme. El oficial, aunque tenía allí teléfonos, salió del despacho para cumplir la orden y hablar con más libertad, sin que yo escuchara los términos en los que se desarrollaba la conversación. Regresó pronto diciendo que el director médico del hospital estaba reunido con el director de la prisión y con otros oficiales, por lo que no podría venir. El comandante manifestó que le hubiera apetecido que asistieran igualmente representantes de la embajada de España.

—Yo también soy español, ¿sabe? —me confesó.

—¿Español?

—Bueno, en realidad he nacido en Cuba, pero soy hijo de un asturiano y he visitado hace muy poco el país de mis antepasados. Entre otros lugares, estuve en el monasterio de Covadonga: Me gustó mucho todo aquello.

—¿No le gustaría volver y recorrer España entera? —pregunté.

—Por supuesto que sí, pero tengo mucho trabajo y no puedo marchar.

—¿No será que no le deja salir su gobierno por miedo a que usted se asile y no vuelva?

—Por favor, no me ofenda.

Comenzó el interrogatorio formal. Mis entrevistadores disponían de un cuestionario y, en un cuaderno, iban anotando las respuestas que yo daba.

—¿Por qué se encuentra usted así?

—Comandante, la graduación militar que usted ostenta le permite acceder a mi expediente. Imagino que en él deben estar recogidas todas las circunstancias por las que he ido pasando hasta ahora.

—Sí, pero prefiero que me relate usted lo que considere más importante.

—Mis problemas de amnesia me harían olvidar la mayoría de las cosas. En estos momentos no tengo capacidad de síntesis ni de concreción. Corremos el riesgo de que, para explicarle lo más mínimo, divague indefinidamente.

—¿Tiene familia en Cuba, Alonso?

—No. La embajada española es aquí mi única casa.

Preferí no hablarle ni de mi padre ni de mis tíos, pues no quería mezclar para nada a mi familia con la situación que venía padeciendo desde hacía ya muchos años. Por otro lado, nada sabía de ellos. Ignoraba si seguían en el país, si habían vuelto a España o, simplemente, si continuaban con vida.

—¿Se lleva bien con sus diplomáticos?

—Muy bien.

—¿Y se comunica frecuentemente con ellos?

—¿Cómo me voy a comunicar si ustedes no me permiten verlos ni que ellos me vean? Su Ministerio del Interior conoce a la perfección mis relaciones con el cónsul y con el embajador español, puesto que es el encargado de autorizar las visitas.

—¿En qué colegio estudió usted?

—No me acuerdo.

—Necesitamos que nos oriente de donde viven sus familiares, para contactarlos.

—No tengo ni idea. Hace muchos años que perdí todo contacto con mi familia.

—¿Hay problemas entre ustedes?

—Ninguno. En España, hasta hoy al menos, se fomenta la unidad familiar. Nuestras relaciones han sido y serán siempre excelentes. Si dejé de escribirles fue porque en mis cartas tenía que poner solo cuanto al gobierno de Cuba le interesara y no la realidad que estoy viviendo. ¿Para qué iba a redactar escritos que se quedarían siempre en su departamento de censura?

—¿Qué haría usted en Cuba si se viese en libertad?

—Aunque me dejaran salir de la cárcel, en Cuba no podría ser hoy libre porque este no es ahora un país de hombres libres.

—Y en España, ¿qué haría usted?

—Ante todo, recuperar la salud que ustedes me han quitado.

Siguió el interrogatorio. Me indicó que el despacho en que nos encontrábamos era la dirección del hospital y quiso saber por qué había pedido el alta del centro cuando me ingresaron «para curarme». Se interesó por el trato que se me había dado y por el nombre del doctor que me había atendido.

—Repito, comandante, que usted tiene la posibilidad de enterarse por sí mismo de muchas de las cosas que me está preguntando y que yo he olvidado. Además, no soy un soplón de nadie, ni siquiera de mis propios enemigos.

—En las condiciones en las que está usted, ¿cómo ha podido venir hasta este despacho?

—Ayudado por otros.

—¿Me deja que sea yo quien le reintegre al edificio número uno, en que usted se encuentra ingresado?

—Muchas gracias, pero necesito superarme a mí mismo y no darme por vencido ante nada, ni siquiera ante esta grave dificultad de locomoción que ahora padezco. Tengo que vencerla y prefiero ir por mi cuenta.

—¿No será que teme el que sus compañeros lo vean llegar conmigo en el coche?

—Comandante, me sobra personalidad para tomar las determinaciones que me apetece: ante ustedes, ante mis compañeros y ante mí mismo.

Para demostrárselo, acabé aceptando que me llevara. Antonio nos acompañó y, al llegar frente al edificio en que yo estaba preso, el comandante me agradeció las respuestas y el tiempo que le había dedicado.

Tres días más tarde, el 21 de marzo, me hicieron la primera radiografía de la cabeza, después de llevar ocho años largos con mis graves problemas de vértigo, con punzadas en la región baja del cerebelo y con permanentes y molestas arritmias cardiacas.

¡Me encontraba francamente mal! A esas dolencias que acabo de enumerar, había que añadir esporádicas dificultades en la visión, en las cuerdas vocales, en las vías digestivas, en los movimientos de la lengua: era incapaz de pronunciar adecuadamente la doble erre... ¡Estaba física y psíquicamente machacado, en el sentido más literal de la palabra! A veces, ante tanto sufrimiento, me apartaba de los demás y me volvía huraño y reservado; perdía las ganas de comer y, si algo me sacaba de mi sopor, era el deseo de que no pudiesen encima alegrarse de mis males los verdugos que me los habían producido y que gozaban torturándome. Por suerte, mi férrea voluntad acababa venciendo cualquier depresión, el aniquilamiento del que era víctima y los dolores que padecía.

Por supuesto que nunca me dieron el resultado de aquella primera radiografía. Los comunistas hacían lo mismo con todo y en cada detalle mostraban el más torcido proceder que uno pueda imaginarse.

¡Cuántos días y cuántas noches recuerdo en aquella pequeña galera número 1411! ¡Cuánto silencio! ¡Cuánta soledad! ¡Cuánto dolor...! Mi cabeza, en algunos momentos, parecía que iba a estallar y, debido al tumor que en ella tenía, una hemorragia pertinaz no dejaba de fluirme por la nariz. No decía nada a nadie por no alarmar a los más de cuatrocientos compañeros que estaban pendientes de mi grave situación. Aunque yo era español, ellos me veían como un cubano más. Prácticamente, como un hermano. Y como hermanos les consideraba también yo a todos, a Teijeiro, por ejemplo, a Del Sol, a

Julián Domínguez y a otros cuyos nombres no me entretengo en poner aquí, pero cuyo rostro y cuyos hechos guardaré siempre en mi corazón.

Ellos fueron los que me ayudaron a soportar aquellas agudas crisis que padecía a causa de las innumerables palizas que recibí. Ellos fueron los que, mientras pudieron hacerlo, me cuidaron fraternalmente Ellos llamaron el 10 de abril al sargento Prim para que se tomara alguna medida y me ingresaran en el hospital...

El día 11 de ese mes de abril, la doctora Olga quiso verme, pero, cansado de tanta mentira, le comuniqué al que vino a buscarme que renunciaba a las atenciones médicas de esa señora. ¡Cuántas veces les oímos comentar tanto a ella como a sus colegas que primero se sentían comunistas y después médicos! ¿Como creer, en tales condiciones, en su valía profesional?

Pero mis compañeros insistieron y, por exigencia de los jefes de las galeras, Sergio Hernández *el Guajiro*, Felipe Hernández, Raúl Núñez Valdés, etc., trajeron a un neurólogo para que me viera. En el reconocimiento me acompañó Jackson, el americano. Se trataba de un médico de color, como el doctor Nilo, que ya me había reconocido anteriormente. Me examinó con mi expediente delante y centró su atención en los reflejos que me quedaban, pinchándome insistentemente o golpeándome con un martillo de goma las articulaciones de los brazos y de las piernas. Me hizo caminar descalzo y calzado..., pero nada me dijo de lo que tenía ni nada concreto me recetó para mejorar mi calamitoso estado de salud que duraba ya ocho largos años.

El 30 de abril vinieron a las celdas a tomar los nombres de los extranjeros encarcelados y el 3 de mayo me llevaron a la dirección en una moto con sidecar. Me recibieron en un lujoso despacho el comandante Offarril y un capitán. El primero aparentó sorprenderse al verme caminar en zigzag. Tras su falsa sorpresa, me indicó que los diplomáticos españoles acreditados en Cuba querían entrevistarse conmigo, pero que solo me lo permitirían si me ponía el uniforme. Como es natural, me negué una vez más, replicándole que si había rechazado hasta entonces aceptar sus imposiciones y sus caprichos de quitarnos o ponernos la ropa arbitrariamente, no iba a aceptar ahora su mandato. Resultaba absurdo que Offarril adujese que no era correcto presentarme en *short* ante los diplomáticos. ¿Acaso lo era pasar así entre las mujeres como tuve que hacerlo para ir a la dirección? ¿Acaso lo era que llevasen a señoras y a señoritas a lugares en los que había presos semidesnudos en distintas cárceles de Cuba?

El 9 de junio de 1977, volvió a visitarme el neurólogo y Jackson me acompañó de nuevo. Le pedí al médico que me dijera lo que tenía y que me diese el resultado de la radiografía que me habían hecho hacía ya dos meses. Me respondió con evasivas absurdas tanto sobre mi estado como sobre lo que hubieran podido conocer de mi salud a través de la radiografía.

—¿Por qué muestra tanto interés en saber lo que tiene?

—Porque yo soy el afectado y deseo conocer cómo me encuentro. Llevo ya muchos años en estas condiciones y va siendo hora de que se me diga algo, ¿no le parece? No piense que, si lo que me han hallado es un tumor, voy a agredir a los guardias, a mis compañeros o que me voy a autolesionar. Sabré resignarme como me he resignado hasta ahora.

—Ya se lo diré.

Siguió la consulta. Pasaron los minutos y no me dijo nada. Cuando vi que me iba a despedir, le comenté que estaba esperando una respuesta suya.

—Hoy no se la puedo dar. El lunes le citaremos de nuevo. Posiblemente no sea aquí, sino en un hospital exterior al centro penitenciario. Allí le examinaremos varios especialistas y le diremos cómo se encuentra.

El lunes, día 11, me sacaron de la celda, tal como lo había ordenado el neurólogo, y me condujeron hasta donde me examinaron dos días antes. En esta ocasión fue Julián Domínguez quien me acompañó. En la consulta no encontramos a médico alguno y la chica o la enfermera que le ayudaba nos dijo que era posible que el doctor no fuese, pues, en contra de lo que tenía por costumbre, nada le había dicho el día anterior por la noche. Nos pidió que nos sentásemos y que esperáramos.

Y esperamos pacientemente hasta las cinco de la tarde, pero el médico no vino. ¿Se negaban a que supiese lo que tenía o disfrutaban pensando que me preocupaban?

El 20 de septiembre me condujeron a la dirección, donde me volvió a recibir Offarril. Le habían ascendido a teniente coronel. Se trataba del mismo lujoso despacho de la otra vez, un lugar amplio y hermosamente decorado en que se daban conferencias, se celebraban recepciones o reuniones con la prensa y se recibían delegaciones diplomáticas.

Me habló de nuevo de la visita de mi embajada, cuyo personal no dejaba de interesarse por mi libertad, aunque yo desconocía sus gestiones. Me indicó una vez más que, si me ponía la ropa amarilla, me soltarían.

—Para evitar que sus compañeros se enteren de que usted se ha puesto la ropa, le trasladaremos a otro lugar en que no haya presos. Yo sé que usted pertenece a grupos políticos ante los que no quiere parecer un cobarde y ante lo que no puede claudicar. Pero solo usted y yo sabremos que se ha vestido el uniforme. Será un uniforme que solo se tendrá que poner dos o tres días antes de que salga para España. Esta es la única forma que se me ocurre para que usted reciba la visita de su embajador, cumpla con lo estipulado por las autoridades cubanas y salga libre cuanto antes.

Le respondí con desprecio que, conociendo mi trayectoria, parecía mentira que me hiciese esa propuesta. Sería un traidor no solo ante mis compañeros que confiaban en mi dignidad, sino ante mí mismo. Tendría que odiarme, que es lo peor que puede ocurrirle a un hombre.

—No pertenezco a ningún movimiento político —añadí—, aunque tampoco me avergonzaría militar en cualquiera de esos grupos que ustedes llaman contrarrevolucionarios, porque la causa de Cuba es mi causa. Ustedes pretendieron que yo formara parte del revoltoso y desordenado rebaño de servidores que, al triunfar su revolución, crearon ustedes en Cuba. Pero mis ideas eran y siguen siendo muy distintas a las suyas. Para eso me levanté en armas, para abrazar los ideales de quienes se oponen a su gobierno. Pero cada uno de nosotros piensa y decide lo que quiere, en contra de lo que les ocurre a ustedes, que se ven obligados a pensar y a decidir lo que Fidel les ordena.

Nuestra conversación siguió durante un largo rato. A veces por caminos de crispación y de abierto enfrentamiento y, en otras ocasiones, en un tono más conciliador. Él quería convencerme a toda costa de que tenía que vestir el uniforme, pues ésas debían ser las órdenes concretas que había recibido con respecto a mí. Yo me mantuve en mi negativa, harto de escuchar siempre la misma canción. Le recordé que conocía bien su trayectoria y que, a finales del año 69, era un simple teniente. En solo ocho años había pasado de ese grado al de teniente coronel. ¿Para qué? Por haberse ensañado con los presos, por haber ayudado contundentemente a que el comunismo se instalara en Cuba, por haber empujado a un millón de personas a exiliarse. Hasta le invité a que, desde el alto escalón militar que ocupaba, mirase hacia abajo y contemplase la miseria de su pueblo.

Encajó, no sin un cierto estoicismo, múltiples y graves reproches. Y hablamos de la visita que el presidente español, Adolfo Suárez, acababa de realizar por aquellas fechas a Cuba y a Venezuela. Yo suponía que en esa visita del primer mandatario del gobierno de mi país a Fidel Castro, le habría llevado a este parte de la ayuda económica que necesitaba. Pero, a cambio, intuía también que mi caso, ahora sí, podría resolverse pronto, pues era el último español prisionero de los castristas.

El 26 de septiembre me llevaron otra vez en moto a la dirección. Nunca me decían por qué ni para qué me llevaban y lo único que hacían era presionarme para que vistiese la ropa amarilla.

En esa ocasión me encontré en el gran despacho en que había estado otras veces a don Javier Navarro Izquierdo, que había sido cónsul general en Cuba. Era la cuarta vez que me visitaba y, junto a él, se encontraba el señor García Durán, que era el titular del consulado en aquellos momentos. Por parte cubana se hallaban presentes un representante del Departamento de Relaciones Exteriores, el teniente coronel Offarril y el capitán Roberto, director del centro penitenciario. Cuando el teniente coronel nos invitó a sentarnos, observé que el señor García Durán y el señor Navarro lo hicieron a mi izquierda y a mi derecha respectivamente.

Fue don Javier Navarro Izquierdo el que, dirigiéndose a mí, comenzó el diálogo:

—Alonso, como usted sabe, ahora ya no estoy destinado en La Habana —me dijo—, sino en el Ministerio de Asuntos Exteriores de Madrid. Me han comisionado para resolver tres casos concretos en Cuba, entre los que se encuentra el suyo, y quiero darle la buena noticia de que, dentro de 72 horas, estaremos en el aeropuerto de Barajas. Va a llegar el avión número 1 de la fuerza aérea española (que es el que usan el Rey o el Presidente de Gobierno para sus desplazamientos oficiales), y en él volveremos a Madrid junto a otros 123 españoles que viven en Cuba, pero que desean volver a España.

Sacó una hoja de papel de su carpeta en la que traía los nombres de mi hermano Óscar Alonso, de mi sobrino Nicanor y de mi cuñado José Alemany. Los dos primeros habían ido ya a Barajas en varias ocasiones a buscarme, pero esta vez sería la definitiva.

—Usted ya ha cumplido con su patria, con sus ideas, con la causa que un día abrazó en este país, con todos sus compañeros y con usted mismo —añadió—. En el Ministerio de Asuntos Exteriores sabemos muy bien quién es usted, conocemos su conducta intachable a lo largo de estos 18 años que lleva preso y su identificación total con España. Lo único que me piden las autoridades cubanas es que, estos dos días que faltan, le convenza de que debe vestir el uniforme.

—Señor Cónsul, para extinguir plenamente mi condena me faltan dos años. Estoy dispuesto a cumplirlos antes que ceder ni un solo día ante las exigencias de mis torturadores. No necesito rehabilitarme ni arrepentirme de nada porque no he cometido ningún delito contra nadie. Fidel, sí. Él ha robado al pueblo cubano y a los extranjeros que aquí vivíamos. Él ha fusilado y ustedes lo saben. Prefiero seguir manteniendo la postura que he mantenido hasta hoy y que mantendré hasta el último minuto. Gracias a mi actitud, he podido sentirme libre en la cárcel y, renegando a última hora de mis principios, no quiero sentirme luego preso de mi cobardía, cuando recobre la libertad. Me encuentro muy mal físicamente y necesito urgente atención médica, pero le ruego que no insista.

El señor Navarro Izquierdo me dio un abrazo y me dijo:

—Lo entiendo perfectamente y, aunque su postura impida que usted pueda salir de forma inmediata, como hubiese sido mi deseo, usted saldrá en libertad. Esta tendrá que retrasarse, sin duda, algunas semanas. Pero saldrá.

Me informó a continuación, delante de todos los allí presentes, que don Adolfo Suárez había planteado mi caso en sus encuentros con el primer ministro cubano y que este había dado por resuelto el tema de mi devolución a España. Hasta había afirmado que, en cualquier caso, me encontraría con mi familia antes de Navidad. Ya no iba a volverse atrás, ocurriera lo que ocurriese.

Le agradecí emocionado sus gestiones, las de los diplomáticos en Cuba y las de todos sus compañeros en el Ministerio. Y le rogué encarecidamente que hiciera llegar mi inmensa gratitud al presidente Suárez y al propio Rey.

Ni que decir tiene que aquel avión en que el señor cónsul y el señor Navarro Izquierdo pensaban repatriarme tuvo que partir sin mí. Despegó con más de un centenar de compatriotas a bordo. Eran gentes que llevaban trabajando en Cuba docenas de años y a las que el régimen de Castro les había malversado sus casas y sus bienes.

Pero, al fin, el largo túnel de mis torturas parecía que iba terminar. ¿Sería posible? ¿Sería verdad que, tras 18 años de encierro, de tormentos, de males continuos (tanto físicos como morales), podría volver a ser libre? ¿Llegaría a curarme? ¿O mi vuelta a España no serviría más que para ingresar en un hospital y en un túnel mucho peor y mucho más largo, el túnel de la muerte? Los dolores, las hemorragias, las tumoraciones en la cabeza, la falta de equilibrio al caminar y un sinfín de dolencias más me atenazaban. Temía por mi vida y, cuando volví a mi celda y a mi soledad, un cúmulo de negros presagios y de gozosas esperanzas se mezclaron en lo más profundo de mi alma.

Se sucedieron una vez más los días, las semanas y los meses.

El 20 de diciembre de 1977, el oficial de recuento preguntó a Felipe Hernández, mayor de la galera 12, que fue en la que yo pasé mis últimos momentos de presidio:

—¿Es aquí donde está el ciudadano español Odilo Alonso?

—Sí, aquí es.

—A las ocho y media le vienen a buscar.

—¿Dónde le van a conducir?

—No lo sé, pero que esté preparado.

Poco antes de las nueve, volvió el oficial de recuento y me dijo:

—Recoja sus cosas que está usted en libertad.

La noticia, como un reguero de pólvora, corrió por el pasillo entre mis compañeros que me abrazaban y me daban la enhorabuena. Alguien gritó: ¡Viva España! El grito fue respondido por los que se encontraban fuera de sus celdas y por los que permanecían retenidos en ellas. Todos deseaban despedirse y congratularse conmigo. No faltó tampoco quienes solicitaran a los oficiales que me dejaran pasar al ala norte del edificio para que pudiese decir adiós a los que allí estaban. Sentí su negativa, pues a unos y a otros los consideraba como verdaderos hermanos, hermanos de lucha y de convivencia, hermanos de solidaridad y de ideales, que es una fraternidad más indeleble, probablemente, que la de la misma sangre.

Yo me sentía emocionado. El afecto de aquellos buenos amigos ablandaba mi espíritu tanto como lo endurecía el desprecio y el mal trato de mis verdugos.

Se me puso un nudo en la garganta cuando el edificio entero, en sus cuatro pisos, se convirtió en un inmenso clamor y los presos tararearon el himno de España y el de Cuba, a los que siguieron nuevos «¡Viva España!» y «¡Viva Cuba Libre!». Los encerrados me gritaban cosas y los que estaban junto a mí no dejaban de pasarme sus brazos sobre el hombro. Y unos y otros me halagaban con mil frases que no olvidaré jamás:

—Dejas muy alto el honor de la madre patria —decían, por ejemplo—. Eres uno de los nuestros. Cuando Cuba rompa las cadenas del comunismo, te esperamos para agradecerte los años de tu vida que nos has entregado. Cuídate mucho, Alonso, pues te seguimos necesitando y te necesitaremos siempre. ¡Adiós, amigo! ¡Adiós, hermano!

«¡Adiós, hermanos!», «¡Adiós, amigos!», susurraba yo en mi interior, sin voz en la garganta y sin atreverme a pronunciar esas palabras por temor a echarme a llorar de emoción.

Dos motoristas me esperaban frente al edificio y los militares encargados de nuestra custodia exigieron que me diese prisa. Se veía claramente que estaban sufriendo con aquella despedida, más propia de un héroe al que ellos no habían logrado vencer que de lo que era en realidad: un modesto español torturado al que los dirigentes de la revolución castrista enviaban a morir a su país y por el que trataban de obtener jugosas contraprestaciones económicas.

En una moto me llevaron a la dirección, donde me recibió frente al cuerpo de guardia Calsine, el primer teniente, con diversos mandos del centro penitenciario.

—Alonso, está usted en libertad —me dijo.

—Eso mismo me ha comentado el oficial que ha ido a buscarme a la celda —repuse—, pero yo no me consideraré libre mientras esté en Cuba. Solo cuando el avión haya traspasado sus aguas territoriales sabré que he alcanzado la libertad.

—No hace falta que espere. La libertad la goza desde este mismo momento.

—¿Cómo voy a gozar yo aquí de ese bien tan maravilloso si ni siquiera ustedes gozan de él?

En un cuarto de baño me dijeron que me quitase el *short* con el que me cubría y me entregaron ropa civil. Era muy pequeña para mi talla y fueron a buscar otra. El pantalón que acabaron entregándome parecía haber sido usado en algún tipo de trabajo, pues tenía tierra seca y pegada. No me dieron chaqueta y me cubrí con un jersey la parte superior del cuerpo, .

Mientras me vestía, Calsine me empezó a hablar de los logros alcanzados, según él, por la revolución. Yo, que consideré aquellas palabras como el último mitin propagandístico al que me sometían los castristas, guardaba silencio en lo que el primer teniente se empeñaba en hacerme ver que los buenos eran ellos y los malos quienes defendíamos la libertad, el mercado libre y los derechos ciudadanos. Tanto insistió en su fervor mitinero que, en un momento dado y para no tenerme que morder la lengua, le contesté como me pareció, que no fue con muy buenos modales precisamente.

Por allí estaban también algunas mujeres, vestidas de militar, y otros militares varones, entre ellos dos jóvenes enviados por Emigración para que coordinaran mi salida de la cárcel junto con las autoridades del centro y varios oficiales de la seguridad del Estado.

Acabaron retirándose todos ellos y me dejaron con un guardia. Luego este fue sustituido por un sargento que, a su vez, fue reemplazado por un teniente que me preguntó:

—¿Puede usted caminar?

—Sí, señor. Con dificultades, pero puedo hacerlo.

—Pues venga conmigo.

Me llevó a la oficina del director en la que no encontré a Roberto, sino al capitán Pando.

Me mandó sentar y me informó oficialmente que, por orden del ministro del Interior cubano, Sergio del Valle, se me iba a excarcelar. Comenzó a leerme un escrito en que, por dos veces, hablaban de «libertad condicional» para el ciudadano español Odilo Alonso Fernández. Cuando concluyó la lectura, me dijo que firmara de inmediato ese documento

Me negué a hacerlo aduciendo que yo no aceptaba ningún tipo de libertad condicional y que estuvieran seguros de que, si no había pasado durante 18 años por sus imposiciones arbitrarias, tampoco pasaría por ésa en el último momento.

—La libertad condicional está contemplada normalmente en el Derecho Jurídico cubano.

—Pero lo que para ustedes es jurídico y normal, para mí no lo es y soy yo el que tiene que firmar.

Todos me querían convencer. Yo les escuchaba a todos, pero ninguno me convencía.

Me mandaron salir de la oficina y, por orden del capitán, los dos miembros de Emigración me condujeron a una sala no muy alejada, en la que me dejaron al cuidado de un guardia.

A los pocos minutos se acercó hasta mí otro primer teniente.Dijo llamarse Nilo y ser oficial de seguridad del Estado. Como miembro del Ministerio del Interior y enviado directo del ministro Sergio del Valle, estaba allí para autorizar personalmente mi libertad.

Tras pedirme que le acompañara a otro despacho en que había varios guardias, un teniente y su secretaria, volvió a insistir en que saliese como ellos deseaban. Me presionaron de nuevo para que firmara los documentos que habían preparado y unas tarjetas en las que deseaban que pusiera mis huella digitales.

Me cansaron y me hartaron de tal manera que les pedí que me llevaran de nuevo hasta el lugar en que había dejado el *short* y luego a la celda, pues renunciaba a ser excarcelado. Mi actitud los alborotó y comenzó a salir y a entrar gente, comenzaron a traerme mensajes de diversas autoridades tanto del centro penitenciario como de La Habana. Se pusieron en contacto también con el ministro del interior, Sergio del Valle, y su nerviosismo les duró varias horas en las que, a todas luces, no sabían muy bien qué camino tomar conmigo.

Pasaron algunas horas. Volvió Nilo. Volvió el oficial de seguridad y, a las cuatro y media, me anunciaron la visita del embajador de España y de dos personas más. Les habían llamado para que me convencieran; me esperaban en el lujoso y gran despacho de dirección.

Cuando entré, me recibieron el embajador, don Enrique Suárez de Puga, el cónsul general, señor García Durán, y el encargado de negocios, señor Pérez López. Se levantaron los tres al verme llegar y, tras abrazarme, don Enrique Suárez, me presentó al señor Pérez López, al que no conocía. Con el cónsul general me había entrevistado yo el 26 de septiembre pasado.

—Alégrese —me dijo el embajador—. Gracias a Dios, traigo su libertad total y definitiva. Yo mismo le acompañaré mañana hasta Madrid, donde el gobierno español tiene preparada una residencia en la que será atendido. No se preocupe de nada.

—Eso es lo que yo quisiera, no preocuparme de nada. Los militares me tienen aquí desde las nueve de la mañana, me han dado esta ropa y me dijeron que ya estaba libre, pero han pretendido hacerme firmar unos documentos en los que se habla de «libertad condicional». No acepto ninguna condición de esta gente. Me han hablado también de que tendría que pasar dos o tres días en Emigración para hacer frente a los trámites legales de mi salida, y quieren que les acompañe en un automóvil. Yo soy un preso político, no un turista que esté dispuesto a viajar de un lado para otro. Exijo, por lo tanto, que se me lleve directamente de la cárcel al aeropuerto de Rancho Boyeros.

—Así se hará. Nosotros mismos nos encargaremos de los trámites que hubiera que cumplir.

El cónsul general me comunicó que tenía en su despacho mi pasaporte, aunque carecía de fotografía. Sin ella podría realizar ese viaje y la foto ya me la haría en España. Él mismo me llevaría la documentación cuando me fuese a despedir al día siguiente.

Pero los militares cubanos que nos acompañaban seguían insistiendo en que era imprescindible cumplir con los trámites burocráticos de su servicio de Emigración, en donde debería pasar al menos 48 horas.

—Partamos la diferencia y dejémoslo en 24 —solicitó el embajador.

—Ni 48 ni 24, señor —insistí yo—. Prefiero dormir en la dura cama de mi celda.

—¿Aceptaría pasar esta noche en mi residencia? —preguntó el señor Suárez de Puga.

—Muchas gracias, pero créame que donde más cómodo voy a sentirme es donde hasta ahora he estado, es decir, en la galera y rodeado por última vez de mis compañeros.

El embajador me abrazó y pidió al teniente coronel Offarril, a los de Emigración, al capitán Pando y al director del penal que aceptasen el que yo volviese a la galera, pues ese era mi deseo. Ellos accedieron.

En visitas precedentes, los diplomáticos habían pretendido de la dirección que un sastre entrara a tomarme medidas para hacerme un traje, pues querían que llegase a España bien vestido. Les respondieron que la ropa me la daría el gobierno de Cuba y, en esa ocasión, antes de irse y de despedirse efusivamente de mí, me indicó que al día siguiente me traería una gabardina, un maletín de viaje y una máquina de afeitar. Mi salida quedó definitivamente cerrada para el día 21, a las 4 de la tarde.

Los oficiales del presidio querían que fuese vestido de civil a la galera, pero les hice saber que llevaba 18 años vestido de preso y, hasta que no estuviese en España, me seguiría sintiendo prisionero suyo. Exigí que me llevaran hasta donde había dejado mi *short* y me lo volví a poner. Me retuvieron allí hasta que los diplomáticos y el representante del Ministerio del Interior que les acompañaba dejaron definitivamente el edificio. En ese instante entraron Pando y el teniente coronel Offarril. Este, en un tono bronco, pero ambiguo, se limitó a decirme:

—¡Alonso, Alonso...!

No supe interpretar si, al pronunciar mi apellido, Offarril profería una amenaza o se limitaba a reconocer, simplemente, que me iba de Cuba sin bajar la cabeza ni en el último minuto.

Volví a la galera en un vehículo, acompañado de un teniente y de un guardia. Los presos se inquietaron al verme regresar. Me abordaron con curiosidad y tuve que explicarles las condiciones que se me ponían y mi negativa a aceptarlas. Les hablé de la visita de los diplomáticos españoles y de cómo los comunistas no desmayaron ni un momento (a pesar del acuerdo a que habían llegado con mi gobierno), en su intento de resquebrajar mi línea de conducta.

El día 21, como habíamos quedado, yo estaba preparado. A la hora prevista, me fueron a buscar a la galera y, en la dirección, me puse la ropa civil con la que haría el trayecto hasta Madrid. Estaban conmigo dos primeros tenientes, Nilo y Calsine, cuando me llegó la noticia de que un nuevo impedimento surgía para que tampoco aquélla fuese la fecha de mi libertad: el avión en que debía hacer el viaje de regreso a mi patria tuvo que llevar 14 toneladas de medicinas, que donaba el gobierno español a Panamá, donde varios días antes acababa de tener lugar un devastador terremoto que había producido gran número de heridos y de muertos.

El Embajador de España
en La Habana

                             La Habana, 22 de diciembre de 1978

Sr. D. Héctor Odilio Alonso Fernández

LA HABANA

Mi querido compatriota y amigo:

       Le pongo estas letras para indicarle que ha habido retraso en la salida del vuelo de "Iberia" por razones técnicas del avión, por lo que no viajaremos hoy viernes por la tarde como le había informado, sino mañana sábado a las 9 a.m.

       Todo lo demás sigue igual. Las autoridades de Inmigración le llevarán al Aeropuerto donde yo le estaré esperando y viajaremos juntos.

       No tiene que preocuparse por nada pues nada ha cambiado, manteniéndose los términos de la conversación que mantuvimos el pasado miércoles día 20.

       Hasta mañana en el Aeropuerto,

                          Enrique Suárez de Puga

Contrariedades de última hora amenazan el feliz desenlace de la liberación del preso Odilo Alonso.

Pronto recibí, por vía urgente, unas líneas muy cariñosas de don Enrique Suárez de Puga animándome a no desfallecer y comunicándome que el vuelo de Iberia, «retrasado por razones técnicas», saldría el día 23 a las 9 de la mañana. Todo lo demás seguía igual y él viajaría conmigo, tal como estaba previsto.

Al atardecer de ese día 21, las autoridades de la prisión me volvieron a invitar a que pasara la noche en sus dependencias de Emigración, pues ya me había despedido dos veces de mis compañeros y, según ellos, en esas instalaciones descansaría mejor. ¡No aprendían...!

Cuando comprobaron mi firme determinación de dormir hasta última hora con mis amigos los presos, me volvieron a invitar a que fuese a la galera con el traje y no con el *short*. No les hice ni caso, claro está, y les pedí que me llevaran a la celda.

Al verme llegar, alguien gritó desde el cuarto piso.

—¡*El Gallego* vuelve al edificio!

Las ventanas y la reja del pasillo se llenaron de curiosos. El primero que me abrazó fue Regino Mena. Luego lo harían René Ramos, Cantón, Teodoro, Roger, Ernesto Palomeque, Ferrando y otros muchos.

—¡Chico —me decían—, nos vas a hacer morir del corazón y tú vas a seguir viviendo!

Todos querían que saliese en libertad lo antes posible para que pudiese curarme. Para su tranquilidad, les mostré la carta del embajador español e hice que la pasaran tanto por el ala norte como por el ala sur del edificio. Jamás, ¡jamás podré olvidar la congoja de aquellos hombres ante el inacabable calvario por el que se me hacía pasar!

CAPÍTULO XI

CUANDO LA TIERRA PROMETIDA SE LLAMA ESPAÑA

EL día 23 de diciembre, a las 6 de la mañana, me encontraba ya en las oficinas de la dirección con tres militares. Dos de ellos eran del departamento de Inmigración (se trataba de un capitán y de otra persona que, los días anteriores, había intentado convencerme para que me vistiese el uniforme. Echaba de menos a Nilo, el primer teniente.

No volvieron a hablarme de la ropa, pero me dio la impresión de que algo tramaban. El astuto capitán, que deseaba centrar mi atención en sus palabras, me comentaba las buenas relaciones que mantenía España con Cuba y el excelente rendimiento que prestaba allí el material que nuestro país les había vendido. Como si quisiera corroborar cuanto el capitán decía, no lejos de nosotros trabajaba un camión Pegaso.

Dejando a un lado sus comentarios, me permití interrumpirle.

—Capitán, ¿cuándo piensan darme a firmar el documento que acredite mi libertad?

—Lo tiene Nilo, pero hoy no le ha arrancado la moto y le ha sido imposible traerlo. De todos modos, aunque no firme papel alguno, usted puede irse igual.

—Si no me expiden un papel oficial donde conste que yo he estado preso en Cuba durante 18 años, no me moveré de aquí y ya pueden llevarme de nuevo a la galera. ¿O lo que buscan es que no me sea posible acreditar mi cautiverio ante ningún organismo internacional y así no tengan que cargar ustedes con la responsabilidad de los golpes que me han dado ni con la situación física en la que me encuentro?

—En el aeropuerto estará el compañero Nilo con el documento de su libertad. Vamos hasta allí y se lo daremos.

Salimos el capitán, el chófer y yo en un coche Fiat. Era la primera vez que salía de la cárcel en automóvil y, en el trayecto hasta Rancho Boyeros, lo que más me llamó la atención fue la gran cantidad de material bélico que pudimos ver: camiones de varios tipos, *jeeps*, tanques, tanquetas, cañones de diversos calibres y toda clase de ametralladoras.

—Capitán —pregunté con bastante mala intención—, ¿estas armas qué representan la paz de Cuba o la guerra que ustedes exportan al resto de Hispanoamérica?

—Ninguna de las dos cosas. Son, simplemente, parte de los elementos que desfilarán el próximo día 1 de enero, fecha en la que se cumple el 20 aniversario de la revolución.

El oficial era uno de los hombres de confianza del ministro del Interior. Según él, tras combatir a Batista en Sierra Maestra, había estado a las órdenes de los principales jerarcas del gobierno cubano. Había pertenecido a la marina, a la aduana, al ejército, a la policía, a la aviación, a comunicaciones, etc. Me dijo que conocía al embajador y al cónsul de España en la Habana por haber ido con frecuencia a nuestra legación diplomática para tramitar los documentos de otros españoles que habían salido de Cuba en distintas ocasiones.

Al llegar a la terminal aérea, me encontré con la familia Cantón y con una amiga de ellos y mía. Habían ido a Rancho Boyeros a despedirme. Tanto el matrimonio Cantón como sus hijos Clarita y Miguel, sabían bien lo que eran las cárceles de Fidel Castro, por haberlas padecido en su propia carne, y se habían erigido en el refugio de cuantos pudieran precisar de sus cuidados. Los cuatro gozaban de un elevado grado de bondad, una bondad que les hacía prodigarse lo mismo con negros que con blancos, con cubanos que con extranjeros.

El capitán tuvo el gesto, que le agradecí, de dejarme pasar junto a la familia Cantón y a su amiga varios minutos de conversación. Fue una despedida emocionante, pues aquel último abrazo en territorio cubano, más que dirigido a unas personas en concreto, quise que fuera el abrazo a todos los hijos de esa gran nación a la que el comunismo tiene sojuzgada: el abrazo a todas las madres de Cuba, que tanto han padecido y siguen padeciendo en la inmensa cárcel en la que han convertido a la bella isla caribeña. Les dije que ni Dios ni el destino dejarían de reconocer un día su esfuerzo, su abnegación y su entrega a los demás. ¡Y la justicia acabaría por colocar a cada cual en su sitio!

Acompañado por el capitán, me dirigí zigzagueando hasta la sala de espera. Mi lento e impreciso caminar llamaba la atención del resto de pasajeros y, como los diplomáticos españoles no habían llegado todavía, pregunté al oficial si podía ir hasta las oficinas de Iberia, pero me indicó que no me moviera de allí.

El aeropuerto, ni interna ni externamente, había cambiado gran cosa en el largo periodo que yo llevaba preso. Enseguida reconocí la pista principal, que habían alargado un poco. También reconocí, a través de los cristales, el depósito del reparto Parcelación Zayas, en que trabajé y viví 19 años antes como encargado de los equipos de bombeo del acueducto. Los equipos eran eléctricos y yo los regulaba para que arrancaran y se pararan solos, por lo que disponía de tiempo suficiente para visitar el aeropuerto, sus oficinas y hangares, etc. Todo aquello me resultaba muy familiar, a pesar del tiempo transcurrido.

El personal de Iberia sabía que un ciudadano español había sido puesto en libertad y viajaría en el próximo vuelo a Madrid por cuenta del Instituto Español de Emigración. Yo deseaba informar al personal de la compañía de la absurda «libertad condicional» que el gobierno de Cuba pretendía concederme y de que no estaba dispuesto a aceptarla.

Volví a recordar al capitán que no pensaba salir de La Habana sin que se firmase mi libertad plena. Él me contestó que no había nada que firmar, por lo que comenzamos a discutir. En esos momentos vi pasar al delegado de Iberia y le comenté lo que me ocurría. Al poco tiempo le llegó hasta donde estábamos el encargado de negocios, señor Pérez López, al que comenté mis deseos y del que no recibí más que una respuesta imbécil.

—No ponga pegas para irse. ¡A ver si lo que a usted le gusta es estar preso!

—¡Oiga, señor Pérez López!, lo que a mí me gusta es ser un español convencido de lo que hace, un español que defiende sus propios derechos y que no está mediatizado por nada ni por nadie, un español que, al exponerle a usted lo que le pasa, tiene bastante más dignidad que la que usted tiene al escucharle.

Se fue, pero algunos instantes después vi que estaba hablando con el capitán.

Apareció el embajador, don Enrique Suárez de Puga, que se dirigió a mí y me abrazó. Le expuse de inmediato lo que me ocurría y mi firme determinación de volver antes a la cárcel que a España sin un documento que consideraba absolutamente necesario para mí.

—No me haga usted eso, por favor. ¡Salgamos en el avión! Yo no puedo volver sin usted, Alonso, pues tengo el compromiso con nuestro presidente de gobierno de sacarlo no solo de la cárcel, sino de Cuba. Es absolutamente necesario que me acompañe hasta Madrid.

Llegó con su joven esposa el señor García Durán, cónsul general de la embajada y los dos diplomáticos se fueron a hablar con el capitán. En ese momento, aterrizó el super DC-8 de Iberia que, proveniente de Panamá, se disponía a regresar a la capital de España. Estaba rodando todavía el avión por la pista cuando una voz femenina anunció su llegada por la megafonía del aeropuerto, pidiendo que se prepararan para embarcar los pasajeros con destino a Madrid. Una vez que el aparato se situó en el lugar del que luego tendríamos que salir, se colocaron en torno suyo los vehículos contra incendios, los autobuses para el transporte de viajeros, un furgón para equipajes, etc. Pronto estuvo todo preparado... ¡menos mi documento de excarcelación!

La salida estaba prevista para las nueve, pero, debido a mi actitud, el avión no acabaría despegando hasta las doce del mediodía.

Yo seguía en la misma postura. Con idéntica determinación que cuando me negué a trabajar para el gobierno de Fidel Castro, tras golpearme sus esbirros, o cuando me opuse a vestirme de preso común. De nada sirvieron las presiones de unos y de otros. Consciente de que, cuanto más firme me mantuviera, más posibilidades tendría de salirme con la mía, expuse también lo que me ocurría a los tripulantes y a las azafatas del avión que acababa de aterrizar cuando pasaron junto a mí por la gran sala del aeropuerto. Al grupo numeroso que se formó enseguida, acudieron nuevos tripulantes y pasajeros que iban o volvían de viaje y que escucharon mis exigencias. Todos consideraron razonable mi actitud y se solidarizaron conmigo. ¿No me habían retenido 18 años preso? Pues que alguien se encargara de testificarlo.

A pesar de los 22 años que llevaba fuera de España, mi acento gallego no había desaparecido y varios compatriotas de mi Galicia natal demandaban al encargado de negocios y al capitán que se me atendiera. Este último, visiblemente molesto por el tumulto y por el cariz que tomaba el asunto, me dijo:

—Ya está usted en libertad y nada hay que firmar. Si no sale por las buenas, saldrá por las malas.

—Tendrán que atarme de pies y manos, tendrán que amordazarme y, aun así, yo intentaré gritar a todo el mundo el mal trato que me han dado siempre y el que me dan hasta el último minuto.

El embajador se había ido a realizar alguna gestión y el señor Pérez López seguía con su postura cobarde, indicándome incansablemente que me doblegara a las exigencias comunistas. No debía ser el único que, en la embajada española en Cuba, veía mi talante con desprecio, pues les humillaba reconocerme un valor que ellos no tenían.

El alboroto iba en aumento y la hora de salida del avión continuaba retrasándose. Don Enrique Suárez de Puga volvió acompañado por el canciller de nuestra legación diplomática. Y, a las 10 y media de la mañana, cuando el aparato sufría ya 90 minutos de retraso, el capitán se fue a las oficinas de Inmigración del aeropuerto para llamar al ministro del Interior, Sergio del Valle, y comunicarle mis exigencias. Tan pronto como habló con él, me transmitió muy ufano la respuesta del ministro.

—Me ha dicho que no hay otro tipo de libertad que esta. Esta es la única libertad legal y esta será la que usted escoja.

—Bueno, pues esa libertad se la guardan ustedes porque yo no la acepto. ¡Llévenme de nuevo a la cárcel!

El capitán y los diplomáticos, descorazonados, se retiraron una vez más. El público que esperaba para salir rumbo a distintos países, me miraba extrañado. Muchas de aquellas personas no comprendían mi postura, Otras —la mayoría—, me apoyaban y aplaudían. Un vigués llamado José Fernández Panete, que acabó haciendo el viaje a Madrid en el mismo avión, me obsequio con una magníficoa cazadora de piel, como muestra de su solidaridad. Residía en Puerto Argüelles Chimque, en la República de Panamá.

Pasadas las once, el embajador vino a pedirme que le acompañara. Él mismo me sujetó con su brazo para ayudarme a caminar. Dejamos la sala del aeropuerto y vi que salíamos por una puerta desde la que se divisaba el avión, que estaría a cien metros aproximadamente.

Pensé que nos dirigíamos a la aeronave para embarcar y, con la mayor delicadeza de la que fui capaz, le rogué al diplomático que no insistiera, que no iba a subir.

—Aunque salimos al aire libre —me explicó—, vamos en realidad a las oficinas que el departamento cubano de Inmigración tiene aquí en el aeropuerto. Allí hablaremos con más tranquilidad.

Nos acompañaban el canciller y el señor Pérez López. Por parte del gobierno castrista, iban el capitán y un segundo militar cuyo nombre no recuerdo. Entramos en un local que estaba comunicado con otras dependencias en las que se oía el crepitar de las teclas de varias máquinas de escribir. De vez en cuando, también se escuchaba sonar un teléfono.

Don Enrique Suárez de Puga seguía preocupado. Tenía anunciada mi llegada a las autoridades de Madrid y no veía qué solución podría encontrar a la negativa de los castristas, por una parte, de conceder lo que yo solicitaba; y a mi exigencia, por otra, de no salir mientras no se me diera lo que pedía. Me rogó que lo hiciese por él y no obstaculizara más el despegue del avión.

—Señor embajador, compréndalo, hay principios que están por encima de las personas. Por encima de usted y de mí está la justicia y es justo, me parece, que nadie pretenda borrar, en un solo día, los días, los meses y los años de encierro que he padecido sirviendo los nobles ideales de unas gentes que, en muchos casos, dieron por nuestra causa común más que yo, pues tuvieron que entregar su propia vida.

Al ver que, por lo que a mí se refería, no había nada que hacer, se dirigió al capitán y le preguntó por qué no complacían mi petición.

El capitán, vomitando cólera, accedió al fin a firmarme un papel, pero pronto me di cuenta de que su nueva actitud no era más que una estratagema: pretendían redactar cualquier cosa en un seudodocumento sin membrete oficial y sin ninguna firma reconocida. Para que no perdiesen el tiempo, les aclaré que yo no aceptaría algo que no estuviese debidamente sellado y reconocido por el Ministerio del Interior, único organismo competente en el tema de mi detención y de mi libertad.

Eran cerca de las 12 cuando mi insistencia dio finalmente sus frutos. El capitán consiguió de sus superiores los permisos pertinentes y yo tuve entre mis manos al fin, el documento que anhelaba.

Exigí un duplicado. En lo que me lo hacían, el embajador se levantó alborozado por el triunfo final en aquella ardua negociación. Su semblante rebosaba alegría. Me hablaba del viaje, de la hora de

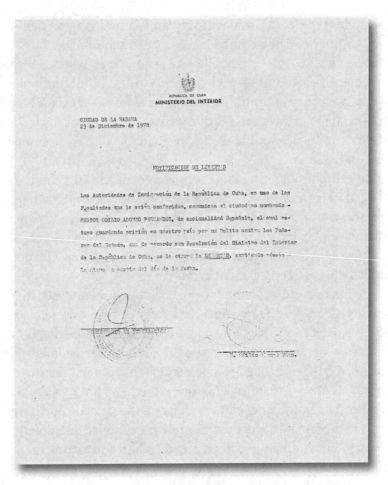

Documento que da fe de la libertad que Odilo Alonso alcanza
después de estar 18 años prisionero.

nuestra llegada a España, de que me presentaría a su familia y de que se sentía afortunado por haber podido gestionar la salida del ultimo preso político español en Cuba. También el canciller y el señor Pérez López se sentían satisfechos. Solo el capitán no pudo disimular un amargo gesto de malhumor:

—Me ha dado usted más trabajo que todos los demás españoles juntos que aquí estuvieron presos y que ya marcharon a su país.

Me trajeron el original y el duplicado del documento que solicitaba. Los firmé, me quedé con el primero y el segundo lo dejé en la oficina en la que estábamos.

Aquellas líneas, insignificantes quizá para otros, sellaban una de las etapas más duras y difíciles de mi vida, una etapa que comenzó en mi lejana infancia de niño huérfano de madre, de niño al que su padre abandonó, de niño obligado a trabajar como un animalillo azotado para salir adelante... Fue una etapa que tuvo su continuación en una dura juventud, en unos deseos irresistibles de conocer al autor de mis días (olvidando rencores o agravios) y de ir a su lado hasta Cuba. Y fue una etapa en la que, ya en tierras americanas, trabajé abnegadamente por labrarme un porvenir laboral hasta que, el 1 de enero de 1959, lo poco que había conseguido con mi esfuerzo se truncó por obra y gracia de la revolución castrista. Fue una etapa de lucha en la sierra contra el dictador y de larga prisión, una prisión horrible y durísima de casi veinte años.

Ese 23 de diciembre de 1978, con el documento que ponía fin oficialmente a lustros de cautiverio, parte de mí se quedaba para siempre en el hermoso país caribeño que había llegado a defender como si fuese el mío propio. Y, aunque de forma imprecisa todavía, algo nuevo, algo con olor a vida y a esperanza pugnaba por abrirse camino en los horizontes de mis días y de mi alma.

No tardamos en ir al avión. Me acompañaba el embajador, que fue el que me ayudó a subir la empinada escalerilla. En la sala de espera dejamos al cónsul general y a su esposa. Allí dejamos también al canciller y al señor Pérez López. Y al capitán. Y un sistema político vergonzoso. Y a un pueblo encantador, el pueblo cubano, que merecía entonces y sigue mereciendo ahora mejor suerte que la de estar aplastado por la férrea dictadura de Castro.

Ya en el aparato, el embajador me presentó a unos médicos españoles que estaban a bordo. Me presentó también al delegado de la agencia EFE en La Habana, Ángel García Muñoz, que en el trayecto me hizo una larga entrevista de dos horas. Se interesó por mis experiencias personales, de las que le hablé más que por el interés de que se conocieran mis sufrimientos, por el deseo de poder remediar la tragedia de los que continuaban en las mazmorras cubanas. Y le sugerí que hablásemos preferentemente de los que dejábamos detrás y no de mí, que ya era libre.

En lo que sobrevolábamos el Atlántico, uno de los tripulantes me preguntó por la salud del excomandante Huber Matos. Quiso saber si yo le conocía y le respondí que no solo le había tratado, sino que era mi amigo y que llevaba sobre mí una carta que me envió como despedida. Ese escrito, por cierto, lo conservaré siempre, pues guarda todo el gran afecto del que era capaz aquel heroico defensor de las libertades. Sus líneas, redactadas en media hoja de cuaderno, están fechadas el día 22 de diciembre, cuando mi salida de Cuba estaba pasando por algunas dificultades.

Es una carta que rezuma tanto afecto que creo que merece la pena transcribirla entera. Dice así:

> *Mi buen amigo Odilo:*
>
> *Acabo de enterarme que has regresado nuevamente a la prisión. Pienso que se tratará de algún contratiempo que seguramente será superado. A estas alturas, tu caso debe ser ya asunto resuelto de gobierno a gobierno y no puede haber marcha atrás Confío, pues, en que antes de que finalice el año estés en tu querida España. Aquí, entre nosotros, quedará el afecto y la estimación que supiste ganar como compañero intachable, y quedará también, latiente e indesteñible, la admiración que tu valentía y sacrificios te han conquistado entre innumerables compañeros del Presidio Político Cubano. Si un español ha sabido enfrentar con vertical entereza y estoicismo heroico la durísima prueba de casi veinte años en las cárceles de Cuba castrista, ese es Odilo Alonso, ahora físicamente magullado y decadente al término de su cautiverio. España lo ha rescatado de la prisión, pero España nunca alcanzará a saber lo que hay de integridad e indoblegable hombría en el corazón de ese anónimo hijo suyo. No importa, amigo Odilo, no importa que nos ignoren y que el mundo no comprenda a los que, defendiendo la libertad y el derecho a no bajar la cabeza ante un gran señor de vidas y haciendas (que manda en una isla), todo lo sacrifi-*

can en silencio, contemplando las rejas que les roban el soplo vital lenta e implacablemente.

Un fuerte abrazo y buena suerte,

Huber Matos

Seguía una nota en la que me autorizaba a decir toda la verdad sobre él, si alguien me preguntaba: «El amo puede hacer cuanto quiera con lo que me queda de vida, pero nací para vivir erguido y erguido moriré». Me recuerda el nombre de una amiga suya, refugiada ya en España, y que había padecido prisión como nosotros en Cuba. Se trataba de Alina Hiort, a la que me pide saludar de su parte.

Su escrito figura, al lado de otros que me dirigieron personas menos conocidas que el ex-comandante, pero igualmente entrañables, entre mis recuerdos más apreciados. En el mismo lugar que guardo, por ejemplo, la carta de Los Grau, firmada en el «Valle de los Erguidos», que es como nosotros llamábamos, con humor y orgullo, a nuestro centro penitenciario...

El avión efectuó una travesía magnífica y el trato que recibí del personal de Iberia no pudo ser mejor. Me indicaron que habían recibido órdenes de atenderme en todo aquello que necesitara. Fui visitado en mi asiento por varios pasajeros que me expresaron su gran preocupación por la tragedia que vivía el pueblo cubano desde el año 1959. Les dolía, como a mí, el exilio de ese millón largo de personas que han tenido que dejar su isla y la necesidad que sufrían varios millones más de salir cuanto antes de aquel duro infierno.

A la 1 de la madrugada aterrizamos en Barajas. El vuelo había durado ocho horas y descendí acompañado en todo momento por el embajador, don Enrique Suárez de Puga. Le pedí que me dejara agacharme para besar la tierra de España, una tierra que había dejado hacía 22 años, 3 meses y 10 días y que, tras mi larga ausencia, había acabado convirtiéndose para mí en algo así como la tierra prometida. Besé el suelo. Con unción. Casi con el mismo cariño que, siendo pequeño, besaba el rostro de mi madre.

La noche lo cubría todo en esos momentos, pero pocas veces mi ánimo había rebosado tanta luz como rebosó en aquellos maravillosos instantes en los que me dirigía hacia la salida del aeropuerto, hacia la salida de un largo y negro túnel, hacia mi patria, hacia la libertad

En el gran edificio de vuelos internacionales nos esperaban la señora y un hijo del embajador, a los que tuve el honor de conocer. Nos aguardaban igualmente don Jesús Julio López Jacoiste, director de Acción Consular en el Ministerio de Asuntos Exteriores, y un funcionario del Instituto Español de Emigración. Inmediatamente se presentó ante nosotros un periodista de radiotelevisión española, apellidado Arenas, que nos hizo una breve entrevista en lo que las cámaras captaban nuestra imagen.

Allí, en Barajas, ocurrió un hecho curioso. En el momento en que el señor López Jacoiste se hizo cargo de mí, se nos acercaron dos individuos acompañados de un vasco que había hecho el viaje en el mismo avión que yo. Me rogaron los tres que les acompañara a tomar una sidra o lo que quisiese. Uno de esos individuos era grueso, de estatura mediana y representaba alrededor de 45 años. El otro, bastante alto, tenía el pelo negro ondulado, los ojos castaños y los labios carnosos. Me insistieron varias veces para que fuese con ellos. Ante su reiteración, el director de Acción Consular me preguntó si los conocía.

—No, a ninguno de los tres. Solo he visto en el avión a uno, que me ha preguntado mi nombre y cuantos años estuve preso en Cuba.

—Pues tenga cuidado. No sabemos las intenciones que traen.

Viendo que no me decidía a complacerles, acabaron retirándose y nosotros nos dirigimos caminando muy despacio hasta la puerta de salida. El caso fue que, poco después, volvimos a encontrarnos a los tres hombres que, sin ningún recato, nos observaban de forma descarada. Nos percatamos de que se fijaban en el rumbo que tomábamos y, ya en la calle, nos topamos una vez más con ellos y con su incomprensible curiosidad en un cruce de peatones muy concurrido.

Diez meses más tarde, viviendo ya en Madrid, reiteradas veces tuve la sensación de que era seguido con frecuencia por personas que tampoco se recataban mucho en disimular que me observaban. Y, un buen día, otros tres desconocidos se me acercaron profiriendo una frase que varios presos políticos habíamos escuchado a unos oficiales en los calabozos de Isla de Pinos:

—Aquellos a los que no os gusta bajar la cabeza, no penséis que vais a estar nunca libres del todo. El brazo del comunismo es muy largo y llega a todas partes.

Y, concretando más su amenaza, añadieron:

—Ten mucho cuidado con lo que haces o dices.

Me quedé sorprendidísimo, por supuesto, pero, con el paso de los años, la vigilancia a la que se me sometía acabaría desapareciendo para siempre. Quizá me ayudó el.que tuve la suerte de relacionarme con oficiales de la armada española, a quienes expliqué lo que me ocurría. Estos, conscientes del peligro en que estaba, me presentaron a un almirante que dio orden a miembros de la seguridad del Estado de ocuparse personalmente de mi caso. A unos y a otros debo agradecer el que tales personas extrañas dejasen de molestarme. Estoy seguro, por otro lado, que el lector recuerda y conoce el daño que a más de uno causó ese «brazo largo» al que me refiero.

Pero volvamos al 24 de diciembre de 1978.

Eran cerca de las tres de la madrugada cuando mis acompañantes del Ministerio de Asuntos Exteriores y del Instituto Español de Emigración me dejaron en el hotel Alameda, indicándome que me levantara pronto al día siguiente, pues a las 9 de la mañana saldría en avión para Santiago.

—Espero que me avisen en recepción —les dije—, pues yo no tengo reloj.

El señor López Jacoiste, en un acto de espontánea generosidad, se quitó el suyo de la muñeca y me lo entregó. No sirvió de nada mi negativa a aceptarlo él insistió una y mil veces para que lo guardara como recuerdo.

Al día siguiente, a la hora convenida, el funcionario del Instituto Español de Emigración que la víspera me esperó en el aeropuerto, me fue a buscar con otros dos funcionarios distintos a los que habían ido a Barajas, llamados Alfonso Duque y Sergio Reguilón. Antes de salir del hotel, me dieron 1 400 pesetas y un pasaje para el Ter que, a las 10, salía con destino a Orense. Según ellos, en la ciudad gallega me esperaría una chica del Instituto Español de Emigración. Se había modificado el itinerario y se había cambiado el avión por el tren porque, puestos al habla con mis familiares que residían en Piñero (Puebla de Trives), estos indicaron a los funcionarios que preferían recogerme en Orense mejor que en Santiago.

En el mismo taxi que les había llevado a ellos al hotel Alameda, nos dirigimos a Chamartín. Tanto Duque como Reguilón tuvieron conmigo un trato exquisito y, en lo que se hacía la hora de mi salida para Galicia, el señor Reguilón me invitó a desayunar, me enseñó aquella bonita estación de ferrocarril y me facilitó hasta el último detalle para subirme al tren, puesto que yo necesitaba de alguien para caminar.

El trayecto hasta Orense fue relativamente rápido y confortable. Al llegar, me bajé del tren y me apoyé en una columna de hierro del andén central. No me esperaba la chica de la que me habían hablado y pronto vi a mi hermano, a mi cuñada y a mi sobrino con su novia. Este último tenía cuatro años cuando salí de España. Era un niñito entonces y ahora me lo encontraba con 26 años, con 1,80 metros de altura y con cerca de 90 kilos de peso.

¡Cuántos años, cuántas ausencias, cuántos recuerdos contenían aquellos abrazos que nos dimos! Fueron unos minutos de silencios y emociones contenidas, pues los besos y las lágrimas ocuparon el lugar de las palabras. ¡Era Navidad! ¡Era mi regreso después de mucho tiempo! ¡Era la vuelta a casa, el reencuentro con el terruño, con la familia, con la propia sangre...! Sí, más valía no hablar y dejar que solo el corazón dijese con sus alocados latidos lo que más urgía decir y lo que en modo alguno hubiesen sabido expresar nuestras bocas. ¿Hay algo mejor que el propio silencio para mostrar las alegrías más profundas o los más profundos sentimientos?

Mi sobrino nos llevó en su coche hasta el viejo barrio natal en que la familia había construido una casa muy confortable. Una vez en ella, ahora, sí, se nos desataron los recuerdos y la lengua. Y la locuacidad se hizo incontenible. Evocamos mil anécdotas, mil recuerdos, mil personas... Evocamos, sobre todo, a los nuestros, a los que se habían ido para siempre. Yo recordé, por ejemplo, al tío Víctor, fallecido en Cuba en el año 1966, cuando me encontraba recluido en la fortaleza de La Cabaña. Habían sido mis propios hermanos quienes me comunicaron entonces su muerte mediante una de las escasas cartas que los guardianes me dejaron pasar. En la galera número 7, en la que estaba, mis compañeros y yo guardamos por mi tío un minuto de silencio, como lo hacíamos con todos los seres queridos que se nos morían. A mi familia les había anunciado el fallecimiento el profesor Héctor de Lara desde Miami. Pero... ¡cuál no sería mi sorpresa cuando, al evocar al tío Víctor, los míos me dijeron ese 25 de diciembre de 1978 que todo había sido un error, que el tío vivía y que estaba en el pueblo! Había vuelto de Cuba pocos meses antes que yo, tras malvivir con Fidel Castro durante muchos años en varios campos de concentración. Al día siguiente, cuando pude verlo, fue como encontrarme con un resucitado. El buen tío Víctor me devolvía de la sorpresa que le di a él 22 años antes, la tarde que me presenté de improviso en su casa de Cuba y le revelé quién era yo.

El 29 de enero, recibí un telegrama que me llenó de emoción. Se trataba del primer telegrama que el profesor Hector de Lara me hacía llegar desde que nos tuvimos que despedir precipitadamente a principios del año 1959. Algunos días después, hablé por teléfono con él y con su esposa Magda. Al oír su voz, se me amontonaron las añoranzas en la mente y se me subió un nudo a la garganta... Aquel nudo en la garganta y aquella emoción no serían, por supuesto, los únicos momentos agridulces que me tocó vivir en unas jornadas tan repletas de reencuentros.

> **REGRESO A ESPAÑA EN NOCHEBUENA**
>
> **UN GALLEGO PASO DIECIOCHO AÑOS DE PRISION EN CUBA**
>
> Orense, 25. (Efe.) Después de cumplir dieciocho años en una prisión cubana por motivos políticos ha regresado a su tierra natal Héctor Odilo Alonso, de cuarenta y tres años.
>
> Odilo Alonso fue liberado por las autoridades cubanas hace tres días y anteayer llegó, por vía aérea, al aeropuerto de Barajas. Alrededor de las siete de la mañana de ayer fue recibido por su hermano en la estación de Orense-empalme.
>
> El ex preso político es natural de San Fiz, del Municipio de Puebla de Trives. En Cuba llevaba veintidós años, los últimos dieciocho en prisión por cuestiones de tipo político.

Suelto de *ABC* en que se da cuenta del regreso de Odilo Alonso.

En España los medios de comunicación dieron alguna publicidad a mi vuelta. Ya antes de mi regreso (prácticamente desde el mes de octubre de 1978), la agencia EFE y varios periódicos se hicieron eco de que «Héctor Odilo Alonso Fernández, el último preso político de nacionalidad española que queda en Cuba, pasaría las próximas Navidades en su país», según había anunciado personalmente Fidel Castro a nuestro embajador tras el acuerdo al que habían llegada el primer mandatario cubano y el presidente del gobierno español, Adolfo Suárez, durante la visita que este había efectuado poco tiempo antes a La Habana. La agencia EFE, en un suelto que insertaban los diarios españoles el día 14 de octubre de ese año, decía literalmente:

> *Ciento seis personas, de ellas medio centenar españolas y el resto formado por sus familiares cubanos, saldrán a finales de la semana próxima para Madrid, en un vuelo del avión "DC-8-52" de las Fuerzas Aéreas Españolas.*
>
> *El pasado 30 de septiembre, el mismo avión trasladó a España a ciento ocho personas, entre españoles y sus familiares cubanos.*
>
> *En aquella ocasión, el viaje sufrió hora y media de retraso en la salida del aeropuerto de La Habana, en espera de la liberación de Héctor Odilo Alonso Fernández, que al final fue aplazada.*
>
> *Se asegura en La Habana que el obstáculo principal para que el último preso político español en Cuba recobre la libertad, es su negativa a utilizar el uniforme penitenciario.*
>
> *Alonso Fernández, a quien restan dos años para cumplir la pena de veinte a que fue condenado, viste siempre solo calzoncillos, ya que únicamente se le ofrece como alternativa el uniforme penitenciario. Las autoridades carcelarias, que han respetado este tipo de protesta con la indumentaria del preso español, parece que se darían por satisfechas si Héctor Odilo aceptara el uniforme solo unos días*
>
> *Pero el recalcitrante recluso español, que vio cómo otros compatriotas y compañeros de cautiverio —también «plantados», como él, en materia de vestimenta—, obtuvieron el indulto solo por llevar durante algún tiempo el uniforme, sigue empecinado en vestir solo calzoncillos, aunque esto le suponga cumplir en prisión los dos años que le restan de condena.*

Justo el día de mi llegada, vi mi nombre en *El País* y más tarde en la revista *Interviú*, por citar solo un par de publicaciones de ámbito nacional. También me entrevistaron en *La Voz de Galicia*, pero pronto me di cuenta con tristeza de que Castro y el régimen cubano eran unos grandes desconocidos en mi patria.

Inexplicablemente para mí, que tanto había sufrido a causa del castrismo, muchos españoles no solo desconocían la realidad política de

Cuba, sino que hasta se permitían idealizar hechos y personajes de su revolución. El póster del Che, por ejemplo, figuraba en las habitaciones de millares de jóvenes que lo habían convertido en santo y seña de su progresía. Y me preocupó percibir, en ciertos ambientes periodísticos e intelectuales, una especie de adoración a esos monstruos que, de habérseles conocido bien, no hubieran merecido más que reprobación y desprecio.

Me preocupó también comprobar que grandes sectores españoles eran víctimas de la apatía, del pasotismo y hasta del vicio. Me pareció que se había perdido el amor al trabajo, a la patria, al civismo y a la solidaridad.

España, por supuesto, había cambiado mucho durante mi larga ausencia. Era mas rica, más moderna, tenía más máquinas, más ca-

Odilo Alonso, tiempo después de su liberación.

rreteras y menos hambre... Se había industrializado y los coches pululaban por doquier, pero se estaban perdiendo los valores de la familia y de la ética; valores que, en otro tiempo, ayudaron a los hombres a dar sentido individual y colectivo a sus vidas.

Cuando las emociones primeras del regreso pasaron, en la vieja casa en la que nacimos los tres hermanos pasé horas y días, semanas y meses de meditación. Envuelto en el silencio y en los recuerdos. Rememorando con frecuencia la figura de aquella santa madre que nos crió y que, a la tristeza de verse morir, tuvo que añadir el desgarro de saber que nos dejaba absolutamente solos. Cerca de cincuenta años después de su desaparición, me encerré a veces en la pequeña

;oba en la que ella exhaló el postrer suspiro, un 22 de mayo de 1932, para reconocer que aquella humilde y valiente aldeanita gallega que me dio el ser había sido mi mayor riqueza, el mayor tesoro que la vida me había concedido.

Y, tras los recuerdos más entrañables, tuve que pensar en curarme y en el porvenir. ¡Había que mirar hacia adelante sin olvidar nunca (pues eso me resultaría imposible), lo que dejaba a mis espaldas!

Por fortuna, mis ganas de vivir, mi coraje, mi sobrino y mis hermanos me ayudaron a vencer lo imposible. La familia me sirvió de inigualable pedestal en que apoyar mis deseos de transformarme en una nueva persona, tanto física como anímicamente. Creo que, sin ellos, jamás hubiese podido salir del agujero emocional en que me hallaba metido.

Por suerte, también encontré a muchas gentes maravillosas que me ayudaron a vencer la situación inhumana a la que me redujo el régimen político de Fidel Castro. Y, por encima de esas personas y de mí mismo, Dios me tendió su mano. He sido creyente siempre y he sentido el afecto de Dios aleteando en torno mío hasta en los momentos más duros de mi existencia. Él, que me había hecho nacer de nuevo permitiéndome salir enfermo de mi largo cautiverio, zigzagueando y sin equilibrio, pero erguido. Él me curó. Él hizo que se me reventase espontáneamente el tumor que llevaba en mi cerebro y que se fuesen alejando de mi cuerpo, casi del todo, el cúmulo de miserias físicas que arrastraba desde mucho tiempo atrás, a causa de los malos tratos.

Pude recobrar el equilibrio y volver a caminar con normalidad, Pude fijar mi residencia en Madrid. Pude, gracias a José Sánchez Cordido y a su esposa, volver a trabajar y a reír, a tener esperanzas y a soñar con el amor, un amor que me llegó en la persona de una maravillosa mujer: Emilia, con quien uní mi vida y mis afectos para siempre. Y, lejos ya de la tragedia de verme enterrado en vida (en las horribles mazmorras de Fidel Castro), me fue posible volcarme, como cualquier otra persona de este mundo, en esas pequeñas preocupaciones o alegrías que cada mañana nos trae al levantarnos.

Hoy, desde la perspectiva que me dan los años de sosiego que han seguido a mi experiencia cubana, juzgo los hechos que he vivido con mayor serenidad de lo que lo hubiese hecho, sin duda, inmediata-